回忆列宁

Воспоминания о Ленине

【俄】娜·康·克鲁普斯卡娅◎著

哲夫◎译

人民出版社

弗·伊·列宁（1897 年）

再 版 前 言

2020年是列宁诞辰150周年。为纪念这位伟大的无产阶级革命家、思想家,我社特别再版列宁夫人娜·康·克鲁普斯卡娅撰写的《回忆列宁》一书。

本书是克鲁普斯卡娅最完整的列宁回忆录合集。全面、生动地记述了从1894年二人相识到1919年,列宁研究和发展马克思主义理论、创建无产阶级政党、领导十月革命和苏联社会主义建设的历史过程,为研究列宁生平及其思想发展提供了重要的、不可多得的第一手资料。不同于一般的学术传记或政治传记,本书通过大量的日常生活回忆,向人们展现了更为立体的列宁形象,也使本书具有了很强的可读性。

本书俄文版1957年由苏联国家政治书籍出版社出版,首个中译本于1960年以《列宁回忆录》为名由人民出版社出版,之后多次再版、重印,1982年本书作为五卷本《回忆列宁》第一卷中的主要内容由人民出版社再次出版。本书在广大中国读者中产生了深远影响,为列宁主义在中国的广泛传播发挥了重要作用。

本次再版,以人民出版社1971年出版的哲夫的译本为基础,参考了多个译本,尤其是1982年上海外国语学院译本的部分译文,并根据现代语言的发展,对原译文做了较大幅度的修订。同时,按照最新出版的《列宁全集》第二版增订版更新了全书引用列宁文献的引文和注释,以及人名、地名、历史事件、文献名称等,增加了部分历史资料图片,赋予本书新的面貌。

希望本书的出版,能为广大中国读者深入了解列宁的思想和生平,进一步坚定马克思主义信仰,坚持走中国特色社会主义道路提供有益支持,为推动马克思主义中国化、时代化、大众化发挥积极作用。

人民出版社

2020 年 10 月

原出版者说明

　　本书是由娜·康·克鲁普斯卡娅的所有关于列宁回忆录的单行本编辑成的一部最完整的关于列宁的回忆录。本书包括了分别在一九三三年和一九三四年出版的娜·康·克鲁普斯卡娅的两本回忆录（第一部、第二部和第三部）的全部文章，以及一九三六年、一九三七年和一九三八年刊登在《布尔什维克》杂志上的三篇文章。这三篇文章是第三部的续篇。这三篇文章中的最后两篇在本书中合并题为"一九一九年"。

目　　录

第 一 部

第 二 部

第 三 部

序

本书包括一八九四至一九一七年这一时期①，即从我与弗拉基米尔·伊里奇于一八九四年初次会面到一九一七年十月革命为止的回忆录。常常有人对我说，我写的回忆太少了。当然，谁都想多知道一些关于伊里奇的事情，而且还由于他所处的时代是一个具有伟大历史意义的时代。这个时代包括群众性的工人运动开展的时期，坚强的、原则坚定的、经过艰苦的地下工作锻炼的工人阶级政党的创立时期。这是工人阶级的觉悟性与组织性不断增长的年代，是以无产阶级社会主义革命的胜利而告结束的生死斗争的年代。

关于这个时代和关于伊里奇，可以写成许许多多极有意义的文章和书籍。本书的目的是描述弗拉基米尔·伊里奇的生活和工作环境的情景。

我写的只是记忆中特别鲜明生动的东西。本书是两次写成的。第一部包括一八九四至一九〇七年这一时期，是在弗拉基米尔·伊里奇逝世以后最初几年写成的。这一部分包括在彼得堡工作的时期，流放时期，第一次侨居慕尼黑与伦敦的时期，党的第二次代表大会前后直到一九〇五年的时期。然后是一九〇五年在国外和俄国的时期，最后是一九〇五至一九〇七年这一时期。其中大部分是我在哥尔克那座大房子的空荡荡的房间里和野草丛

---

① 仅指本书的第一部和第二部，这两部于一九三三年以单行本出版。——编者注

1

生的公园小道上,就是在伊里奇度过他的最后一年的地方漫步沉思之后写成的。一八九四至一九〇七年是年轻的工人运动高涨的年代,因而也就不由地会想起奠定我党基础的这些年月。第一部几乎是全凭记忆写出的。第二部是过了几年以后写成的。

在这些年当中,经过努力学习,认真地重读了列宁的著作,学会把过去与现在紧密地联系起来,学会在没有弗拉基米尔·伊里奇的时候也跟伊里奇在一起生活。第二部跟第一部不同。第一部写的多是日常生活,第二部写的则是弗拉基米尔·伊里奇所关心和考虑的问题。我觉得最好把两部放在一起读。第一部与第二部是有机地联系着的,没有第一部,第二部就会使人觉得比它原有的"回忆的成分"少了一些。

在写本书第二部的时候,已有许多其他回忆录、文集出版了,《列宁全集》已经出了第二版。这对于我写第二次侨居国外的回忆有一定的帮助,可以使我更好地检验自己的记忆。此外,这些回忆所涉及的一九〇八——一九一七年这一时期,比起前一时期要复杂得多。

第一时期(一八九三至一九〇七年)包括了工人运动的初期,建党的斗争,以反对沙皇制度为主要目的的第一次革命的高涨,以及这次革命的失败。

第二时期——第二次侨居国外的年代——更为复杂。这是总结第一时期革命斗争的年代,是同反动派斗争的年代。这是跟各种各样的机会主义激烈斗争的年代,这是必须使革命工作适应各种条件而又不减少其革命内容的斗争。

在第二次侨居国外时期,世界大战日益迫近,工人政党的机会主义使第二国际遭到破产,世界无产阶级面临着完全新的任务,必须开辟新的道路,逐步地奠定第三国际的基础,必须在极其困难的条件下开始为社会主义而斗争。在侨居国外时期,这些任务已经非常具体而尖锐地提出来了。

不了解这些任务,就无法了解列宁怎样成长为十月革命的领袖和世界革命的领袖。领袖是在斗争中产生和成长起来的,是在斗争中汲取力量的。关于伊里奇在国外侨居年代的回忆,若不把他的生活中的每件小事与他在这些年代中所进行的斗争联系起来,是没法写出的。

在第二次侨居国外的九年中,伊里奇仍跟从前一样。他仍然是努力地有组织地工作着,机警地观察每件小事并把一切小事联系到一起,善于正视真理,不管这真理多么严峻。他像从前一样地仇恨一切压迫和剥削现象,忠实于无产阶级的事业、劳动者的事业,关心劳动者的利益。他的全部生活都服从于革命事业的利益。这是很自然的,他不能过另一种生活。他依然激烈而尖锐地反对机会主义,反对一切临阵脱逃的行为。如果他发现他的最亲近的朋友把革命运动拖向后退的话,他会像从前那样与他们绝交;他善于质朴地、以同志的态度对待昨天的敌人,如果革命事业需要这样做的话;他也像从前一样坦白真挚地讨论一切。他像从前一样爱大自然,爱茂密的春天的树林、山间小道和湖水,爱大城市的喧哗,爱工人群众,爱同志,爱革命运动,爱斗争,爱多种多样的生活。他还是从前那个样子,不过要是每日观察他的话,就能看出:他变得更慎重,对人更细心,他许久地踱步沉思,而当你打断他的思路时,在他的眼中便会流露出一种忧郁的神情。

侨居国外的年代是艰难的,这几年耗费了弗拉基米尔·伊里奇不少的精力,但也把他锻炼成了一个为群众所需要并能领导群众走向胜利的战士。

娜·康·克鲁普斯卡娅

｜ 第 一 部 ｜

在彼得堡

一八九三——一八九八年

弗拉基米尔·伊里奇是一八九三年秋天到的彼得堡,但我不是立刻跟他认识的。我听同志们说,从伏尔加河来了一个很有学识的马克思主义者。后来,同志们给我带来了一本被许多人读过的讨论"市场问题"的笔记。这本笔记里一方面记述了我们彼得堡的马克思主义者、工艺学院学生格尔曼·克拉辛①的观点,另一方面记述了新从伏尔加河流域来的那个人的观点。这本笔记分成两半,一边是格·波·克拉辛用潦草的笔迹,涂涂抹抹和插字添句地阐明他的思想,另一边是新来的人用心地、没有涂抹地写出自己的说明和反驳意见。

市场问题当时是使我们青年马克思主义者很感兴趣的问题。

这个时候,在彼得堡马克思主义小组中已开始形成一个特别的派别。它的本质就是:这一派的代表们觉得社会发展的过程是机械的、公式的。这样理解社会的发展就完全否认了群众的作用和无产阶级的作用。马克思主义的革命辩证法已被抛到九霄云外,剩下的只是僵死的"发展阶段"。当然,现在每一个马克思主义者都能驳倒这种"机械论"的观点,但是那时我们彼得堡马克思主义小组对这个问题却感到焦急不安。那时我们的理论修

---

① 彼得堡工艺学院学生格尔曼·波里索维奇·克拉辛是已故列·波·克拉辛的弟弟。——编者注

养还很差,如我们当中有许多人除了《资本论》第一卷以外,不知道马克思的任何著作,甚至连《共产党宣言》也没有见过,仅仅是凭本能感觉到这种"机械论"是与生气勃勃的马克思主义直接对立的。

市场问题是跟理解马克思主义这一根本问题紧密相关的。

"机械论"的拥护者通常总是很抽象地对待问题。

这已是三十多年以前的事情了。

遗憾的是我们谈到的这本笔记没有保存下来。①

我只能谈谈它给我们留下的印象。

这位新来的马克思主义者把市场问题提得特别具体,把它和群众的利益联系起来;在整个问题的看法中都令人感觉到这是活的马克思主义,是从具体环境和发展中考察一切现象的。

当时我很想进一步认识这个新来的人,进一步了解他的观点。

谢肉节那天我才看见了弗拉基米尔·伊里奇。当时决定在一位住在奥赫塔的工程师、彼得堡著名的马克思主义者克拉松(在这之前,我同克拉松在一个马克思主义小组里工作过两年左右)家里举行一个会议,使彼得堡几个马克思主义者与这个新从伏尔加河流域来的人见见面。还弄了一些过节吃的薄饼来做掩护。这天出席的人,除弗拉基米尔·伊里奇以外,有克拉松、Я.П.柯罗布科、谢列布罗夫斯基、斯·伊·拉德琴柯等人。波特列索夫与司徒卢威也应该来,但似乎是没有来。我记得这么一件事。大家谈起应当走什么道路的问题。意见不知怎的不一致。有人——似乎是舍甫里亚金——说识字委员会的工作非常重要。弗拉基米尔·伊里奇笑了,他的笑声是那样辛辣和无情,后来我再也没有听见他这样笑过。当时他笑着说:"咳,好吧,谁乐意在识字委员会里拯救祖国,我们决不阻拦。"

---

① 列宁关于市场问题的基本原理,在其《论所谓市场问题》一文中有详尽的论述。该文已编入《列宁全集》中文第二版增订版第1卷。——译者注

娜·康·克鲁普斯卡娅

（1895 年）

应当说，我们这一代人在年轻时是见过民意党人与沙皇制度作斗争的，是见过自由主义的"社会"开始是怎样竭力"表示同情"，而在民意党失败后便胆怯起来，吓得草木皆兵，开始宣传"小事"的。

弗拉基米尔·伊里奇的辛辣的批评是可以理解的。他是来商量怎样一起去进行斗争，而听到的答复却是建议去散发识字委员会的小册子。

后来，当我们进一步熟悉了的时候，有一次弗拉基米尔·伊里奇告诉了我"社会"对他的哥哥被捕所持的态度。所有的熟人都避开了乌里扬诺夫一家，甚至连从前晚上总是来下棋的老教师也不来了。那时辛比尔斯克还没有铁路，弗拉基米尔·伊里奇的母亲为了到彼得堡去看狱中的儿子，必须先骑马到塞兹兰。弗拉基米尔·伊里奇去给母亲找个旅伴，可是谁也不愿意跟犯人的母亲同行。

据弗拉基米尔·伊里奇说，这种普遍的懦怯行为当时给了他一个很强烈的印象。

毫无疑问，这种少年时代的体验，在伊里奇对"社会"、对自由派的态度上是有影响的。他很早就知道自由派空谈的真正意义了。

当然，在"薄饼会"上什么也没有谈妥。弗拉基米尔·伊里奇很少讲话，一直是在观察大家。那些自命为马克思主义者的人在弗拉基米尔·伊里奇的凝视下变得很窘。记得我们从奥赫塔沿着涅瓦河回家时，有人第一次把弗拉基米尔·伊里奇的哥哥的事告诉我，说他是一个民意党人，一八八七年参加谋刺沙皇亚历山大三世而被沙皇的刽子手残杀了，被害时还未成年。

弗拉基米尔·伊里奇非常爱他的哥哥。他们有许多共同的爱好，都喜欢独自安静地思考问题，他们通常住在一起，有一个时期住在单独的一间厢房里，有年轻人（他们叔伯兄弟和姊妹是很多的）来到他们那儿的时候，他们最爱说的一句话便是："请走开，让我们享点清福吧!"兄弟两个都很用功,都有革命思想。大概是由于年龄不同,亚历山大·伊里奇并不是把一切问题都跟弗拉基米尔·伊里奇谈。

弗拉基米尔·伊里奇告诉我说:

哥哥是学自然科学的。最后一个夏天,亚历山大·伊里奇回家来以后,就准备关于环形虫的学位论文,他总是用显微镜工作着。为了最大限度地利用光亮,他天一亮就起床开始工作。弗拉基米尔·伊里奇说:"当时我认为哥哥不能成为一个革命家,革命家不能用这么多的时间来研究环形虫。"不久,他就发觉自己的看法错了。

毫无疑问,哥哥的遭遇对弗拉基米尔·伊里奇是有深刻的影响的。同时,弗拉基米尔·伊里奇当时已经在独立地思考许多事情,已经给自己解决了必须进行革命斗争的问题,这种情况也有很大的关系。

不然的话,哥哥的遭遇也许只会使他感到深沉的悲痛,或者顶多只能使他决心走哥哥的道路。但在上进的情况下,哥哥的遭遇只是使他的思想工作更加紧张,把他锻炼得非常冷静,善于正视真理,一分钟也不为漂亮的辞句和空想所迷惑,对待一切问题都极其认真。

一八九四年秋天,弗拉基米尔·伊里奇在我们的小组里宣读了他的著作《人民之友》①。我还记得这本书是怎样地吸引着大家。这本书异常明确地提出了斗争的目标。《人民之友》胶印出版之后,在大家手里流传着,代号是"黄笔记本"。书上没有署名。读的人相当多。毫无疑问,这本书对当时信仰马克思主义的青年是有强烈的影响的。一八九六年,我在波尔塔瓦时,刚刚出狱的、积极的社会民主主义者彼·彼·鲁勉采夫说:《人民之友》是把革命的社会民主主义的观点阐述得最好、最有力、最完满的一本书。

一八九四年底至一八九五年初的冬天,我同弗拉基米尔·伊里奇已经

---

① 指《什么是"人民之友"以及他们如何攻击社会民主党人?》,载《列宁全集》第1卷,人民出版社2013年版,第102—296页。

相当熟了。他在涅瓦关卡外的工人小组中从事工作；我在那里的斯摩棱斯克星期日夜校中已教了三年书，相当熟悉施吕瑟尔堡大路①的生活。在弗拉基米尔·伊里奇进行活动的那些工人小组中，有许多工人是我的星期日夜校的学生，如：巴布什金、波罗甫可夫、格里巴金、博德罗夫兄弟——阿尔谢尼和菲力浦、茹柯夫，等等。当时星期日夜校是广泛了解工人群众的日常生活、劳动条件和情绪的最好的场所。除了夜校技术班、附属女子学校和奥布霍夫学校以外，斯摩棱斯克学校有六百个学生。必须说，工人对于"女教师"是无限信任的：格罗莫夫贮木场的忧郁的看守人笑容满面地向女教师报告他家生了一个儿子；一个有肺病的纺织工人为了女教师教会他识字而祝福她找到一个如意的爱人；一个一辈子求神的工人——教派分子高兴地写道，他刚才在复活节前最后一周听鲁达科夫（学校的一个学生）说根本没有神，于是轻松起来，觉得再没有比做神的奴隶更坏的了，因为神逼得你走投无路，而做人的奴隶却比较容易，还有反抗的余地；一个每星期日都喝得酩酊大醉的烟草工人，浑身散发着烟草气味，当你低下头来看他的笔记本时，头都要发昏，他丢字掉句、潦潦草草地写道：他们在街上拾到一个三岁的小女孩，现在把她放在劳动组合里，必须把她送到警察局去，可是舍不得；一个丧失了一条腿的士兵到学校来说：去年在你们这里学识字的米哈伊拉给工作累垮了，已经死了，临死的时候想起了你们，嘱托我向你们致敬并祝你们长寿；一个过去曾竭力拥护沙皇和僧侣的纺织工人告诉我们："必须警惕那个坏蛋，他总到戈洛霍瓦亚街去"②；一个老工人说：他决不能辞去教会的执事，因为僧侣们最能欺骗老百姓，必须揭发他们，而他自己已认清了社会发展的各个阶段，根本不相信教会，等等。加入了组织的工人们到学校里

---

　　① 是彼得堡市郊的工人区，位于涅瓦关卡外；从前叫作涅瓦区，现在叫作沃洛达尔斯基区。有一条公路沿着涅瓦河由该区通往施吕瑟尔堡。区内工厂多在公路两侧。——作者注
　　② 戈洛霍瓦亚街设有保卫局。——编者注

来,是为了观察群众,看看可以把谁吸收到小组里来,吸收到组织里来。在他们眼里,女教师们并不是一样的,他们已经看出她们之中谁的修养如何。如果大家认定女教师是"自己人",就用一句话暗示她,比如说,在讨论手工业问题时说一句:"手工业者不能同大生产竞争",或者提个问题:"彼得堡工人同阿尔汉格尔斯克的农民有什么不同?"然后用一种特别的目光来看女教师,行礼的样子也不同:"知道是自己人哪"。

工人区发生了什么事情,大家就立刻来反映;他们知道女教师们会转告组织的。

这好像是在默默中约好了似的。

虽然没有密探的教室是不多的,但实际上在学校里仍然可以谈论一切问题;只要不用"沙皇"、"罢工"等可怕的字眼,最基本的问题也可以谈。形式上是任何问题也不许谈的:有一次解散了一个所谓复习小组,因为突然降临的督学看到在那里教小数,而教学大纲规定只许教算术四则的。

那时我住在旧涅瓦大街一座有过道院子的房子里,弗拉基米尔·伊里奇每个星期日从工人小组上课回来时,多半要顺便到我这儿来,我们就开始长谈起来。当时我很爱学校,只要同我谈学校,谈学生,谈谢米扬尼科夫工厂,谈托伦顿工厂、马克斯维尔工厂以及涅瓦大街的其他工厂,不给我面包吃都行。弗拉基米尔·伊里奇对每个能表明工人生活状况的细小事情都感兴趣,力求根据个别细小特征来了解工人的全部生活,力求找到可以用来更好地向工人进行革命宣传的方式。那时大部分知识分子都不大了解工人。知识分子到工人小组里来上课,像讲演一样。工人小组用很长时间根据译文手抄本学习了恩格斯的《家庭、私有制和国家的起源》。弗拉基米尔·伊里奇给工人们讲马克思的《资本论》,前一半上课时间用来讲解,后一半上课时间用来详细了解工人的工作和劳动条件,并向工人们说明他们的生活与整个社会结构的关系,告诉他们怎样、用什么方法可以改造现存制度。理论与实践相结合——这是弗拉基米尔·伊里奇在工人小组中讲课的特点。我们小组的其他组员也渐渐地开始采取这种方法了。第二年出现了维尔诺胶版印刷的小册子《论鼓动》——进行传单鼓动的基础已完全准备好了，就只剩动手干了。根据工人日常需要进行鼓动工作的方法，在我们党的工作中已根深蒂固了。我是很晚才了解到这种方法的全部好处的，那是在我侨居法国的时候。当时我看到，在巴黎邮电工人大罢工时期，法国社会党袖手旁观，根本不参与这一罢工，认为这是工会的事，而党只是进行政治斗争。那时候，他们完全不懂得必须把经济斗争与政治斗争结合起来。

当时在彼得堡工作的许多同志，看到传单鼓动的效果，就迷恋于这一工作形式，忘记了这只是群众工作的一种形式，而不是唯一的形式，因而走上了臭名远扬的"经济主义"道路。

弗拉基米尔·伊里奇任何时候都没有忘记其他工作形式。一八九五年他写了一本小册子《对工厂工人罚款法的解释》①。在这本小册子中，列宁在应当怎样对待当时的中等工人这一问题上，作出了光辉的榜样，他根据中等工人的需要逐步地把他们引导到必须进行政治斗争问题上来。许多知识分子觉得这本小册子枯燥、不紧凑，但是工人们都兴趣盎然地读着它：它是工人们所明了的、亲切的（这本小册子是在民意党人的印刷所印出来散布到工人中间去的）。弗拉基米尔·伊里奇那时注意地研究了工厂法，他认为讲解这种法律，特别容易向工人们阐明他们的地位与国家制度的关系。这种研究工作的结果表现在当时伊里奇给工人们写出的许许多多的论文和小册子中，表现在《新工厂法》这本小册子，《谈谈罢工》、《论工业法庭》等论文中②。

---

① 见《列宁全集》第 2 卷，人民出版社 2013 年版，第 25—64 页。

② 见《列宁全集》第 2 卷，人民出版社 2013 年版，第 335—378 页；第 4 卷，第 251—260 页；第 4 卷，第 239—250 页。

　　各工人小组里的工作当然不会是一帆风顺的。开始受到很厉害的监视了。弗拉基米尔·伊里奇是我们整个小组中最通晓秘密工作的人：他熟悉有过道的院子，善于巧妙地愚弄暗探，教我们怎样用化学药水在书上写字，怎样作暗号，还想出了许多绰号。总之，他掌握了民意党人那套好本事。难怪他用那样尊敬的心情谈老民意党人米哈伊洛夫；米哈伊洛夫由于在做秘密工作时坚毅、沉着而获得了"看家人"的绰号。监视愈来愈厉害，弗拉基米尔·伊里奇坚决主张指定一个不受监视的"继承者"，把一切关系交给他。我那时是最"干净"的人，于是决定要我作"继承者"。在复活节的第一天，我们五六个人到当时在皇村教书的、我们小组里的组员西尔文那里去"庆祝复活节"。在火车上我们装作素不相识的人。在西尔文那里，几乎一整天都是讨论我们应当保持哪些关系的问题。弗拉基米尔·伊里奇教我们写密码。几乎半本书上都写满了。可惜后来我不能分辨清楚这初次的集体创造的密码了。可聊以自慰的是：当需要解译这些密码时，绝大多数的"关系"都已经失掉了。

　　弗拉基米尔·伊里奇细心地收集了这些"关系"，到处寻找那些对革命工作有用的人。记得有一次，根据弗拉基米尔·伊里奇的提议，召开了我们小组的代表（弗拉基米尔·伊里奇，好像还有克尔日扎诺夫斯基）与星期日夜校女教师小组的会议。后来她们几乎都成了社会民主党人。其中莉迪娅·米哈伊洛夫娜·克尼波维奇是个老民意党人，不久便成了社会民主党人。党的老干部都还记得她。她具有非凡的革命毅力，对己对人都严格，极会了解人，是一个很好的同志，同她在一起工作的人都会得到她的爱护和关怀，她一下子就推崇弗拉基米尔·伊里奇为革命家。她担负同民意党人的印刷所的联络工作：打交涉，转交原稿，从那里取回印好的小册子，用篮子把书装起来送到熟人那里，组织大家把书散发给工人们。在她被捕的时候——由于印刷所一个排字工人成了叛徒，把她出卖了——在她的许多朋友那里搜出了十二篮子非法的小册子。民意党人当时给工人印出大量的小册子:《工作日》、《靠什么活着》、弗拉基米尔·伊里奇的小册子《对工厂工人罚款法的解释》、《沙皇——饥饿之魔》,等等。两个曾在拉赫塔印刷所工作的民意党人——沙波瓦洛夫和卡坦斯卡娅——现在都加入了共产党。莉迪娅·米哈伊洛夫娜现已去世。她死在一九二〇年,她在克里木度过了晚年,那时克里木还在白匪的控制之下。她临死的时候还想念着自己的人,想念着共产党人,念念不忘地讲着她最宝贵的共产党的名字。参加这次会议的女教师中间似乎还有库杰利、安·伊·美舍利亚科娃(她俩现在都是党员)等人。当时在涅瓦关卡外教书的还有亚历山德拉·米哈伊洛夫娜·卡尔梅柯娃,她是一个非常好的讲师(我还记得她给工人们讲解国家预算的情形),在利季约区她有一个书库。弗拉基米尔·伊里奇与亚历山德拉·米哈伊洛夫娜也很熟。司徒卢威是她的学生,司徒卢威中学时代的同学波特列索夫也常去她那里。后来,亚历山德拉·米哈伊洛夫娜用自己的钱支持旧《火星报》,直到第二次代表大会为止。司徒卢威转向自由派的时候,她没有跟司徒卢威走,而坚决地同火星派组织联系起来。她的绰号是"姑妈"。她对弗拉基米尔·伊里奇很好。现在她已经死了,在临死前,她在儿童村疗养院里整整躺了两年,不能起床。附近幼儿园的孩子们有时到她那里去。她给孩子们讲伊里奇的故事。一九二四年春天,她给我写信,说应当把弗拉基米尔·伊里奇在一九一七年写的充满热情的文章,和当时对群众有很大影响的、慷慨激昂的号召,集结成单行本出版。一九二二年,弗拉基米尔·伊里奇给亚历山德拉·米哈伊洛夫娜写了几行只有他才能写出的充满热情的问候信。亚历山德拉·米哈伊洛夫娜同"劳动解放社"有密切的联系。有一个时候(大概是一八九九年),当查苏利奇到俄国的时候,亚历山德拉·米哈伊洛夫娜把她秘密地安顿下来,并且经常与她会面。

在开始发展的工人运动的影响下,在"劳动解放社"的文章和书籍的影响下,在彼得堡的社会民主主义者的影响下,波特列索夫左倾了,司徒卢威也一度左倾过。经过一连串初步的接触,找到了和他们进行共同工作的基础。大家想共同出版一个文集,即《说明我国经济发展状况的资料》。我们小组参加编辑部的有:弗拉基米尔·伊里奇、斯塔尔科夫和斯·伊·拉德琴柯,他们那边参加编辑部的有:司徒卢威、波特列索夫和克拉松。这个文集的命运是大家都知道的。它被沙皇的书报检查机关焚毁了。一八九五年春天,弗拉基米尔·伊里奇在出国之前,更是经常到奥泽尔诺伊巷波特列索夫的住所去忙着结束工作。

一八九五年的夏天,弗拉基米尔·伊里奇是在国外度过的。一部分时间是在柏林度过的,他在那里参加了一些工人集会;一部分时间是在瑞士度过的,他在那里初次看见了普列汉诺夫、阿克雪里罗得和查苏利奇。弗拉基米尔·伊里奇收获很大,并从国外带来了一个夹底的箱子,在这个箱子的两层底中间装满了秘密书刊。

弗拉基米尔·伊里奇立刻受到了严密的监视:监视他,监视箱子。我有一个堂妹那时在居民住址查询处工作。弗拉基米尔·伊里奇回来两天以后,堂妹告诉我说,夜间在她值班的时候,来了个密探,翻阅着名录(居民住址查询处把住址都按字母表的顺序编成名录),夸口说:"我们发觉了国家要犯乌里扬诺夫的踪迹,他的哥哥被绞死了,他是从国外回来的,现在已逃不出我们的手心了。"堂妹知道我认识弗拉基米尔·伊里奇,连忙把这个消息告诉我。我当然立刻告诉了弗拉基米尔·伊里奇需要万分地谨慎了。但是事情不能等待。工作开展起来了。按区域分配了工作,实行了分工。开始编写和发出传单了。记得弗拉基米尔·伊里奇给谢米扬尼科夫工厂工人写了第一张传单①。那时我们没有任何机器。传单以印刷体字母抄写出

---

① 给谢米扬尼科夫工厂工人写传单,是一八九四年年底的事情(见《列宁全集》俄文第三版第一卷第四六二页)。传单保存下了一部分。——编者注

来,由巴布什金散发。看门人从四份传单中拿去了两份,另外两份由大家传阅。别的区里也在散发传单。例如,在瓦西里耶夫岛上给拉菲尔姆烟草工厂的女工写了传单。阿·亚·雅库波娃、季·涅甫佐罗娃(克尔日扎诺夫斯卡娅)散传单的方法是:为了一张一张地拿起来方便,把传单卷成一个小卷放在围裙底下,下工的汽笛响,她们就快步迎上从工厂门口成群结队出来的女工,在她们身旁跑着把传单塞在感到困惑的女工手里。传单收到了效果,传单和小册子鼓舞了工人们。因为有了一个秘密印刷所,决定再出版一种通俗杂志《工人事业》。弗拉基米尔·伊里奇细心地给《工人事业》杂志准备材料,每一行字句都经过他的手。我记得有一次在我家里举行会议,扎波罗热茨津津有味地说起他在莫斯科关卡外制鞋厂收集到的材料。他说:"样样事都罚钱,把皮鞋后跟钉歪了也罚钱。"弗拉基米尔·伊里奇笑着说:"嗯,皮鞋后跟钉歪了要罚钱,大概还说是为了工作哩。"弗拉基米尔·伊里奇细心地收集和检查材料。比如说,我还记得他收集关于托伦顿工厂的材料的情形。那时决定由我把我的一个学生克罗里科夫——他是托伦顿工厂的产品验收员,以前曾在彼得堡被驱逐出境——找来,按照弗拉基米尔·伊里奇规定的计划从他那里收集材料。克罗里科夫穿着不知从谁那里借来的一件漂亮的皮大衣,带来了一本子材料,同时还作了口头补充。这些材料是非常宝贵的。弗拉基米尔·伊里奇非常重视这些材料。后来我又和雅库波娃系起头巾来,打扮成女工模样,亲自到托伦顿工厂的宿舍去了一趟,拜访了一部分独身工人和一部分有家属的工人。那里的情况是骇人听闻的。弗拉基米尔·伊里奇就根据这样收集来的材料写成了通讯和传单。大家可以看看他给托伦顿工厂男女工人写成的传单[1]。从那里面可以看出他对托伦顿工厂的情形是多么熟悉。这对于当时的全体工作同志是一个多么好的榜

---

① 见《列宁全集》第2卷,人民出版社2013年版,第13—17页。

样啊！我们从那时起就向他学习"注意小事情"了。这些小事情深深地铭记在我们的心里。

我们的《工人事业》杂志未能出版。十二月八日在我的住所开会，最后宣读了已准备好付印的稿件。稿件一共是两份。瓦涅耶夫拿去一份作最后一次审阅，另一份留在我这儿。清早我到瓦涅耶夫那儿去取校对好的那一份时，他的女佣人告诉我说，他昨天就离开家了。事先，我同弗拉基米尔·伊里奇已经约好，在发现疑点的时候，我就到他的朋友切博塔廖夫那儿去打听消息；我当时在铁路管理局工作，切博塔廖夫是我的同事，弗拉基米尔·伊里奇每天到他那儿去，在那里吃午饭。切博塔廖夫没有上班，我就到他家去了。弗拉基米尔·伊里奇没有去吃午饭：显然他是被捕了。傍晚时弄清楚了，我们小组中有许多人被捕了。我把保存在我这儿的那份《工人事业》杂志原稿，带到尼娜·亚历山德罗夫娜·格尔德那里托她保管。她是我的中学时代的女伴，司徒卢威未来的妻子。为了不使更多的人被捕，当时决定不出版《工人事业》杂志。

弗拉基米尔·伊里奇这一时期在彼得堡进行了非常重要的，但实际上并不显著、不为人注意的工作。他自己就这样评论过这一时期的工作。从表面上看，这个时期的工作并没有效果。当时的问题并不在于建立英雄的功勋，而在于怎样和群众建立密切的联系，怎样接近群众，学会表达群众的良好的愿望，使群众了解而且感到亲切，学会领导群众。正是在彼得堡工作的这一时期，把弗拉基米尔·伊里奇锻炼成了一个工人群众的领袖。

在我们的人被捕后，我第一次到学校的时候，巴布什金把我带到楼梯下的一个角落里，在那里把工人就逮捕事件写成的一个传单交给我。传单是纯粹政治性的。巴布什金要我把传单交给印刷所印出来，由他们拿去散发。在此以前，我从来没有直接同他谈过我与组织有联系。我把传单交给了我们的人。我记得是在斯·伊·拉德琴柯的家里开的会。小组里剩下的人都参加了这个会。读完传单以后,里亚霍夫斯基喊道:"难道这个传单可以印吗?——这个传单写的纯粹是政治问题呀!"但是,毫无疑问,传单是工人们主动写的,工人们要求把它印出来,因此我们也就决定把传单印出来了。

同弗拉基米尔·伊里奇很快就联系上了。那时可以给拘留所的犯人尽量地送书籍,那里对书的检查是相当马虎的;当然,在检查的时候,若发现在字母中间有小小的点点和书纸的颜色有变化(因为用牛奶写上了字)是不行的。我们秘密通信的技术很快地就完善起来了。弗拉基米尔·伊里奇对监狱里同志的关怀是很明显的。他写给外边的每一封信里都经常有许多是与监狱里其他同志有关的委托:没有人来看某人,必须给他找个"未婚妻";通过亲属会面时转告某人,要他到监狱内图书馆某本书某一页里去找一封信;给某人选一双棉鞋来;等等。他同监狱里的很多同志通信,他的信对这些同志有着巨大的意义。弗拉基米尔·伊里奇的信洋溢着乐观精神,谈论着工作。同志们看到这些信就忘记了自己是关在监狱里,也干起工作来了。我还记得这些信给我的印象(一八九六年八月我也坐过监狱)。牛奶写成的信由监狱外的同志在选书的日子——星期六——送来了。看见书中的信号,就会肯定书中有信。每天六点钟送完开水后,狱吏就带着刑事犯到教堂里去。这时候,我就把信撕成一些长纸条,泡上茶,狱吏一出去,便把这些长纸条放到热茶里,——信就显现出来了(狱中不便用蜡烛把信烤出来,所以弗拉基米尔·伊里奇就想出一个用热水泡的办法)。信能鼓舞人,看了真叫人高兴。弗拉基米尔·伊里奇在监狱外是整个工作的中心,在监狱里也是与狱外联系的中心。

此外,他在监狱里还做了许多工作。他在那里做好了写《俄国资本主义的发展》①一书的准备工作。弗拉基米尔·伊里奇在公开的信中订购

---

① 见《列宁全集》第3卷,人民出版社2013年版,第1—562页。

了必需的材料——统计资料汇编。"可惜从监狱里出来得早了一点,能再住一些日子把书看完就好了,在西伯利亚是不容易得到参考书的",弗拉基米尔·伊里奇被释放出狱时这样开玩笑地说。在监狱中,弗拉基米尔·伊里奇不仅仅写过《俄国资本主义的发展》,而且写过传单和秘密的小册子;写好了准备提交第一次代表大会讨论的党纲草案(这次代表大会是在一八九八年召开的,但原定日期要早一些),并对当时在组织内讨论的问题发表了意见。为了在用牛奶写东西的时候不被发现,弗拉基米尔·伊里奇用面包做了一些盛牛奶的小墨水瓶,只要通风窗一响,他就很快地把它吞到嘴里去。"今天吃了六个墨水瓶",他在一封信里这样诙谐地说。

但是不管弗拉基米尔·伊里奇怎样会控制自己,不管他怎样会使自己适应一定的制度,显然,狱中的苦闷也袭击了他。在一封信里他想出这样一个办法。他们被带出来放风的时候,有一瞬间可以从走廊的一个窗户里看到什帕列拉街人行道上的一小块地方。于是,他就想起要我和雅库波娃在一定的时刻站在人行道的那块地方,那时他就会看见我们。不知为什么雅库波娃没能去,但我去了几天,每次都在那块小地方站很久。不过他的办法完全没能实现,我已不记得那是因为什么缘故了。

弗拉基米尔·伊里奇被关在监狱里的时候,外边的工作开展起来了,工人运动自发地发展着。马尔托夫和里亚霍夫斯基等人被捕以后,我们小组的力量更加削弱了。固然,组内增加了新同志,但是这些同志的思想上的锻炼是差一些的,又没有时间学习,而运动需要我们投入很大的力量。把全部精力都用到鼓动上去,没有时间考虑宣传问题了。传单鼓动收到很大的效果。一八九六年夏天在彼得堡爆发了三万纺织工人的大罢工。罢工是在社会民主主义者的影响下进行的,许多人却因而冲昏了头脑。

记得,有一次(大概是八月初)在巴甫洛夫斯克的树林子里开会,西尔文朗读传单的草稿。

草稿上有个句子简直是把工人运动限制在纯粹的经济斗争中。西尔文读了这句话后,就停下了。"嗳,写错了,怎么搞的,"他笑着说。这句话被删掉了。一八九六年夏天,拉赫塔印刷所被破获了,出版小册子的可能性没有了,出版杂志的打算也只好长期搁置了。

一八九六年罢工期间,绰号叫"猴子"的塔赫塔廖夫小组和绰号叫"雄鸡"的车尔尼雪夫小组加入了我们的小组①。当"十二月党人"②还被关在监狱里并跟监狱外面保持着联系的时候,工作仍然循着旧的轨道进行。弗拉基米尔·伊里奇出狱时③,我还在狱里。虽然他刚一出狱就被黑暗所包围,但弗拉基米尔·伊里奇仍然能巧妙地写信,把工作情况告诉我。妈妈说,他在狱里竟发胖了,而且还非常愉快。

在"魏特罗娃事件"(魏特罗娃被关在彼得保罗要塞时自焚)之后,我很快地就被释放了。宪兵放出了许多被监禁的妇女,我也被释放出来,并被留在彼得堡等候结束案件;有两个密探到处跟着我。我出来的时候,正赶上组织处于最悲惨的状态。过去的工作人员只剩下了斯·伊·拉德琴柯和他的妻子。他已不能在秘密的情况下进行工作,但他仍然是我们联系的中心并保持着关系,他也和司徒卢威保持着关系。司徒卢威很快地就和社会民主主义者格尔德结婚了。司徒卢威本人在那个时候也是赞成社会民主主义的。他完全没有在组织里,尤其是在地下的组织里工作的能力,但大家向他求教,无疑是使他感到很得意的。他甚至给社会民主工党第一次代表大会

---

① 一八九六年八月十二日又遭受一次挫折:几乎全部"老头子"和许多"雄鸡"都被捕了。我当时也被捕了。——作者注

② 指一八九五年十二月被捕的同志。——译者注

③ 弗拉基米尔·伊里奇是一八九七年二月二十六日(旧历十四日)被释放出狱的。——编者注

写好了宣言。一八九七年的冬天,我经常带着弗拉基米尔·伊里奇的委托到司徒卢威那里去,——那时司徒卢威在出版《新言论》杂志,我跟格尔德也有很多联系。我仔细地打量过司徒卢威。那时他是一个社会民主主义者,但使我惊讶的是他那种书呆子气和几乎对"茂盛的生活之树"的毫无兴趣;而弗拉基米尔·伊里奇在这方面的兴趣则是极其浓厚的。司徒卢威给我弄到一本东西翻译,自己担任校订工作。这件工作显然使他感到吃力,他很快就厌倦了(我和弗拉基米尔·伊里奇做这种工作可以连续作几小时。弗拉基米尔·伊里奇的工作态度完全不同,他全神贯注在工作里,甚至做翻译工作时也是这样)。司徒卢威在休息的时候喜欢读费特的作品。有人在自己的回忆录里说,弗拉基米尔·伊里奇喜欢费特的作品。这是不对的。费特是一个露骨的农奴主,他根本没有什么令人喜欢的地方,但是司徒卢威却真的喜欢他。

我也认识杜冈—巴拉诺夫斯基,我和他的妻子莉迪娅·卡尔洛芙娜·达维多娃是同学(她是《世间》杂志出版者的女儿)。有一个时期我常常到他们那里去。莉迪娅·卡尔洛芙娜虽然意志薄弱却是一个很聪明善良的女人,她比她的丈夫聪明。杜冈-巴拉诺夫斯基的谈话经常使人觉得他是外人。有一次我到他那里募捐以支援罢工(大概是科斯特罗马罢工)。募到了几个卢布,记不清是几个了,但却听了他的一通议论:"真不明白,为什么要支援罢工,——罢工不是同企业主进行斗争的非常有效的手段。"我拿到钱就急忙地走开了。

我把所见所闻都写信告诉在流放的弗拉基米尔·伊里奇了。但是关于组织的工作,当时可写的却太少了。在第一次代表大会以前,组织里只有四个人:斯·伊·拉德琴柯,他的妻子柳波芙·尼古拉也夫娜,萨美尔和我。拉德琴柯是我们的代表。但他开完代表大会回来以后,关于大会进行的情形几乎什么也没有告诉我们。他从书脊里抽出一份司徒卢威所写的、经代表大会通过的我们大家都非常熟悉的《宣言》，接着就大哭起来：原来参加代表大会的几个人几乎都被逮捕了。

我被判流放乌法省三年①，我要求到弗拉基米尔·伊里奇住的米努辛斯克县舒申斯克村去，为此我只好说是他的"未婚妻"。

----

① 一八九五年秋，列宁把彼得堡所有的马克思主义工人小组联合成一个组织，称为"工人阶级解放斗争协会"，进行革命活动。克鲁普斯卡娅因"斗争协会"案被捕后被判处流放三年。——译者注

在流放中

一八九八——一九〇一年

我自费到了米努辛斯克,我的母亲跟我同行。我们是一八九八年五月一日到的克拉斯诺亚尔斯克,应当在这里换乘轮船溯叶尼塞河而上,但是那时还没有轮船行驶。我在克拉斯诺亚尔斯克认识了民意党人丘特契夫和他的妻子,他们很有斗争的经验,他们设法使我跟路过克拉斯诺亚尔斯克的一批被流放的社会民主党人见了面,和我同案被捕的林格尼克和西尔文也在里面。士兵把被流放的人们带进照相馆之后,便坐在一旁吃起送给他们的夹香肠的面包来。

我在米努辛斯克拜访过阿尔卡季·德尔柯夫——最初的马尔托夫分子,他是无限期地流放到西伯利亚的;我拜访他的目的是转达他妹妹的问候,他妹妹是我中学时代的同学。我还去看过柯恩,他是波兰同志,一八八五年因"无产阶级"案被判处苦役,在监狱和流放中受了很多苦,我觉得他是一个坚定的老革命家,因而非常喜欢他。

我们到达弗拉基米尔·伊里奇住的舒申斯克村时天已黄昏;那天弗拉基米尔·伊里奇打猎去了。我们下了车,有人把我们带到屋子里去。西伯利亚米努辛斯克县农民的住所非常干净,地板上铺着花花绿绿的自制地毯,墙壁粉刷得干干净净,并且还点缀着银松。弗拉基米尔·伊里奇住的房间虽然不大,但非常干净。主人把剩下的房间让给我和我的母亲住。屋子里

克鲁普斯卡娅和母亲伊丽莎白·瓦西里耶夫娜（1898 年）

挤满了主人家的人和邻居,他们亲切地打量着我们和询问着我们。终于,弗拉基米尔·伊里奇打猎回来了。他看到他的屋子里有灯光而感到奇怪。主人哄他说这是奥斯卡尔·亚历山大罗维奇(一个被流放的彼得堡工人)喝得酩酊大醉跑来,把他的书扔了一地。伊里奇很快地跑上台阶。这时我已从屋里出来迎他。这一夜我们谈了很久。

在舒申斯克村,还有两个被流放的工人——罗兹城的社会民主党人、制帽工人、波兰人普罗敏斯基(他带有妻子及六个孩子),和普梯洛夫工厂的工人、芬兰人奥斯卡尔·恩格别尔格。他们两个都是很好的同志。普罗敏斯基是一个沉着、稳重而刚强的人,他读的书不多,知识也不丰富,但是他的阶级本能却表现得很明确。他心平气和地、带着一种嘲笑的心情对待当时还在信教的妻子。他很会唱波兰的革命歌曲《工人歌》、《五一节》以及许多其他歌曲。孩子们也跟着他唱。弗拉基米尔·伊里奇在西伯利亚非常喜欢唱歌,而且会唱许多歌,当时也加入了合唱。普罗敏斯基也唱俄国的革命歌曲,这是弗拉基米尔·伊里奇教给他的。普罗敏斯基预备回波兰去做工,他猎取了许多兔子,准备用毛皮给孩子们做皮大衣。但是他并没能回到波兰。他带着家眷走到克拉斯诺亚尔斯克附近,就在铁路上做起工来了。后来孩子们都长大了。他自己加入了共产党,他的妻子普罗敏斯卡娅加入了共产党,孩子们也都成了共产党员:一个在战争中牺牲了,另一个也差一点牺牲在内战时期,现在在赤塔。一九二三年,普罗敏斯基才启程回波兰去,可是在路上害伤寒死了。

另外一个工人,奥斯卡尔,完全是另一种类型的人。他是个因罢工和在罢工期间抗击警察而被流放的年轻人。他无所不读,并且读的很多,但是他对社会主义的认识却非常模糊。有一次,他从区里回来告诉我们说:"来了个新文书,他跟我的信仰是一致的。"——"怎么一致呢?"我问道。"他跟我都反对革命。"我和弗拉基米尔·伊里奇吃了一惊。第二天,我和奥斯卡尔一起翻译《共产党宣言》(必须把它从德文翻译过来),之后我们开始读《资本论》。一次,普罗敏斯基来上课,他坐在一旁抽烟。我从读过的书中提出了一个问题。奥斯卡尔不知道该怎样回答,普罗敏斯基却不慌不忙地微笑着回答了这个问题。奥斯卡尔因此整整一个星期没有来上课。但他毕竟是一个好青年。舒申斯克村再没有别的流放者了。弗拉基米尔·伊里奇说,他想同一个教师交朋友,但没有成功。这个教师倾向于当地的贵族:一个僧侣和两个小铺的掌柜。他们赌钱、酗酒。这个教师对社会问题根本不感兴趣。普罗敏斯基的长子列奥波特常常同这个教师争论,那时列奥波特已经同情社会主义者了。

弗拉基米尔·伊里奇有一个农民朋友茹拉甫列夫,伊里奇很喜欢他。茹拉甫列夫有肺病,三十来岁,过去是个文书。弗拉基米尔·伊里奇说他天生就是个革命家、反抗者。茹拉甫列夫勇敢地反对富人,不同任何不公平的现象妥协,他经常到处流浪,不久就因肺病死了。

弗拉基米尔·伊里奇还有一个朋友是贫农。弗拉基米尔·伊里奇常常同他去打猎。他是一个很笨的农民——大家叫他索斯巴迪奇;但他对弗拉基米尔·伊里奇非常好,常送给伊里奇各种各样的东西,有时送鹤,有时送松子。

弗拉基米尔·伊里奇通过索斯巴迪奇和茹拉甫列夫研究了西伯利亚的农村。有一次他把同一个富裕农民谈话的情形(他会住在这个富裕农民家里)告诉我。这个富裕农民的一张皮子被一个雇农偷去了,他在河边捉住了那个雇农,把雇农打死了。伊里奇由于这件事而谈到小私有者的残酷无情,谈到小私有者对雇农的无情剥削。真的,西伯利亚的雇农像苦役犯人一样地工作,只有过节的时候才能睡足觉。

伊里奇还有一个研究农村的方法。每到星期日他就给群众做法律顾问。他作为一个律师的名望是很高的,因为他帮助一个从金矿上被开除的工人跟金矿主打官司打赢了。打赢官司的这个消息,很快就在农民中间传开了。男女农民都到他那里来诉苦。弗拉基米尔·伊里奇用心倾听他们叙述并弄清一切问题,然后帮他们出主意。有一次,从二十俄里以外的地方来了一个农民向伊里奇请教,怎样去告他的姐夫,因为他的姐夫没要他去参加结婚典礼,而他姐夫的结婚典礼是很热闹的。"你现在去,他会招待你吗?"——"现在会招待。"弗拉基米尔·伊里奇几乎费了一个钟头的时间,才把这个农民劝说得愿意和他的姐夫和解了事。从对方的叙述里,有时一点也弄不清楚到底是怎么回事,因此弗拉基米尔·伊里奇总是要求对方把判决书的副本带给他。有一次,一个有钱人的公牛把一个贫弱农妇的母牛顶伤了。区法院判决公牛的主人给农妇十个卢布。农妇对区法院的判决提出了抗议,并且要求一份判决书的"副本"。"你是要一份关于你那高贵的母牛的副本吗?"陪审官嘲笑这个农妇说。怒不可遏的农妇跑来告诉弗拉基米尔·伊里奇。受屈者只要恐吓说告诉乌里扬诺夫去,就常常能使得欺负他的人让步。

弗拉基米尔·伊里奇很好地研究了西伯利亚的农村,以前他也熟悉伏尔加河流域的农村。伊里奇有一次说:"母亲想要我在农村中管理家业。我刚要开始去做,就看到不行,因为这样对农民的态度就会是不正常的。"

老实说,作为一个流放者,弗拉基米尔·伊里奇是没有权利从事律师业务的,但是当时是米努辛斯克专区的自由时期。实际上任何的监视都没有。

"陪审官"——一个当地的富裕农民——最关心的是把牛肉卖给我们,而很少关心不让"他的"流放者逃跑。舒申斯克村的东西便宜得惊人。例如,弗拉基米尔·伊里奇用他的"薪水"——八卢布的津贴,就可以租到一间干净的屋子,有饭吃,有人洗补衬衣,——这还认为钱花多了呢。的确,午饭和晚饭是简单一些——一星期给弗拉基米尔·伊里奇杀一只羊,天天给他吃,直到吃完为止;羊肉吃完之后,就买牛肉,女佣人在院子里给牲口拌草料的木槽里切了给弗拉基米尔·伊里奇做的肉饼,牛肉也要吃一个星期。牛奶和奶饼,弗拉基米尔·伊里奇和他的狗都可以尽情吃。他的狗是一只漂亮的哥尔顿种狗——叫作"任卡",他教会了它衔物、伫立及狗所能学会的其他各种动作。在齐良诺夫家里,农民常常喝得酩酊大醉,在那里居住,我们感到诸多不便,不久我们就用四个卢布租了一幢带菜园子的房子。我们像一个家庭似地过了起来。夏天无论怎样也找不到人来帮着料理家务。我同母亲两人忙着搞俄罗斯式的炉子。开始的时候,我用火筷子把面片汤弄撒了,后来就习惯了。我们菜园子里长着各种蔬菜——黄瓜、胡萝卜、甜菜、南瓜,我为我们的菜园而自豪。我们把院子改成了个小花园,——我和伊里奇到树林里去采了些蛇麻草回来,建起了花园。十月间,来了个十三岁的女助手巴莎,瘦瘦的,肘骨很尖,什么活计都干得很利索。我教她识字,她把母亲的训诲"注意啊,注意啊,别把茶水弄撒"写出来贴到墙上做点缀;她写日记,在日记上写着:"奥斯卡尔·亚历山大罗维奇和普罗敏斯基来了。他们唱《树墩》,我也唱了。"

我还记得,我们是怎样迎接"五一"的。

早晨,普罗敏斯基来到我们这里。他很像过节的样子,换上了干净的农服,全身像铜钱一样地放着光。我们很快被他的情绪所感染,于是我们三个人就带着"任卡"到恩格别尔格那儿去了。"任卡"跑在前面,高兴地吠着。我们顺着舒沙河走。河里飘着冰块。"任卡"的腹部浸在冰冷的水里,向舒申斯克村的许多毛茸茸的看家狗挑战似地狂吠着,而它们不敢到这样冷的水里去。

奥斯卡尔见我们来了非常兴奋。我们坐在他的房间里愉快地唱了起来:

> 五月的快乐的一天来到了,
>
> 忧愁的影子躲开道!

唱起来吧，勇敢的歌声！

我们要在这一天来罢工！

警察干着下贱的勾当，

累得汗流满面，

想把我们捉住，

投进牢监。

我们根本没把这个看在眼，

庆祝五月，我们勇敢大胆，

大家齐心协力，

干吧，干吧！

这首歌，我们用俄语唱完之后又用波兰语来唱。然后决定午餐之后到野外去庆祝"五一节"。我们照着计划做了。在野外的时候，我们的人多了，已经是六个人，因为普罗敏斯基把他的两个儿子带来了。普罗敏斯基一直容光焕发。我们走到野外爬上一个干燥的土丘时，普罗敏斯基站下来，从口袋里掏出一块红色的手帕，在地下铺开，来了个大顶。孩子们欢喜得叫了起来。晚上大家都到我们家里来，又唱起来了。普罗敏斯基的妻子也来了。我的母亲和巴莎也都跟着唱起来。

夜里我和伊里奇不知怎的总是睡不着，我们幻想着我们将来一定能参加强大的工人示威游行……

院子里多了一个小孩子，因为来了一个移民，他是拉脱维亚人，毡靴匠，曾有过十四个孩子，但只养活了敏卡一个。敏卡的父亲是一个不可救药的酒鬼。敏卡已六岁了，有着一副干干净净的苍白的小脸，一双明亮的眼睛，讲起话来像大人一样。他开始每天到我们这儿来——我们还没起床，门就开了，接着出现一个小身影，戴着大帽子，穿着母亲的棉上衣，系着围巾，高兴地说："瞧，是我来啦。"他知道我母亲很宠爱他，知道弗拉基米尔·伊里奇也常愿意逗他玩。有一次敏卡的母亲跑过来问：

"敏卡,你没有看见一个卢布吗?"

"看见了,本来在桌子上放着,我把它放到匣子里了。"

我们离开那里之后,敏卡想我们想病了。现在他已死去。毡鞋匠还来过信,让我们从叶尼塞河彼岸给他带点泥土去,他说:"希望老的时候能有口饱饭吃。"

我们的家庭越来越大——我们又养了一只小猫。

从清早起,我就和弗拉基米尔·伊里奇翻译维伯夫妇的著作。这本著作是司徒卢威给我弄到的。午饭后,我们大约抄写了两小时《俄国资本主义的发展》,然后就各做其事了。有一次波特列索夫送来了考茨基抨击伯恩施坦的一本小册子,要我们两周内译完,我们就把一切事情推开,按期译完了。工作以后,我们就去散步。弗拉基米尔·伊里奇很爱打猎。他弄了一条粗劣的皮子做的裤子,无论泥里水里到处都去。嗳,那里有飞禽嘛! 我是春天来到这儿的,对这种情况我很感惊奇。普罗敏斯基也爱好打猎,一来就高兴地微笑着说:"看见野鸭子飞来了。"奥斯卡尔来也是谈野鸭子。一谈就是几个钟头。第二年春天,我也能讲得出什么人在什么地方、什么时候看见了野鸭子。严冬过后,春天的大地欣欣向荣。自然界的威力变得强大了。每当黄昏的时候,天鹅在春天的大水洼里漫游着。当你站在树林的边缘,你就会听到小河淙淙地流着,山鸡呱呱地叫着。弗拉基米尔·伊里奇常到树林子里去,他总是要我牵着"任卡"。"任卡"兴奋得直蹦直跳。大自然的这种生气勃勃的景象真令人陶醉。弗拉基米尔·伊里奇是个打猎爱好者,就是有些过急。秋天我们在遥远的林中小道上走着。弗拉基米尔·伊里奇说:"遇上了兔子,我不打,没带皮带来,不好往回拿。"但是,兔子一跑出来,弗拉基米尔·伊里奇的枪就响了。

深秋,当叶尼塞河上漂着小块浮冰的时候,我们就到岛上打兔子。这时兔子的毛色显得更白,在岛上无处藏躲,像绵羊一样绕着圈子跑。有时候,我们这些猎人打的兔子竟能装满一船。

在莫斯科的最后几年,弗拉基米尔·伊里奇也有时去打猎,但是打猎的热情大大减低了。有一次大家带着小旗①去打狐狸,这件事使弗拉基米尔·伊里奇很感兴趣。"法子想得真妙,"他说。猎人们设法使狐狸直向弗拉基米尔·伊里奇跑去。当时狐狸站了约摸一分钟,看了看他,很快窜进树林子里的时候,这时他才端起枪。——"你为什么不打呢?"——"你不知道,它长得太漂亮了。"

深秋,还没有下雪,但河水已经开始结冰了。我们沿着小河走了很远——冰下面的每块石头、每条小鱼都看得清清楚楚,像仙境一般。而冬天,当寒暑表中的水银柱落到底的时候,小河的冰也就冻到河底了。水在冰上流着,很快地就会盖上一层冰。穿着冰鞋,在冻得不甚坚固的冰上可以滑行两俄里。弗拉基米尔·伊里奇非常喜好这些。

弗拉基米尔·伊里奇晚上通常是读哲学书籍——黑格尔、康德和法国唯物主义者的著作;很疲倦的时候,就读读普希金、莱蒙托夫、涅克拉索夫的作品。

弗拉基米尔·伊里奇初到彼得堡的时候,我只是从别人的介绍里了解他一些。斯·伊·拉德琴柯告诉我说,弗拉基米尔·伊里奇只读严肃的书,一生也没读过一本小说。我觉得很奇怪。后来,当我与弗拉基米尔·伊里奇进一步认识了的时候,不知怎的关于这个问题一次也没有谈过。直到在西伯利亚时,我才知道这纯粹是些无稽之谈。弗拉基米尔·伊里奇不只是读了,而且还多次地读了屠格涅夫、列夫·托尔斯泰的作品和车尔尼雪夫斯基的《怎么办?》。总而言之,他是非常熟悉古典作家,并且热爱他们。后

---

① 有一种打猎的方法,是用小旗做围赶狐狸的工具。——译者注

来,在布尔什维克掌握政权之后,他给了国家出版局一个任务——出版普及本的古典作品。在弗拉基米尔·伊里奇的相册里除了几个亲人和流放中的老同志的相片外,还有左拉的、赫尔岑的和几张车尔尼雪夫斯基①的。

邮差每星期要来两次。他的通信范围非常广泛。

从俄国寄来了信件和书籍。安娜·伊里尼奇娜从彼得堡来信,对一切都写得详详细细。司徒卢威太太也给我来信,说她的小儿子"已能仰起头来了,每天我们把他抱到达尔文和马克思的像跟前,告诉他:向达尔文老爷爷鞠躬,向马克思鞠躬,他也就有趣地鞠起躬来"。我们还接到从遥远的流放地寄来的信——马尔托夫从图鲁汉斯克寄来的和波特列索夫从维亚特卡省奥尔洛夫寄来的。来信最多的是被流放在邻村的同志们。克尔日扎诺夫斯基、斯塔尔科夫从米努萨(距舒申斯克村五十俄里)常常来信。勒柏辛斯基、瓦涅耶夫、西尔文、帕宁——奥斯卡尔的朋友——住在距离三十俄里的叶尔马科沃村,林格尼克、沙波瓦尔、巴拉姆津住在距离七十俄里的捷斯村。库尔纳托夫斯基住在糖厂。信里无所不谈——谈俄国的消息,谈将来的计划,谈书籍,谈新的派别,谈哲学。在信上还谈棋术。特别是在同勒柏辛斯基的通信中,他们在信上下棋。弗拉基米尔·伊里奇布好棋局,就考虑起来。有一段时间他简直是入迷了,甚至在梦中还喊:"要是他的马跳到这儿,我的塔就放到那儿。"

弗拉基米尔·伊里奇和亚历山大·伊里奇从小就非常爱下棋。弗拉基米尔·伊里奇的父亲也爱下棋。弗拉基米尔·伊里奇说:"起初是父亲赢我们,后来,我跟哥哥弄到一本象棋指南,我们就开始赢父亲了。有一次——我们是住在楼上的,——我们遇见父亲端着一支蜡烛从我们的房间里出来,手里拿着那本象棋指南。接着就坐下看起来了。"

———————————

① 弗拉基米尔·伊里奇尤其敬爱车尔尼雪夫斯基。在车尔尼雪夫斯基一张相片上有弗拉基米尔·伊里奇的亲笔题词:生日不详,死于一八八九年。——作者注

　　弗拉基米尔·伊里奇回到俄国后，就不下棋了。"棋太迷人，妨碍工作。"弗拉基米尔·伊里奇无论做什么事都不马虎，他总是把全部热情拿出来，所以无论在休息时或在国外侨居时，他都不愿意下棋了。

　　弗拉基米尔·伊里奇从很年轻的时候起，就能抛开那些妨碍事情的东西。"在中学的时候，爱好溜冰，但溜冰之后很疲倦，就想睡觉，妨碍学习，所以我就不再溜了。"

　　弗拉基米尔·伊里奇说："有一个时期，我非常喜好拉丁语。"——"拉丁语?"我惊奇地问道。"是的，因为它开始妨碍其他的功课，我就把它扔掉了。"不久以前，我看《艺术左翼战线》杂志，看到有人分析弗拉基米尔·伊里奇的语言的风格与结构时，指出弗拉基米尔·伊里奇的句子构造与罗马雄辩家的句子构造有相似之处，在雄辩方法上有相同之处，我这才明白弗拉基米尔·伊里奇为什么会喜好拉丁语，研究拉丁语的作家了。

　　他不但跟流放的同志们通信，有时，还会与他们见面。

　　有一次，我们到库尔纳托夫斯基那里，他是个很好的同志，是个很有修养的马克思主义者，但是，他的生活却是苦难重重。同一个暴虐的父亲度过了艰苦的童年，然后就是接二连三地被流放，三番五次地坐牢。他几乎就没有自由地工作过。才从监狱里出来一两个月就又被捕去监禁几年，没体会过生活的温暖。我只记得一件事。我们在他服务的糖厂附近走着，遇到两个女孩子——一个年纪大一些，一个小一些。大女孩子提着一只空水桶，小女孩子提着一只装着甜菜的桶。"多丢人哪，大的强迫小的拿东西。"库尔纳托夫斯基对大女孩子说。那个女孩子只是莫名其妙地望了望他。我们还到捷斯村去过。有一次，克尔日扎诺夫斯基夫妇来了一封信说："县警察局长因为捷斯人的某种抗议而大发雷霆，不准捷斯居民到任何地方去。捷斯有一座山，在地质方面很有意思。来信可以说你想研究它。"弗拉基米尔·伊里奇开玩笑地给警察局长写了一个申请书，请求不仅准他一个人到捷斯去,还请求准他的妻子去帮忙。警察局长派人送来了许可证。我们花了三个卢布雇了一辆一匹马拉的二轮马车——农妇说,她的马很有力量,"吃的不多",用不着多少麸料,——这样我们就向季斯出发了。马虽然"吃的不多",但是把我们拉到中途就不走了,不过我们还是到了捷斯。弗拉基米尔·伊里奇同林格尼克谈论康德,同巴拉姆津谈论喀山小组;林格尼克的嗓子很好,给我们唱了歌。总之,这次旅行给我们留下了一段美好的回忆。

我们到叶尔马科沃村去过两次。一次是为了通过关于《信条》①的决议——瓦涅耶夫患着沉重的肺病,命在旦夕,他的床被抬到一个大房间里,所有的同志都聚集在那里。决议被一致通过了。

另一次我们去那里,是为了安葬瓦涅耶夫。

"十二月党人"(这是我们对一八九五年十二月被捕的同志们的戏称)很快地就少了两个人:在监狱中发疯的扎波罗热茨和患重病的瓦涅耶夫都死了,那正是工人运动的火焰刚刚开始燃烧起来的时候。

我们到米努辛斯克去过新年,所有被流放的社会民主党人也都到这儿来了。

那时米努辛斯克还有被流放的民意党人:柯恩、德尔柯夫等人,但他们不和我们往来。这些老头子对社会民主主义青年采取不信任的态度,不相信这是些真正的革命家。在我到达舒申斯克村之前不久,米努辛斯克县发生了流放者事件。当时米努辛斯克有一个流放者、社会民主党人,叫赖钦,跟"劳动解放社"有联系。他决定逃走。有人给他弄到了路费,逃走的日期没有决定。但是赖钦拿到路费以后,就陷入一种非常神经质的状态,谁也没有告诉就跑掉了。民意党的老头子们责难社会民主党人,说他们知道赖钦逃跑的事情,但是却没有告诉他们这些老头子;可能进行搜查,而民意党人

---

① 这里指"经济派"在一八九九年发表的《信条》宣言。

却毫无戒备。"纠纷"像雪球一样越滚越大。我来到以后,弗拉基米尔·伊里奇就把这件事情告诉了我。他说:"没有比这种流放者事件更糟的了,这种事件最能误事,老头子们的神经有毛病,因为他们什么事情都体验过,做过苦役。不应当让这种事件折磨自己——整个工作还在前边,不应当在这种事件上耗费自己的精力。"因此,弗拉基米尔·伊里奇坚持同老头子们分裂。我还记得进行分裂的那次会议的情形。关于分裂的决定先已作出,应当将这个分裂尽可能地做得妥善些。分裂是因为需要分裂,但是分裂得要使人无怨无恨,有些惋惜。这样,后来就分开了。

总之,流放时期还过得不坏。这是一个严肃的学习时期。流放期愈接近结束的时候,弗拉基米尔·伊里奇就愈来愈多地想到即将来临的工作。从俄国来的消息非常少:在那里,经济主义产生并巩固起来了,党实际上是不存在的,印刷所也没有,通过崩得解决出版问题的尝试也没有成功。当时只写通俗的小册子而不对工作中的基本问题发表意见是不可能的。工作陷于非常涣散的状态,经常的逮捕使工作不能连续地做下去,人们竟谈起《信条》和《工人思想》来了,《工人思想》上刊登的一个受了经济派宣传的工人的通讯里写道:"我们工人不需要什么马克思和恩格斯……"

列夫·托尔斯泰在什么地方写过:走前半段路程的人,通常想的是他所留下的东西;而走后半段路程的人,想的则是在前面等着他的东西。在流放中也是这样。最初的时期多半是总结以前的工作。在流放的后半期多半是考虑未来的事情。弗拉基米尔·伊里奇愈来愈紧张地考虑着需要做些什么,才能把党从现在的处境中拯救出来,才能使工作走上正轨,才能保证社会民主党对工作有正确的领导。从何着手呢? 在流放的最后一年里,弗拉基米尔·伊里奇就有了一个组织计划;后来他在《火星报》上,在《怎么办?》里,在《给某同志的一封信》里发展了这一计划。当从组织全俄性的报纸着手,把它设在国外,使它尽可能地同俄国的工作密切联系起来,同俄国的组

织密切联系起来,尽可能地搞好输送工作。弗拉基米尔·伊里奇这时已夜
不成寐,异常消瘦。他在失眠的夜里,周详地考虑着自己的计划,同克尔日
扎诺夫斯基和我讨论,同马尔托夫和波特列索夫通信商量,并同他们谈好到
国外去的问题。愈往下去,弗拉基米尔·伊里奇愈加着急,愈加渴望工作。
这时我们又遭到一次突如其来的搜查。里亚霍夫斯基给弗拉基米尔·伊里
奇的一封信的回执不知从谁手里被宪兵搜去了。这封信谈的是关于费多谢
耶夫纪念碑的问题。宪兵们就乘机搜查。搜查是在一八九九年五月间进行
的。信被他们找到了,信是没有丝毫问题的。他们检查了别的信件,但也没
有发现什么问题。照彼得堡的老习惯,秘密文件和书信我们是另外保存的。
的确,这些东西都摆在书柜下面的搁板上,弗拉基米尔·伊里奇递给了宪兵
一把椅子,为的是让他们先从上面的搁板开始搜查,那上面放的是各种统计
资料汇编。他们都搜查累了,当要看下层搁板时,我说那里是我的一些教育
书籍,他们连看也没有看便相信了。搜查平安无事地过去了,不过很担心他
们利用借口再把流放期延长几年。那时逃走的事还不像后来那样常常发
生,但不管怎样,逃走是会使事情复杂起来的。到国外去之前,必须先在俄
国进行巨大的组织工作。事情很顺利——流放期没有延长。

　　一九〇〇年二月,弗拉基米尔·伊里奇流放期满以后,我们就动身回彼
得堡了。两年来变得非常漂亮的巴莎夜夜哭泣不已。敏卡忙着往家里拿剩
下的纸张、铅笔、画片以及其他东西。奥斯卡尔·亚历山大罗维奇来了,坐
在椅子边上,看样子很激动,给我带来了一件礼物——自制的胸饰,样子像
一本书,上边写着"卡尔·马克思",以纪念我给他讲过《资本论》。女主人
和邻居不停地向屋子里窥视,我们的狗不懂得我们为什么这么忙乱,不停地
用鼻子把门推开,看看是否大家都在。妈妈一边咳嗽一边搬小箱子,弗拉基
米尔·伊里奇仔细地捆扎书籍。

　　我们到了米努辛斯克,要带斯塔尔科夫和奥丽珈·亚历山大罗芙娜·

西利文娜同行。我们所有流放的伙伴都已经会集在那里,大家流露出一种当有流放者要回到彼得堡去时所常有的情绪:每个人都想着他自己什么时候才能走,到什么地方去,将怎样工作。弗拉基米尔·伊里奇早就同不久要回彼得堡去的同志谈妥在一起工作。跟留下来的人谈妥通信的事情。大家所想的都是俄国,但是所谈的却是各种各样的琐事。

巴拉姆津用夹肉面包喂我们留给他的任卡,但它并不理睬,它躺在我母亲的脚边,目不转睛地看着她的一举一动。

我们终于穿上了毡靴和毛皮大衣启程了。我们骑着马沿着叶尼塞河日夜兼程地走了三百俄里,幸而夜间月光很好。弗拉基米尔·伊里奇每到一站都照管我和母亲,检查一下忘掉什么东西没有,跟冻僵了的奥丽珈·亚历山大罗芙娜开开玩笑。马拼命地跑着。弗拉基米尔·伊里奇——他没穿毛皮大衣,说穿毛皮大衣骑马太热——把手插在从母亲那里拿去的暖手筒里,思想早就跑到彼得堡去了,在那里他就可以尽情地工作了。

我们到达乌法的那天,有当地的人亚·德·瞿鲁巴、斯维捷尔斯基、克罗赫马尔来找我们。克罗赫马尔结结巴巴地说:"跑了六家旅馆,终于把你们找到了。"

弗拉基米尔·伊里奇在乌法停留了两天,同他们谈了话,把我和母亲托付给同志们以后,他就动身往彼得堡去了。在这两天里的情形我所记得的只是拜访老民意党人切特韦尔戈娃这件事。切特韦尔戈娃是弗拉基米尔·伊里奇在喀山认识的。她在乌法开了一家书店。弗拉基米尔·伊里奇到达乌法的当天,就到她那里去了,当他同她谈话的时候,他的声音非常柔和,脸上显出某种特别的和蔼神情。后来当我读弗拉基米尔·伊里奇写的《怎么办?》一书的结束语时,我才记起这次拜访。列宁在《怎么办?》中写道:"他们中间有许多人开始具有革命思想,是同民意党人一样的。他们在青春早期,差不多全都热烈地崇拜过从事恐怖活动的英雄。当时要抛弃这种英雄传统的令人神往的印象,必须进行斗争,而且必须同那些始终忠于'民意党'而深受年轻的社会民主党人敬重的人决裂。"①这一段话是弗拉基米尔·伊里奇传记的一个片断。

"真正的"工作刚刚开始时就和伊里奇分开,使我感到非常惋惜,但是我连想也没想留他在乌法,因为他当时已有可能到离彼得堡更近的地方去。

弗拉基米尔·伊里奇到了普斯可夫②,后来波特列索夫和柳·尼·拉德琴柯跟她的孩子们也住在那里。有一次弗拉基米尔·伊里奇笑着告诉我们说,拉德琴柯的两个小女儿叶纽卡和柳达怎样模仿他和波特列索夫的动作。两个小孩子背着手,并排在屋里踱着,一个说"伯恩施坦",另一个就回答"考茨基"……

弗拉基米尔·伊里奇在普斯可夫致力于建立组织网,这些组织要把未来在国外印刷的全俄性的报纸同俄国紧密联系起来,同俄国的工作紧密联系起来。弗拉基米尔·伊里奇在普斯可夫同巴布什金及其他许多人见了面。

我渐渐地习惯了乌法的气候,翻译一些东西,教些课。

在我到达乌法以前不久,这里发生过一次流放纠纷,社会民主党人因而分裂为两个阵营。一个阵营里有:克罗赫马尔、瞿鲁巴、斯维捷尔斯基;另一个阵营里有:布拉克辛弟兄、萨尔蒂柯夫、克维亚特科夫斯基。查钦娜与阿普捷克曼保持中立,同双方保持着关系。我对第一派比较亲近,很快地我就跟它接近了。这一派做了些工作,一般说来,这一派是最积极的一部分人。我跟铁路修理厂有联系。在那里有一个由十二人组成的社会民主党工人小组。工人雅库多夫是那里最积极的分子。他屡次到我这儿来拿书和交谈。他用很长的时间寻找马克思的一篇论文,可是好容易找到手以后,却没有办

---

① 见《列宁全集》第6卷,人民出版社2013年版,第171页。
② 列宁是一九〇〇年三月十日(旧历二月二十六日)到的普斯可夫。——编者注

法读完它。他抱怨说："没有时间,你知道,农民们经常有事来找我商量。为了不让他们产生自卑感,就得同每个人谈话,这样就没有时间了。"他告诉我,他的妻子娜塔莎也同情他,他们什么样的流放也不怕,他到哪里都没关系,一双手到处都能养活他。他是一个了不起的秘密工作者,最憎恶空喊、吹嘘、说大话。做一切事情都要求彻底,不声不响,踏踏实实。

一九〇五年,雅库多夫是在乌法成立的共和国的主席,但是后来,在反动的年代里,他在乌法的监狱里被绞死了,他死在监狱的院子里,整个监狱——所有的牢房里的人都唱起挽歌来——并且宣誓,永远不忘记他的死,一定给他报仇。

我还给其他工人上课。一个小工厂的年轻的五金工人来上课时,常常告诉我当地工人的生活情形,他是个很急躁的、神经质的人。后来有人告诉我,他参加了社会革命党,在监狱里发了疯。

到我这儿来的还有个生肺病的装订工人克雷洛夫,他努力制作可以放进秘密手稿的双层书皮,把手稿贴成做书皮用的纸板。他告诉我当地印刷工人工作的情形。

后来我根据这些谈话给《火星报》写了一些通讯。

除乌法外,我还在各个工厂进行工作。乌斯济—卡达夫工厂里有一个女助理医生,是个社会民主党人,她在工人中间进行工作,散发秘密的通俗小册子。当时,我们非常缺乏这种秘密的通俗小册子。

每个工厂里都有几个大学毕业生是社会民主党人。我们乌法的组织在叶卡捷琳堡掩护着一个被通缉的工人马查诺夫,他是从图鲁汉斯克逃回来的,他同马尔托夫一起被流放在那儿。不知为什么他的工作没有搞好。

乌法是省的中心,斯捷尔利塔马克、比尔斯克和其他县城的流放者经常可以获得许可到乌法来。

此外,乌法是西伯利亚到彼得堡去的必经之路。从流放地回来的同志们都要来此商量一下工作。马尔托夫（他没有能立即离开图鲁汉斯克）、格·伊·奥库洛娃、帕宁到这里来过，"叔叔"（克尼波维奇）从阿斯特拉罕秘密地到这里来过，鲁勉采夫、波尔土加洛夫也从萨马拉到这里来过。

马尔托夫在波尔塔瓦住下了。那时我们同他有联系，想通过他得到书籍。大概在我离开乌法以后一个星期，书籍就来了。派去领取书籍的克维亚特科夫斯基，因为箱子在路上破了被发现带有禁书，而被判处流放西伯利亚五年。实际上他并没有进行工作，要他去领包裹，乃是因为包裹寄到啤酒厂，而他在教那个啤酒厂厂主的女儿读书。

那时乌法也有民意党人——有列昂诺维奇，稍后，还有鲍罗杰奇。

临出国以前，弗拉基米尔·伊里奇险些陷入罗网。他同马尔托夫同时从普斯可夫到彼得堡去。他们被人跟踪之后遭到逮捕。他的背心里放着从"大婶"（卡尔梅柯娃）那儿拿来的两千卢布和一张用化学墨水写在信纸上的与国外联系的地址，为了不惹人注意，就用墨水在上面写了些无关紧要的东西——一笔什么账目。如果宪兵当时能想到用火烤这张单子的话，那么弗拉基米尔·伊里奇就不能在国外创办全俄政治报了。但他"走运"，过了十天就被释放了。

后来，他到乌法来跟我告别。他谈到在这一时期中他做了些什么事情，遇到过哪些人。当然，由于弗拉基米尔·伊里奇的来到，开过许多会。记得，当发现自命为民意党人的列奥诺维奇甚至不知道"劳动解放社"的名称的时候，弗拉基米尔·伊里奇勃然大怒说："难道一个革命者可以不知道这个吗，难道他能自觉地选择一个他将在其中工作的党吗，如果他不知道、不研究'劳动解放社'写的东西的话。"

弗拉基米尔·伊里奇当时大约在乌法住了将近一个星期。

他从国外给我的信多半写在小册子里，这些小册子是寄给各个地方自治局委员转交的。总的说来，办报纸的事情进行得并不像弗拉基米尔·伊

列宁的亲属（左起：姐夫叶利扎罗夫、母亲玛丽亚·亚历山德罗夫娜、弟弟德米特里、妹妹玛丽亚）

里奇所希望的那样迅速。跟普列汉诺夫商谈很不顺利,因而弗拉基米尔·伊里奇从国外来的信是简短的、不愉快的,结尾总是:"等你来了再告诉你","关于同普列汉诺夫的争执,我给你详详细细地记下来了"。

我好容易等到流放期满,那时不知为什么弗拉基米尔·伊里奇好久没有来信。

我想到阿斯特拉罕去找"叔叔"(克尼波维奇),于是就匆匆启程了。

我同母亲顺路到莫斯科弗拉基米尔·伊里奇的母亲玛丽亚·亚历山德罗夫娜那儿去了一趟。那时她一个人在莫斯科。玛丽亚·伊里尼奇娜在监狱里,安娜·伊里尼奇娜在国外。

我非常敬爱玛丽亚·亚历山德罗夫娜,她对人总是那样体贴入微,关怀备至。弗拉基米尔·伊里奇非常爱他的母亲。有一次他对我说:"她有着坚强的意志,哥哥这件事要是发生在父亲还活着的时候,那我不知道会怎样了。"

弗拉基米尔·伊里奇的意志力是从他母亲那里继承来的,他还继承了她对人体贴和关心的品德。

我们住在国外的时候,我把我们的生活尽量生动地写信告诉她,为的是使她能感到儿子的一些温暖。一八九七年弗拉基米尔·伊里奇在流放的时候,当时我还没有去,报纸上刊登了玛丽亚·亚历山德罗夫娜·乌里扬诺娃在莫斯科逝世的讣告。奥斯卡尔后来对我说:"我到弗拉基米尔·伊里奇那里,他的脸色苍白得好像麻布似的,他说:'我的母亲死了'。"死的原来是另外一个玛丽亚·亚历山德罗夫娜·乌里扬诺娃。

玛丽亚·亚历山德罗夫娜遭到许多悲痛——长子被杀,女儿奥丽珈夭亡,其他子女不断被捕。

一八九五年,弗拉基米尔·伊里奇病了,她立刻来照料他,亲自给他做饭;伊里奇被逮捕了,她又到岗哨上来,几小时几小时地坐在拘留所的阴暗的接待室里等他,看望他,给他送东西去;她只是头稍稍有点儿颤抖。

我答应她照顾弗拉基米尔·伊里奇,但却没有照顾好……

我把我的母亲从莫斯科带到彼得堡,把她安置在那里。我自己到国外去了。我糊里糊涂地到了布拉格,我以为弗拉基米尔·伊里奇用莫德拉切克的姓住在布拉格。

我在行前拍了电报。到了布拉格,谁也没有来接我,等了又等。我怀着非常不安的心情雇了一辆马车,装上柳条包就走了。到了工人区:狭窄的胡同,高大的房屋,许多窗口都晾着羽毛褥子……

我跑到四层楼上。一个很白净的捷克女人开了门。我说了几遍:"找莫德拉切克,找莫德拉切克先生。"出来了一个工人说道:"我就是莫德拉切克。"我惊慌失措地说:"不,他是我的丈夫。"莫德拉切克终于猜着了。"啊,您大概是利特梅依尔先生的妻子,他住在慕尼黑,但是他是通过我向乌法给您寄书和信件的。"莫德拉切克为我忙了整整一天。我告诉他俄国革命运动的情形。他告诉我奥地利革命运动的情形。他的妻子把她的刺绣拿给我看,并且给我做了一顿捷克的面片吃。

到慕尼黑①的时候,我穿的是皮大衣,这时在慕尼黑大家都穿单衫了。根据经验,我把柳条包存放在车站上,就坐上电车去找利特梅依尔。我找到一座房子,第一号住宅是个啤酒店。我走到柜台跟前,柜台后面站着一个胖胖的德国人,我胆怯地打听着利特梅依尔先生,预感到又有些不对头。啤酒店的老板答道:"就是我。"我完全失望了,我含糊地说:"不,他是我的丈夫。"

我们就像傻子一样面面相觑。最后,利特梅依尔的妻子来了,看了我一眼,猜着了:"啊,她准是梅依尔先生的妻子。他在等着从西伯利亚来的妻

---

① 娜·克鲁普斯卡娅是一九〇一年四月中旬到慕尼黑的。——编者注

子呢,我送你去。"

我跟着利特梅依尔太太往大房子的后院走去,走进了一个似乎没人住的住宅里。门开了,桌子旁边坐着弗拉基米尔·伊里奇、马尔托夫和安娜·伊里尼奇娜。忘了谢谢女主人,我就骂了起来:"真见鬼,你为什么不写信告诉我到哪里找你?"

"怎么没写信? 我每天去接你三次,你从哪儿来的?"后来才知道,写着地址的那本小书是寄给一个地方自治局委员转交的,而那个人竟把那本小书留下来看了。

不少俄国人后来也都有过类似的旅行:施略普尼柯夫第一次到日内瓦却走到了热那亚,巴布什金想到伦敦,险些到了美国。

慕 尼 黑

一九〇一——一九〇二年

　　弗拉基米尔·伊里奇、马尔托夫和波特列索夫虽然都是拿着合法的护照出国的，但是却决定在慕尼黑用别人的护照住下来，住到远离俄国侨民聚居的地方，为的是不暴露从俄国来的工作人员和比较容易地把秘密出版物用箱子或是当作信件送到俄国去。

　　我到慕尼黑的时候，弗拉基米尔·伊里奇住在利特梅依尔家里，没有经过登记，自称为梅依尔。虽然利特梅依尔是啤酒店的老板，但他是个社会民主党人，把弗拉基米尔·伊里奇藏在自己的住宅里。弗拉基米尔·伊里奇的房间不是太好，他单独生活，每天在一个德国女人那儿吃午饭，她给他Mehlspeise① 吃。早晨和晚上用洋铁杯子喝茶，用完后自己细心地刷洗干净，挂到水龙头旁边的钉子上。

　　他面带忧虑，一切工作都没有像他所希望的那样迅速地开展起来。那时住在慕尼黑的，除弗拉基米尔·伊里奇外，还有马尔托夫、波特列索夫和查苏利奇。普列汉诺夫和阿克雪里罗得主张报纸在他们的直接领导下在瑞士的一个地方出版。起初他们和查苏利奇都没有特别重视《火星报》，完全没有估计到《火星报》能够起到和已经起到的组织作用；他们更关心的是

---

　　① 面粉制成的菜肴。——编者注

《曙光》杂志。

"你们的《火星报》可不高明"，查苏利奇起初开玩笑地说。这当然是一句笑话。但在这句话里也透露出她对整个事业的一定程度的估计不足。弗拉基米尔·伊里奇认为，必须使《火星报》离开侨民居住的中心地区，以便它能隐蔽起来，这对与俄国联系、对通信、对工作人员出国都有巨大的意义。老头子们认为他不愿意把报纸迁到瑞士去，是不愿意接受领导，是想要推行自己的路线，因而他们没有特别热心地来帮助他。弗拉基米尔·伊里奇感觉到了这一点，所以很不安。他对"劳动解放社"有一种极其特殊的感情。对普列汉诺夫不用说了，他对阿克雪里罗得和查苏利奇也都是热爱的。弗拉基米尔·伊里奇在我到慕尼黑的第一天晚上这样对我说："你会看到查苏利奇的，她是一个水晶般纯洁的人。"是的，这是事实。

"劳动解放社"里只有查苏利奇一个人接近了《火星报》。她同我们一起在慕尼黑和伦敦住过。她非常关心《火星报》编辑部的生活，与它同甘苦共患难，非常关心从俄国来的消息。

"《火星报》变成重要报纸了"，她在《火星报》的影响增长和扩大后开玩笑地说：她不止一次地讲述过漫长的、冷清的侨居国外的生活。

我们从来也没尝过"劳动解放社"所过的那种侨居生活，我们始终同俄国保持着极密切的联系，从俄国经常有人到我们这里来。在获得消息这方面来说，我们住在国外比住在国内一个省会还好；我们非常关心俄国的工作；俄国的革命事业日益发展，工人运动日益高涨。而"劳动解放社"的人们当时却与俄国断绝了联系，他们住在国外的时候正是极其反动的年代，——从俄国来一个大学生在当时就被认为是一件大事，大家都不敢来。九十年代初，克拉松和柯罗布科到他们这里来过，回去之后立刻就被宪兵队叫去，问他们为什么去普列汉诺夫那里。那时候对人们的监视是组织得非常严密的。

"劳动解放社"全体社员中最感孤单的是查苏利奇。普列汉诺夫和阿克雪里罗得总还有个家庭。查苏利奇不止一次地谈到她的孤单:"我一个亲人也没有",接着就立刻用笑话来遮掩自己的痛苦:"没有关系,你们爱我,我知道,我死的时候,你们一定会少喝一杯茶的。"

她很需要一个家庭,——或许是因为她作为一个"养女"在别人家里长大的缘故吧。只要看看她是多么愿意跟季姆卡(彼·格·斯米多维奇的妹妹的白胖儿子)一块儿玩就可以明白了。她善于管理家务,共同起伙的时候,轮到她做午饭,她总是细心地购买食品(在伦敦的时候,查苏利奇、马尔托夫、阿列克谢也夫在一块儿起伙)。可是很少有人猜到查苏利奇喜欢过家庭生活和管理家务。她过着虚无主义式的生活——穿衣服随随便便,抽起烟来没完,她的房间里乱得令人难以想象,她不许可任何人收拾她的房间。她吃饭的方式也相当奇怪。我记得,有一次她在汽油炉子上给自己烤肉,一边烤,一边用剪子一块块地剪下来吃。

她对我说:"我在英国住的时候,有些英国太太想跟我谈话。'您煎肉要用多少时间?'——我回答说:'那要看情形,如果想吃的话,十来分钟就煎好,如果不想吃的话,就煎三个小时。'她们就不再问了。"

查苏利奇写作的时候,就把自己关在房间里,只喝浓烈的黑咖啡,不吃别的。

查苏利奇非常怀念俄国。大概是在一八九九年她偷偷地回俄国一趟,——不是去工作,而是去"看看老百姓,看看他们的生活情况"。《火星报》开始出版时,她感觉到,这是俄国工作的一部分,而用全力来支持它。离开《火星报》对她说来,就是又跟俄国断绝联系,又开始坠入死气沉沉的毫无希望的侨居生活里。

因此,在第二次代表大会上提出《火星报》编辑部问题时她被激怒了。这对她来说不是自尊心的问题,而是一个生死攸关的问题。

一九〇五年她回到了俄国,就留在那儿了。

在第二次代表大会上,查苏利奇有生以来第一次反对了普列汉诺夫。多年的共同斗争把她与普列汉诺夫联系在一起,她看到了他在指导革命运动走向正确轨道的事业中起过多么巨大的作用,她推崇他是俄国社会民主党的奠基者,她推崇他的智慧、他的绚丽的才华。有一点儿跟普列汉诺夫意见不合的地方,都会使她感到非常不安,但是这次她却没有跟着普列汉诺夫走。

普列汉诺夫的命运是悲惨的。在理论方面他对工人运动的功劳是非常伟大的。但是侨居国外的年代对他产生了坏影响,——这些年代使他脱离了俄国现实。当他在国外的时候,俄国发生了广泛的群众性的工人运动。他看见过各种党派的代表、作家、大学生,甚至也看见过个别的工人,但却没有见过俄国的工人群众,没有在他们中间进行过工作,感觉不到他们。有时候,从俄国来的一篇通讯中显示出一些新的运动形式,令人感觉到运动发展的远景。弗拉基米尔·伊里奇、马尔托夫,甚至查苏利奇都一遍又一遍地读着它;然后弗拉基米尔·伊里奇长时间地在屋里踱来踱去,晚上不能入睡。我们迁到日内瓦之后,我试着把通讯和信件拿给普列汉诺夫看,他对这些通讯和信件的反应使我惊奇:他好像失去了立足之地似的,在他的脸上表现出一种不相信的神色,后来他从没有谈到过有关这些通讯和信件的事情。

第二次代表大会以后,他对从俄国寄来的信件尤其不信任了。

起初这甚至使我觉得有些不快,后来才明白这是由于他离开俄国太久,他没有一个凭经验构成的尺度来衡量每篇通讯,以便能在字里行间读到许多东西。

工人们常常到《火星报》来,当然,他们每人都想见见普列汉诺夫。见他比见我们或者马尔托夫要难得多,可是即使工人见到了他,临走时也会带着一种复杂的感情。普列汉诺夫的绚丽的才华、他的知识、他的机智使工人感到敬佩,但是不知为什么,工人们离开普列汉诺夫时,只是感到自己与这位出色的理论家之间有着很大的距离,他们的心事,他们想谈出来跟他探讨的问题终于没能谈出来。

如果工人不同意他的意见,而试着陈述自己的意见时,普列汉诺夫就会发起怒来:"你的爸爸和妈妈还在桌子底下爬的时候,我就……"

大概在侨居生活的最初几年还不是这样,但是到九十年代初,普列汉诺夫已经丧失了对俄国的直接的感觉。一九〇五年他没有回俄国去。

阿克雪里罗得是一个比普列汉诺夫和查苏利奇好得多的组织者。他接见来访的人比谁都多,来访的人们在他那里待的时间也最久。他请他们喝,请他们吃。他仔细地向他们打听着一切。

他与俄国通信,知道秘密联系的方法。一个俄国的组织者和革命者在侨居瑞士的漫长岁月里能有什么样的感觉,是可以想象得到的!阿克雪里罗得的工作能力失去了四分之三,他彻夜不眠,写作时非常吃力,几个月写不完一篇文章,他的笔迹几乎不能辨认,因为他写字时激动得很厉害。

阿克雪里罗得的笔迹总是给弗拉基米尔·伊里奇留下深刻的印象。伊里奇不止一次地说:"你会跟阿克雪里罗得一样的,真是怕人。"他不止一次地同克拉麦尔医生谈过阿克雪里罗得的笔迹(克拉麦尔医生是弗拉基米尔·伊里奇最后一次得病期间的主治医生)。弗拉基米尔·伊里奇一八九五年第一次到国外时,关于组织问题同阿克雪里罗得谈得最多。关于阿克雪里罗得的事情,我到慕尼黑时,他跟我谈了很多;后来,当他自己不仅不能够写而且连一句话也不能说的时候,他还指着报纸上阿克雪里罗得的姓名问我:他现在在做什么事情。

当《火星报》不在瑞士出版,跟俄国联系也不通过他的时候,阿克雪里罗得感到非常痛苦。这是他在第二次代表大会上那样激烈地对待三人团问题的原因。《火星报》将是组织中心,而他却不能参加编辑部!而且这发生在第二次代表大会上,当时比任何时候都更感觉得到俄国的呼吸。

我到慕尼黑的时候,"劳动解放社"的人员当中只有查苏利奇用别人的名字住在那里,——她用的是一个保加利亚人的护照,自称是维里卡娅·季米特耶芙娜。

别人也都得用保加利亚人的护照住在那里。在我到达慕尼黑之前,弗拉基米尔·伊里奇根本就没有护照。我到了以后,我们找到了一个保加利亚医生约尔达诺夫的护照,在护照上加上了他的妻子玛丽查,根据招租广告在一个工人家里租了一间屋子住下。在我之前,《火星报》的秘书是印娜·格尔莫格诺夫娜·斯米多维奇,她也是用保加利亚人的护照住在那里,化名迪姆卡。我到了之后,弗拉基米尔·伊里奇就告诉我说,他已给我安置好了,我到之后要我做《火星报》的秘书。这当然就是说,跟俄国的一切联系都将要在弗拉基米尔·伊里奇密切的监督之下来进行。马尔托夫和波特列索夫对此毫无异议,因为"劳动解放社"也没有候补者,加之它当时也没有特别重视《火星报》。弗拉基米尔·伊里奇对我说,他这样做很不好意思,但是他认为为了工作必须这样。工作一大堆,具体安排如下:俄国来的信件都寄到不同城市的德国同志那里,而这些德国同志又把收到的信寄给列曼医生,列曼医生再把信件寄给我们。

在这前不久,发生了一件大事。在俄国,为了出版小册子终于在基什涅夫建立起了印刷所,这个印刷所的主任阿基姆(李伯尔的兄弟莱昂·戈德曼)把在俄国出版的几本小册子装在枕头里寄给列曼。列曼不知底细,大为吃惊,在邮局拒绝接收寄来的这个枕头,但是,当我们知道了这件事情之后,告诉他这样做太危险的时候,他才把枕头领回来,并说今后只要是寄给他的东西,无论什么他都收,寄一火车来也没关系。

运送《火星报》到俄国去的运输线那时还没有建立。《火星报》主要是放在夹底箱子里,交给各种同路人带到俄国约定接头的地点。

这种接头地点在普斯可夫是勒柏辛斯基家,在基辅和其他地方也有接头地点。俄国的同志把刊物从夹底箱子里抽出来,交给组织。运输线通过拉脱维亚人罗劳和斯库比卡建了起来。

在这上面耗费了不少的时间。在各种商谈上也费掉很多时间,这些商谈后来并没有得到任何结果。

我还记得,有一个人想跟走私者建立关系,要我们给他买一个照相机带着到国外去旅行,我们跟他商谈了大约一星期。那时我们跟在柏林、巴黎、瑞士、比利时的《火星报》代办员都有书信往来。他们尽一切可能帮助我们找愿意带箱子的人,筹集款子,建立关系,找通信地址等。

一九〇一年十月,由一些同情小组成立了所谓"俄国革命社会民主党人国外同盟"。

同俄国的联系很快地就增多起来。彼得堡工人巴布什金是《火星报》最积极的通讯员。弗拉基米尔·伊里奇在临出国的时候跟他见过面,并且谈妥了关于通讯的事情。他从奥列霍沃-祖耶沃、弗拉基米尔、古西赫鲁斯塔利内、伊万诺沃-沃兹涅先斯克、科赫马、基涅什马等地寄来大批通讯。

巴布什金经常到这些地方去并加强联系。彼得堡、莫斯科、乌拉尔、南俄也有人写稿寄来。我们也同"北方协会"①通信。"北方协会"的代表诺斯科夫不久就从伊万诺沃-沃兹涅先斯克来了。他是一个最典型的俄国人:蓝眼睛、脸上长满了淡黄色的茸毛,背有点驼,讲话时"O"字讲得很重。他到国外来是为了商谈一些问题。他的伯父是伊万诺沃-沃兹涅先斯克的一个小工厂主,给了他一些钱让他到国外来,仅仅是为了使不安分的侄儿离

① "北方工人协会"或"北方协会"是弗拉基米尔省、科斯特罗马省和雅罗斯拉夫尔省(后来还有特维尔省)社会民主党组织的工作人员的联合组织。成立于一九〇〇年。加入协会的有:瓦连佐娃、诺斯科夫、柳比莫夫、卡尔波夫等。协会于一九〇二年夏被沙皇警察机关破获。——编者往

开自己,因为他一会儿被关进监狱,一会儿又受到搜查。波里斯·尼古拉耶维奇·诺斯科夫(他本来叫弗拉基米尔·亚历山大罗维奇,这是他的绰号)是个优秀的实际工作者。我还是在乌法的时候认识他的。当时他是经过那里往叶卡捷琳堡去。他到国外来是为了建立关系。他的职责就是建立关系。记得,当时他坐在我们窄小的厨房里的炉子边,目光炯炯地给我们讲"北方协会"工作的情形。他讲得津津有味。弗拉基米尔·伊里奇提出一些问题来,他谈得更加起劲。他住在国外的时候,有一个笔记本,上边详细地记载着所有的关系:某人住在哪里,做什么工作,对我们有什么用处。后来,他把这些关系留给了我们。他是一个与众不同的诗人式的组织家。他把人和工作都极端地理想化了,不善于勇敢地正视现实。第二次代表大会以后,他变成了调和分子,后来不知怎么退出了政治舞台。他在反动的年代里死掉了。

其他人也到慕尼黑来过。还在我到慕尼黑之前,司徒卢威就来过。这时,我们已经跟他分裂。他已经从社会民主主义阵营投到自由派阵营里去了。最后来的那次,同他发生了剧烈的冲突。查苏利奇给了他一个绰号:"钉了掌的牛犊子"。弗拉基米尔·伊里奇和普列汉诺夫认为他不可救药。查苏利奇认为他还不是毫无希望。她和波特列索夫因而被戏称为"司徒卢威的朋党"。

司徒卢威第二次来的时候,我已在慕尼黑了。弗拉基米尔·伊里奇拒绝见他。我到查苏利奇的住宅里去看他。会晤是很沉闷的。他非常恼怒。令人感觉到有一种沉闷的陀思妥耶夫斯基式的情绪。他说,有人认为他是一个叛徒,还说了些诸如此类的话,他还嘲笑了自己。现在我已记不得他讲了些什么,只记得离开他时所具有的那种沉重的感觉。显然,他是一个敌视党的异己分子。弗拉基米尔·伊里奇那样做是对的。后来,司徒卢威的妻子尼娜·亚历山德罗夫娜托人(不记得是托谁了)捎信问候,并送来一盒果子糕。她是无能为力的,同时她未必懂得司徒卢威转向哪里去。而司徒卢威自己当然懂得。

我来了之后,我们便搬到一个德国工人家里去住了。这个工人的家里人口很多——有六个人。他们挤住在厨房和一个小房间里。但是非常洁净,孩子们都干干净净的,都很有礼貌。我决定让伊里奇吃自家做的饭,我就自己做起饭来了。做饭是在房东的厨房里,但必须在自己的房间里把一切东西都准备好。弗拉基米尔·伊里奇在这个时候已经开始写《怎么办?》了。他写作的时候,通常是很快地在屋里踱来踱去,并小声说着要写的东西。这时,我已经习惯于他的工作方式。他写作的时候,我什么也不同他谈,什么也不问他。后来,散步时,他就告诉我,他在写什么,想什么问题。这已成了他的一种需要,如同在文章没有写出之前,需要小声地说一遍一样。我们很喜欢在慕尼黑的近郊散步,选择僻静的人少的地方走。

过了一个月,我们便搬进慕尼黑郊外的西瓦宾格街自己的住宅里去了,这是许多刚刚建筑好的大房子中的一所。购买了"家具"(离开时卖了十二个马克),我们就开始按自己的方式生活起来。

十二点多钟,午饭后,马尔托夫就来了,其他的人也跟着来了,接着就举行所谓"编辑部"会议。马尔托夫不停地讲着,并且常常从一个题目扯到另一个题目上去。他读的书很多,不知道他从哪儿经常得到这么多的新闻,他什么事都知道。弗拉基米尔·伊里奇不止一次地说:"马尔托夫是个典型的新闻记者,他非常有才能,做什么好像都不费力,非常敏感,但他对待一切都是轻浮的。"马尔托夫简直是《火星报》不可缺少的人。每天五六个小时这样的谈话使弗拉基米尔·伊里奇感到非常疲乏,生起病来了,没法工作。有一次,他让我到马尔托夫那儿去,请求他不要到我们这里来。我们约好,我到马尔托夫那里去,告诉他收到的信件,同他商谈事情。但是,这样也无济于事,隔了两天,情形又照旧了。没有这种谈话,马尔托夫是不能够生活下去的。跟我们谈完之后,他又跟查苏利奇、季姆卡、勃鲁缅费尔德①到咖啡馆去,他们在那儿一待就是几个钟头。

后来唐恩带着妻子和孩子来了。马尔托夫就开始成天待在他们那里。

十月间,我们离开慕尼黑到苏黎世去,想跟《工人事业》杂志联合起来。但毫无结果。阿基莫夫、克里切夫斯基等人竟胡说八道起来。马尔托夫异常气愤,发言反对工人事业派分子,甚至把自己的领带也扯下来了。我第一次看见他这样。普列汉诺夫显露着自己的机智。拟出了关于不可能联合的决议。唐恩在代表会议上用枯燥的声音宣读了它。"教皇的使节",——敌人攻击他说。

这次分裂一点也不令人难过。马尔托夫、列宁没有跟《工人事业》杂志共同工作过,因而实际上谈不上分裂。普列汉诺夫情绪非常好,因为他所竭力反对的敌人已被打得落花流水。普列汉诺夫心情愉快,谈兴甚高。

我们住在一个旅馆里,在一块儿吃饭,不知怎的日子过得也特别愉快。

就是有时候对某些问题的见解稍稍有些不同。

记得有过这样一次谈话。我们坐在一家咖啡馆里,与我们屋子并排有一个体育馆,恰巧那里正在练习剑术。工人们拿着盾,用厚纸板制的剑互相攻击着。普列汉诺夫笑着说:"我们在将来的制度里也是要这样战斗的。"当我们回家时,我同阿克雪里罗得一起走,——他继续发挥着普列汉诺夫提起的话题:"将来的制度中将是非常寂寞的,那时任何斗争也不会有了。"

那时,我还非常羞怯,什么也没有说,但是,我记得,这样的议论使我感到惊讶。

从苏黎世回来以后,弗拉基米尔·伊里奇就着手写《怎么办?》一书的

---

① 勃鲁缅费尔德先后在莱比锡和慕尼黑两地的德国社会民主党的印刷所中给《火星报》排字。他是一个优秀的排字工人和很好的同志,做事热心。他很爱查苏利奇,经常关心她。跟普列汉诺夫的关系不融洽。——作者注

结尾部分。现在看来孟什维克疯狂地攻击《怎么办?》。但在那时,《怎么办?》一书却吸引住了大家,特别是那些接近俄国工作的人。全书热烈号召大家要组织起来,并草拟出广泛的组织计划,每个人在组织里都能各得其所,都能够成为革命机器的螺丝钉,一个虽然渺小但却是工作所不可缺少的螺丝钉。本书还号召进行顽强不倦的工作,为使党在当时俄国的情形下不是在口头上而是在实际上存在打下必须的基础。社会民主党人不应当害怕长期的工作,而且必须工作,不停手地工作,应当经常准备好,"就会真能应付一切:从在革命最'低沉'的时期挽救党的名誉、威望和继承性起,一直到准备、决定和实行全民武装起义。"弗拉基米尔·伊里奇在《怎么办?》里这样说。①

这本书写成已二十七年了,这是什么样的二十七年啊!现在,党的工作的一切条件都发生了根本变化,摆在工人运动面前的完全是新的任务;即使现在,这本书的革命热情也吸引着大家,谁想成为实际上的而不是口头上的列宁主义者,现在也必须研究这本小册子。

《人民之友》②对确定革命运动所应走的道路具有重大的意义,而《怎么办?》则规定了广泛的革命工作的计划,指出了确定的事业。

显然,当时召开党代表大会为时尚早,还没有具备使这次大会不致像第一次代表大会那样毫无成效的先决条件,需要进行长期的准备工作。因此,谁也没有认真地对待崩得在比亚威斯托克召开代表大会的企图。唐恩代表《火星报》到那里去,带了一个箱子,在箱子的夹底塞满了《怎么办?》。比亚威斯托克的代表大会变成了代表会议。

弗拉基米尔·伊里奇特别关心工人对《怎么办?》一书的态度。例如,一九〇二年七月十六日他写信给伊·伊·拉德琴柯说:"您报道的同工人

---

① 见《列宁全集》第6卷,人民出版社2013年版,第168页。

② 见《列宁全集》第1卷,人民出版社2013年版,第102页。

谈话的消息使我们非常高兴。我们很少收到这种能真正鼓舞群众情绪的信。请务必把这一点转告您处的工人,并向他们转达我们的请求:希望他们也亲自给我们写些东西,不只是为了在报刊上发表,也是为了交流思想,使彼此不失掉联系并做到相互了解。同时,我个人特别感兴趣的是,工人们对《怎么办?》一书的反应如何,因为我还没有听到工人们的反应。"①

《火星报》竭力工作着,它的影响不断增长。它为代表大会拟好了党纲。为了讨论党纲,普列汉诺夫和阿克雪里罗得来到慕尼黑。普列汉诺夫对列宁起草的党纲初稿中的几个地方进行攻击。查苏利奇不十分同意列宁的意见,但也不完全同意普列汉诺夫的意见。阿克雪里罗得在某些地方也同意列宁的意见。会议进行得很沉闷。查苏利奇想反驳普列汉诺夫,但普列汉诺夫摆出一副不可侵犯的样子,交叉着两手注视着她,把查苏利奇弄得不知所措。问题弄到非进行表决不行了。表决之前,在这个问题上赞成列宁意见的阿克雪里罗得声称头痛而要去散步。

弗拉基米尔·伊里奇非常激动。这样工作是不行的。这怎么能说是认真的讨论呢?

为了不在工作中夹杂个人成分,为了不使个人逞性和在历史上形成的个人关系影响决议,就完全有必要把工作建立在对事不对人的基础上。

弗拉基米尔·伊里奇对于他和普列汉诺夫的任何争吵都感到非常难过,夜里睡不着觉,焦虑不安。而普列汉诺夫则又生气又发火。

普列汉诺夫读完《曙光》杂志第四期上弗拉基米尔·伊里奇的文章后,在文章的空白地方写满了脚注,在这些脚注里发泄了他的愤懑,然后把杂志还给了查苏利奇。弗拉基米尔·伊里奇看见这些脚注以后,十分激动不安。

很显然,《火星报》已不能在慕尼黑继续出版了。印刷所老板不愿意冒

---

① 见《列宁全集》第44卷,人民出版社2017年版,第234—235页。

险。必须选择新的地点。迁到哪儿去呢？普列汉诺夫和阿克雪里罗得赞成迁往瑞士，其余的人——嗅到在讨论党纲的会议上的气氛——赞成迁往伦敦。

我们后来回忆起慕尼黑这一时期来，认为这是一个明朗的时期。以后那几年在国外侨居的生活比这要沉重得多。慕尼黑时期，在弗拉基米尔·伊里奇、马尔托夫、波特列索夫和查苏利奇之间的私人关系上还没有那样深刻的裂痕。大家的力量都集中在一个目标上——创立全俄性的报纸，积极地把力量集聚在《火星报》周围。大家都感觉到了组织在不断发展，都意识到了所制定的建党路线是正确的。

因此，那时能够不是表面地而是由衷地欢度狂欢节，能够有到苏黎世旅行时都有的那种极其欢乐的情绪，等等。

当地的生活没有引起我们特别的注意。我们是从侧面来观察它的。我们有时参加集会，但一般说来这些集会是不太使人感兴趣的。我还记得庆祝"五一"的情形。那年德国社会民主党第一次被允许组织游行，但不许集聚在城里，庆祝必须在郊外举行。

德国社会民主党人的游行队伍是够大的，他们带着老婆、孩子，衣袋里装着萝卜，沉默地、以很快的步伐穿过了城市，——到郊外的一个餐厅去喝啤酒。没有任何旗帜，也没有任何标语牌，这个"五一"节完全让人感觉不到是为了全世界工人阶级的胜利而举行的游行。

游行队伍朝郊外餐厅走去，我们没有去，留在游行队伍后面，按老习惯到慕尼黑街道上散步去了，以便抑制那种不由自主地产生的失望心情：我们本来想参加的是战斗性的游行，而不是警察许可的游行。

我们为了严格地保守秘密，完全没有跟德国同志见面。我们只遇到了住在西瓦宾格街离我们不远的帕尔乌斯和他的妻子及小儿子。有一次，罗莎·卢森堡到帕尔乌斯那儿去，弗拉基米尔·伊里奇到那里去看她。那时，

列宁

格·瓦·普列汉诺夫　　尤·奥·马尔托夫　　维·伊·查苏利奇

帕·波·阿克雪里罗得　　亚·尼·波特列索夫　　娜·康·克鲁普斯卡娅
（编辑部秘书）

《火星报》编委

帕尔乌斯站在很左的立场上,为《火星报》撰稿,关心俄国的事情。

我们是经过列日到伦敦去的。那时,尼古拉·列昂尼多维奇·美舍利亚科夫和他的妻子住在那里,——他们是我在星期日夜校时的老朋友。我认识美舍利亚科夫的时候,他还是一个民意党人,可是,正是他首先把我吸收到秘密工作中来,正是他首先教给我秘密活动的规则,并且帮助我成为一个社会民主党人,他曾热心地供给我"劳动解放社"在国外出版的许多书刊。

现在他是一个社会民主党人,早就住在比利时,对当地的运动非常熟悉,因而我们决定顺便去瞧瞧他们夫妇。

这时在列日恰巧发生了巨大的骚乱。在几日前,军队枪击了罢工的工人。从工人们的脸色上,从他们一堆堆地站在一起可以看出,工人们是怎样得激动。我们去看国民公所。它坐落在一个很不方便的地方,群众很容易被封闭在公所前面的广场上,像落入陷阱一样。工人们都到国民公所去了。为了不使群众在那里聚得太多,党的上层领导决定大会在各个工人区分别进行。人们流露出对比利时社会民主党领袖们的不信任,觉得他们和统治阶级形成了一种默契:政府枪杀群众,他们却找借口来安抚群众安静下来……

在伦敦的生活

一九○二——一九○三年

我们于一九○二年四月到了伦敦。

伦敦的宏伟使我们感到惊奇。虽然我们到的那天非常冷,但是弗拉基米尔·伊里奇满脸的兴奋。他带着一种好奇的心情开始观察这个资本主义的堡垒,暂时忘记了普列汉诺夫,忘记了编辑部里的冲突。

尼古拉·亚历山大罗维奇·阿列克谢耶夫到车站来接我们,他是一个侨居在伦敦的同志,精通英文。起初他给我们当向导,因为我们当时完全处在一个陌生的环境下。有人以为我们懂得英文,因为在西伯利亚我们会把维伯夫妇著的一本很厚的英文书译成了俄文。我的英文是在监狱里自学的,从来没听见过英国人讲一句英语。我们在舒申斯克村开始翻译维伯夫妇的著作时,我的发音使弗拉基米尔·伊里奇大为惊讶:"姐姐有一个女教师,她的发音不这样。"我没有和他争辩,我开始重学。我们到了伦敦的时候,什么也听不懂,别人也根本听不懂我们的话。起初我们就陷入这种滑稽的境地,这使弗拉基米尔·伊里奇感到有趣,同时也感到痛苦。他开始用心地学习英文。我们开始参加各种集会,坐到第一排去留心地注视讲演者的口型。起初我们经常到海德公园去。那儿的讲演者在路人面前讲演——讲什么问题的都有。一个无神论者向一群好奇的人证明没有神,有一个讲演者的讲演我们特别愿意听,因为他讲话带爱尔兰口音,我们能多听懂一些。

旁边是一个"救世军"的军官在歇斯底里地颤抖地喊着向万能的上帝祈告；不远的地方有个店员在谈着大百货公司里店员们的苦役般的生活……听英国人讲话使我们得到许多好处。后来弗拉基米尔·伊里奇看到有两个英国人希望轮流教课的启事，于是他就用心地跟他们学习起来。他对英文研究得相当好。

弗拉基米尔·伊里奇还研究了伦敦。他没有去参观伦敦的博物馆——我说的不是大英博物馆，因为他有一半时间是在那里度过的。吸引他到那里去的并不是博物馆，而是世界上藏书最丰富的图书馆，以及从事科学研究工作的那些方便条件。我说的是一般的博物馆。在古代博物馆里待十分钟，弗拉基米尔·伊里奇就感觉到极其疲倦，通常我们是很快地从悬挂着武士甲胄的陈列室、摆设着埃及花瓶和其他古代花瓶的无穷无尽的屋子里跑出来。我只记得有一个小博物馆使伊里奇无论如何也不愿意离开——那就是一八四八年巴黎革命博物馆。这个博物馆设在一间小屋子里，——好像是在考迪耶路，在这儿他把每件东西、每张画片都看了。

伊里奇研究了活的伦敦。他喜欢坐在公共汽车的上层在城内到处跑。他喜欢这个大商业城市的热闹。宁静的公园的周围是窗明如镜的公馆，只有装饰华丽的马车才常到这里来。旁边是伦敦工人居住的一些肮脏的小巷，巷中央挂满了衣服，面色苍白的孩子在台阶上玩耍。到这种地方我们就步行。看到富和穷的这种鲜明的对照时，弗拉基米尔·伊里奇咬着牙用英语重复着说："Two nations"（两个国家！）。从公共汽车上也能看到不少具有特征的场面。在小酒馆附近站着一些衣服褴褛、面部青肿的流氓，在他们中间常常可以看见喝醉了的女人，眼睛被打肿，穿着带长后襟的天鹅绒外衣，衣袖都被撕坏了。有一次，我们从公共汽车上看到一个身材高大的警察，戴着独特的头盔，盔带紧紧地系在下巴上，用手使劲推着站在他前面的一个孱弱的小孩，看样子，小孩是一个被抓住的小偷。一群人跟在后面喊打并且吹着口哨。一部分坐在公共汽车上的人,也从座位上跳起来,对小偷喊叫着。"哼——",弗拉基米尔·伊里奇不满意地哼着。我们在工人领工资的日子里的晚上,坐在公共汽车的上层到工人区去过两次。在大马路旁边的人行道上摆着一行看不见头尾的小贩摊子,每个小贩摊上都点着通红的火把,人行道上挤满了男女工人,在那里购买各种东西,嘈嘈嚷嚷地又吃又喝。弗拉基米尔·伊里奇总是喜欢到工人群众中间去。哪儿有工人群众,他就到哪儿去,——他到城外的草地(疲倦的工人在这里一躺就是几小时)去散步,到小酒馆去,到阅览室去。伦敦有许多这样的阅览室——一间屋子,人们可以从大街上一直进去,里面甚至连凳子都没有,仅仅有几个阅读用的台子和一些钉在报夹上的报纸;进来阅读的人把报夹拿下来,读完后再挂回原处。后来,伊里奇也想在俄国各地设立这样的阅览室。弗拉基米尔·伊里奇也到大众食堂去,到教堂去。英国教堂作过祈祷以后,通常有一个简短的报告,然后是辩论。有普通工人参加的这类辩论,伊里奇特别喜欢听。他在报纸上寻找在偏僻的工人区举行工人集会的启事,在这些集会上没有检阅,没有领袖,有的只是像现在所说的来自车床旁边的工人。这种工人集会通常是讨论一个什么问题,例如讨论花园城市的计划问题。伊里奇留心地听完,过后高兴地说:"社会主义在他们中间萌芽了!报告人胡说一通之后,工人一发言,就击中要害,把资本主义的本质揭露出来了。"伊里奇总是把希望寄托在不顾一切地保存着自己的阶级本能的普通英国工人身上。新来的人通常只是看到被资产阶级所腐蚀了的资产阶级化的工人贵族。伊里奇当然也研究了这些工人上层分子,也研究了资产阶级影响这些工人上层分子的具体手段,伊里奇一分钟也没忘记这种事实的意义。但他也在竭力探索英国未来的革命的动力。

我们什么样的集会都参加过!有一次我们竟走到社会民主党的教堂里去了。英国有这样的教堂。社会民主党的负责干部用鼻音读着圣经,然后就说起教来,他说犹太人从埃及出走,是工人阶级从资本主义王国进入社会主义王国的榜样。大家都站起来,按着社会民主党的祈祷书唱道:"主啊!请把我们从资本主义王国引到社会主义王国去吧!"后来我们还到过"七姊妹"教堂,那是同青年们座谈。一个青年作了关于地方公有社会主义的报告,证明说什么革命都不需要。而在我们首次拜访"七姊妹"教堂时充当牧师的那位社会民主党人却说他已经参加党十二年了,并同机会主义斗争了十二年,实则地方公有社会主义却是彻头彻尾的机会主义。

我们对英国社会主义者的家庭生活情况知道的不多。英国人的性情很孤僻。他们以一种天真的惊奇的目光来看俄国侨民的清苦生活。我记得,有一次我们在塔赫塔廖夫家遇见一个英国社会民主党人,他问我:"你真蹲过监狱吗?要是我的妻子被抓进监狱的话,我不知道我会做出什么事来!抓我的妻子!"我们在我们的房东——一个工人家里,也在给我们轮流教课的那两个英国人身上观察到了十足的庸俗习气。在这里,我们充分地研究了英国小市民生活方式的全部庸俗性。到我们这儿来上课的英国人当中,有一个人负责一个大书库的工作,他说,他认为社会主义是一种能够最正确地评价事物的理论。他说:"我是个始终不渝的社会主义者,有一个时期我甚至作为一个社会主义者而活动过。那时我的主人把我找去,告诉我说,他用不着社会主义者,要是我还想在他那里工作的话,那我就应当把嘴闭起来。我考虑了一下:社会主义是不可避免地要到来的,并不会因为我是否参加活动而有所改变,我有老婆和孩子。现在我已经不向任何人讲我是一个社会主义者了,但是这可以告诉你们。"

这位莱蒙德先生几乎周游了整个欧洲,在澳洲住过,还在什么地方住过,在伦敦住了多年,看到的东西竟不及弗拉基米尔·伊里奇在伦敦住一年所看到的一半。伊里奇有一次把他领到维澈普尔去参加了一次群众大会。莱蒙德先生也像绝大多数英国人一样,从来也没有去过那个市区,那里住着俄国籍犹太人,过着跟其他市区不同的生活,他在那里对什么事都感到奇怪。

按照我们的习惯,我们也到市郊去逛。我们最常去的地方就是樱草山。到那儿去的花费最少——六个便士就能逛一趟。从小山上几乎可以看见整个伦敦——被烟雾笼罩着的一个庞然大物。从这里再往前步行就可投入大自然的怀抱了——走到公园与绿树成荫的道路深处。我们喜欢到樱草山去,也是因为那里靠近马克思墓。我们常去参谒马克思墓。

在伦敦我们遇见了我们彼得堡小组的组员——阿波利纳里娅·亚历山德罗夫娜·雅库波娃。在彼得堡的时期,她是个很积极的工作者。大家都很器重她、爱她,而我跟她的关系还要密切些,因为我们在涅瓦关卡外的星期日夜校中一道工作过,都同莉迪娅·米哈伊洛夫娜·克尼波维奇很好。雅库波娃从流放所逃出来以后,便嫁给了《工人思想》杂志的主编塔赫塔廖夫。他们现在侨居伦敦,成了圈外人。雅库波娃很高兴我们的到来。塔赫塔廖夫夫妇主动来照顾我们,帮助和安排我们的生活,花钱既少而又比较舒适。我们天天同塔赫塔廖夫见面,但是因为大家都避免谈《工人思想》杂志的事情,所以在关系上有些别扭。闹翻过两次,但是后来又和好了。似乎是一九〇三年一月,塔赫塔廖夫(塔尔)夫妇正式声明他们同情《火星报》的方向。

我母亲很快就要到来,于是我们决定把生活安顿得像一个家庭一样——租两间房子,在家里吃饭,因为俄国人的胃实在不宜于吃那些"牛尾"、油煎鳕鱼和脆饼,况且我们在这里用的是公费,必须爱惜每一分钱,自己做饭吃要便宜些。

在秘密工作方面,我们也做得非常到位。当时在伦敦不查任何证明文件,可以随便使用假姓名。

我们用的假姓是李希特尔。最方便的是,所有的外国人在英国人看来,面貌长的都是一样的,女房东总认为我们是德国人。

马尔托夫和查苏利奇很快就来了,他们与阿列克谢耶夫一起住在一座比较典型的欧式房子里,离我们不远。弗拉基米尔·伊里奇马上安排了在大英博物馆的工作。

他通常是早晨到那里去,而马尔托夫从早晨就到我这里来,我就同他处理信件并讨论这些信件。这样,弗拉基米尔·伊里奇就免除了使他疲倦的一大堆杂事。

跟普列汉诺夫的冲突勉强结束了。弗拉基米尔·伊里奇到布列塔尼去了一个月,探望母亲和安娜·伊里尼奇娜,并同她们在海滨住了些日子。他非常喜欢海,喜欢它的永恒的运动和无限的广阔。他在海滨得到了休息。

很快就有人到伦敦来找我们了。印娜·斯米多维奇(迪姆卡)来了,她不久就到俄国去了。她的哥哥彼得·格尔蒙格诺维奇也来了,弗拉基米尔·伊里奇提议给他起了个绰号叫"马特林娜"。在此以前,他很长时间蹲在监狱里。出狱后他成了一个热烈的火星派分子。他认为自己是一个涂改护照的大专家,——他似乎是用汗液把字擦去。有一个时期,宿舍里所有的桌子都是底朝上放着,那是用来压平擦去字迹的护照。这全部技术都是极原始的,正像我们当时的全部秘密工作一样。现在重读当时同俄国的通信,就会惊讶那时秘密工作的幼稚。所有那些关于手帕(护照),酿造中的啤酒、暖和的皮毛(秘密书籍)的信;所有那些第一个字母跟原有城市名称相同的城市的代号(敖德萨代号是敖斯布,特维尔代号是特林吉,波尔塔瓦代号是彼佳,普斯可夫代号是巴沙,等等);所有那些用女人名字来代替男人名字和用男人名字来代替女人名字的办法——这一切都是一看便知、破绽百出的。这一切在当时还没有觉得这样幼稚,而且在某种程度上掩盖住了踪迹。起初奸细还不像后来那么多,所有的人都是可靠的,彼此都很了解。《火星报》的代办员在俄国工作着,《火星报》、《曙光》杂志、小册子等从国外运去给他们,由他们设法在秘密印刷所翻印《火星报》,把《火星报》发给各委员会,设法给《火星报》寄送通讯稿件,使《火星报》能够了解在俄国进行着的全部秘密工作,为《火星报》筹款。格雷宗——即克尔日扎诺夫斯基,格列勃·马克西米利安诺维奇——代号克勒尔,季纳伊达·巴甫洛夫娜——代号蜗牛,住在萨马拉(代号索尼亚)。住在那里的还有玛丽亚·伊里尼奇娜——绰号小熊。在萨马拉立刻形成了一个类似的中心组织。克尔日扎诺夫斯基有一种把群众团结在自己周围的特别才能。林格尼克——代号库尔茨——到南方去了,他在波尔塔瓦(彼佳)住了一个时期,后来住在基辅。莉迪娅·米哈伊洛夫娜·克尼波维奇——代号叔叔,住在阿斯特拉罕。勒柏辛斯基——代号草鞋,柳波芙·尼古拉也夫娜·拉德琴柯——代号帕沙,住在普斯可夫。斯切潘·伊万诺维奇·拉德琴柯在这个时候完全累垮了,他就脱离了秘密工作,可是他的弟弟伊万·伊万诺维奇(他又名阿尔卡季、卡西杨)却不倦地为《火星报》工作着。他是《火星报》的流动的代办员。西尔文(代号流浪者)也是这种往俄国各地运送《火星报》的代办员。鲍曼(他的代号有维克多、木头、白嘴鸦)在莫斯科工作,伊万·瓦西里也维奇·巴布什金(代号波格丹)同他保持着密切的联系。叶列娜·德米特利也夫娜·斯塔索娃(她的代号有沉淀物、绝对者)也是代办员,与彼得堡组织密切地保持着联系,格拉菲拉·伊万诺夫娜·奥库洛娃也是代办员,她在鲍曼失败之后用佐依奇卡的名字住在莫斯科(住在代号老太太的家里)。《火星报》和他们进行着频繁的通信。每一封来信弗拉基米尔·伊里奇都读。我们非常清楚《火星报》的每个代办员在做什么工作,并且和他们讨论他们的全部工作;当他们中间的联系中断时,我们就把他们彼此联系起来,通知他们遭受破获的消息,等等。

巴库有个印刷所在为《火星报》工作。工作是在极其秘密的条件下进行的;叶努基泽弟兄在那儿工作,克拉辛(代号马)领导着这一工作。印刷所代号尼娜。后来在北方,在诺夫哥罗德试图建立起另一个印刷所(代号阿库林娜),这个印刷所很快地就被破获了。

先前在基什涅夫由阿基姆(莱昂·戈尔德曼)主持的秘密印刷所,在伦敦时期之前就被破获了。

运输得经过维尔诺(代号格卢娘)。

彼得堡的同志们想经过斯德哥尔摩把运输线建立起来。在这个用"啤酒"作代号的运输线上,来往的信件不断,我们往斯德哥尔摩成普特地发送书刊,而他们则通知我们说啤酒收到了。我们那时相信是在彼得堡收到了,就继续往斯德哥尔摩发送书刊。后来,我们一九〇五年经过瑞典回俄国的时候才得知:啤酒依然还在"啤酒厂"里,简单点说,是在斯德哥尔摩的民众文化馆里,我们的书刊在那儿堆了整整一地窖。

"小桶子"是经由瓦尔代寄去的;有一次,寄去的东西似乎收到了,后来却出了点问题。马特辽娜被派到马赛港去,她应通过在往巴土姆去的轮船上工作的厨子,把运输线建立起来。绰号"马"的巴库同志在巴土姆建立了接收书刊的工作。不过大部分书刊是投到海里去的(把书籍用油布卷起来,在约定的地方投入水中,我们的同志再把它们打捞上来)。米哈伊拉·伊万诺维奇·加里宁在彼得堡一家工厂做工,当时已经加入了组织,通过"沉淀物"给土伦的一个海员背去一个通讯地址。经由亚历山大(埃及)运送书籍,经由波斯建立了运输线。后来经由卡美涅茨-波多尔斯克,经由利沃夫也建立了运输线。这些运输线消耗了大量的金钱和精力,在这运输线上工作的人要冒很大的危险,运送到的东西大概不到全部运送的十分之一。我们还用夹底箱子和书皮运送书刊。这些书刊运到后顷刻之间就被抢光了。

《怎么办?》一书获得了特别大的成就。这本书回答了一连串最急于解决的问题。大家都强烈地感觉到非常需要建立一个秘密的、按计划进行工作的组织。

一九〇二年六月，崩得（代号波利斯）在比亚威斯托克召集了代表会议，除了彼得堡的代表外，这个代表会议的代表完全被捕了。鲍曼和西尔文也因此被捕了。在这个代表会议上决定成立召开代表大会的组织委员会。但是，事情拖延下来了。那时需要由各地方组织派代表参加，但是这些地方组织却未形成，极其杂乱。例如，彼得堡组织就分为工人委员会（代号马尼亚）和知识分子委员会（代号瓦尼亚）。工人委员会着重进行经济斗争，而知识分子委员会则着重推行崇高的政治。可是这种崇高的政治一点也不崇高，它和革命的政治比起来更像是自由派的政治。这种机构是在经济主义的基础上成长起来的：已在原则上被粉碎了的经济主义还在各个地方稳稳地站住脚。《火星报》确切地评价了这一机构的意义。弗拉基米尔·伊里奇在争取建立正确的组织机构的斗争中起了特殊的作用。他的《给叶列马的信》，或如在书中所叫的《给一个同志的信》（关于这封信下面还要谈到），在组织党的事业中起了巨大的作用。这封信帮助党增加了党内工人党员的数量，帮助党吸收工人参加解决一切最迫切的政治问题；这封信消除了工人事业派分子在工人和知识分子之间筑起的壁垒。一九〇二年底至一九〇三年初的冬天，在组织内有过激烈的路线斗争，火星派分子逐渐夺得了阵地，但他们也有时候被"赶出来"。

弗拉基米尔·伊里奇指导着火星派的斗争，防止他们对集中主义的简单化理解，反对把每件生动的独立工作都看成"手工业方式"的倾向。弗拉基米尔·伊里奇的这一工作，对各委员会的成员产生了深刻的影响，这一点青年们是很少知道的，然而正是这一工作决定了我们党的面貌，奠定了我们党现在这样的组织基础。

经济主义的工人事业派分子特别痛恨这一消灭了他们影响的斗争，对于来自国外的"指挥"极其愤慨。为了谈判组织问题，八月六日从彼得堡来了克拉斯努哈同志,他的暗号是:"您读过第四十七期的《公民》杂志吗?"从这时起,他在我们这儿的绰号就叫"公民"。弗拉基米尔·伊里奇同他谈了许多关于彼得堡的组织和彼得堡组织的机构问题。克拉西柯夫(他的绰号有音乐家、发针、伊格纳特、潘克拉特)和波里斯·尼古拉耶维奇(诺斯科夫)参加了会议。"公民"被从伦敦派到日内瓦去同普列汉诺夫谈谈并使他彻底地"火星化"。过了两个星期,叶列马从彼得堡来了一封信,提出了应当怎样组织地方工作的意见。从信上看不出来叶列马是一个宣传员还是几个宣传员的化名。但这并不重要。弗拉基米尔·伊里奇开始考虑写回信的问题。这封回信写成了一本小册子,名叫《就我们的组织任务给一位同志的信》。① 这本小册子起初是用胶版印刷出来散发的,而后来在一九〇三年六月由西伯利亚委员会秘密出版了。

一九〇二年九月初,巴布什金来了,他是从叶卡捷琳诺斯拉夫卡监狱里逃出来的。他和格罗维兹是在一些中学生的协助下逃出监狱、越过国境的。这些中学生给他染了发,染了色的头发不久变成了紫红色,颇为引人注意。他到我们这儿来的时候,头发也还是紫红色的。在德国他落入了人贩子的魔掌,险些被送到美国去。我们给他找了间房子住下,在这间房子里他一直住到离开伦敦的时候。这一时期,巴布什金在政治上惊人地成长起来了。他已是一个经过锻炼的革命家,有独立的见解,接触过很多工人组织,他已用不着学习如何接近工人的方法——他自己就是工人。几年以前,他在星期日夜校学习的时候,还完全是个没有经验的小伙子。我记得这么一件事。他开头在莉迪娅·米哈伊洛夫娜·克尼波维奇的班上上课。上语文课,学习造句,巴布什金在黑板上写道:"我们工厂不久就要罢工了。"下课后,莉迪娅把他叫到一边,对他责备说:"如果你想成为一个革命家,就不应当表

---

① 见《列宁全集》第 7 卷,人民出版社 2013 年版,第 1 页。

现出你是个革命家,应当沉着",等等。巴布什金脸红了,但他后来却认为莉迪娅是一个好朋友,常常跟她商谈问题,同她谈话的语调都跟对别人的有点不同。

那时普列汉诺夫到伦敦来了。他同巴布什金谈了一次话,谈到了俄国的事情。巴布什金有他自己的见解,他很坚定地维护自己的见解,坚持得使普列汉诺夫对他印象深刻。普列汉诺夫开始比较细心地观察他。可是,巴布什金关于自己将来在俄国的工作,却只同弗拉基米尔·伊里奇谈过,他跟弗拉基米尔·伊里奇特别亲近。我还记得一件小事,但它却能说明问题。巴布什金到了两天之后,我们走进屋子时,屋里的整洁使我们感到惊奇,——所有的垃圾都收拾掉了,桌子铺上了报纸,地板也扫过了。原来是巴布什金收拾的。巴布什金说:"俄国知识分子总是杂乱无章,需要一个女仆,而他自己不会收拾。"

他不久就回到俄国去了。此后,我们再没有见着他。一九〇六年,他因运输武器在西伯利亚被捕,和几个同志一起被枪杀在一个公墓的旁边。

在巴布什金没动身之前,从基辅狱中逃出来的火星派分子鲍曼、克罗赫马尔、勃鲁缅费尔德(他是往俄国用箱子携带书刊,在国境上连同箱子跟通信地址一起被查获,后来被送进基辅监狱的)、瓦拉赫(又名李维诺夫、"老大爷")、塔尔西斯(绰号星期五)到伦敦来了。

我们已知道,基辅有人准备越狱。刚刚来到的捷依奇是个越狱专家,很熟悉基辅监狱的情况,他肯定地说,越狱是不可能的。但是越狱成功了。从外边给他们绳子、铁锚、护照。在放风的时候,他们把哨兵和狱吏捆起来就跳墙逃走了。只有监视狱吏而最后跑的西尔文没有来得及跑出来。

他们好几天都是在糊里糊涂中度过的。

八月中旬,通俗的秘密的工人机关刊物《南方工人》编辑部来了一封信,告诉我们在南方遭受破获的情形,说编辑部希望与《火星报》及《曙光》

杂志的组织结成最密切的关系,并声明愿意采取一致的观点。这当然是在团结一切力量的事业上向前迈进了一大步。但是在第二封信里,《南方工人》却表示不满意《火星报》对自由派论战的尖锐性。后来开始谈到《南方工人》的文学小组今后应当保持自己的独立,等等。已经感觉到,不是一切都能谈判成功的。

萨马拉的同志们在谈判中了解到《南方工人》:(一)对农民运动估计不足;(二)不满意与自由派的激烈论战;(三)希望成为独树一帜的小组并出版自己的通俗的机关刊物。

十月初,托洛茨基从西伯利亚逃出来,到了伦敦。那时他认为自己是火星派分子。弗拉基米尔·伊里奇观察着他,询问他很多有关俄国工作的情况。有人叫托洛茨基去俄国工作,但是弗拉基米尔·伊里奇却认为他应当留在国外学习一下并且帮助《火星报》工作。托洛茨基在巴黎住下来。

叶卡特林娜·米哈伊洛夫娜·亚历山大罗娃(绰号雅克)从奥列克马的流放所来了。从前她是个有名的民意党人,这对她有一定的影响。她不像我们的这些热情的慌张的迪姆卡类型的姑娘,她是很沉着的。现在她是火星派分子;她说出的话都很聪明。

弗拉基米尔·伊里奇对老革命家,对民意党人是尊敬的。

叶卡特林娜·米哈伊洛夫娜刚来的时候,弗拉基米尔·伊里奇对她的态度,不能说不受下游事实的影响,即她过去是个民意党人,而现在却成了火星派分子。我也非常尊敬她。我在成为彻底的社会民主党人以前,会到亚历山大罗夫(奥里明斯基)夫妇那里去请求给我一个工人小组。简朴的陈设,到处摆满着统计资料汇编,默默地坐在屋子深处的米哈伊拉·斯捷潘诺维奇,以及叶卡特林娜·米哈伊洛夫娜热情的言谈,都给我留下了深刻的印象,她要我作一个民意党人。关于这一点,在叶卡特林娜·米哈伊洛夫娜未来以前,我就同弗拉基米尔·伊里奇谈过。我们开始喜欢起她来了。弗拉基米尔·伊里奇经常会这样喜欢人。他看到一个人有一种可贵的特点时,就会喜欢上他。叶卡特林娜·米哈伊洛夫娜离开伦敦到巴黎去了。她是一个不很坚定的火星派分子,——在第二次党代表大会上,她也参加了反对列宁的"掠夺"意图的反对派。后来她加入了调和主义的中央委员会,再后来就退出了政治舞台。

从俄国到伦敦来的同志,我记得还有波里斯·戈尔德曼(绰号阿德尔)和德里沃-杜布罗沃尔斯基(绰号底层)。

波里斯·戈尔德曼是我在彼得堡就认识的。他在彼得堡做技术方面的工作,给"斗争协会"印传单。他是一个非常动摇的人,当时他是火星派分子。"底层"的安静使人惊异。他坐下来,有时安静得像个老鼠。他回到彼得堡,不久就疯了,后来好到一半的时候,开枪自杀了。那时的秘密工作者的生活是艰苦的,不是任何人都能忍受的。

整个冬天都是在加紧进行召开代表大会的准备工作。一九〇二年十二月,负责召集代表大会的组织委员会成立了(在组织委员会里有《南方工人》杂志和北方同盟的代表,克拉斯努哈、伊·伊·拉德琴柯、克拉西柯夫、林格尼克、克尔日扎诺夫斯基;崩得起初拒绝参加)。

"组织委员会"是名实相符的。没有组织委员会,代表大会永远也召开不成。当时必须在极其艰难的、警察监视的条件下进行复杂的工作,使刚刚形成的和将要形成的团体在组织上和思想上联系起来,使各地与国外联系起来。组织委员会在准备代表大会方面的联络工作,实际上全落在弗拉基米尔·伊里奇的身上。波特列索夫那时病了,他的肺很不适应伦敦的雾,他到一个地方治病去了。马尔托夫讨厌伦敦,讨厌伦敦的隐居生活,一去巴黎就留在那里了。"劳动解放社"的老社员捷依奇从服苦役的地方逃出来,将要住在伦敦。"劳动解放社"很信赖他,认为他是个大组织家。查苏利奇说:"任卡(捷依奇的绰号)就要来了,他会把同俄国的联系建立得更好不过。"普列汉诺夫和阿克雪里罗得也都指望着他,认为他将是他们在《火星报》编辑部里的代表,他将监督一切。但是,捷依奇来到以后,发现由于多年的脱离俄国现实,他已经不甚了解俄国了。他根本不适合于做同俄国联系的工作,他不知道新的情况,很想跟大家在一起;他加入了俄国社会民主党人国外同盟①,同国外的侨民会进行着广泛的联系,不久也到巴黎去了。

查苏利奇经常住在伦敦,她喜欢听关于俄国工作的谈话,但是她自己却不能够也不善于同俄国进行联系。一切事情都得由弗拉基米尔·伊里奇来做。同俄国的通讯可怕地刺激着他的神经。他几个星期、几个月地等待着回信,经常担心全部工作会失败,经常不知道工作是怎样开展的,——这一切是最不适合于弗拉基米尔·伊里奇的性格的。他的寄往俄国的信里写满了及时来信的请求:"我们再次衷心地、恳切地请求和恳求你们,更经常地和更详细地写信给我们,——特别是要在接到信的当天,一定立刻写信告诉我们,就是写两句话告诉我们信收到了也好……"信里充满了快点回信的请求。伊里奇每次看到从俄国来信说"索尼亚像死人似地沉默着",或者"扎林没有按时来到委员会",或者"同老太太的联系中断了"这些事情的时候,夜里便睡不着觉。这些不眠之夜还留在我的记忆之中。弗拉基米尔·伊里奇热切地期望建立一个统一的团结的党,在这个党里,所有的各个单独的小组及其基于个人好恶而产生的对党的态度都会消失,在这个党里,不会有人为的壁障,其中包括民族的壁障。因此要进行反对崩得的斗争。当时崩得大多数人都拥护工人事业派的观点。弗拉基米尔·伊里奇毫不怀疑,如果崩得进到党内来,并且只在纯粹民族事务上保持自治权的话,那它一定会同党采取同一的步调。但是崩得却想在所有的问题上保持其完全的独立

---

① "俄国革命社会民主党人国外同盟"创立于一九〇一年,即在与《工人事业》联合的企图失败(见前文)之后。它联合着国外的俄国社会民主党的一切革命分子。参加"同盟"的有"劳动解放社"、《曙光》杂志和《火星报》编辑部。——编者注

性。它说它是一个特别的、不同于俄国社会民主党的政党,只有在联邦制度的原则上它才同意联合。这样的策略对犹太的无产阶级是一种自杀的策略。犹太的无产阶级任何时候也不能独自胜利的。只有与整个俄国的无产阶级汇合起来,它才能成为一种力量。崩得分子不懂得这一点。因此《火星报》编辑部就同崩得进行了激烈的斗争。这是争取工人运动的统一和团结的斗争。斗争是由整个编辑部进行的,但是崩得分子知道,弗拉基米尔·伊里奇是争取统一斗争的最热烈的拥护者。

不久,"劳动解放社"又提出把《火星报》迁移到日内瓦的问题。这次只有弗拉基米尔·伊里奇一个人表示反对。开始准备迁移了。弗拉基米尔·伊里奇被刺激得患了严重的神经系统的病症——胸神经与背神经末梢发炎。

弗拉基米尔·伊里奇身上出现斑疹时,我查了查医学手册,结果,根据斑疹的性质确定是金钱癣。塔赫塔廖夫——曾读过四五年医科大学——证实了我的判断,我就给弗拉基米尔·伊里奇拭擦碘酒,这让他颇为痛苦。我们完全没有找英国大夫来看,因为那要付出一个基尼①。英国工人一般都是自己治病,因为请不起大夫。弗拉基米尔·伊里奇勉勉强强动身往日内瓦去了,到那里以后就病倒了,躺了整整两个星期。

在伦敦的工作没有使弗拉基米尔·伊里奇感到烦恼,而使他感到一定程度的高兴,他写了《告贫苦农民》一书。② 一九○二年的农民起义使弗拉基米尔·伊里奇产生了必须给农民写一本书的念头。在这本书里,他解释了工人政党希望的是什么,农村贫民为什么必须跟着工人走。这是弗拉基米尔·伊里奇给农民写的第一本书。

---

① 基尼(Guinea)——英国旧时金币,相当于二十一先令,现已停止流通和铸造。——译者注

② 见《列宁全集》第7卷,人民出版社2017年版,第111—178页。

日 内 瓦

一九〇三年

一九〇三年四月,我们迁移到日内瓦来。

在日内瓦我们住在郊外,在塞舍罗区工人村——我们占了整个一座小楼:楼下是一间铺着石板的大厨房,楼上是三个小房间。厨房也是我们的会客室。家具不够,就用装书和装碗碟的箱子来凑合。伊格纳特(克拉西柯夫)有一次开玩笑地把我们的厨房叫作"走私者隐身处"。我们这儿马上就会挤得水泄不通。当我们必须同谁单独谈话时,就到邻近的公园或者湖边去。

代表们陆陆续续地来了。杰缅季也夫夫妇也到了。柯斯嘉(杰缅季也夫的妻子)在运输方面的知识使弗拉基米尔·伊里奇敬佩不已。他一再说:"这才是真正的运输工作者哩!这是做事,不是瞎吹。"柳波芙·尼古拉也夫娜·拉德琴柯来了,我们和她之间的关系非常密切,谈起话来没有完。接着罗斯托夫的代表古谢夫和洛克尔曼也到了,在这以后是捷姆利亚奇卡,绍特曼(绰号贝尔格),"叔叔","小伙子"(德米特里·伊里奇)。每天都有人到来。我们同代表们谈论党纲方面的问题,谈论崩得,听取他们的讲述。马尔托夫经常坐在我们这儿不倦地同代表们谈话。

必须向代表们讲清楚《南方工人》的立场:它披着通俗报纸的外衣,企图给自己保留住单独存在的权利。必须说明白,在秘密工作的条件下,通俗报纸不能成为群众性的报纸,不能指望它大量发行。

《火星报》编辑部里发生了许多误会。情况变得让人无法忍受。编辑部的人通常分为两派:普列汉诺夫、阿克雪里罗得、查苏利奇是一派;列宁、马尔托夫、波特列索夫是另一派。弗拉基米尔·伊里奇再度把他在三月间提出过的建议提出来了,他建议再选一个编委到编辑部来,一共为七个人。在代表大会召开之前,临时选出克拉西柯夫。弗拉基米尔·伊里奇开始考虑关于三人小组的问题。这是个非常伤脑筋的问题,他没有同代表们谈这个问题。《火星报》编辑部原来的人员已经没法进行工作,这个问题让人头痛。

来到的代表们抱怨组织委员会的委员们:责备这个人暴躁、冷漠,责备那个人消极;已经可以感到代表们的不满,他们认为,《火星报》太想指挥别人了。看来,好像没有什么意见分歧,好像代表大会之后事情也会非常顺利。

代表们都来了。只有克勒尔和库尔茨没有来。

第二次代表大会

一九〇三年七——八月

代表大会起初预定在布鲁塞尔举行;头几次会议都是在那里举行的。那时柯尔佐夫住在布鲁塞尔,他是老普列汉诺夫分子。他承担了布置代表大会的全部工作。可是在布鲁塞尔举行代表大会并不是那么容易的。接头地点规定在柯尔佐夫家里。有四个人到了他家之后,女房东对柯尔佐夫夫妇说,这么多人来回走,她受不了,哪怕是再来一个人,她也要他们立刻离开那里。因此,柯尔佐夫的妻子整天站在墙角旁边拦住代表们,告诉他们到社会主义的"金鸡"旅社去(旅社的名字似乎是这样)。

代表们乱糟糟地像宿营似地住在这个"金鸡"旅社里。而古谢夫每天晚上都端着一杯白兰地酒高声地唱几段歌剧,吸引一堆人集聚在旅社的窗子下面(弗拉基米尔·伊里奇非常喜欢听古谢夫唱歌,特别是唱"我们不是在教堂结婚的")。

代表大会必须秘密举行。比利时的党为了保守秘密起见,想出一个办法:把代表大会安置在一个大面粉仓库里面。我们不仅惊动了老鼠,而且也惊动了警察。人们都在谈论俄国革命家在召开什么秘密会议。

代表大会有表决权的代表四十三人,有发言权的代表十四人。这次代表大会要是跟现在代表着数十万党员的、有大批代表出席的代表大会比起来,规模是小的,但是在那个时候,人们却觉得它是大的。一八九八年召开第一次代表大会时,出席的代表总共只有九个人……我们觉得,在这五年中我们有很大的进步。主要的是,派遣代表的各个组织已经不是若有若无的了,它们已经形成了,它们已同开始广泛展开的工人运动联系起来了。

弗拉基米尔·伊里奇是多么盼望着召开这次代表大会啊!他整个一生——一直到逝世——都认为党的代表大会具有非常重大的意义;他认为,党的代表大会是最高机关,在代表大会上应当抛弃一切个人的东西,什么样的意见也不应当受到压制,一切都应当坦白地讲出来。召开党代表大会时,伊里奇总是特别缜密地作准备,特别用心地考虑自己在代表大会上要作的发言。

普列汉诺夫也像伊里奇那样热情地等待着代表大会。他主持代表大会的开幕。临时搭成的讲坛旁边的大窗户挡上了红布,大家都非常激动。普列汉诺夫演说的声调是庄严的,在他的演说里可以听到由衷的热情。怎能不这样呢!好像他在国外度过的漫长岁月已经一去不复返了,而现在他出席并宣布了俄国社会民主工党的代表大会开幕。

就事情的实质来说,第二次代表大会是个成立大会。这次大会提出了基本理论问题,奠定了党的思想基础。第一次代表大会只通过了党的名称和党的成立宣言。一直到第二次代表大会召开之前,党是没有纲领的。《火星报》编辑部起草了党的纲领。这个纲领在编辑部里进行了很久的讨论。每个词、每句话都经过了论证和推敲,进行了激烈的争论。编辑部的慕尼黑分部和瑞士分部通了几个月的信来讨论党纲问题。许多实际工作者觉得这些争论纯粹是学院性的,觉得党纲里加不加个"或多或少"是无关紧要的。

有一次我跟弗拉基米尔·伊里奇想起列夫·托尔斯泰在某处所用的一个比喻:他走着,远远地看见一个人蹲在地上,奇怪地摇晃着手,他以为那是个疯子;等走近些,他看到,原来那个人是在人行道上磨刀。理论上的争论也常有这种情形。在一旁听的时候可能以为人们是在做无谓的争吵,可是一深入问题的本质就会感到争论的是最重要的问题。讨论党纲的情形就是这样。

代表们来到日内瓦之后,跟他们讨论得最多、最详细的便是党纲问题。在代表大会上,这个问题解决得最顺利。

第二次代表大会讨论的另一个非常重要的问题是关于崩得的问题。在第一次代表大会上决定崩得是党的一部分,虽然是自治的一部分。在第一次代表大会开过以后的五年中,实际上党并不是一个统一的整体,崩得也是独立存在的。现在崩得想巩固这种独立性,只想和俄国社会民主工党建立联邦制关系。这一问题的实质就在于:崩得反映着犹太村镇的小手工业者的情绪,对经济斗争比对政治斗争更加感到兴趣,因而对经济派比对《火星报》更加同情。问题就在于:俄国要有一个能将俄国境内一切民族的工人团结在自己周围的、统一强大的工人政党呢?还是要有几个民族的、各自为政的工人政党?这是关于国内的国际主义团结的问题。《火星报》编辑部主张工人阶级的国际主义的团结,崩得则主张民族的独特性,主张在俄国各个民族的工人政党之间只保持友好的协议的关系。

关于崩得问题,也详细地同到会的代表们讨论过,所以这个问题也是在绝大多数代表的拥护下根据《火星报》的精神解决了。

后来,分裂的事实使许多人没有认识到在第二次代表大会上提出并解决了的那些极其重要的原则性问题。在讨论这些问题的时候,弗拉基米尔·伊里奇对普列汉诺夫有一种特别亲切的感觉。普列汉诺夫在讲演中说:"最高的法律是革命利益"这一原理应成为基本的民主原则,甚至连普遍选举权的原则也应当用这一基本原则的观点来观察。普列汉诺夫的这次讲演给弗拉基米尔·伊里奇留下了深刻的印象。过了十四年,当解散立宪会议问题完全摆在布尔什维克面前时,弗拉基米尔·伊里奇还提到过普列汉诺夫的这次演说。

普列汉诺夫的另一次关于国民教育的意义、关于国民教育是"无产阶级权利的保证"的演说,在弗拉基米尔·伊里奇的思想上也引起了共鸣。

在代表大会上,普列汉诺夫对列宁也有亲切之感。

狂妄的工人事业派分子阿基莫夫极力要引起普列汉诺夫和列宁的争执。普列汉诺夫在回答他的时候开玩笑地说:"拿破仑很想使自己的元帅们和他们的老婆离婚;有些元帅对他屈服了,虽然他们爱自己的老婆。阿基莫夫同志在这方面很像拿破仑,他费尽心机想把我和列宁分开。但我比拿破仑的元帅们要表现出更多的骨气;我不跟列宁分开,我相信他也不打算跟我分开。"弗拉基米尔·伊里奇笑了笑,否认地摇了摇头。

在讨论议程第一项(关于代表大会代表的资格审查)的时候,在关于邀请"斗争社"代表(梁赞诺夫、涅夫佐罗夫、古列维奇)的问题上,出人意料地发生了冲突。组织委员会希望在代表大会上发表其特别的意见。问题完全不在于"斗争社",而在于组织委员会企图用一种特别的纪律来在代表大会面前束缚自己的委员。组织委员会想作为一个集团来行动,预先在自己当中决定必须怎样投票,并作为一个集团参加代表大会。这样,对代表大会的代表说来,最高机关便不是代表大会本身,而是集团了。弗拉基米尔·伊里奇对此极为气愤。巴甫洛维奇(克拉西柯夫)起来反对这种企图,不仅列宁支持他,就是马尔托夫等人也支持他。组织委员会虽然被代表大会解散了,但是这个冲突是值得注意的,而且预示着要发生各种纠纷。这个冲突毕竟暂时被挪到次要的地位上去了,因为有一些无比重要的原则性问题被提到了首要地位,那就是关于崩得在党内的地位问题和党纲问题。在崩得在党内地位问题上,《火星报》编辑部、组织委员会和各代表们的意见都是非常一致的。《南方工人》杂志的代表、组织委员会的委员叶戈罗夫(列文)也发言坚决反对崩得。在会议中间休息的时候,普列汉诺夫向他说了许多恭维的话,说他的演说应当在"所有的公社中公布出来"。崩得被抨击得体无完肤。会议确立了一条原则,即民族的特点不应当妨碍党的工作的统一,不应当妨碍社会民主主义运动的团结一致。

这时会议必须移到伦敦去举行了。布鲁塞尔的警察局开始向代表们找麻烦,甚至把捷姆利亚奇卡和另外一个人驱逐出境了。于是大家都离开了。塔赫塔廖夫夫妇竭力帮助在伦敦布置代表大会。伦敦的警察局没加阻挠。

继续讨论了崩得问题。接着,还在委员会中详细研究党纲问题的时候,代表们就转到议程第四项,讨论关于批准中央机关报的问题了。除了工人事业派分子反对外,一致承认《火星报》是中央机关报。代表们热烈地欢迎《火星报》。甚至组织委员会的代表波波夫(罗扎诺夫)也说:"瞧,就在这里,在代表大会上,我们也能看到在很大程度上是由于《火星报》的活动而建立起来的统一的党。"这是第十次会议。会议一共举行了三十七次。乌云开始渐渐地积聚在代表大会上。就要选举中央委员会的三人小组了。当时中央委员会还没有基本核心。格列博夫(诺斯科夫)以孜孜不倦的组织家的资格毫无疑问可以当候选人。另外一个毫无疑问的候选人应当是克勒尔(克尔日扎诺夫斯基),如果他出席代表大会的话。但是,他没有出席代表大会。"根据信任"对他和库尔茨(林格尼克)进行缺席选举是很不合适的。那时在代表大会上有许多"将军",即中央委员候选人。这就是雅克(施泰因——亚历山大罗娃)、佛敏(克罗赫马尔)、施泰因(柯斯嘉——罗莎·哈尔贝施塔特)、波波夫(罗扎诺夫)、叶戈罗夫(列文)。所有这些人都是中央三人小组中两个委员的候选人。除此之外,这些人不仅仅作为党的工作者彼此熟悉,而且彼此在私人生活上也有往来。在这些人之间有个人的友情,也有个人的好恶。愈接近选举,空气变得愈紧张。崩得和《工人事业》杂志诬指国外中心想指挥,想让别人接受自己的意志,等等;虽然起初受到了一致的回击,但对"中派",对动摇分子——甚至也许他们没意识到——这是产生了一定影响的。害怕指挥,害怕谁的指挥呢? 当然不是马尔托夫、查苏利奇、斯塔罗维尔和阿克雪里罗得的指挥,害怕的是列宁和普列汉诺夫的指挥。可是他们知道,关于成员问题、关于俄国的工作问题,将由列宁决定,而不是由站在实际工作圈子之外的普列汉诺夫决定。

代表大会批准了《火星报》的路线,但还得确定《火星报》的编委。

弗拉基米尔·伊里奇提出由三人组成《火星报》编辑部的草案。关于这个草案,他预先通知过马尔托夫和波特列索夫。马尔托夫在与会代表们面前坚持编辑部的三人小组,认为它最能办事。当时他认为三人小组主要是反对普列汉诺夫的。当弗拉基米尔·伊里奇把写着编辑部三人小组的草案的信交给普列汉诺夫时,普列汉诺夫一句话没有说,读完后默默地放到口袋里。他清楚了这是怎么回事,但还是同意了。既然是个政党,那就需要切实的工作。

马尔托夫是所有编委中在组织委员会委员中间争议最多的人。他们很快地使他相信,三人小组是反对他的,如果他加入三人小组,他就会背叛查苏利奇、波特列索夫、阿克雪里罗得。阿克雪里罗得和查苏利奇感到非常激动。

在这种气氛中,党章第一条的争论带有特别尖锐的性质。在党章第一条的问题上,列宁与马尔托夫从政治上和组织上分裂了。他们从前也常常分裂过,但从前那些分裂是发生在一个小组的范围内,而且很快地就和好了。而现在是在代表大会上的意见分歧,所有那些怀恨《火星报》、反对列宁和普列汉诺夫的人,力图把这种分裂扩大为巨大的原则性的问题。他们开始在《从何着手?》这篇论文和《怎么办?》一书上来攻击列宁,说列宁是一个沽名钓誉的人,等等。弗拉基米尔·伊里奇在代表大会上发了书。后来,他在《进一步,退两步》一书中写道:"我不能不想起我在代表大会上同'中派'某一个代表的谈话。他向我诉苦说,'我们的代表大会充满了多么沉重的气氛呀！这是多么残酷的斗争,这是怎样在鼓动互相反对,这是多么激烈的论战,这是怎样的非同志态度啊！……'我回答他说,'我们的代表大会是多么好啊！公开地、自由地进行斗争。各种意见都发表出来。各种色彩都暴露出来。各种集团都显现出来。手举过了。决议通过了。阶段渡过了。前进吧！——这是多么好啊。这才是生活呢。这才不是无休无止的讨厌的知识分子的无谓口角,人们结束这种无谓口角并不是因为他们已经解决了问题,而只是因为他们说得疲倦了……'这个'中派'同志用疑惑的目光看着我,诧异地耸了耸肩。原来我们用不同的语言讲话。"①

这段引文说明了伊里奇的全部见解。

从代表大会一开始,他的神经就非常紧张。比利时的女工(我们在布鲁塞尔住在她那里),非常发愁,因为弗拉基米尔·伊里奇不吃她每天早晨给他准备的极好的小萝卜和荷兰干酪,其实他那时已没心思吃饭了。在伦敦,他紧张到夜里根本不能睡觉,非常激动。

尽管在讨论时弗拉基米尔·伊里奇讲得非常激烈,但在担任主席时他是极为公正的,不许自己对反对者有一点儿不公平。普列汉诺夫就不同了,他作主席时特别喜欢炫耀自己的机智和嘲弄反对者。

虽然大部分的代表对崩得在党内的地位问题、对党纲问题、对承认《火星报》的方针为自己的旗帜的问题没有什么意见分歧,但在代表大会的中期已显露出一定的裂痕,在大会的末期这种裂痕愈益加深。说实在话,妨碍共同工作、使得共同工作成为不可能的严重的意见分歧,在第二次代表大会上还没有出现,还在隐蔽的状态中,即所谓潜伏状态中。可是代表大会已经明显地分裂成两部分了。许多人觉得一切罪过应归之于普列汉诺夫的不够委婉,列宁的"狂暴"和野心,巴甫洛维奇的尖酸刻薄,以及对查苏利奇和阿

---

① 见《列宁全集》第8卷,人民出版社2017年版,第345页注①。

克雪里罗得的不公正,——于是他们附和受委屈的人,只看见人而没有看到事情的本质。其中也有托洛茨基,他变成列宁的凶恶的敌人。事情的本质在于:团结在列宁周围的同志们是十分严肃地对待原则问题的,无论如何要实现这些原则,把它们贯彻到全部实际工作中去;另外一派具有庸俗的情绪,倾向于妥协,在原则问题上让步,顾惜情面。

选举时期的斗争是非常尖锐的。我还记得竞选前的两个场面:阿克雪里罗得提出一个流放纠纷来硬说鲍曼(索罗金)在道义上对别人的关怀很不够。鲍曼沉默不语,眼睛里噙着泪水。

另外一个场面是:捷依奇不知怎的愤然地斥责格列博夫(诺斯科夫),格列博夫抬起头来,眨了眨怒火燃烧着的眼睛,苦恼地说:"闭起你那张嘴吧,亲爹!"

代表大会结束了。格列博夫、克勒尔和库尔茨被选进了中央委员会,四十四票中有二十票弃权。普列汉诺夫、列宁和马尔托夫被选为中央机关报的编委。马尔托夫拒绝参加编辑部。分裂已经明显了。

第二次代表大会以后

一九〇三——一九〇四年

我们从代表大会回到日内瓦之后，便开始了一段沉重的、不愉快的生活。侨居国外的人们从各地涌到日内瓦来。"同盟"的成员来问道："代表大会上发生了什么事情？为什么发生了争论？为什么破裂了？"

这些询问使普列汉诺夫非常厌烦。有一次普列汉诺夫说："某某人来了？他一边问着，一边不断重复地说：'我是个优柔寡断的人'。我就问他：'为什么优柔寡断呢……'"

俄国也开始有人来了。叶列马从彼得堡来了，一年以前，弗拉基米尔·伊里奇把致彼得堡组织的一封信寄到他那里，请他转交。他立即站到孟什维克那边去了。他来访问我们的时候，装着一种非常悲痛的样子，向弗拉基米尔·伊里奇说了声"我是叶列马"之后就讲起孟什维克怎样正确……我还记得基辅委员会的一个委员也总是在打听：什么样的技术问题造成了代表大会上的分裂呢？我惊得睁大了眼睛——我从来没见过有人这样幼稚地理解"基础"和"上层建筑"之间的关系，甚至从来没想到会有这种理解。那些在金钱上和接头地点上帮助过我们的人，在孟什维克鼓动的影响下拒绝帮助我们了。记得，我的一个老朋友同她的老母亲到日内瓦她的姐姐这里来了。童年时代，我和她兴致盎然地做过旅行家的游戏，做过住在树上的野人游戏。我知道她来的时候,高兴至极。现在她已是个大龄姑娘了,完全变成了陌生人。我们谈到她家对社会民主党人的经常帮助。她说:"现在我们不把自己的家给你们做接头地点了,我们非常反对布尔什维克和孟什维克的分裂。这种个人纠纷对事业是很有害的。"哼,我同伊里奇本来就没寄予这些"同情者"以什么希望,他们不加入任何组织,以为凭着接头地点和几文臭钱便可以影响我们无产阶级政党的事业的进程哩!

弗拉基米尔·伊里奇立即把发生的事情写信告诉在俄国的克勒尔和库尔茨。在俄国的人们大吃一惊,但是却不能提出什么好主意来,只是恳切地提出过例如这样的建议:把马尔托夫调回俄国,让他住在一个偏僻的地方,坐下来写通俗小册子。那时决定把库尔茨调到国外来。

代表大会以后,格列博夫提议恢复原来的编辑部,弗拉基米尔·伊里奇没有反对,——照老样子虽然苦恼些,但总比分裂好。孟什维克却拒绝了。在日内瓦,弗拉基米尔·伊里奇试图跟马尔托夫取得一致的意见,并且给波特列索夫写过信,想使他相信没有必要分裂。弗拉基米尔·伊里奇关于分裂这件事也给卡尔梅柯娃(绰号大婶)写过信,告诉她事情的经过。他始终不相信会没有办法。撕毁代表大会的决议,拿着俄国的工作冒险,拿着刚刚建成的党的战斗力冒险,弗拉基米尔·伊里奇觉得这纯粹是一种愚蠢行为,简直令人难以置信。有时他清楚地看到分裂是不可避免的了。有一次他开始给克勒尔写信,说克勒尔简直想象不到实际的情形,必须理解原有的关系从根本上起了变化,同马尔托夫的老交情现在结束了,必须忘掉老交情,斗争开始了。弗拉基米尔·伊里奇没有把这封信写完,也没有寄出。同马尔托夫分裂,对他来说是太难了。在彼得堡工作的时期,在旧《火星报》工作的时期,使他们结成了密切的关系。极其敏感的马尔托夫那时善于敏锐地支持伊里奇的思想,并且天才地发挥着这些思想。后来,弗拉基米尔·伊里奇激烈地和孟什维克作斗争的时候,每一次当马尔托夫的路线哪怕稍稍端正一些的时候,他就用原来的态度来对待马尔托夫。例如,一九一〇年在巴黎,当马尔托夫和弗拉基米尔·伊里奇一同在《社会民主党人报》编辑部工作的时候,就有过这种情形。从编辑部回来,弗拉基米尔·伊里奇不止一次地以满意的腔调说:马尔托夫采取了正确的路线,他甚至反对唐恩。而且后来,回到俄国之后,弗拉基米尔·伊里奇满意马尔托夫在七月事变的过程中的立场,并不是因为这样对布尔什维克有利,而是因为马尔托夫保持着一个革命家所应有的品质。

弗拉基米尔·伊里奇在患重病的时候,他还忧郁地告诉我:"据说,马尔托夫也快要死了。"

代表大会的大部分代表(布尔什维克)已回到俄国工作去了。孟什维克没有全部回去,相反地,唐恩还到他们这里来了。在国外,孟什维克的拥护者增多了。

留在日内瓦的布尔什维克定期开会。在这些会议上,普列汉诺夫采取了最不调和的立场。他愉快地谈笑并鼓励大家。

最后,中央委员库尔茨——他又名瓦西里耶夫(林格尼克)也来了,他立即感觉到自己被那种充满日内瓦城的纠纷所压抑。排解冲突、往俄国派人等一大堆事情都落在了他身上。

孟什维克在国外的影响在扩大。他们决定召开"俄国革命社会民主党人国外同盟"(以下简称"同盟")的代表大会,听取"同盟"出席第二次党代表大会的代表列宁的报告,以便打击布尔什维克。那时捷依奇、李维诺夫和我都是"同盟"理事会的理事。捷依奇坚持召开"同盟"代表大会,李维诺夫和我反对召开,无可怀疑,在当时的情况下,代表大会会变成纯粹的吵闹。于是捷依奇记起了理事会的理事还有住在柏林的韦切斯洛夫和住在巴黎的莱特伊仁。他们近来实际上已不直接参加"同盟"理事会的工作了,但是他们还没有正式退出"同盟"理事会。他们被邀来进行表决,他们赞成召开代表大会。

在"同盟"代表大会行将召开的时候,弗拉基米尔·伊里奇骑在自行车上沉思,因而撞到电车上去了,几乎把眼珠撞出来。他扎着绷带、脸色苍白地出席了"同盟"代表大会。孟什维克满怀仇恨疯狂地对他进行攻击。我记得一个野蛮的场面——唐恩、克罗赫马尔等人的怒气冲冲的面孔深深地印在我的脑海中,他们跳了起来,疯狂地敲打着会议桌。

在"同盟"代表大会上,孟什维克的人数比布尔什维克多,此外,在孟什维克中间"将军"较多。孟什维克通过了一个"同盟"章程,这个章程把"同盟"变成了孟什维主义的堡垒,保证孟什维克自己有一个出版社,使"同盟"脱离中央而独立。当时,库尔茨(瓦西里耶夫)以中央的名义要求改变章程,但"同盟"不服从这个要求,于是库尔茨宣布解散"同盟"。

普列汉诺夫的神经受不住孟什维克的吵闹,他声明:"我不能向自己人射击。"

在布尔什维克的会议上,普列汉诺夫宣称应当让步。他说,"有时候,专制制度还被迫让步呢"。——"那时人们也就会说专制制度动摇了",丽莎·克奴尼安茨反驳道。普列汉诺夫狠狠地瞪了她一眼。

普列汉诺夫为了挽救他所说的党内和平,决定恢复原来的《火星报》编辑部。弗拉基米尔·伊里奇退出了编辑部,宣称他拒绝合作,甚至没有坚持要公布他退出编辑部的消息。让普列汉诺夫去试图调和吧,他是不会妨碍党内和平的。在这以前不久,弗拉基米尔·伊里奇给卡尔梅柯娃写信说:"没有再比离开工作更坏的道路了。"离开编辑部,他就走上了这条路,他明白这一点。反对派要求再补选代表到中央委员会里去,补选两个人到理事会里去,并要求承认"同盟"代表大会的决议合法。中央委员会同意反对派往中央补选两个代表,在理事会里给他们一个席位,逐步改组"同盟"。任何和平也没有得到。普列汉诺夫的让步使反对派更加嚣张了,普列汉诺夫坚持让中央委员会的第二个代表卢(小马,真姓是加尔佩林)退出理事会,以便给孟什维克腾出位置。弗拉基米尔·伊里奇对这个新的让步犹豫了很久。我记得,我们三个人——弗拉基米尔·伊里奇、小马和我——傍晚站在波浪汹涌的日内瓦湖的岸上,小马劝弗拉基米尔·伊里奇同意他的辞职。最后,弗拉基米尔·伊里奇决定了——他到普列汉诺夫那里去说,卢退出理事会。

马尔托夫写了一个充满最野蛮的责骂的小册子《戒严状态》。托洛茨基也写了一个小册子《西伯利亚代表团报告书》,在这本小册子里,事件是完全根据马尔托夫的精神说明的。普列汉诺夫被描写成列宁的走卒,等等。

弗拉基米尔·伊里奇坐下来着手写《进一步,退两步》以回答马尔托夫,他在这本小册子里详细地分析了代表大会上的事件。

这时在俄国也正进行着斗争。布尔什维克的代表们作了关于代表大会的报告。地方组织对代表大会上通过的党纲和代表大会的大部分决议,都表示极为满意。他们觉得孟什维克的立场莫名其妙。通过了决议要求服从代表大会的决议。在这个时期,我们的代表之一"叔叔"特别积极地工作着。她这个老革命家简直不能理解怎能允许有不服从代表大会的事情。她和其他同志们从俄国寄来了令人振奋的信件。一个委员会跟着一个委员会站到布尔什维克这方面来了。

克勒尔来了。他想象不出已经在布尔什维克和孟什维克之间筑起来的那堵壁垒,他以为布尔什维克与孟什维克可以和解。他去跟普列汉诺夫谈,看到完全不可能和解,就失望地离开了。弗拉基米尔·伊里奇的心情更加沉重了。

一九〇四年初,威利娅·捷利克桑,彼得堡组织的代表"男爵"(埃森)和工人马卡尔来到了日内瓦。他们都是布尔什维克的拥护者。弗拉基米尔·伊里奇常和他们见面。他们不只是谈同孟什维克的纠纷,而且也谈俄国的工作。"男爵"那时完全是个年轻小伙子,喜欢炫耀他在彼得堡的工作。他说:"现在我们那里,组织是建立在集体的原则上,各个集体——宣传组、鼓动组、组织组都在工作着。"弗拉基米尔·伊里奇细心听着。"你们宣传组有多少人呢?"他问道。"男爵"稍稍有点难为情地答道:"暂时还只有我一个人。"伊里奇说:"少了一些,那么鼓动组有多少人呢?""男爵"的脸红到耳根,答道:"暂时还只有我一个人。"伊里奇尽情地哈哈大笑起来,"男爵"也笑了。伊里奇经常能以两三个问题击中要害,从许多漂亮的公式和有声有色的报告中揭露出现实的真相。

后来,奥里明斯基(米·斯·亚历山大罗夫)来了。他站到布尔什维克这边来了。"野兽"①也从遥远的流放地逃到这里来了。

从流放中逃脱出来的"野兽"劲头十足,显得非常愉快,周围的人都受到了她的感染。在她身上找不到一点怀疑和不坚决的痕迹。她嘲笑那些垂头丧气的人,嘲笑那些因分裂而叹气的人。国外的争吵不知怎的没有影响她的情绪。这时我们想在我们的谢舍龙每个星期组织一次"茶话会",以便加强布尔什维克的联系。在这些"茶话会"上也没有能进行"真正的"谈话,不过却消除了因同孟什维克分裂而引起的一切忧郁心情。听听"野兽"豪爽地唱一首"瓦尼卡"和身材高大的秃头工人叶哥尔的帮腔,还是很愉快的。叶哥尔很想去找普列汉诺夫谈心,他甚至为这还戴上了衬领,但他从普列汉诺夫那里回来的时候很失望,心情很沉重。"不要灰心,叶哥尔,唱唱'瓦尼卡'吧,我们会胜利的。"——"野兽"这样安慰他。伊里奇愉快起来了:这种豪迈气概,这种乐观精神驱散了他那沉闷的心情。

波格丹诺夫也到我们这里来了。那时弗拉基米尔·伊里奇还不大熟悉

---

① 即 M.M.埃森。——编者注

他的哲学著作,完全不了解他。但是,看得出来,他是个具有领导才能的人物。他是暂时到国外来的,在俄国他有很多的联系。无谓纠纷的时期结束了。

伊里奇感到最难受的是跟普列汉诺夫的彻底分手。

春天,伊里奇认识了老革命家、民权党人纳坦松和他的妻子。纳坦松是个优秀的旧式组织家。他认识许多人,深知每个人的长处,他了解哪个人善于做哪件事,哪个人适于做哪件工作。特别使弗拉基米尔·伊里奇惊讶的是,他不仅深知自己的人员,而且深知我们社会民主党组织中的人员,甚至还比我们当时的许多中央委员要了解得多些。纳坦松在巴库住过,他认识克拉辛、波斯托洛夫斯基等人。弗拉基米尔·伊里奇认为可以把纳坦松说服,使他成为一个社会民主党人。纳坦松非常接近于社会民主主义的观点。后来有人谈到,当这个老革命家在巴库有生以来第一次看见雄壮的示威游行时,是怎样地痛哭起来。只有一点弗拉基米尔·伊里奇和纳坦松的看法不同。纳坦松不同意社会民主党对待农民的态度。同纳坦松的亲密交往持续了两个星期左右。纳坦松和普列汉诺夫很熟悉,他和普列汉诺夫很亲近。有一次,弗拉基米尔·伊里奇和纳坦松谈起我们党的事情,谈起和孟什维克的分裂。纳坦松建议同普列汉诺夫谈一谈。他从普列汉诺夫那里回来时,带着一种茫然的神气说:应当让步……

同纳坦松的来往终止了。弗拉基米尔·伊里奇开始抱怨自己,不应该同一个异党分子谈论社会民主党的事情,不该使纳坦松成为调停人。他抱怨自己,抱怨纳坦松。

当时,中央委员会在俄国奉行着调和主义的两面政策,而各地方委员会是拥护布尔什维克的。那时,必须依靠在俄国的力量召开新的代表大会。

中央委员会七月宣言①剥夺了弗拉基米尔·伊里奇为自己观点进行辩护和同俄国联系的机会,作为对这个宣言的回应,他退出了中央委员会,布尔什维克派——二十二人——通过了必须召开第三次代表大会的决议。

我和弗拉基米尔·伊里奇背着背囊到山里住了一个月。起初,"野兽"也跟着我们,但是不久她就不去了,她说:"你们喜欢到连一个猫也没有的地方,没有人我是不能生活的。"的确,我们总是拣着最荒凉的小道走,钻到最偏僻的地方去,远远地离开人们。我们到处跑了一个月之久:今天不知道明天在哪里;晚上,十分疲倦,钻进被窝马上就睡着了。

我们的钱刚刚够用,所以我们多半是吃干的——干酪和鸡蛋,喝点葡萄酒和泉水,很少喝汤。在一家社会民主党人的小酒馆里,一个工人劝我们说:"你们不要跟旅行家一块儿吃饭,跟马车夫、汽车司机、粗工们一块吃,这样就可以便宜一半,吃得更饱些。"我们也就照他的话做了。倾向于资产阶级的小官僚和小店铺老板等人宁愿不游玩,也不愿同仆人坐在一个桌子上吃饭。这种小市民的庸俗习气在欧洲各地都非常盛行。那里的人喜欢谈论民主,但是他们不是在家里同仆人坐在一个桌子上谈而是在富丽堂皇的旅社里,——这是力求出人头地的小市民办不到的。弗拉基米尔·伊里奇特别高兴到小饭馆去,他在那里吃饭胃口特别好,而且总是衷心地称赞午餐便宜、丰盛。然后我们就背起背囊往前走。背囊比较重。在弗拉基米尔·伊里奇的背囊中装着一本沉甸甸的法文字典,在我的背囊中也装着一本同

---

① 这是当时中央委员会中奉行孟什维克政策的调和派和孟什维克在列宁缺席的情况下所通过的一个决议。这个决议包括二十六项,但其中只有十项发表在一九〇四年八月二十五日的第七十二号《火星报》上。党的领导机关的决议竟不对党公开,使列宁感到愤慨。普列汉诺夫在《火星报》编辑部对列宁的答复中坚持主张地方委员会不应当知道领袖们之间意见分歧的详细情节,他说:"力求使无产阶级成为小组之间发生的无数纠纷的评判者,乃是向一种最坏的假民主制度卑躬屈膝。"(《火星报》一九〇三年十一月二十五日第五十三号)

这个宣言中有一项说:"中央委员会坚决反对在现时召开特别代表大会,反对争取召开这次代表大会的鼓动工作。"——作者注

样很重的法文书,这本书是我刚刚收到准备翻译的。可是,不论字典还是书本在我们旅行期间,连一次也没有翻开过;我们看的不是字典,而是常年积雪的大山、蓝色的湖泊、奇异的瀑布。

这样逍遥了一个月之后,弗拉基米尔·伊里奇的神经恢复了常态。好像用溪水擦洗身体,也洗掉了乱糟糟的纠纷的尘埃。我们同波格丹诺夫、奥里明斯基、彼尔武申夫妇一起在布雷湖畔的一个偏僻的农村里度过了八月。我们同波格丹诺夫商议好了工作计划:波格丹诺夫计划争取卢那察尔斯基、斯捷潘诺夫、巴扎罗夫参加编撰工作。计划在国外出版自己的机关报,并在俄国开展召开代表大会的鼓动工作。

伊里奇完全高兴起来了。每天晚上,他从波格丹诺夫夫妇那里回来的时候,外边就传来尖厉的狗吠声,那是伊里奇在路过看门狗的身旁时逗弄狗玩。

秋天,回到了日内瓦。我们从日内瓦的市郊搬到了离市中心较近的地方。弗拉基米尔·伊里奇加入了"Société de lecture"①,那儿有一个巨大的图书馆和很好的工作条件,可以看到大量的法文、德文、英文的报纸和杂志。在这个"Société de lecture"里从事著述十分方便,会员大部分是老教授,他们很少到这个图书馆来;伊里奇可以占用整个一间屋子,在这个屋子里他可以写作,可以从一个墙脚踱到另一个墙脚,可以考虑要写的文章,可以从书架上拿任何一本书。在这里,他能安静地工作,没有一个俄国同志到这里来,也没有人谈论孟什维克说了些什么和在什么地方丢了丑。可以集中精力考虑问题,当时是有问题需要考虑的。

俄日战争开始了,这个战争特别明显地暴露了沙皇君主政体的全部腐败情形。在对日战争中,不仅仅布尔什维克,就是孟什维克,甚至自由派都

---

① 即"读书会"。——译者注

是希望沙皇俄国失败的。人民愤怒的浪潮从下面起来了。工人运动进入了新的阶段。愈来愈频繁地传来人民大众不顾警察干涉而举行大会的消息，以及工人和警察发生直接冲突的消息。

在日益高涨的群众性的革命运动面前，小宗派之间的纠纷已经不像不久以前那样激烈了。固然，这些纠纷有时具有非常野蛮的性质。例如，布尔什维克瓦西里耶夫从高加索来了，想作一个关于俄国局势的报告。但是在会议开始时，孟什维克竟要求选举主席团，虽然这只是一个每个党员都可以参加的普通报告会，而不是个组织会议。孟什维克想把每个报告会都变成一种选举的搏斗，其目的是想用"民主的方法"来塞住布尔什维克的嘴。事情几乎弄到短兵相接的程度，弄到争夺基金会的程度。在混乱中有人甚至把纳塔莉娅·波格丹诺夫娜（波格丹诺夫的妻子）的披肩撕破了，有人把人打伤了。但是现在，这一切都远不像从前那样激烈了。

现在大家都在注意俄国。感到对彼得堡、莫斯科、敖德萨等地开展着的工人运动负有巨大的责任。

所有的政党——自由党、社会革命党——都已特别鲜明地表现出自己的本质。孟什维克也露出了自己的原形。使布尔什维克和孟什维克分离的事情现在已经很清楚了。

弗拉基米尔·伊里奇深信无产阶级的阶级本能，深信它的创造力量，深信它的历史使命。这个信心不是偶然地在弗拉基米尔·伊里奇身上产生的，而是在多年内锻炼出来的；在这些年内，他研究和仔细地考虑了马克思的阶级斗争学说，研究了俄国实际情况，学会了在反对老革命家的世界观的斗争中用阶级斗争的力量和革命英雄主义来对抗单枪匹马的个人英雄主义。这不是盲目相信什么玄妙莫测的力量，这是深信无产阶级的力量，深信它在解放劳动人民事业中的巨大作用，这种信心建立在对革命事业的深刻认识上，建立在对现实的老老实实的研究上。在彼得堡无产阶级中间进行的工作生动地体现了这种对工人阶级强大力量的信心。

布尔什维克报纸《前进报》在十二月底出刊了。编辑部里除了伊里奇外，还有奥里明斯基、奥尔洛夫斯基①。不久，卢那察尔斯基也来帮忙了。他的热情洋溢的文章和演说适合于当时的布尔什维克的情绪。

革命运动在俄国增长着，同时和俄国的通信也增多了。和俄国的通信不久就增加到每个月三百封，在当时这是一个庞大的数字。这些信给了伊里奇多少材料啊！他善于阅读工人的来信。我记得敖德萨采石场工人们写来的一封信。这封信是由几个人集体写成的，由于初学写作，文中没有主语和谓语，没有逗号和句号，但是这封信却洋溢着一种无穷尽的力量，洋溢着一种斗争到底、不获胜利誓不罢休的决心，这封信字字珠玑，又纯朴、又坚决，毫无动摇之情。我现在已经记不得这封信里写了些什么，但是我还记得这封信的样子、纸张、金黄色的墨水。伊里奇多次地反复读着这封信，在屋子里踱来踱去地沉思着。敖德萨采石场工人们给伊里奇写这封信没有白费力气，他们这封信正是给了他们应当给的人，给了比所有的人都更能了解他们的人。

接到敖德萨采石场工人的来信几天之后，敖德萨的新宣传员塔妞莎就寄来一封信，塔妞莎忠实而详尽地描述了敖德萨手工业者的会议。伊里奇读过这封信后立刻坐下来给塔妞莎写回信："谢谢你。希望常常来信。叙述每天通常的工作的信对我们是极其重要的。很少有人给我们写这样的信。"

几乎是在每封信里，伊里奇都请求俄国的同志们多多地联系。他给古谢夫写信说："革命组织的力量就在于联系的多少。"他请求古谢夫把布尔什维克的国外中心与青年联系起来。他写道："我们中有人有某种愚蠢的、

---

① 即沃罗夫斯基。——编者注

庸俗的奥勃洛摩夫式的害怕青年的毛病。"①伊里奇给他在萨马拉认识的老朋友——那时住在乡下的阿列克塞·安得列也维奇·普列奥布拉任斯基写信,请他和农民联系。他请求彼得堡的人把工人们的原信寄到国外中心来,不要摘要,不要转述。这些工人的信极其清楚地告诉伊里奇,革命迫近了,革命高涨起来了。一九〇五年已经来到了。

---

① 见《列宁全集》第45卷,人民出版社2017年版,第15页。

一九○五年侨居国外

一九○四年十一月,在小册子《地方自治运动和〈火星报〉的计划》①中,以及后来十二月发表在《前进报》第一号到第三号上的各篇论文中,伊里奇写道:群众争取自由的真正的公开斗争的时代迫近了。他清楚地感觉到革命的爆发已经迫近。但是感觉到这种迫近是一回事,而知道革命已经开始却是另一回事。因此,当关于一月九日事变的消息,关于革命开始的具体形式的消息传到日内瓦时,好像周围一切都变了样,好像在此以前的一切都变成遥远的过去。一月九日事变的消息是第二天早晨传到日内瓦的。我和弗拉基米尔·伊里奇往图书馆去,路上遇见了去找我们的卢那察尔斯基夫妇。我还记得卢那察尔斯基的妻子安娜·亚历山大罗芙娜的样子,她兴奋得说不出话来,只是无可奈何地摇晃着皮手套。我们决定到勒柏辛斯基开的侨民饭店去,凡是听到彼得堡事件的消息的布尔什维克都本能地想到那里去。大家都希望聚在一起。聚在一起的人们彼此都不说话,那时大家都太兴奋了。人们唱起了:"您为革命而牺牲……"大家都精神焕发。人们都意识到:革命已经开始了,对沙皇的信仰已经消失了,现在"暴政垮台,伟大的、雄壮的、自由的人民站起来……"的时代来临了。

我们也像那时住在日内瓦的一切侨民一样过起独特的生活来:一号一

---

① 见《列宁全集》第9卷,人民出版社2017年版,第59页。

号地读着当地的报纸《论坛报》①。

伊里奇的全部思想都集中到俄国去了。

不久,加邦来到日内瓦。他首先就到社会革命党人那里去,社会革命党人竭力把事情说成这样:加邦是"他们"的人,从而彼得堡的整个工人运动也是他们一手领导的。他们把加邦大捧而特捧,替他吹嘘。因而在那时加邦就成了人人注意的中心。英国的《泰晤士报》拼命给钱约他写文章。

加邦到日内瓦不久,一天傍晚有个社会革命党人的太太到我们这里来,转告弗拉基米尔·伊里奇说加邦想见他。他们约定在一个"中立的"地方——咖啡馆里会面。傍晚来临了。伊里奇没有把房里的灯点起来,他从这个角落踱到那个角落,来回走着。

加邦是俄国高涨起来的革命的活生生的一部分,他同工人群众有着密切的联系,工人群众无限地信任他,所以伊里奇为这个会见而激动着。

有一个同志不久以前感到愤慨:伊里奇竟和加邦来往!

如果事先肯定从这个牧师身上得不到任何好处的话,当然可以干脆不理睬加邦。例如,普列汉诺夫就是这样做的,他对加邦的态度极其冷淡。可是,伊里奇的力量就在于:他认为革命是活生生的东西,他善于审视革命的面貌,善于全面地把握革命,他知道群众希望些什么。只有同群众接触,才能了解群众。伊里奇想知道加邦是用什么方法影响群众的。

弗拉基米尔·伊里奇同加邦会面回来之后,讲述了自己的印象。那时加邦身上还散发着革命的气息。谈到彼得堡的工人时,他就激动起来,充满了对沙皇及其走狗的愤怒。这种愤怒相当幼稚,但却是直率的。这种愤怒是和工人群众的愤怒一致的。"他还需要学习",弗拉基米尔·伊里奇说,"我对他说:'你呀,朋友,不要去听那些恭维话,学习吧!不学习你就会到

---

① 即《日内瓦论坛报》,在日内瓦用法文出版。——编者注

那儿去的’，——我对他指了指桌子下边。”

二月八日，弗拉基米尔·伊里奇在《前进报》第七号上写道："我希望格·加邦这个深刻体验和感受到一个政治上不觉悟的人的观点向革命观点的转变的人，能够取得一个政治活动家所必备的明确的革命世界观。"①

加邦始终没有获得这种明确的革命世界观。他是乌克兰一个富裕农民的儿子。一直跟自己家庭、跟自己村子保持着联系。他非常了解农民的需要，他的语言对普通工人群众是易懂而亲切的；他的出身，他和乡村的联系，也许就是他成功的秘诀之一。但是也很难碰见像加邦这么一个满脑袋牧师思想的人。他从前根本不知道有革命的人物，他的本性也不像是个革命家，而是一个准备作出任何妥协的狡猾的牧师。有次他谈道："有一个时候，我怀疑起来了，信仰动摇了。简直是害了一场病，后来我到克里木去了。据说，那时在克里木有一个长老。为了巩固我的信仰，我就到他那里去了。我到了长老那里，小河边上聚了一堆人，长老在那里做祈祷。小河当中有一个小坑，据说是圣乔治的马在那里踩的。嗳，这当然是无稽之谈。但是，我想问题不在这里，——长老的信仰是巩固的。在祈祷之后，我到长老跟前去祝福。但是他却脱下袈裟说：‘我们开的那个蜡烛铺赚了多少钱啊！这就是信仰！我好容易挣扎着到了家。那时我有个艺术家的朋友维列夏金说道：‘别做牧师啦！’可是，我想，现在全村的人对我的父母都很尊敬，父亲是村长，受到全村人尊敬；若是这样做，大家就会说：儿子是个被免职的牧师！因此，我没辞退圣职。"

在这个叙述里就表明了加邦的整个面貌。

他不善于学习。他用了很多时间来学习射击和骑马，但却不好好读书。的确，由于伊里奇的劝告，他坐下来阅读普列汉诺夫的著作了。但是他读这

---

① 见《列宁全集》第9卷，人民出版社2017年版，第263页。

些著作,好像是在尽义务。加邦不善于从书本中学习,也不善于从生活中学习。牧师思想遮蔽了他的眼睛。他回到俄国之后,就陷进了奸细活动的深渊。

从革命最初的日子起,伊里奇就立刻了解了整个远景。他懂得,运动将要像狂潮一样高涨起来,革命的人民不会在半路上停留下来,工人们一定会投入反对专制制度的战斗。工人们是胜是败,——斗争的结果将会表明。为了胜利,应当更好地武装起来。

伊里奇总是有一种特别的敏感,他能够深刻地理解工人阶级在当时的感受。

孟什维克指靠着那个本身还需要打气的自由资产阶级,谈论着必须"发动"革命;而伊里奇知道,工人们已经下决心斗争到底了。他是和工人们在一起的。他知道,半途而废是不成的,这会使工人阶级士气受挫、精力受损,这会给事业带来巨大的损失;因此,无论在什么样的形式下都不能这样做。历史表明,在一九〇五年的革命中,工人阶级遭到了失败,但是工人阶级并没有被战胜,他们的斗争的决心没有被摧垮。那些攻击列宁"粗率"的人,那些在失败以后只会说"不应该拿起武器来"的人,是不懂得这一点的。忠于自己的阶级,就不能不拿起武器来,先锋队是不能脱离自己的斗争着的阶级的。

所以伊里奇不知疲倦地号召工人阶级的先锋队——工人阶级政党——去斗争,去组织,去武装群众。关于这一点他在《前进报》上写过,在寄给俄国的信里也写过。

"一九〇五年一月九日的事件充分显示了无产阶级革命力量的巨大潜力和社会民主党人组织工作的薄弱",——弗拉基米尔·伊里奇二月初在他的一篇文章《我们是否应当组织革命?》①里这样写道。这篇文章的每行

① 见《列宁全集》第9卷,人民出版社2017年版,第246页。

字句都发出了从理论转到实际行动的号召。

伊里奇不仅反复地阅读和极细致地研究马克思和恩格斯写的关于革命与起义的所有著作，而且还读了不少军事书籍，全面地考虑了武装起义的技术问题和武装起义的组织问题。他在这方面下的功夫远比旁人所知道的多得多，他的关于游击战争时期的突击队、"关于五人组和十人组"的谈话，绝不是外行人的瞎扯，而是经过全面考虑的计划。

"Société de lecture"的职员亲眼看到：一个俄国革命家每天清早穿着一条劣质的裤子走来，为了怕溅上泥泞而跟瑞士人似地卷起裤腿，他常常忘记把裤腿放下来，就拿起昨天留下的那本谈街垒战、谈进攻术的书。他坐到靠近窗户常坐的那个桌子前，习惯地用手把秃头上稀疏的头发梳理平顺，然后就埋头读起书来。他有时站起来，只是为了从书架上拿下一本大辞典来，查找不熟悉的术语的解释；然后来回踱一会儿，又坐到桌子前，很快地聚精会神地用细小的笔迹在一折四的一张小纸上写起东西来。

布尔什维克想尽一切办法往俄国运送武器，但是运送到俄国去的武器只不过是沧海一粟。在俄国成立了战斗委员会（在彼得堡），但是这个委员会的工作进行得非常缓慢。伊里奇给彼得堡去信说："在这种事情上，各种方案以及关于战斗委员会的职责和权力的争辩和议论是最没有用处的。这里需要的是猛烈的干劲，更大的干劲。我吃惊地看到，确实是吃惊地看到，谈论炸弹已半年有余，却连一颗炸弹也没有制造出来！而进行这种谈论的是最有学问的人…… 先生们，到青年中去吧！这是唯一的万应灵药。不然你们真要误事了（根据一切情况我看是这样），你们虽有'很有学术价值的'记录、计划、图样、方案和宏伟的蓝图，却缺少组织，缺少活生生的行动。到青年中去吧。马上在各个地方，在大学生中、特别是在工人中以及其他人中成立战斗义勇队。让3人至10人以至30人等的战斗队立即组织起来。让他们立即自己武装起来，谁能找到什么就用什么武装起来，用左轮手枪、用刀、用纵火用的浸了煤油的布片等等武装起来。让这些战斗队马上选出自己的领导人,并且尽可能同彼得堡委员会战斗委员会联系。不要要求任何形式,一定要唾弃一切框框,让一切'职责、权力和特权'通通见鬼去吧。"①

布尔什维克在武装起义的准备方面做了不少工作,常常表现出伟大的英雄主义,时刻在冒着生命的危险。准备武装起义——这就是布尔什维克当时的口号。加邦也在谈论着武装起义。

加邦到达不久,就提出了一个各革命政党的战斗协议的草案。弗拉基米尔·伊里奇在《前进报》第七号上(一九〇五年二月八日)对加邦的提议作了评价,并且详尽地阐述了关于战斗协议的整个问题②。

加邦承担了供给彼得堡工人武器的任务。各种捐款都交由加邦支配。他在英国采购一批武器。事情终于办妥了。找了一只轮船——"琼·格拉甫东"号,船长同意把这批武器运到离俄国国境不远的一个小岛上。加邦根本不了解如何进行秘密运输的工作,他把事情看得比实际情况简单得多。为了组织这件事情,他从我们这儿取走了非法的护照和关系,就到彼得堡去了。弗拉基米尔·伊里奇认为这整个措施都是从言论向实际行动的转变。无论如何工人们是需要武器的,但是,整个运输武器的工作一无所成。"琼·格拉甫东"号搁浅了,根本不能驶近所指定的海岛。而加邦在彼得堡也毫无办法。他不得不躲藏在简陋的工人住宅里。他不得不用别人的名字生活。一切联系都非常困难,一个必须在那里商定运来武器的接受问题的社会革命党人的住址根本无法找到。只有布尔什维克把自己的人派到那个海岛上去。所有这一切给加邦留下了惊心动魄的印象。秘密生活,忍饥挨饿,不能见任何人,这完全跟在几千人的大会上的毫无危险的讲演不同。只

---

① 见《列宁全集》第11卷,人民出版社2017年版,第338—339页。
② 见《列宁全集》第9卷,人民出版社2017年版,第256—264页。

有那些跟加邦所经历的完全不同的革命锻炼的人,那些准备在一切场合默默牺牲的人,才能把武器秘密地运到……

伊里奇提出来的另一个口号,就是支持农民争取土地的斗争。这种支持能使工人阶级在斗争中有农民作依靠。弗拉基米尔·伊里奇一直都很重视农民问题。在第二次代表大会召开之前讨论党纲时,弗拉基米尔·伊里奇曾经提出并且热烈地坚持过归还农民"割地"(一八六一年改革时从农民那里割去的)的口号。

他觉得,为了把农民吸引到自己这边来,必须提出让农民感到最切身的具体的要求。正如社会民主党人在工人中间进行鼓动是从争取开水、争取缩短工作日、争取按时发放工资开始一样,也必须在具体的口号下把农民组织起来。

一九〇五年促使伊里奇重新研究这个问题。同农民出身的并与乡村保持着联系的加邦的谈话,同"波将金"号的海员马久申柯以及同来自俄国并熟悉乡村情形的许多工人的谈话,向伊里奇表明了归还"割地"的口号已经不够,必须提出更广泛的口号——没收地主、皇室①和教堂的土地。伊里奇从前曾经细心地研究过统计资料汇编,并且详细地揭示出城乡之间的、大小工业之间的、工农之间的经济联系,这些都没有白费心血。他看到,这种经济联系现在已经成为无产阶级对农民阶级的强大政治影响的基础了。他认为只有无产阶级才是彻底革命的阶级。

我记得这么一件事。有一次,加邦请弗拉基米尔·伊里奇听他读他写的传单。加邦兴高采烈地读起来。这个传单里充满了对沙皇的咒骂。"我们不需要沙皇",传单里说,"让大地上只有上帝这一个主人吧,你们大家都将是他的佃户!"(当时农民运动还刚刚沿着减租斗争的路线进行着)。弗

---

① 皇室土地即属于沙皇及其家族的土地。

拉基米尔·伊里奇哈哈大笑起来——这种写法未免太纯朴了,而另一方面,却突出地表现了加邦接近群众的地方:他自己是农民,他激起了还和乡村保持着一半联系的工人们长久隐藏在心底的对土地的渴望。

弗拉基米尔·伊里奇的笑使加邦困惑起来。他说道:"也许不是这样吧,请您告诉我,马上改正。"弗拉基米尔·伊里奇立刻变得严肃起来。"不",他说道,"这是不可能的,我的思路完全不同,你就用自己的话写吧,照自己的想法写吧。"

我还记得另一个场面。这已经是第三次代表大会以后,"波将金"舰起义以后的事情了。"波将金"舰上的人员被扣留在罗马尼亚,非常贫困。加邦当时收到许多钱,——一些是他写回忆录得来的,一些是交给他用于革命事业的各种捐款——他成天忙于给"波将金"舰上的人员购置衣服。有个非常著名的参加"波将金"舰起义的海员马久申柯来到日内瓦。他和加邦一见如故,形影不离。

当时有一个年轻的红面颊的书库代办员(我已经记不起他的名字了)从莫斯科到了我们这里,他不久以前才成为社会民主党人。他从莫斯科带来了委托。这个青年叙说了他是怎样和为什么成为社会民主党人的,然后讲起社会民主党的党纲为什么是正确的,并以新信仰者的热情逐条逐条地讲着。弗拉基米尔·伊里奇觉得无聊,就到图书馆去了,把我留下来给青年弄些茶喝,并且从他那里尽量打听出一些东西来。青年继续讲党纲,这时加邦和马久申柯到我们这里来了。我本来也准备给他们弄茶喝,可是,这个青年这时恰恰讲到有关"割地"的问题,他开始证明农民除了争取归还"割地"的斗争以外,再不应作进一步的斗争。马久申柯听完这个青年的叙述之后,怒气冲冲地说:"一切土地归人民!"

假若伊里奇不来,我不知道他们要争吵到什么地步。伊里奇迅速弄清了为什么争吵以后,没有发表什么与本题有关的意见就把加邦和马久申柯领到自己那里去。我设法尽快地把青年打发走了。

农民中间广泛地掀起了革命运动。在十二月召开的塔墨尔福斯代表会议上,伊里奇建议把关于"割地"这一项完全从党纲中删掉。

另加了一项:支持农民的革命措施,直到没收地主、官府、教堂、寺院和皇室的土地。

当时有巨大影响的德国社会民主党人考茨基对这个问题是另外一种看法。他在《Neue Zeit》①杂志上写道:在俄国,城市革命运动应在农民和地主之间的关系问题上保持中立。

现在考茨基是工人阶级事业的最著名的叛徒之一,可是当时他却被认为是革命的社会民主党人。当另一个德国社会民主党人伯恩施坦在九十年代末举起反马克思主义的旗帜,认为应当重新审查马克思的学说,说马克思学说中有许多东西陈旧了、过时了,说目的(社会主义)不算什么,而运动才是一切的时候,考茨基当时就出来反对伯恩施坦以保卫马克思的学说。因此,考茨基在那时被看成是马克思的最革命最彻底的学生。但是,考茨基的武断并没有动摇伊里奇的信念:只有依靠农民,俄国的革命才能获得胜利。

考茨基的武断促使伊里奇想检查考茨基是否正确地阐述了马克思和恩格斯的观点。弗拉基米尔·伊里奇开始根据经验来研究马克思对美国一八四八年的土地运动的态度和恩格斯一八八五年对亨利·乔治②的态度。弗拉基米尔·伊里奇在四月间就已写出了一篇论文《马克思论美国的"土地平分"》。

他在这篇论文的结尾说:"世界上未必有哪一个国家的农民像俄国农

①　即《新时代》杂志,德国社会民主党的理论刊物,在一八八三——一九二三年这一时期出版。从创刊起到一九一七年止,它的主编一直是考茨基。杂志于一九二三年停刊。——编者注

②　亨利·乔治(一八三九——一八九七年)是美国经济学家,《进步和贫困》一书的著者。他认为实行土地国有化并把土地分租给劳动者是消除一切社会灾难的方法。——编者注

民那样受到如此深重的苦难、压迫和凌辱。这种压迫愈暗无天日,农民现在的觉醒就愈有力量,他们的革命冲击力就愈锐不可当。觉悟的革命无产阶级就是要全力支持这种冲击,使它彻底摧毁这个古老的、可咒诅的、专制农奴制的奴才似的俄国,使它造就出自由而英勇的一代新人,建立起一个新的共和制的国家,我们无产阶级争取社会主义的斗争将在这里自由地开展起来。"①

在日内瓦,布尔什维克的中心设在俄国侨民居住的著名的"卡鲁日基"(Rue de Carouge)和阿尔瓦河岸街的拐角处。《前进报》的编辑部、发行科,勒柏辛斯基开设的布尔什维克饭店,都设在这里;邦契-布鲁耶维奇、利亚多夫(曼德尔施塔姆)夫妇、伊林夫妇都住在这里。奥尔洛夫斯基、奥里明斯基等人经常到邦契-布鲁耶维奇那里去。波格丹诺夫回到俄国以后,就同卢那察尔斯基谈妥了;于是,卢那察尔斯基来到日内瓦加入了《前进报》编辑部。卢那察尔斯基是个杰出的演说家,他对巩固布尔什维克阵地起了很大作用。从那时起,弗拉基米尔·伊里奇便对卢那察尔斯基很好,因有他在旁边而感到愉快,甚至在同前进派分手的时期对他还是相当偏爱。而卢那察尔斯基在他跟前也总是表现得特别活泼而机智。记得有一次,大概是在一九一九年或一九二〇年,卢那察尔斯基从前线回来,向弗拉基米尔·伊里奇叙述自己的见闻,弗拉基米尔·伊里奇听着他的描述,眼睛闪烁着光芒。

卢那察尔斯基、沃罗夫斯基、奥里明斯基——他们都是《前进报》的主要支柱。邦契-布鲁耶维奇领导着全部经济事务,始终兴高采烈地制订各种大规模的计划,忙着印刷所的工作。

布尔什维克几乎是每天晚上都聚集在拉多尔得咖啡馆里,每人守着一

---

① 见《列宁全集》第10卷,人民出版社2017年版,第56页。

杯啤酒,久久地坐在那里讨论俄国的事件,制订计划。

许多人已经走了,许多人准备动身。

在俄国正进行着召开第三次代表大会的鼓动工作。第二次代表大会以来,发生了这么多的变化,实际生活提出了这么多的新问题,以致新的代表大会简直是非开不可了。大多数地方委员会主张召开代表大会。"多数派委员会常务局"①成立了。中央委员会补充了许多新委员,其中也有孟什维克;这个中央委员会基本上是一个调和主义的,它千方百计地阻挠第三次代表大会的召开。中央委员会在莫斯科作家列昂尼德·安德列耶夫的家里被破获之后,剩下的中央委员们同意召开代表大会。

代表大会是在伦敦举行的。大会的代表绝大多数是拥护布尔什维克的。因此,孟什维克没有参加代表大会,而把自己的代表召集到日内瓦举行代表会议。

中央委员会派的佐梅尔(也叫马尔克—柳比莫夫)和文特尔(克拉辛)参加了代表大会。马尔克带着一副极其忧愁的样子,而克拉辛的样子却好像并没有发生什么事情似的。代表们愤怒地攻击中央委员会的调和主义立场。马尔克坐在那里比乌云还阴沉,沉默着。克拉辛也沉默着,用手支着面颊,但却毫无恼怒的表情;好像这些辛辣的发言跟他完全没有任何关系。当轮到他发言的时候,他用平静的声调作了报告,甚至对责难也没反驳,——于是大家都清楚了:再用不着谈什么了,他有过调和主义的情绪,但这种情

---

① 因为调和主义的孟什维克中央顽固地拒绝召开代表大会,已根本不能代表站在"多数派"立场上的大多数党员的意志,所以在日内瓦的"二十二个代表的会议"(一九〇四年八月召开的)上决定创立布尔什维克机关,以便为召开第三次代表大会而斗争。这次会议提出的候选人(古谢夫、波格丹诺夫、捷姆利亚奇卡、李维诺夫、利亚多夫),后来在俄国的三个秘密代表会议——"北方代表会议"、"南方代表会议"和"高加索代表会议"——上得到批准。"多数派委员会常务局"就是这样成立的。除了进行召开代表大会的鼓动工作以外,"多数派委员会常务局"实际上还领导着俄国布尔什维克组织的实际工作。——作者注

绪已经消失,今后他将加入布尔什维克的行列,他将跟布尔什维克永远在一起。

党员们现在都知道一九○五年革命时期克拉辛在武装战斗员、负责训练战斗队等工作方面所担任的重大工作。这些工作都是秘密地无声无息地进行的,他作出了巨大的贡献。弗拉基米尔·伊里奇比任何人都了解克拉辛的工作,所以从那时起,他一直很器重他。

从高加索来了四个人:米哈·茨哈卡雅、阿廖沙·贾帕里泽、列曼和加米涅夫。但是只有三张委任书。弗拉基米尔·伊里奇问:委任书是谁的——四个人怎么只有三张委任书?谁得到了大多数的选票?米哈愤慨地答道:"难道我们在高加索是投票选出来的吗?!我们是以同志的方式解决一切问题的。派来了我们四个人,至于几张委任书那是无关紧要的。"米哈是代表大会代表中年纪最大的。大家委托他宣布代表大会开幕。列瓦·弗拉基米罗夫代表多数派委员会出席了大会。过去我们多次往俄国给他写信,把分裂的情况告诉他,但没有得到任何反应。我们去信描述马尔托夫分子们的狂妄行为,我们接到的回信却是告诉我们散发了多少什么样的传单,多数派的什么地方发生了罢工和示威游行。在代表大会上,列瓦表现出一个坚定的布尔什维克。

从俄国来参加代表大会的还有:波格丹诺夫、波斯托洛夫斯基(瓦季姆)、鲁勉采夫(П.П.)、李可夫、萨美尔、捷姆利亚奇卡、李维诺夫、斯克雷普尼克、斯捷潘诺夫(亚·马埃森)、什克洛夫斯基、克拉莫尔尼科夫等人。

在代表大会上完全感觉到了,俄国的工人运动方兴未艾。代表大会通过了关于武装起义的决议,关于临时革命政府的决议,关于革命前夕对政府策略的态度的决议,关于俄国社会民主工党的公开的政治发动问题的决议,关于对待农民运动的态度的决议,关于对待自由党人的态度的决议,关于对待各民族的社会民主组织的态度的决议,关于宣传和鼓动的决议,关于党的分裂出去的部分的决议,等等。

弗拉基米尔·伊里奇在大会上作了关于土地问题的报告。根据他的提议,"割地"一条移到注解中去了,没收地主、皇室、教堂的土地的问题被提到首位上来。

第三次代表大会还提出了两个值得注意的问题:一个是关于两个中央的问题;一个是关于工人和知识分子之间的关系问题。

在第二次代表大会上,文字工作者和实际工作者占大多数,他们以各种不同的形式为党做了许多工作,但是他们跟当时尚处于建立过程中的俄国组织之间的联系是极其薄弱的。

第三次代表大会的情况就完全不同了。这时俄国的组织已经完全建立起来——那就是在极其艰苦的秘密条件下工作着的秘密委员会。由于这种条件的限制,几乎任何地方的委员会都未能吸收工人参加,但是它们对工人运动却有很大的影响。委员会的传单、"指令"是符合工人群众的情绪的,——他们感觉到了领导的存在;因此,委员会在工人群众中有很高的威望,但是它们的行动对大多数工人来说却蒙上了一层神秘的面纱。工人们常常离开知识分子,单独开会讨论工人运动的根本问题。五十名敖德萨工人把他们对孟什维克和布尔什维克之间分歧的基本问题的声明提交给第三次代表大会,同时声明在讨论这一问题的集会上没有一个知识分子参加。

"委员会派"通常都是一些相当自信的人。他们看见了委员会的工作对工人群众有多么巨大的影响;"委员会派"照例不承认任何党内民主,他们说:这种民主只能导致失败,我们就这样来联系工人运动。"委员会派"在内心里总是有些轻视"国外",说"国外"是吃饱了胡闹和制造纠纷:"教他们到俄国来试试"。"委员会派"不希望国外的势力强大。同时他们不欢迎新事物。"委员会派"不愿意也不善于适应迅速变化着的环境。

一九〇四年到一九〇五年这一时期,"委员会派"承担了大量的工作,但是他们之中有许多人很难适应日益增长的合法条件和公开斗争的条件。

在第三次代表大会上没有工人——至少是没有一个稍微著名的工人出席。"巴布什金"这个绰号根本不是指工人巴布什金。因为这时巴布什金在西伯利亚,据我记得,这个绰号指的是什克洛夫斯基。但"委员会派"参加代表大会的人却很多。谁若是忽略了第三次代表大会的这种状况,谁就不会明白代表大会记录中的许多问题。

提出"制裁国外"问题的,不仅仅有"委员会派",而且有其他著名的工作者。和国外对立的反对派是以波格丹诺夫为首的。

许多话都是无的放矢,但是弗拉基米尔·伊里奇对这件事并没有特别介意。他认为,由于革命的发展,国外的意义每时每刻都在减低。他知道,他自己在国外也住不久了。他所关心的只是使中央委员会能迅速地向中央机关报(中央机关报从现在起应叫作《无产者报》,暂时在国外出版)反映情况。他还坚持组织中央委员会的国外部分和国内部分的定期晤谈。

吸收工人参加委员会的问题更加尖锐了。

弗拉基米尔·伊里奇特别热烈地拥护吸收工人参加委员会,表示拥护的有波格丹诺夫、"国外派"和文字工作者们。表示反对的是"委员会派"。弗拉基米尔·伊里奇表现得急躁起来了,"委员会派"也表现得急躁起来了。"委员会派"坚持在这个问题上不搞决议案,因为事实上,决不可以通过一个决议,说用不着把工人吸收到委员会里来!

弗拉基米尔·伊里奇在辩论时说:"我认为应当把问题看得更宽一些。吸收工人参加委员会不仅是一个教育任务,而且是一个政治任务。工人有阶级本能,工人只要有一点政治修养,就能相当快地成为坚定的社会民主党人。我很赞成在我们各委员会的构成中知识分子和工人的比例是二比八。如果在书刊中提出的尽量使工人参加委员会这个建议很不够,那就最好是以代表大会的名义提出这个建议。如果你们有了代表大会的明确指令,那么你们也就有了根治煽动的办法:这是代表大会的明确意志。"①

从前弗拉基米尔·伊里奇就一直坚持必须把尽可能多的工人吸收到委员会里来。这一点他早在一九〇三年《给一个同志的信》里就谈到了。现在在代表大会上为了维护这一观点,他非常焦急,有时就在自己的座位上喊起来。当米哈伊洛夫(波斯托洛夫斯基)说"这样,在实际上,向知识分子提出的是最低的要求,而向工人提出的却是最高的要求"的时候,——弗拉基米尔·伊里奇喊道:"完全对!"他的喊声被"委员会派"齐声喊叫的"不对!"声音盖住了。

当鲁勉采夫说"在彼得堡委员会里只有一个工人,虽然彼得堡的工作已进行十五年了"的时候,弗拉基米尔·伊里奇喊道:"真是岂有此理!"

后来,在辩论结束时,伊里奇说道:"当有人说到在委员会委员里没有工人的时候,我是不能平心静气地坐着的。问题在拖延着:显然,党内是有毛病的。应当把工人吸收到委员会里来。"如果伊里奇没有因为他的观点在代表大会上这样彻底的失败而感到非常痛心的话,那只是因为他知道:即将来临的革命,会坚决地治愈党的这种不善于使委员会工人化的毛病。

代表大会上还提出了另一个大问题,这就是宣传和鼓动问题。

我记得,有一天,有一个姑娘从敖德萨到日内瓦来,向我们抱怨说:"工人们向委员会提出了没法满足的要求:他们希望我们在他们中间进行宣传工作。难道这是可能的吗? 我们只能在他们中间进行鼓动工作!"

敖德萨姑娘的报道给伊里奇留下了非常强烈的印象。这个报道可以说变成了关于宣传工作的辩论的导言。原来,——捷姆利亚奇卡、米哈·茨哈卡雅和杰斯尼茨基也谈到过这一点,——旧的宣传形式已经过时了,宣传变成了鼓动。由于工人运动的突飞猛进,口头宣传甚至鼓动一般地已不能满

---

① 见《列宁全集》第10卷,人民出版社2017年版,第157页。

足运动的需要了;需要出版通俗读物、通俗报纸、农民读物、其他民族语言的读物……

生活提出了许多新的问题,而这些问题在从前那种秘密组织的范围内已不能够解决了。只有在俄国出版一个日报,只有发行大量的合法出版物,这些问题才能解决。但是,那时还没有争取到出版自由。于是决定在俄国出版一种秘密报纸,并且在那里成立一个文艺工作者团体,要他们关心通俗报纸。但显然这一切都是治标的办法。

代表大会上对炽烈的革命斗争的问题谈得不少。会上通过了有关波兰和高加索事件的决议。一个乌拉尔的代表说道:"运动日益广泛地开展起来,早就不应当把乌拉尔看作落后的、沉睡的、不能前进的边疆了。雷西瓦的政治罢工,各个工厂的多次罢工,革命情绪高涨的种种迹象,直到农业工人和工厂工人在各种形式的自发的小规模游行示威中采用恐怖手段,——这一切现象都表明乌拉尔处在大规模革命运动的前夕。乌拉尔的这一运动很可能要采取武装起义的形式。乌拉尔是工人们使用炸弹的第一个地方,甚至还拖出了大炮(在沃特金斯克工厂)。同志们! 不要忘记乌拉尔!"

自然,弗拉基米尔·伊里奇跟乌拉尔的代表谈了许久。

整个看来,第三次代表大会正确地规定了斗争路线。孟什维克却以另外一种方式解决了上述问题。弗拉基米尔·伊里奇在《社会民主党在民主革命中的两种策略》①一书中,阐明了第三次代表大会的决议和孟什维克代表会议的决议在原则上的区别。

我们回到了日内瓦。我同卡姆斯基和奥尔洛夫斯基一起被调到代表大会记录校订委员会工作。卡姆斯基走了。奥尔洛夫斯基非常忙。代表大会之后,有很多代表到日内瓦来了;我们组织了检查记录的工作。那时没有任

---

① 见《列宁全集》第11卷,人民出版社2017年版,第1—124页。

何速记员,也没有专门记录员;记录是每次轮流由代表大会的两个代表担任,记好之后交给我。代表大会的代表并不都是好的记录员。在代表大会上宣读记录当然是不可能的。在日内瓦,在勒柏辛斯基开的饭店里,我们和代表们共同进行了检查记录的工作。自然,每个代表找到了自己记得不正确的地方,都想做些补充。补充是不允许的;修正是可以的,但必须其余代表认为修正是合理的。工作非常困难。不可能没有冲突。斯克雷普尼克(舒尔)要求让他把记录拿回家去;当时我告诉他,这样的话,就势必要把记录发到每个人的手里,——记录要残缺不全了。斯克雷普尼克一气之下,就用印刷体的字母给中央委员会写了一份抗议书,抗议不给他记录。

整理工作完毕以后,奥尔洛夫斯基在校订这些记录上也花了不少的时间。

七月间,新的中央委员会会议的第一批记录送来了。信里说:俄国的孟什维克不同意《火星报》,他们也要进行抵制①;中央委员会虽然讨论了支持农民运动的问题,但是暂且还没有采取任何措施,它想征询一下农业问题专家们的意见。

这封信非常简略。

第二封关于中央委员会工作的信更加简略。伊里奇非常不安。在代表大会上呼吸到俄国的空气以后,与俄国工作相隔绝是更加令人难以忍受的了。

---

① 指的是社会民主党人对议员施德洛夫斯基主持的委员会的态度。这个委员会是沙皇政府在一月九日事件以后成立的,其目的是"迅速查明圣彼得堡和郊区工人不满之原因并寻求消除此种不满之措施"。孟什维克主张参加委员会的工作。布尔什维克则认为必须参加复选代表的选举,使有觉悟的工人当选为复选代表,向委员会提出委员会所不能接受的要求,借以向广大工人群众揭露沙皇政府政策的欺骗性和虚伪性。在上述要求中包括:公开委员会会议情况、集会和出版自由、释放被捕者等。这个运动是由布尔什维克党彼得堡委员会进行的,获得了很大的成绩。施德洛夫斯基委员会可耻地破产了。——编者注

八月中旬,伊里奇写信给中央委员会,说服中央委员会"不要再做哑巴",不要局限于自己讨论问题。他给俄国的中央委员们写信说:"中央委员会存在某种内在的缺点。"

在后来的几封信里,他狠狠地斥责不执行定期向中央机关报报道情况的决议的事情。

九月间,伊里奇在给"奥古斯特"的信里写道。"等待中央委员会的完全同情或是中央委员会中代理人的完全同情——简直是空想。不是小组,而是党,亲爱的朋友!"

一九〇五年十月十三日,在给古谢夫的信里,伊里奇指出准备武装起义的同时必须进行工会斗争,但是应当以布尔什维克精神进行这一斗争,在这方面也要同孟什维克开战。

日内瓦呈现了出版自由的氛围。争着建议出版在国外公开出版的秘密小册子的出版家出现了。敖德萨"海燕"出版社、马雷禾出版社及其他出版社都表示愿意效劳。

中央委员会提议不要签订任何合同,因为它想建立自己的出版社。

十月初,提出了伊里奇到芬兰的问题,预定在那里同中央委员会见面,但是由于事件的发展,问题改变了——弗拉基米尔·伊里奇准备到俄国去。我还必须在日内瓦停留两周,把事情处理完毕。我和伊里奇一起清理了他的文件和书信,把它们分别装在信封里,每个信封都由伊里奇亲笔注明。我们把这一切都装在箱子里,好像是交给卡尔宾斯基同志保存的。这个箱子保存下来了,在伊里奇逝世之后交给了列宁研究院。这箱子里的许多文件和信札清晰而鲜明地阐明了我党的历史。

九月里,伊里奇给中央委员会写了一封信。

"我告诉你们这里的一些有关普列汉诺夫的传闻。由于我们向国际局揭露了他,他明显地对我们怀有敌意。他在《社会民主党人日志》第2期中,像一个马车夫那样骂街。人们时而谈论他那份独特的报纸,时而谈论他回《火星报》的问题。结论是:对他的不信任定会加深。"①

十月八日,弗拉基米尔·伊里奇继续写道:"我恳求你们:现在完全抛掉对普列汉诺夫的念头,从布尔什维克中指派自己的代表②最好是指派奥尔洛夫斯基。"③

但是,当从俄国传来有可能创办日报的消息,伊里奇已准备动身时,他还给普列汉诺夫写了一封充满热情的信,叫普列汉诺夫来共同办报。"革命本身以惊人的速度扫除我们在策略上的意见分歧","这一切将造成一个新的基础,在这个基础上最容易忘掉旧事,并在生气勃勃的工作中协调起来。"④在信的结尾,伊里奇邀请普列汉诺夫会晤一次。我现在记不起是否会晤过。大概是没有,不然这种事是不会忘掉的。

一九〇五年,普列汉诺夫没有回俄国去。

十月二十六日,伊里奇已经在信里详细地谈妥了他回俄国去的事情。他在信上写道:"真的,我们俄国的革命是多么好啊!"在回答起义日期的问题时,他说道:"我希望把起义延迟到春天。可是反正不会有人来问我们。"

---

① 见《列宁全集》第45卷,人民出版社2017年版,第92页。
② 指的是派代表参加第二国际的国际社会党执行局。——编者注
③ 见《列宁全集》第45卷,人民出版社2017年版,第102—103页。
④ 见《列宁全集》第45卷,人民出版社2017年版,第126页。

重返彼得堡

　　那时约定让某个人到斯德哥尔摩来给弗拉基米尔·伊里奇送一些写着别人名字的证件，然后他拿着这些证件就能通过国境回到彼得堡去居住。可是送证件的人一直不来，伊里奇只好等待着，而当时俄国革命事件的规模已愈来愈大。他在斯德哥尔摩蹲了两个星期，十一月初才回到俄国。我把日内瓦的事务都预先安排妥当，约摸十天之后，就跟着动身了。有一个暗探盯上了我，他跟我在斯德哥尔摩一同搭上轮船，随后又一同改乘从哈根开往赫尔辛福斯去的火车。那正是芬兰革命热火朝天的时候。我想往彼得堡拍一份电报，但是一个笑容可掬的芬兰女人对我说，她不能接受这封电报，因为现在正进行着邮电罢工。车厢里的乘客都在高谈阔论着，我和一个芬兰的"积极党员"①聊起来，不知为什么他讲德语。他描述了革命的成就。他说："所有的暗探都被我们逮捕并送进监狱去了。"我的视线落到了跟着我的那个暗探身上。"但是可能来新的啊"，我意味深长地瞥了那个暗探一眼，笑着说道。芬兰人猜着了我的意思。"哦！"他喊道，"您只要发现，就告诉我们，我们马上把他逮捕起来！"火车驶到一个小车站停下来。盯我的暗

----

　　① 即"芬兰积极抵抗党"党员。这个党是芬兰激进的资产阶级政党，它的目的是用"积极抵抗"的方法恢复芬兰的自治权，甚至使芬兰完全脱离俄国。在斗争方法上，"积极党员"接近社会革命党人，他们和社会革命党人之间甚至有正式的协定。一九〇五年革命之后，"积极党员"退出了政治舞台，一九一七年他们站在白匪那边。——编者注

探站起来,下车了。火车在这个站上只停一分钟。以后我再也没有看见他……

我在国外差不多住了四年,非常想念彼得堡。彼得堡现在完全沸腾起来了,这一点我是知道的;我从芬兰车站下了火车,芬兰车站的寂静,跟我对彼得堡和革命的想象是那么矛盾,以致我突然觉得下车的地方不是彼得堡而是巴尔哥洛夫。我困惑地问一个站在那里的马车夫说:"这是什么车站哪?"那人竟被我问得愣住了,然后嘲笑地瞥了我一眼,两手往腰里一叉,答道:"这不是车站,这是圣彼得堡城。"

彼得·彼得罗维奇·鲁勉采夫在车站门口接我。他告诉我弗拉基米尔·伊里奇住在他家里,于是我们就坐车驶向彼斯奇区他家里。我第一次看见彼得·彼得罗维奇·鲁勉采夫是在安葬舍尔古诺夫的时候,那时他还是一个长着一头卷发的年轻人,——他走在游行队伍的前面,唱着歌。一八九六年我在波尔塔瓦遇见他,那时他是波尔塔瓦社会民主党人的联络中心,刚刚出狱,脸色苍白,脾气急躁。他异常聪明,威信很高,是一个好同志。

一九〇〇年我在乌法看见过他,那时他从萨马拉来,样子有些失望和颓丧。

一九〇五年,他又出来活动了,这时他已是一个著作家,有地位有钱,生活逍遥自在,但他是聪明而能干的。他出色地领导了抵制施德洛夫斯基委员会的运动,表现出自己是一个坚强的布尔什维克。第三次代表大会以后,他很快地就被补选为中央委员。

鲁勉采夫的住宅很好,摆设得也讲究,起初伊里奇就秘密地住在他那里。

住在别人家里,总是使弗拉基米尔·伊里奇感到很拘束,妨碍他的工作。我到了以后,伊里奇就急着搬到一起住,于是我们在涅瓦大街的一家旅馆里租了几间带家具的房间,秘密地住下。我还记得,我会同年轻的女招待员聊天,她们告诉我彼得堡的情况,其中有大量又生动又说明问题的细节。我当然立刻把听见的东西全部告诉了伊里奇。伊里奇称赞我的调查才能,——从这时起,我就成了他的热心的采访员。我们住在俄国的时候,通常我比弗拉基米尔·伊里奇能够更自由地活动,能够同更多的人交谈。根据他提出来的两三个问题,我就懂得他想知道些什么,于是便竭力设法给他打听。直到现在,我的这个习惯还没有去掉——常常把自己的每个见闻在心里默默地向伊里奇表述出来。

有一天,我收集到了相当丰富的资料。我到特罗伊茨基大街去找房子,在看一所空房子的时候,和一个扫院子的人谈了起来。他给我讲了许久,讲到农村,讲到地主,讲到应当把地主的土地归还农民。

那时候,我们决定公开居住了。玛丽亚·伊里尼奇娜把我们安顿在希腊大街上的熟人那里。我们刚刚登记完,马上就有一群暗探包围了我们的住所。主人非常害怕,整夜没有睡觉,口袋里装着手枪走来走去,决定以武器迎接警察。"哎,算了吧。真是多此一举",伊里奇说道。我们又分开秘密地住起来。有人给了我一张写着普拉斯柯维雅·叶夫根尼耶夫娜·奥尼金娜姓名的护照,我一直拿着这张护照居住。弗拉基米尔·伊里奇则换了几次护照。

弗拉基米尔·伊里奇回到俄国的时候,公开的日报《新生活报》已经出版了。发行人是玛丽亚·费多罗夫娜·安德烈也娃(高尔基的妻子和助手),编辑是诗人明斯基,参加的有高尔基、列昂尼德·安德列耶夫、契里科夫、巴利蒙特、杰菲等。作为撰稿人而参加这个报纸的布尔什维克有:波格丹诺夫、鲁勉采夫、罗日柯夫、戈尔登贝格、奥尔洛夫斯基、卢那察尔斯基、巴扎罗夫、加米涅夫等。德米特里·伊里奇·列先科是《新生活报》和以后出版的布尔什维克各种报纸的秘书。他主编过新闻纪事栏,做过报道杜马会议的记者、发行员等工作。

一九〇五年十一月十日,弗拉基米尔·伊里奇归国后的第一篇论文发表了。这篇论文一开头就写道:"我们党的活动的条件发生了根本的变化。集会、结社、出版的自由已经争取到了。"①接着,他就利用这些新的活动条件立即勇敢地拟订出"新方针"的基本路线。党的秘密机关应该保存下来。除秘密机关外,绝对需要建立愈来愈多的公开的和半公开的党组织和外围组织。必须往党内输送大批工人干部。工人阶级本能地、自发地倾向于社会民主党,而社会民主党十多年来已做了不少工作来把这种自发性变为自觉性。弗拉基米尔·伊里奇在这篇论文的注释中写道:"在党的第三次代表大会上,我会经常表示希望在党委会中工人和知识分子大约是八与二之比。现在这个想法已经过时了!现在应当希望在新的党组织中,有一个社会民主党员知识分子,就必须有几百个社会民主党员工人。"②

弗拉基米尔·伊里奇对担心党会在群众中融解的"委员会派"写道:"同志们,不要凭空给自己制造恐惧吧!"③社会民主党员知识分子现在应当到"民间"去。"现在,工人将要发挥出的巨大首创精神,是我们昨天的地下工作者和'小组活动家'所不敢设想的。"④"现在我们的任务是,与其空想根据新原则建立组织的标准,还不如展开最广泛的和最大胆的工作……"⑤"要把组织工作放到新的基础上,就必须召开新的党代表大会。"⑥

这就是伊里奇的第一篇"公开的"论文的内容。必须展开斗争反对旧的"小组习气",——这种习气在各方面都表现出来了。

当然,初到的几天,我便到涅瓦关卡外从前的斯摩棱斯克星期日夜校去

① 见《列宁全集》第12卷,人民出版社2017年版,第77页。
② 见《列宁全集》第12卷,人民出版社2017年版,第77页注释。
③ 见《列宁全集》第12卷,人民出版社2017年版,第80页。
④ 见《列宁全集》第12卷,人民出版社2017年版,第84页。
⑤ 见《列宁全集》第12卷,人民出版社2017年版,第84页。
⑥ 见《列宁全集》第12卷,人民出版社2017年版,第77页。

了。那里现在已不讲授"地理"、自然了，——现在在挤满了男女工人的教室里，进行着宣传工作。党的宣传员在讲课。我还记得其中一次讲课的情形。一个年轻的宣传员按着恩格斯的观点在讲"社会主义从空想到科学的发展"这个题目。工人们坐着一动也不动，用心地努力掌握讲演人所讲的内容。没有人提出任何问题。我们的党员姑娘们给工人在楼下布置了一个俱乐部，摆放着从城里买来的玻璃茶杯。

当我把所见到的情形和看法告诉伊里奇的时候，他沉思着一言不发。他希望的是别的东西，是工人自觉的积极性。不能说工人没有积极性，但是他们的积极性没有在党的集会上表现出来。党的工作和工人的自动性，不知怎地没有密切地结合起来。这些年里，工人的觉悟大大提高了。我每次遇见过去星期日夜校中的"学生"时，都特别地感觉到这一点。有一次在街上，一个面包工人喊我，原来他是我从前的学生"社会主义者巴金"，十年前他被递解回原籍，因为他很天真地跟工厂管理人马克西维里说：工人由看管两台精纺机改为看管三台时，"劳动强度"就会提高。现在他完全是个有觉悟的社会民主党员了。我们谈了很久，谈到正在进行的革命，谈到工人群众的组织；他向我介绍了面包工人罢工的情形。

伊里奇第一篇论文直截了当地提出了党代表大会、党的秘密机关问题，这就使得《新生活报》变成了党的公开的机关报。自然，明斯基、巴利蒙特之流继续留在报社是不可能的了，于是划清了界限，这个报纸完全归布尔什维克掌握了。它在组织上也变成了党的报纸，开始在党的监督和领导之下工作。

伊里奇发表在《新生活报》上的第二篇论文阐明了革命的根本问题，即无产阶级和农民的相互关系问题。当时，不只是孟什维克对这种相互关系没有正确的了解，就是在布尔什维克中间也有一些同志具有某种程度的"割地倾向"。他们把"割地"从鼓动的出发点变成了目的，当实际生活已使鼓动和斗争完全可能而且必须在另一种基础上进行的时候,他们还继续坚持这种观点。

《无产阶级和农民》是一篇指导性的论文,它提出了党的明确的口号:俄国的无产阶级同农民联合起来,为土地和自由而斗争,同国际无产阶级和农业工人联合起来,为社会主义而斗争。

布尔什维克的代表也开始在工人代表苏维埃里面奉行这种观点。十月十三日,当列宁还在国外的时候,工人代表苏维埃就已产生,成为斗争着的无产阶级的战斗机关。我记不起弗拉基米尔·伊里奇在工人代表苏维埃的演说了①。只记得"自由经济协会"的一个集会,那里聚集了许多党员在等待着听弗拉基米尔·伊里奇的演讲。伊里奇作了关于土地问题的报告。他在这里初次会见了阿列克辛斯基。和这次集会有关的事情,我几乎完全忘记了。隐约地记得弗拉基米尔·伊里奇穿过人群,从一扇灰色的门走出去。其他同志可能记得更清楚些。我只记得这次集会是在十一月间举行的,弗拉基米尔·伊万诺维奇·涅夫斯基参加了这次会议。

工人代表苏维埃是起义的人民的战斗组织,这一点弗拉基米尔·伊里奇在他十一月间写的论文里就指出了。那时他就指出:临时革命政府只有在革命斗争的火焰中才能成长起来,这是一方面;另一方面,社会民主党必须竭力保证自己在工人代表苏维埃中的影响。

限于秘密工作的条件,我和伊里奇是分开居住的。他整天在编辑部工作,这个编辑部不仅在《新生活报》社开会,有时也在秘密的住宅里,或在格拉佐夫街的德米特里·伊里奇·列先科的住宅里开会。由于秘密工作的条

---

① 弗拉基米尔·伊里奇十一月二十六日(旧历十三日)在工人代表苏维埃第十七次会议上发表了演说,谈到了资本家用同盟歇业来对付工人在工厂实行八小时工作制的措施。弗拉基米尔·伊里奇提出的议案第二天便在工人代表苏维埃执行委员会的会议上通过了(见《列宁全集》第12卷,人民出版社 2017 年版,第98页)。——编者注

件,不太方便到这些地方去。我们在《新生活报》编辑部里见面的次数最多。但是在《新生活报》社,伊里奇总是很忙。只有他拿着非常可靠的护照住在巴谢因街和纳杰日丁街拐角的地方的时候,我才能够到他的住处去。到他的房间里去的时候,必须经过厨房,必须低声说话,但总还可以畅所欲言。

他从这里到莫斯科去过。他一回来,我就看他了。大量的暗探从各个角落监视着他,这使我很吃惊。"为什么对你这样监视起来了呢?"我问弗拉基米尔·伊里奇。他回来之后,还没有出过门,还不知道这种情形。我清理他的箱子时,突然在箱子里发现了一副大的、圆形的蓝眼镜。"这是怎么回事?"原来在莫斯科的时候,有人给弗拉基米尔·伊里奇戴上这副眼镜,让他拿了一个黄色的芬兰式的箱子,在最后一刻钟乘上了特别快车。警察局的暗探都在盯他的梢,显然,把他当作一个盗匪了。当时必须赶快离开这里。我们若无其事地挽着手走出门来,朝着我们需要去的那个地方的相反方向走去,换乘了三辆马车,穿过几个可以通行的大门到了鲁勉采夫那里,才摆脱了暗探的监视。我们似乎是在我的老朋友维特梅尔家里过的夜。后来我们坐马车经过弗拉基米尔·伊里奇住过的那所房子时,暗探们还继续站在那里。伊里奇再没有回这所住宅。过了约摸两星期,我们派一个女孩子把伊里奇的东西取来,并算清了房钱。

那时,我是中央委员会的秘书,我全神贯注在这个工作上。另一个秘书是米哈伊拉·谢尔盖也维奇(М.Я.瓦因士金)。薇拉·鲁道佛夫娜·明仁斯卡娅是我的助手。我们的秘书处就是这些人。米哈伊拉·谢尔盖也维奇主要负责军事组织工作,经常忙着完成尼基提奇(列·波·克拉辛)的委托。我负责接头,跟各委员会和人们联络。现在很难设想,当时中央委员会秘书处的技术是多么的简陋。记得,我们没有参加过中央委员会的会议,没有人"管"我们,会上没有作任何记录,密码的住址放在火柴盒、书皮等东西里面。全靠记忆力办事。到我们这里来的人很多,我们竭力应酬他们,给他们所需要的东西:书籍,护照,指示,劝告。现在甚至无法想象我们当时是怎样完成任务、怎样布置工作的,那时我们不受任何人监督,真是俗话所说的:"为所欲为"。和伊里奇见面的时候,我通常总是把一切问题详细地告诉他。我们要那些负责紧要工作的同志去直接找各位中央委员。

同政府的搏斗临近了。伊里奇公开在《新生活报》上说军队不能而且也不应当中立,他号召全体人民武装起来。十一月二十六日赫鲁斯塔廖夫—诺萨尔被捕了。托洛茨基代替了他的工作。十二月二日工人代表苏维埃发表宣言,号召拒绝交付政府款项。十二月三日,有八家报纸由于刊登了这个宣言而被查封,《新生活报》也在内。三日,我和往常一样带了各种秘密书报到编辑部去"接头"的时候,有个卖报人在门口喊住了我。"《新时代报》",他大声喊着,在喊声间歇的时候低声警告我说:"正在搜查编辑部!""人民拥护我们",弗拉基米尔·伊里奇就这件事发表意见说。

十二月中旬,召开了塔墨尔福斯代表会议。这次会议的记录没有保存下来实在可惜。这次会议开得多么热烈啊!那正是革命炽烈的时候,每个同志都充满了无比的热情,大家都准备着参加战斗。在休息的时候,就学习射击。有一天晚上,我们参加了芬兰的一个群众大会,这个集会是在熊熊的火把照耀下举行的。会上的隆重气氛完全符合于代表们的情绪。参加过这次代表会议的人是没有人能忘记它的。参加这次会议的有:洛佐夫斯基、巴朗斯基、雅罗斯拉夫斯基等。我所以还能记得住这些同志,是因为他们的"地方报告"太有意思了。

在只有布尔什维克参加的塔墨尔福斯代表会议上,通过了必须立即准备和组织武装起义的决议。

这时莫斯科已经全面开始了武装起义,所以代表会议很快地就结束了。如果我没有记错的话,我们回来的时候正是谢苗诺夫军团往莫斯科开拔的前夜。至少我还记得这样一种情景。谢苗诺夫军团的一个士兵在离特罗伊茨科耶教堂不远的地方愁眉不展地走着,一个青年工人走在他旁边,摘下帽子,热情地说服着他,请求他什么。从他们脸上的表情可以明显地看出青年工人是在请求谢苗诺夫军团的这个兵士不要反对工人,也可以明显看出谢明诺夫团队的士兵没有答应这个请求。

　　中央委员会号召彼得堡的无产阶级支援起义的莫斯科无产阶级,但没有获得一致的行动。比较落后的莫斯科区行动起来了,而涅瓦区这样先进的地方却没有行动起来。我记得那时正好在这个区里做鼓动工作的斯坦尼斯拉夫·沃尔斯基是怎样地怒气冲天。他立刻陷入悲观失望的情绪,几乎对无产阶级的革命性都要怀疑起来了。他没有估计到彼得堡的工人由于先前的多次罢工已经十分疲惫,彼得堡工人尤其感觉到要同沙皇制度作最后的搏斗,自己还没有很好地组织起来,还没有很好地武装起来。他们已经从莫斯科的例子看到,这是一场生死存亡的斗争。

彼得堡和芬兰

一九〇五——一九〇七年

十二月起义被镇压下去了,政府残酷地迫害了起义者。

弗拉基米尔·伊里奇在一九〇六年一月四日的论文(《工人政党及其在目前形势下的任务》)中对当时形势作了这样的评价:"国内战争在激烈进行。政治罢工,作为一种过时的运动形式,开始失去作用,它已经陈旧了。例如,彼得堡的筋疲力尽的工人,不能再进行十二月罢工。另一方面,整个运动目前虽然遭到反动势力的镇压,但是无疑已经发展到更高的阶段"。"杜巴索夫的大炮使更多的人民群众以空前的规模投入了革命。""我们还是正视现实吧。现在摆在面前的新工作,就是掌握和领会新的斗争形式的经验,在运动的主要中心地区准备和组织力量(着重点是我加的——作者)。"①伊里奇对莫斯科起义的失败感到非常难过。显然,工人没有很好地武装起来,组织薄弱,甚至彼得堡和莫斯科都没有很好地联系起来。我记得,伊里奇是怎样听着安娜·伊里尼奇娜的叙述。她在莫斯科车站上遇到一个莫斯科女工,这个女工沉痛地责备彼得堡人说:"彼得堡人,谢谢你们,你们支援了我们:给我们派来了谢苗诺夫军团的士兵。"

伊里奇好像回答这种责备似地写道:"要是能像先前那样把无产者分

---

① 见《列宁全集》第12卷,人民出版社2017年版,第137—138页。

散的发动各个击破,那对政府是最为有利了。因此政府打算立即诱使工人在彼得堡、在对工人最不利的条件下起来战斗。但是,工人并没有上当,他们善于坚持自己的道路,独自准备进行全俄国的新的发动"。①

伊里奇认为,一九〇六年春天要是把农民发动起来,这就会影响到军队。因此,他说:"应当更明确更切实地提出新的积极发动的巨大任务;要更坚定、更有步骤、更顽强地准备发动;要尽可能地保存被罢工斗争弄得疲惫不堪的无产阶级力量。(着重点是我加的——作者注)"②

"摆在工人政党面前的任务是十分明确的。打倒立宪幻想!应当把一切新的、靠近无产阶级的力量聚集起来(着重点是我加的——作者注)。应当把 11 月和 12 月这两个伟大革命月份的'经验总结起来'。应当针对已经恢复的专制制度重新采取相应的对策,应当善于在必要的地区重新转入地下状态。"③

我们转入秘密状态,建立了秘密组织网。俄国各个地区的同志们前来跟我们谈工作,谈应当执行的路线。人们首先到接头地点,由我和薇拉·鲁道佛夫娜或由米哈伊拉·谢尔盖也维奇接待他们。若是最亲近最重要的人,我就让他们和伊里奇见面,若是军事方面的人,米哈伊拉·谢尔盖也维奇就让他们和尼基提奇(克拉辛)见面。接头地点设在各种不同的地方;有时在牙科医生托里·德沃伊列斯那里(在涅瓦大街),有时在牙科医生拉甫连季耶娃那里(在尼古拉耶夫斯克大街),有时在"前进"书库④里,有时在同情者的家里。

我记得两件事。有一次我和薇拉·鲁道佛夫娜准备在"前进"书库里

---

① 《列宁全集》第 12 卷,人民出版社 2017 年版,第 138 页。
② 见《列宁全集》第 12 卷,人民出版社 2017 年版,第 139 页。
③ 见《列宁全集》第 12 卷,人民出版社 2017 年版,第 139 页。
④ "前进"书库和"前进"出版社是属于党中央的。——编者注

接见几个新到的人,为了接待客人,在这个书库里给我们设置了一个特别房间。这天有个区委会的委员拿着一卷传单来到我们这里,另一个人已坐在那里等着接见。突然门开了,警察所长的头伸进来,他喊了声"啊!"就把我们锁在屋子里面了,怎么办呢?从窗子里爬出去吧,太危险,我们一筹莫展地坐在那里面面相觑。后来我们决定先烧毁传单及其他一切秘密文件,然后并约定说:我们是在给乡村挑选通俗读物。一切都做完了。警察所长冷笑着看了看我们,但没有逮捕,只记下了我们的姓名和住址。当然,我们告诉他的姓名和住址都是假的。

另一次是,我第一次到拉甫连季耶娃那里去接头,险些出了岔子。她的门牌号本来是三十二号,别人却告诉我是三十三号。我到门前一看,感到奇怪——名片不知为什么撕下去了。我想,真是奇怪的保守秘密的方式——给我开门的是个勤务兵,我什么也没有问,带着许多用密码写的住址和书籍,沿着走廊就一直往里闯。勤务兵跟在我后边,脸色非常苍白,全身打颤,追赶着。我站下问道:"难道今天不看病吗?我的牙痛。"勤务兵结结巴巴地说:"上校大人不在家。""哪位上校?""里曼上校。"原来我竟误进了谢苗诺夫军团里曼上校的住宅,他曾镇压过莫斯科起义,迫害过莫斯科—喀山铁路的工人。

显然,他怕被刺,才把门上的名片撕了下来,而我竟闯进门来,没有报告便沿着走廊往里走。

"这么说我是走错了,我要找医生看病",我说完便转身走了出来。

伊里奇不能在固定的地方过夜,这使他很苦恼。一般来讲,他为人是很拘谨的;殷勤的主人有礼貌的关怀,使他感到不安,他喜欢在图书馆或自己家里工作,而现在每次都必须适应新的环境。

我跟他在"维也纳"餐厅见面,因为当着许多人谈话不很方便,我们在那里只坐一会儿,或者在街上约定的地点见面后,便雇一辆马车到尼古拉耶夫车站对面的旅馆去,在那里租一个房间,订晚饭吃。记得有一次在街上看到了约瑟夫(捷尔任斯基),我们就叫马车停下,请他一同去。他坐到了驾驶人的座位上。伊里奇不住地担心他坐着不舒服;他笑起来,说他是在农村长大的甚至会坐在雪橇驾驶人的座位上赶雪橇。

这样居无定所终于使伊里奇厌烦了,于是我们在潘捷列伊莫诺夫卡街的一个黑帮派房主那里租到一套房子(潘捷列伊莫诺夫卡教堂对面的一套大房子)住下。

伊里奇在这一时期的讲演中,我只记得在克尼波维奇家里举行的那次各区宣传员会议上的讲话。伊里奇谈的是农村问题。记得从涅瓦关卡外来的尼古拉向他提了个问题。我当时非常不喜欢千篇一律的提问题的方法和尼古拉的说话方式。会后我向"叔叔"——她当时是涅瓦关卡外的组织员——打听尼古拉是什么人。她说他是个有才能的青年,跟农村有紧密的联系,但她抱怨说他不会对群众进行有系统的工作,只是在少数工人中间忙来忙去。一九〇六年,尼古拉总还算是一个积极的工作者。在反动年代里,他变成了奸细,但忍耐不住而自杀了。当时尼古拉也像其他一些同志一样,力求深入各个贫苦阶层。记得他曾到旅店里去进行鼓动工作。克雷连柯同志那时还是一个冒失的小伙子,有一次竟跑到教派分子的集会上去了,险些挨了一顿揍。谢尔盖·沃伊廷斯基也总是惹是生非。

伊里奇开始被盯上了。有一次他参加了个什么集会(好像是在克鲁利里-库什律师那里),并作了报告。因为盯得很严,他决定不回家了。我靠近窗户坐了一夜,直到早晨,以为他在那里被捕了。伊里奇好容易摆脱了监视,在巴索克("协会"当时的显要成员)的帮助下到了芬兰,在那里一直住到斯德哥尔摩代表大会召开的时候。

在芬兰,伊里奇在四月间写了《立宪民主党人的胜利和工人政党的任务》一书。起草了在统一代表大会上要提出通过的决议案。伊里奇回到彼得堡之后,便在维特梅尔那里跟大家讨论这些决议草案,那是一所中学,所以讨论是在一个教室里进行的。

在第二次代表大会以后,布尔什维克和孟什维克第一次一起出席了代表大会。虽然孟什维克最近几个月以来已经非常明显地暴露出自己的面目,但是伊里奇毫不怀疑新的革命高潮一定会到来,他希望那时能把他们卷进来,使他们接受布尔什维克的路线。

我出席代表大会稍微迟了一些。我是和图恰普斯基(我们是在准备第一次代表大会的时候认识的)、克拉夫季娅·季莫费也夫娜·斯维尔德洛娃一起去的。斯维尔德洛夫也准备参加代表大会。他在乌拉尔的威信很高。工人们无论如何也舍不得放他。我有一张喀山的委任书,可是还不够具有表决权的票数,因此资格审查委员会只给了我发言权。在同资格审查委员会的短暂的接触中,使我感到了代表大会的气氛——资格审查委员会的派别活动相当厉害。

布尔什维克团结得很紧。他们相信革命虽然暂时失败,但一定会走向高潮,这种信念把他们团结起来了。

我还记得"叔叔"忙碌的情形。她深通瑞典语,因此招待代表的全部繁忙工作,都由她来做。我记得伊万·伊万诺维奇·斯克沃尔佐夫—斯捷潘诺夫和弗拉基米尔·亚历山大罗维奇·巴扎罗夫,后者在战斗的时刻两眼特别炯炯有神。我记得,弗拉基米尔·伊里奇会因此说巴扎罗夫很有政治才干,热爱斗争。记得有一次在野外散步,一起散步的有李可夫、斯特罗耶夫和阿列克辛斯基,大家谈论着工人的情绪。伏罗希洛夫(沃洛佳·反孟什维克夫)和 K.萨莫伊洛娃(娜塔莎·布尔什维克娃)也出席了这次代表大会。这两人的充满青年热情的绰号,就足以表明参加统一代表大会的布尔什维克代表的情绪了。代表大会以后,布尔什维克代表们比以前更加团结了。

四月二十七日,第一届国家杜马开幕了。失业工人举行了示威游行,沃伊廷斯基当时在失业工人中间进行工作;五一劳动节是在极其热烈的情绪中度过的。四月底,《浪潮报》代替《新生活报》出版了。布尔什维克杂志《生活通报》开始出版了。运动又开始走向高潮。

从斯德哥尔摩代表大会回来以后,我们住在查巴尔干斯克大街,我用的是普拉斯科维娅·奥尼金娜的护照,伊里奇用的是齐赫泽的护照。那里有一个过道院子,要是没有一个军人做邻居的话,住在那里倒是很方便的,因为那个军人经常痛殴他的老婆,扯着她的辫子在走廊上拖;另外还有房东的那股讨厌劲,她不断地打听着伊里奇的亲人,并且硬说伊里奇四岁的时候,她就认识他,不过那时黑一些罢了……

伊里奇给彼得堡工人写了关于统一代表大会的报告。这个报告清楚地阐明了在最重要的问题上的一切分歧。伊里奇在这个报告中写道:"讨论自由,行动一致,这就是我们应当争取的……所有社会民主党人都同意支持农民的革命发动,都同意批判小资产阶级的空想……""在进行选举的时候行动必须完全一致。代表大会决定,在所有将要举行选举的地方我们都参加选举。在选举期间,不得对参加选举进行任何批评。无产阶级的行动应该是一致的。将来只要有社会民主党的杜马党团……"①

这个报告由"前进"出版社在五月出版了。

五月九日,弗拉基米尔·伊里奇改名卡尔波夫在俄国第一次公开地在帕尼诺民众文化馆举行的盛大群众集会上发表演说。礼堂里挤满了来自全城各区的工人。奇怪的是警察没来。在大会刚一开始的时候,两个警察所长在礼堂里转了转,便不知哪里去了。"他们被驱虫药熏跑了",一个人开玩笑地说。在立宪民主党人奥戈罗德尼科夫发言之后,主席让卡尔波夫发

① 见《列宁全集》第13卷,人民出版社2017年版,第63页。

言。我站在人群当中。伊里奇激动得很厉害。他沉默地站了约一分钟,脸色非常苍白。他热血沸腾。看得出来,讲演者的这种激情瞬间感染了听众。突然,礼堂里掌声雷动——党员们认出了是伊里奇。我记得,一个跟我并排站着的工人表现出一种疑惑不解的焦急神情。他问道:谁,这是谁? 没有人回答他。听众安静下来了。伊里奇讲完之后,听众的情绪异常高涨,当时大家所想的都是把当前的斗争进行到底。

工人把红衬衣扯开作成旗帜,高唱着革命歌曲,回到各区去了。

那是一个令人兴奋的、五月的彼得堡的白夜。我们都以为警察要来,但是他们没有来。散会后,伊里奇到德米特里·伊里奇·列先科那里去过夜。

此后,在这次革命期间,伊里奇再也没有找到机会在大会上公开讲演了。

五月二十四日《浪潮报》被查封。五月二十六日,它又以《前进报》的名义复刊了。《前进报》存在到六月十四日。

直到六月二十二日才得以着手出版新的布尔什维克报纸《回声报》。该报存在到七月七日。七月八日,第一届国家杜马被解散了。

刚刚由华沙监狱获释出来的罗莎·卢森堡于六月底到了彼得堡。弗拉基米尔·伊里奇和布尔什维克的领导者们都和她见了面。我们是在房主"罗杰老爹"给我们找的一所住宅里见面的。我和这个老人的女儿一起在涅瓦关卡外教过书,后来又和她一起坐过牢。老人竭力帮助我们,这一次给我们收拾了一间宽敞的空屋子开会,为保密起见,把所有的窗户都刷上白粉,这当然吸引了清道夫们的注意。在这次会议上,我们讨论了目前局势,讨论了应当遵循的策略。卢森堡从彼得堡动身经芬兰到国外去了。

五月里,当革命运动高涨、杜马开始反映农民情绪的时候,伊里奇非常关注杜马。在这一时期,他写成的论文有:《国家杜马中的工人团》、《农民团或"劳动"团和社会民主工党》、《杜马中的土地问题》、《既不给土地,也不给自由》、《政府、杜马和人民》、《立宪民主党人阻碍杜马面向人民》、《哥列梅金派、十月党人和立宪民主党人》、《糟糕的建议》、《立宪民主党、劳动派和工人政党》。这些论文的目的只有一个,就是使工人阶级同农民联合起来,必须把农民发动起来去为土地和自由而斗争,不让立宪民主党人有可能同政府勾结起来。

这一时期,伊里奇不止一次地就这个问题作过报告。

伊里奇在扎戈罗德街工程师协会给维堡区的代表们作了一次报告。当时等了很长的时间。一个大厅里挤满了失业者;另一个大厅里集合了一些装卸工人,他们的组织者是谢尔盖·马雷舍夫,他们最后一次企图跟企业主们达成协议,但是这次也没有达成。只有等他们走后,才开始报告。

记得伊里奇给一些教师也作过报告。那时,在教师们中间,社会革命党的情绪占着统治地位,教员代表大会不允许布尔什维克参加,但是组织了一个有几十个教员参加的座谈会。座谈会是在一所学校里举行的。在出席者里面,我记住了一个女教师的模样,她个儿不高,背有些驼,——这就是社会革命党人康德拉提也娃。梁赞诺夫同志在会上作了关于工会的报告。弗拉基米尔·伊里奇作了关于土地问题的报告。社会革命党人布纳柯夫在会上发言反对他,寻找他的矛盾,力求引证伊里因(伊里奇当时的笔名)的著作来打败列宁。弗拉基米尔·伊里奇专注地听着,做着记录,然后极其忿怒地反驳了这个社会革命党人的恶意攻击。

当土地问题迫切需要解决的时候,当伊里奇所说的"官吏和自由党人反对农民的联合"公开呈现出来的时候,摇摆不定的"劳动"团就跟着工人走了。政府感觉到杜马不会成为它的可靠的支柱,于是转为进攻,开始摧残和平的游行示威,焚烧人民集会的房屋,蹂躏犹太人。六月二十日政府发表了激烈攻击国家杜马的关于土地问题的公告。

杜马终于在七月八日被解散了,社会民主党的报纸被查封了,各种形式的迫害、逮捕开始了。在喀琅施塔特和斯维亚堡举行了起义。我们的人积极地参加了。莫诺森（杜勃洛文斯基）装作醉汉，好不容易从喀琅施塔特逃了出来，逃出了警察的手。我们的军事组织很快地就被破获了，因为我们这个组织里出现了一个奸细。这件事恰恰发生在斯维亚堡起义的时候。这一天，我们绝望地等待着报告起义进程的电报。

我们在明仁斯基家里坐着。那时薇拉·鲁道佛夫娜和柳德米拉·鲁道佛夫娜住在一所很方便的单独的住宅里。同志们常到她们那里。经常到她们家去的有罗日柯夫、约瑟夫、戈尔登贝格等同志。这次那里也聚集了好几个同志，伊里奇也在。伊里奇派薇拉·鲁道佛夫娜到施利希特尔那里去，告诉他立刻动身到斯维亚堡去。有个同志想起了哈立克同志在立宪民主党《言论报》里作校对员。这样，我便去他那里打听有没有电报。他不在，电报是另一个校对员给我的。这个校对员说哈立克住在离此不远的古谢夫胡同里，要我跟哈立克谈一谈，甚至把哈立克的住址都写在电报边上了。我到古谢夫胡同去了，有两个妇女牵着手在哈立克的住宅附近走着。她们叫住了我："你要是到某号住宅去的话，劝你不要去了，那儿有埋伏，见人就捉。"我急忙回去告诉了我们的同志。后来才知道，我们在那里的军事组织被破获了。维亚切斯拉夫·鲁道佛维奇·明仁斯基也被逮捕了。起义被镇压下去了。反动气焰越发嚣张了。布尔什维克转入秘密状态，重新出版了秘密报纸《无产者报》。孟什维克露头了，开始在资产阶级的报刊上写文章，提出了工人非党代表大会这个煽惑性的口号。这个口号在当时的条件下就等于取消党。布尔什维克要求召开紧急的代表大会。

当时，伊里奇不得不"短途流亡"，移居芬兰。在那里，他住在距芬兰车站不远的库沃卡拉站附近的莱特伊仁家里。那里宽敞而不舒适的"瓦沙"别墅，已成为革命者的避难所了。起初是社会革命党人住在那里制造炸弹，后来是布尔什维克莱特伊仁（林多夫）带着家眷住在那里。他们在别墅边上给伊里奇腾出了一间房子，他就在那里写起他的论文和小册子。中央委

127

员、彼得堡委员会委员和从地方上来的人们,都到这里来见他。伊里奇事实上是在库沃卡拉领导着布尔什维克的全部工作。不久我也移居到库沃卡拉。那时我每天清早到彼得堡去,晚上很晚才回来。后来莱特伊仁一家离开那里,我们就占用了楼下的全部房间,——我的母亲到我们这里来了,后来玛丽亚·伊里尼奇娜也来我们这里住了一些日子。波格丹诺夫夫妇住在楼上。一九〇七年,杜勃洛文斯基(英诺森)也住在楼上。俄国警察那时还不到芬兰来,我们生活得很自由。别墅的大门从没有关过,夜里在饭厅里摆上一壶牛奶和一些面包,在沙发上铺上被褥,以便有人坐夜车来了,谁也不用惊动,吃点东西就可以躺下睡觉。早晨我们常在饭厅里遇见夜里来的同志。

每天有专人给伊里奇送材料、报纸和信件来。伊里奇读完了送来的材料后,立马坐下来写文章,并把它交原人带走。德米特里·伊里奇·列先科几乎每天都到"瓦沙"来。每天晚上,我带来彼得堡各种各样的消息和委托。

当然,伊里奇非常想回彼得堡去,尽管大家竭力使他和彼得堡保持经常的密切联系。有一次他竟产生了这么一种情绪,希望设法来打断那种想法。于是"瓦沙"别墅的住客都坐下来打"杜拉克"①了。波格丹诺夫玩得很认真,伊里奇玩得既认真又起劲,莱特伊仁完全被迷住了。有时候,有人在这时带着什么委托来了,或区委会的某个委员来了,都困惑莫解:中央委员们都在起劲地玩"杜拉克"! 可是,只有一个时期是这样。

这个时期我很少和伊里奇见面,日子都是在彼得堡过的。晚上回来得很晚,看见伊里奇的时候,他总是心事重重,因此,我什么也不问他,只是告诉他一些在彼得堡的见闻。

这个冬天,我和薇拉·鲁道佛夫娜经常在工艺学院的食堂里接头。那里很方便,因为每天有许多人从食堂里经过。有一次,一天当中有十多个人

---

① 一种纸牌游戏。——译者注

到这里来。谁也没注意我们。不过有一天卡莫到我们这里来,他穿着高加索的民族服装,用餐巾包着个圆形东西。食堂里的人都放下饭不吃,打量起这个怪客来:"带炸弹来了",大概大多数人都出现了这样的想法。但那不是炸弹,而是一个西瓜。卡莫给我和伊里奇带来了礼物——西瓜和一种糖渍胡桃。"姑母要我带来的",他有些羞怯地解释说。这个勇敢无畏、异常坚定的战斗队员,那时是一个非常纯真的人,是个有些天真而且温柔的同志。他非常喜爱伊里奇、克拉辛和波格丹诺夫。在库沃卡拉的时候,他到我们那里去过。他和我的母亲处得很好,他给她讲自己的姑母和姐妹的事。卡莫经常从芬兰到彼得堡去,总是随身带着武器,妈妈每次总是特别关心地把手枪牢牢系在他的背上。

从秋天起,在维堡出版了秘密报纸《无产者报》①,伊里奇为这个报纸花费了很多时间和精力。我们是通过施利希特尔同志进行联系的。秘密出版的《无产者报》运到彼得堡,在那里发给各区。那时,伊林娜(莉迪娅·哥比)担任寄发工作。虽然运送和分配工作都安排好了——报纸通过公开的布尔什维克的"事业"印刷所发出去,但是总还得找一个转运报纸的地址。我和薇拉·鲁道佛夫娜需要一个女助手。区委会的委员科米萨罗夫就叫他的妻子卡嘉给我们做助手。卡嘉是个头发剪得短短的、举止谦逊的女人。初见面的一刹那,我产生了一种奇怪的感觉——对她非常不敢信任,这种感觉从哪里来的,却想不出,不过它很快就消失了。卡嘉看来是个很能干的助手,一切事情都做得井井有条,能保守秘密,工作迅速,没有任何好奇心的表现,什么事情也不多问。我记得只有一次,当我问到她夏天到什么地方去的时候,不知怎的使她感到非常不安,她恶狠狠地看了看我。后来才发现卡嘉和她的丈夫都是奸细。卡嘉在彼得堡搞到武器向乌拉尔运送,警察就跟踪

---

① 《无产者报》的创刊号是一九〇六年八月二十一日出版的。——编者注

而来,夺走了她所运送的武器,逮捕了所有的人。这件事我们过了很久才知道。她的丈夫科米萨罗夫当过扎戈罗杰奇耶街九号住宅房主西蒙诺夫的管家。西蒙诺夫当时帮助社会民主党人。弗拉基米尔·伊里奇在他家住了一个时期,后来布尔什维克的俱乐部就设在这所住宅里,再后来是阿列克辛斯基搬到这里住了。在更加以后的时期——在反动的年代里——科米萨罗夫在这所房子里招待一切秘密工作者,并且供给他们护照——但是后来这些秘密工作者不知怎的都很快地"偶然地"在国境上被逮捕了。例如,有一次英诺森从国外回俄国来工作,也落入了陷阱。当然很难断定科米萨罗夫和他的老婆是什么时候成为奸细的。不管怎样,警察还是有很多很多的事情不知道,例如,他们就不知道弗拉基米尔·伊里奇的住所。警察机关在一九〇五年和一九〇六年全年都处于混乱状态。第二届国家杜马预定在一九〇七年二月二十日召开。

在十一月代表会议上,以弗拉基米尔·伊里奇为首的十四个代表(其中包括波兰和立陶宛的代表),赞成参加国家杜马的选举,但反对同立宪民主党人结成任何联盟(孟什维克是主张这样做的)。布尔什维克参加杜马选举的工作就是在这样的口号下进行的。在这次选举中,立宪民主党人失败了。在第二届杜马中,他们当选的代表只有他们在第一届杜马中的代表的半数。选举拖延得很久。似乎正在掀起新的革命浪潮。一九〇七年初伊里奇写道:

"不久前我们在'理论上的'争论,在光芒四射的初升的革命太阳的照耀下,显得多么渺小啊!"

第二届杜马的代表们经常不断地到库沃卡拉来和伊里奇商讨问题。亚历山大·亚历山大罗维奇·波格丹诺夫直接领导着布尔什维克代表的工作,他也住在库沃卡拉"瓦沙"别墅里,——跟我们住在一起,他什么事情都和伊里奇商量。

　　我记得有一次晚上从彼得堡返回库沃卡拉的时候,在火车上遇见了巴维尔·波利索维奇·阿克雪里罗得。他谈起布尔什维克的代表,特别是阿列克辛斯基,在杜马中表现得真不错。还谈到了工人代表大会。孟什维克对工人代表大会进行着非常紧张的鼓动工作,他们指望广泛的工人代表大会能有助于消除不断增长的布尔什维克的影响。布尔什维克坚持迅速召开党代表大会。党代表大会终于决定在四月召开了。参加代表大会的人数很多。代表们成群结队地前来参加大会,排队到接头地点;在接头地点,布尔什维克的代表是我和米哈伊拉·谢尔盖也维奇,孟什维克的代表是克罗赫马尔和欣楚克的妻子 M.M.施克。警察当局实行了监视。在芬兰车站上逮捕了马拉(尚采尔)和其他几个代表。当时必须采取特别的预防措施。伊里奇和波格丹诺夫已经去参加代表大会了。我没有急着回库沃卡拉。星期日傍晚我才回去,我看见的是一幅什么景象啊!十七个代表坐在我们家里,又冷,又饿,没有吃,没有喝!我们的一个女佣人是芬兰社会民主党人,每逢星期日她就出去一整天——他们在民众文化馆等地方演戏。我给这些代表弄东西,让他们吃饱喝足,花了不少的时间。我没有出席代表大会。秘书工作找不到人做,而且那时是很困难的。警察非常猖狂,群众不敢留布尔什维克过夜和在他们那里接头。我有时在《生活通报》社和同志见面。《生活通报》的编者彼得·彼得罗维奇·鲁勉采夫,有点不好意思对我直说不要把接头地点安置在《生活通报》社里,他就让守门人(我和这个工人常常谈论事情)对我说。遗憾得很,他为什么不直接对我说呢?

　　伊里奇从代表大会回来得比谁都晚,他的样子有点异乎寻常:胡须剪了,戴了一顶大草帽①。

　　六月三日第二届国家杜马被解散了。布尔什维克党团全体人员在夜晚

①　伊里奇在开完代表大会之后马上在特里奥克的芬兰人卡科的旅馆里(这座旅馆后来被火烧了)给许多从彼得堡来的工人作了报告。——编者注

来到库沃卡拉,大家整夜坐在那里讨论当前的局势。代表大会开完之后,伊里奇疲倦到了极点,心情焦躁,吃不下饭。我给他收拾了一下行李,让他到芬兰的内地斯提尔苏甸去住,"叔叔"的家在那里。我急忙清理了一切事务,随后赶去。当我到了斯提尔苏甸的时候,伊里奇已经好些了。有人告诉我说:伊里奇初到这里的那些日子总是昏昏欲睡——他坐到枞树下面,过一分钟就睡着了。孩子们都喊他"睡迷"。在斯提尔苏甸我们过得很好——森林、大海,一片自然风光,附近只有泽比茨基工程师的一座大别墅,列先科夫妇和阿列克辛斯基住在那里。伊里奇避免跟阿列克辛斯基谈话——他想休息一下——阿列克辛斯基见怪了。大家有时聚在列先科家里听听音乐。克谢尼娅·伊万诺芙娜——克尼波维奇的亲属——嗓子特别好,她是个歌唱家,伊里奇愉快地听着她唱歌。一天的很大一部分时间,我和伊里奇是在海滨或骑自行车度过的。我们的自行车是旧的,经常需要修理,有时有列先科的帮助,有时没有他的帮助;我们用旧套鞋修补,修理的时间似乎比骑的时间还多。但是骑着玩是很有趣的。"叔叔"特别给伊里奇做煎鸡蛋、鹿肉火腿补养身体。伊里奇的健康渐渐地恢复过来了。

我们从斯提尔苏甸到捷里奥基去参加代表会议。伊里奇在闲暇的时候通盘考虑了全面情况,在会上反对抵制第三届国家杜马。斗争又在新的战场上开始了,那是反对抵制派的斗争;抵制派不愿考虑残酷的现实,而以响亮的辞句陶醉自己。在一座小小的别墅里,伊里奇激烈地捍卫着自己的立场。克拉辛骑着自行车到这里来,站在窗外留神地听着伊里奇的讲话,后来,他没有进屋,沉思着走开了……是的,是有问题值得沉思的。

斯图加特代表大会召开了[①]。伊里奇对这次代表大会感到很满意。他很满意大会对工会问题的决议和对战争的态度的决议。

---

① 第二国际的斯图加特国际代表大会是在一九〇七年八月十八日(旧历五日)至二十四日(旧历十一日)举行的。——编者注

第二国际第七次代表大会会议大厅（1907 年 8 月）

从俄国到国外去

一九○七年末

伊里奇不得不往芬兰内地去了。这时,波格丹诺夫夫妇、英诺森(杜勃洛文斯基)和我仍然留在"瓦沙"别墅里。捷里奥基已经被搜查了,现在我们在库沃卡拉等待着。我和娜塔莉娅·波格丹诺娃进行了"清洗",整理了所有的档案,把有价值的文件都清理出来,交给芬兰同志收藏,其余的文件都焚毁了。我们很用心地烧毁。有一次,我看到"瓦沙"别墅周围的雪地上落满了一层纸灰,非常惊奇,宪兵要是来了,总会找到点儿什么的:"瓦沙"别墅里的家底确实不小。我们必须采取专门的措施来进行预防。有一天早晨,别墅的房东跑来告诉我们说,宪兵已经到了库沃卡拉。她尽量地把各种秘密文件带去藏在她那里。我们叫亚历山大·亚历山大罗维奇·波格丹诺夫和英诺森到树林里去散步,自己在家里等着来搜查。这一次没有到"瓦沙"别墅来搜查,他们是搜捕战斗队员的。

同志们把伊里奇送到了芬兰的内地,那时他住在赫尔辛福斯附近的一个小车站奥格里比。他住在芬兰人的家里,这家一共是姐妹两人;住的是一个挂着花边窗幔、异常清洁但却寒冷的芬兰式舒适的房间;房间里的东西摆得有条不紊;隔壁不断传来笑声、钢琴声和用芬兰语的谈话声。伊里奇住在这里感到孤寂。他成天写关于土地问题的著作,缜密地总结这次革命的经验。他几小时地蹑着脚步从这个墙角到那个墙角,怕的是惊动女主人。我到奥格里比看过他一次。

警察在芬兰到处搜寻伊里奇。当时他必须到国外去了。显然，反动气焰会嚣张几年。必须再回到瑞士去。真不想走，但又别无出路。而且必须在国外设法出版《无产者报》，因为在芬兰已经不能出版了。一有机会伊里奇就要到斯德哥尔摩去，在那儿等着我。我还得在彼得堡安置一下我的有病的老妈妈，处理一些事情，谈好联系问题，再去看伊里奇。

当我在彼得堡忙来忙去的时候，伊里奇险些死在去斯德哥尔摩的旅途中。暗探们盯得很厉害，要是沿着普通的路线走，在阿波上船十之八九要遭逮捕①。以往，在上船的时候时常发生逮捕的事情。有个芬兰同志劝他在最近的海岛上船。这样做，就俄国警察不能在那里逮捕人这一点来说，是安全的，但是到岛上去大约要在冰上步行三俄里。虽然已是十二月了，可是冰并没有到处都冻结实。没有人愿意冒生命的危险，所以没有找着向导。后来有两个喝得醉醺醺的芬兰农民愿意送伊里奇，他们真是些不知深浅的人。夜里在冰上走的时候，他们和伊里奇险些一同丧命——脚下一块地方的冰流动了。他们好不容易跑了出来。

后来，芬兰同志鲍尔格（我是通过他去斯德哥尔摩的，后来他被白匪枪杀了）告诉我，伊里奇选的路线是多么危险，而伊里奇死里逃生又是多么偶然。伊里奇告诉我说，当脚下的冰流动时，他想到："唉，死得多么愚蠢啊！"俄国的布尔什维克、孟什维克、社会革命党人又到国外去了。与我同船去瑞典的有唐恩、莉迪娅·奥西波夫娜·策杰尔包姆和两个社会革命党人。

在斯德哥尔摩住了几天，我和伊里奇就取道柏林去日内瓦了。我们到达的前夜，柏林的俄国人遭到了搜查与逮捕，因此，到车站来迎接我们的柏林小组的阿夫拉莫夫同志没有劝我们到谁的住所去。他领着我们整整串了

---

① 芬兰开往瑞典的轮船冬天也航行，是用破冰船破冰航行。——编者注

一天咖啡馆。晚上我们住在罗莎·卢森堡那里。弗拉基米尔·伊里奇和罗莎·卢森堡在斯图加特代表大会上对于战争问题的意见是一致的,因此他们就很亲近起来了。还在一九○七年的时候,他们在国际代表大会上就说,反对战争的斗争目的应当不只是争取和平,而且要以社会主义代替资本主义。必须利用战争引起的危机来加速推翻资产阶级。弗拉基米尔·伊里奇在评论这次大会时写道:"斯图加特代表大会在一系列最重大的问题上将国际社会民主党的机会主义派和革命派作了鲜明的对比,并且本着革命的马克思主义的精神解决了这些问题。"①在斯图加特代表大会上,罗莎·卢森堡和伊里奇的行动是一致的。所以那天晚上他们的谈话特别友好。

我们晚上回到旅馆的时候,两个人都病了,嘴角上流着白沫,浑身无力。后来弄清楚了,原来是我们串饭店的时候,不知在哪里吃鱼中毒了。只好夜里找医生来。弗拉基米尔·伊里奇登记的是一个芬兰厨子,我登记的是一个美国公民。因此,茶房就给我们找来一个美国大夫。大夫瞧了瞧弗拉基米尔·伊里奇说,"问题很严重",瞧了瞧我说:"嗯!你能活!"他给了我们一包药,看到我们有些可疑,就大大敲了我们一笔出诊费走了。我们两个躺了两天,就带病挣扎着往日内瓦去了。我们是在一九○八年一月七日(旧历一九○七年十二月二十五日)到达日内瓦的。后来伊里奇给高尔基写信说,我们在路上"感冒"了。

日内瓦叫人看起来不大舒服。虽然连一片雪花也没有,但却刮着凛冽刺人的寒风。在日内瓦湖岸的栏杆附近,有人出卖明信片,上面画着水在飞溅时冻结成冰块的画面。这座城市显得荒凉又沉寂。同志之中当时只有米哈·茨哈卡雅、卡尔宾斯基和奥丽珈·拉维奇住在日内瓦。米哈·茨哈卡雅住在一个小房间里,我们去的时候,他吃力地从被窝里坐了起来。不知为

---

① 见《列宁全集》第16卷,人民出版社2017年版,第85页。

什么没有说话。卡尔宾斯基夫妇这时住在日内瓦的俄文图书馆(从前这个图书馆是属于库克林的)里,主持这个图书馆工作的是卡尔宾斯基。我们到他那里的时候,正赶上他的头疼病发作得很厉害;由于头疼,他总是眯着眼睛,所有的百叶窗都关上了,因为他怕阳光刺激。当我们从卡尔宾斯基那里出来,走在日内瓦的荒凉的、变得这么陌生的街道上的时候,伊里奇说:"我感觉到这里来好像进了棺材似的。"

我们第二次的侨居生活开始了。这一次比第一次更艰苦。

第 二 部

第二次侨居生活

第二次侨居生活分为三个时期：

第一个时期(一九○八——一九一一年)是俄国反动势力最疯狂的年代。沙皇政府残酷地迫害革命者。监狱人满为患,监狱里实行最残酷的苦役制;经常大肆拷打;死刑宣判一个接着一个。秘密组织不得不转入极隐蔽的地下。但不容易隐蔽得好,因为革命时期党的成分有了变化,党补充了干部,这些干部不了解革命前的地下工作,也不习惯于做秘密工作。另一方面,沙皇政府不惜财力扩充密探组织。整个密探组织体系都是设想得很周密的,并且遍布各地,包围着党中央机关。沙皇政府的谍报工作是很出色的。

同时,各个合法团体、工会、报刊的活动,也经常受到追查。政府力图夺回工人群众在革命年代所取得的各种权利。但旧的时代是一去不复返了。革命对群众有着深刻的影响。工人的自觉精神不断地趁着每一次机会表现出来。

这几年是社会民主党内思想上分崩离析的年代。有些人企图修改马克思主义的基础,出现了一些企图动摇整个马克思主义所依据的唯物主义世界观的哲学流派。现实是阴暗的。有些人企图臆造一种新的精巧的宗教,并从哲学上来论证它,想借此找寻出路。新的哲学流派给一切寻神派和造神派敞开大门,这一流派的首领是波格丹诺夫,加入这一流派的有卢那察尔斯基、巴扎罗夫等人。马克思通过哲学,通过与唯心主义的斗争创立了马克思主义。普列汉诺夫当时十分重视论证唯物主义世界观的问题。列宁研究过他们的著作,早在流放时期就十分努力研究哲学。列宁不能不注意从哲学上修正马克思主义的危害性,以及这种行为在反动年代里所起的作用,因此列宁非常尖锐地反对波格丹诺夫和他的学派。

波格丹诺夫不仅是哲学战线上的敌人,而且纠合了召回派和最后通牒派。召回派说,国家杜马如此反动,应当把社会民主党党团从杜马中召回来;最后通牒派认为,应当向党团提出一个最后通牒,要党团在杜马讲坛上发出会使它被赶出杜马的言论。召回派和最后通牒派在本质上并没有什么区别…… 阿列克辛斯基、马拉①等人都是最后通牒派。召回派和最后通牒派也反对布尔什维克参加工会和合法团体。他们说布尔什维克应当是坚强不屈的。列宁认为这种观点是错误的。这种观点必然会拒绝一切实际工作,脱离群众,无法在与群众休戚相关的工作中组织群众。布尔什维克在一九○五年革命前的时期会巧妙地利用了每一合法的机会,善于在最艰苦的条件下开辟道路,引导群众前进。他们把群众从要求开水和通风设备的斗争逐步引导到全民的武装起义。善于适应最困难的环境,同时坚持原则,决不放弃革命立场,——这就是列宁主义的传统。召回派破坏了布尔什维克的传统。同召回派作斗争,就是维护久经考验的布尔什维克的列宁主义策略。

最后,这几年(一九○八——一九一一年)也是为了维护党、为了保护党的秘密组织而进行尖锐斗争的年代。

在反动时期,在做实际工作的孟什维克分子中间首先表现出颓废情绪,这是非常自然的。他们在这以前就喜欢随波逐流,阉割革命口号;他们与自

---

① 即维·列·尚采尔,曾为《无产者报》扩大编辑部委员。本书后面提到他时就用尚采尔这个真名。

由资产阶级有密切的联系。这种颓废情绪的极其明显的表现,就是广大的孟什维克分子企图取消党。取消派硬说秘密的党只会招致失败,只会缩小工人运动的规模。实际上,取消秘密的党就是放弃无产阶级的独立政策,涣散无产阶级革命斗争的情绪,削弱无产阶级的组织和行动的统一。取消党就是背弃马克思的学说,就是背弃马克思的一切原则。

像普列汉诺夫这样的孟什维克,由于当时做过许多宣传马克思主义和反对机会主义的工作,当然不能不看到取消派情绪的全部反动性;当鼓吹取消党开始发展到鼓吹取消马克思主义的基础本身时,普列汉诺夫便竭力与他们划清界限,组成自己的集团,即孟什维克护党派。

业已展开的保卫党的斗争,澄清了一系列的组织问题,使广大的党员群众对党的作用和党员的义务有了确切而深刻的理解。

维护唯物主义世界观、维护党与群众的联系、维护列宁策略的斗争,维护党的斗争,是在侨居国外的艰苦环境下进行的。

在反动年代,侨居国外的人数大大地增加了。由于沙皇政府的残酷迫害而逃亡到国外的人不断增多,他们在精神上受到损害和折磨,看不到前途,一文不名,得不到来自俄国的任何帮助。这一切使所进行的斗争开展得特别艰苦。纠纷、争吵层出不穷。

许多年过去了,对过去进行斗争的原由是非常清楚了。现在,现实生活已极其明显地证实了列宁路线的正确性,许多人对这一斗争似乎已经不大感兴趣了。但是,如果没有这一斗争的话,那么党就不能在革命高潮的年代如此迅速地展开自己的工作,党走向胜利的道路就会布满困难。斗争是在上游流派刚刚形成的条件下进行的,是在不久以前还手携手共同作战的人们之间进行的;因此,很多人觉得事情全是由于列宁的好争论,他的急躁、他的脾气不好而产生的。而事实上,这次斗争是为了保卫党,为了坚持党的路线,为了维护党的策略的正确性。论战形式的尖锐性是由问题的复杂性引起的。伊里奇常常极其尖锐地提出问题,因为不这样,问题的实质就会模糊不清。

一九○八——一九一一年不单纯是侨居国外的年代,而且是在极其重要的战线即思想战线上进行紧张斗争的年代。

第二个时期(一九一一——一九一四年)是俄国工人运动高涨的年代。罢工斗争的增长,引起工人阶级一致反对的连纳事件①,工人出版物的发展,杜马的选举和杜马党团的工作,——这一切使党的工作出现了新的形式,使党的工作具有了全新的规模,使党内的工人成分大大增加,使党更加接近群众。

与俄国的联系迅速地加强了,对俄国工作的影响增大了。一九一二年一月举行的布拉格党代表会议开除了取消派分子的党籍,制定了党的秘密组织的原则。普列汉诺夫没有跟着布尔什维克走。

一九一二年,我们迁到克拉科夫城。维护党、巩固党的斗争,已经不是在侨居国外的各个小集团之间进行了。克拉科夫时期,是列宁策略的正确性在俄国实践中完全得到证实的时期。实际工作问题把列宁完全吸引住了。但是,当俄国工人运动广泛开展起来的时候,在国际战线上已经出现了大雷雨来临前的闪电,火药气味越来越浓。伊里奇已经在考虑可能爆发的战争一旦变为国内战争时,各民族之间应当建立的新的相互关系。在克拉科夫时期,伊里奇不得不和波兰社会民主党人、和他们在民族问题上的观点进行斗争。他坚决同他们的错误进行斗争,提出了尖锐的、明确的原则。在克拉科夫时期,布尔什维克在民族问题上通过了许多具有重大意义的决议。

第三个时期(一九一四——一九一七年)是使我们的侨居生活又一次完全改变了性质的战争年代。这时,国际性的问题具有决定性的意义,只有

---

① 在连纳河地区,今译作勒拿河。

从国际运动的角度才能说明我们俄国的问题。

　　愈加广大的国际基础,现在不可避免地成为解决俄国问题的基础。我们做了待在中立国所能做的一切事情,尽力宣传反对帝国主义战争,宣传把帝国主义战争变为国内战争,来给新的国际奠定最初的基础。在战争初期(一九一四年底至一九一五年),这一工作消耗了列宁的全部精力。

　　但是,与此同时,他在周围事件的影响下,还产生了许多新的思想:他想深入地研究帝国主义问题,战争的性质问题,无产阶级胜利之后第二天即将建立起来的国家政权的新形式问题,在工人阶级的政策和策略中运用辩证法的问题。我们从伯尔尼迁居到工作比较方便的苏黎世。伊里奇在没有得到二月革命的消息和开始准备回国之前,用全部精力从事写作,整天坐在图书馆里工作。

反动年代

日 内 瓦
一九〇八年

　　到达日内瓦的当天晚上,伊里奇就给阿列克辛斯基写了封回信,伊里奇还是在柏林时收到他的来信的。阿列克辛斯基是第二届杜马中布尔什维克的代表,他和杜马中布尔什维克的其他代表一起被判处苦役,后来逃亡国外,这时正侨居在奥地利。过了两天,伊里奇又给高尔基写了一封回信。高尔基当时侨居在意大利的卡普里,他曾坚请伊里奇到他那里去。

　　伊里奇当时不能到卡普里去,他需要筹备出版党中央秘密的机关报《无产者报》。为了更加迅速地在这困难的反动时期通过中央机关报来建立日常的领导,需要尽快地出版中央机关报。但是伊里奇在回信中满怀期望地说:"真的,如果能到卡普里岛去一下该多好!"他在下面又写道:"我想在您工作不太忙的时候到您那里去,这样我们可以一同信步漫谈"。① 最近一个时期,伊里奇经历了很多事情,考虑了很多问题,他很想和高尔基倾心交谈,但这次旅行不得不延期。

　　《无产者报》是在日内瓦出版还是在国外别的地方出版,这个问题尚未

---

　　① 见《列宁全集》第45卷,人民出版社2017年版,第145—146页。

决定。当时给奥地利的社会民主党人阿德勒和住在奥地利的约瑟夫(捷尔任斯基)写了信去。奥地利靠近俄国的边界,如果在那里办报,在某些方面印刷要方便一些,运送报纸也可能容易些;但是除日内瓦而外,伊里奇认为在其他地方出版中央机关报的希望都是不太大的,于是就在日内瓦开始了报纸的筹备工作。使我们惊喜的是,我们得知我们从前曾在日内瓦留下了一台排字机,这既节省了开支,又使事情好办了。

我们找到了排字工人弗拉基米罗夫同志,革命前他在日内瓦排印过布尔什维克的《前进报》。一般的事务工作委托给了科特利亚连科负责。

二月之前,俄国派来创办《无产者报》的全体同志——弗拉基米尔·伊里奇、波格丹诺夫和英诺森(杜勃洛文斯基)都已到了日内瓦。

弗拉基米尔·伊里奇在二月二日给高尔基的信中写道:"一切都准备妥当,日内就发出刊预告。我们把您列入了撰稿人。您能不能为头几号写点东西(像《新生活报》上所发表的论小市民那样的东西或者您现在正在写的中篇小说的片段等均可)。"①早在一八九四年,伊里奇在《什么是人民之友,以及他们如何攻击社会民主主义者?》一书中,就谈到了资产阶级文化和他深深憎恨和蔑视的小市民习气。因此,伊里奇特别喜爱高尔基对小市民的评论。

伊里奇给住在卡普里高尔基那里的卢那察尔斯基的信里写道:"请写封短信告诉我,您是否完全安顿好了?是否已经可以工作了?"②

三人组成的编辑部(列宁、波格丹诺夫、英诺森)给住在维也纳的托洛茨基写了一封信,邀请他给《无产者报》撰稿。托洛茨基拒绝了,他不愿意和布尔什维克一起工作,但又不肯直说,而是以繁忙作借口。

开始考虑运送《无产者报》的问题了。我们寻找旧的联系。从前,我们

---

① 见《列宁全集》第45卷,人民出版社2017年版,第159页。
② 见《列宁全集》第45卷,人民出版社2017年版,第160页。

经过马赛等地由海路运送。现在伊里奇认为也许可以经过高尔基住的卡普里运送。列宁在给高尔基的夫人玛丽亚·费多罗夫娜·安德烈也娃的信中，谈到了如何通过轮船上的职工把报纸运到敖德萨的问题。在给阿列克辛斯基的信中谈到由维也纳运送报纸的问题，但很少抱成功的希望。阿列克辛斯基实在不太适于做这种工作。我们只好把我们的运输问题"专家"皮亚特尼茨基由俄国召到国外，他现在是共产国际的工作人员，从前他会把通过德国边境的运输工作安排得很好。但是，当他避开监视和逮捕，越过国境时，差不多已过了八个月了。皮亚特尼茨基到国外之后，试图经过利沃夫建立运输线，但没有成功。一九〇八年秋，他到日内瓦来了。我们商量好：他再去从前住过的莱比锡，仍旧经过德国边界建立运输线，恢复旧的联系。

阿列克辛斯基决定迁到日内瓦来。他的妻子塔吉扬娜·伊万诺夫娜预定做我的助手，专门与俄国通信。但这一切只不过是计划。至于信件，我们等得多，收到得少。我们到日内瓦不久，就发生了换钱事件。

一九〇七年七月，在第比利斯的埃里温广场发生过一次抢国库事件。在革命高潮时期，与沙皇专制制度展开全线斗争的时候，布尔什维克认为可以抢夺沙皇的国库，容许没收。从第比利斯抢来的钱都交给了布尔什维克作为革命运动的经费。但是，这些钱当时不能使用。都是五百卢布一张的大票，必须换成零钱。但是，在俄国不能换，因为各个银行都存有被我们夺来的那些五百卢布一张的钞票的号码单。现在，反动势力横行全国，必须组织那些受沙皇政府迫害的革命者越狱，必须不使革命运动低落下去，必须建立秘密的印刷厂等等。这就急需要钱。于是有一批同志试图把这些五百卢布一张的纸币同时在国外几个城市进行兑换。恰恰是我们到国外几天之后，他们做了换钱的尝试。奸细日托米尔斯基知道了这件事，并参加组织了这次换钱的工作。当时谁也不知道他是个奸细，大家都非常信任他。可是他在柏林时就已经陷害过卡莫同志，警察从卡莫那里搜到一只炸药箱。卡莫因此长期被关在德国监狱里,后来德国政府又把他转交给俄国了。日托米尔斯基向警察告密以后,做换钱尝试的同志都被捕了。在斯德哥尔摩逮捕了一个拉脱维亚人,他是苏黎世小组的组员;在慕尼黑逮捕了日内瓦小组组员奥丽珈·拉维奇,她才从俄国回来不久,是我党党员;还逮捕了博格达萨良和霍扎米梁。

在日内瓦当地逮捕了谢马什柯,因为有一张寄给一位被捕者的明信片寄到他的住所。

瑞士的庸人们吓得要死。开口就只谈俄国的抢夺者。在我和伊里奇常去吃午饭的那个公寓里,人们在吃饭时谈得更是怕人。一九〇五年党的第三次代表大会的主席、高加索同志米哈·茨哈卡雅,当时住在日内瓦,他第一次到我们这里来的时候,他那高加索人的外貌简直把我们的女房东吓坏了,她断定他就是真正的抢夺者,她惊叫一声就把门关上了。

瑞士的党当时充满了极端机会主义的情绪。瑞士社会民主党人对谢马什柯的被捕发表意见,说他们的国家是最民主的国家,他们的司法是至高无上的,在他们的国土上不容许有反对私有制的罪行。

俄国政府要求交出被捕者。瑞典社会民主党人准备干预这件事情,但要求被捕同志所属的苏黎世小组证明在斯德哥尔摩被捕的这位年轻的社会民主党人确实一直住在苏黎世。然而,孟什维克把持着的苏黎世小组拒绝这样做。孟什维克并赶紧在伯尔尼地方报上发表声明,说他们与谢马什柯没有关系,把事情说得好像谢马什柯不是社会民主党人,也没有代表日内瓦小组出席过斯图加特代表大会似的。

孟什维克指责一九〇五年的莫斯科起义。他们反对一切会吓退自由资产阶级的事情。对革命失败时资产阶级知识分子纷纷脱离革命这种事实孟什维克不是从他们的阶级本性来解释,而硬说是布尔什维克的斗争方法把他们吓跑了。布尔什维克认为在革命斗争高涨的时候,可以把剥削者的财产夺来作为革命活动的经费。孟什维克猛烈地抨击了布尔什维克的这种观点。在他们看来,是布尔什维克吓跑了自由资产阶级。孟什维克认为必须和布尔什维克作斗争,并不惜采取一切手段。

一九〇八年二月二十六日,阿克雪里罗得在给普列汉诺夫的信中发挥了怎样使布尔什维克在外国人面前名誉扫地的计划,为了这个目的,计划利用这个事件作成报告,并把它译成德文和法文,寄给德国的党的理事会(Vorstand)、考茨基、阿德勒、国际执行局,并寄往伦敦等地。

过了许多年以后,在一九二六年公布的阿克雪里罗得的这封信,最好地说明了布尔什维克的道路和孟什维克的道路当时已经有怎样的分歧了。

关于谢马什柯被捕事件,弗拉基米尔·伊里奇以俄国社会民主工党代表的名义,向国际执行局发表了正式声明。伊里奇给高尔基的信中也说,如果高尔基在下新城跟谢马什柯认识的话,那就应当在瑞士报刊上替他辩护。谢马什柯很快就被释放了。

革命之后我们很难习惯再过侨居生活。弗拉基米尔·伊里奇整天坐在图书馆里,但晚上我们就不知上哪里好。真不愿意坐在我们租的这间冷冰冰的不舒服的房间里,想和人们在一起,于是我们每天晚上不是去看电影,就是去看戏,虽然很少看完,往往演到一半我们就出来到别地方去散步,最常去的是湖边。

《无产者报》(第二十一号)终于在二月里,在日内瓦出版了,这是在日内瓦出版的第一号。上面发表的弗拉基米尔·伊里奇的第一篇文章是值得注意的。

他写道:"我们善于在革命以前长期进行工作。人们说我们坚如磐石,这不是没有原因的。社会民主党人已建立起无产阶级的党,这个党决不会因第一次军事进攻遭到失败而心灰意懒,决不会张皇失措,决不会热衷于冒险行动。这个党在走向社会主义,而没有把自己和自己的命运同资产阶级革命某个阶段的结局联结在一起。正因为如此,它就不会有资产阶级革命的种种弱点。这个无产阶级的党正在走向胜利。"①

弗拉基米尔·伊里奇的这几句话反映出了他当时所考虑的问题。在革命失败的时刻,他所考虑的是无产阶级的伟大胜利。晚上我们在日内瓦湖滨散步时,伊里奇会谈到这一点。

我们在日内瓦还能见到阿多拉茨基同志,他是一九〇六年被驱逐出境的,一九〇八年初才回俄国。他回忆说,他和伊里奇会谈到未来革命的性质问题,谈到这次革命一定会使无产阶级掌握政权。阿多拉茨基同志的这些回忆完全合乎前面引证的伊里奇的那篇文章的精神和他当时所说的话。无产阶级的失败只是暂时的,伊里奇丝毫没有怀疑过这一点。

阿多拉茨基同志还回忆说,弗拉基米尔·伊里奇会要他"详细地写一些回忆一九〇五年,回忆十月的斗争,特别是和武装工人问题、战斗队问题、组织起义问题以及夺取政权问题有关的经验教训的文章"。②

弗拉基米尔·伊里奇认为应当仔细认真地研究革命的经验,这些经验将来会有用的。他抓住参加过这次斗争的每个同志,和他们长谈。他认为俄国无产阶级的任务是:"保持知识分子和小市民急于抛弃的革命斗争传统,发扬和巩固这种传统,把它灌输到广大人民群众的意识中去,把它带到必然到来的民主运动的下一次高潮中去。"③

他写道:"工人们自发地执行的正是这样一条路线。他们十分热情地参加了伟大的十月斗争和十二月的斗争。他们十分清楚地看到,只有通过这种直接的革命斗争,他们的状况才会有所改变。现在他们所说的,或者至少他们所感觉到的,就像一位织布工人在给他的工会机关报的信中所写的

---

① 见《列宁全集》第 16 卷,人民出版社 2017 年版,第 403—404 页。
② 见《无产阶级革命》,1924 年第 3 期(总第 26 期),第 97 页。——编者注
③ 见《列宁全集》第 17 卷,人民出版社 2017 年版,第 32 页。

一样:工厂主夺去了我们的胜利果实,工长仍旧像过去一样嘲弄我们,你们等着吧,1905年还会来的。

你们等着吧,1905年还会来的。这就是工人的想法。对于工人来说,这一年的斗争提供了怎么办的范例。对于知识分子和变节的小市民来说,这是"疯狂的一年",这是不该怎么办的范例。对于无产阶级来说,研究和批判地掌握革命经验,就是要学会更有效地运用当时的斗争方法,使这种十月罢工斗争和十二月武装斗争更广泛、更集中、更自觉地进行。"①

即将来临的几年,伊里奇认为是准备新的进攻的几年。

为了进一步充实革命斗争的内容,必须利用革命斗争中的"喘息"时机。

首先必须制定在反动条件下进行斗争的路线。必须考虑如何把党转入秘密状态,而同时使党有进行公开活动的可能,保证它能够通过杜马讲坛跟广大的工农群众讲话。伊里奇看到在布尔什维克当中有很多人,即所谓召回派分子,力图把问题简单化,想不惜任何代价保持适合于革命高潮时期的斗争形式,实质上,他们是在困难的反动的条件下放弃斗争,逃避使工作适应于新条件的各种困难。伊里奇称召回派的主张为左的取消主义。阿列克辛斯基是个最露骨的召回派分子。他一回到日内瓦,和伊里奇的关系很快就恶化了。在许多问题上,伊里奇不得不比以往任何时候更多地和他打交道,伊里奇非常厌恶这个人的狭隘自负。阿列克辛斯基很少关心如何使杜马讲坛在反动的情况下也能成为同广大工农群众阶层联系的工具。因为第二届杜马解散以后,阿列克辛斯基已不能再在这个讲坛上发表演说了。这个人的自我欣赏的无赖行为,在日内瓦已经暴露无遗,没有任何掩盖;然而他在当时还自认为是布尔什维克哩。我记得有这么一回事。我在卡鲁什街上(卡鲁什街历来是流亡者的中心)看到慌乱地站在人行道中间的两个崩

① 见《列宁全集》第17卷,人民出版社2017年版,第32—33页。

得分子。当时他们和阿列克辛斯基一起在伦敦代表大会记录编委会工作（这些记录于一九〇八年首先在日内瓦出版）——他们在某个措辞上发生了争执，阿列克辛斯基就嚷起来，并且从桌子上抓起所有的记录就走了。我回头望了一下，在很远的地方，我看见阿列克辛斯基疾步前行的矮矮的背影正在拐弯，他傲慢地昂着头，腋下挟着一大堆文件。他的这种行为简直不值一笑。

但问题并不在阿列克辛斯基一个人身上。可以看出，布尔什维克党团不像从前那样团结了，就要发生分裂了，首先是和波格丹诺夫分裂。

俄国出版了《马克思主义哲学概论》，上面载有波格丹诺夫、卢那察尔斯基、巴扎罗夫、苏沃洛夫、别尔曼、尤什凯维奇和格尔方德的文章。这些文章企图修正唯物主义世界观，企图修正唯物主义马克思主义的人类发展观和阶级斗争的观点。

新的哲学向一切神秘主义敞开了大门。在反动年代，修正主义之所以特别嚣张，是由于知识分子中间的颓废情绪助长了它。于是，非划清界限不可。

伊里奇一向对哲学问题很感兴趣，在流放中就努力研究哲学，对马克思、恩格斯、普列汉诺夫在哲学领域中的观点知道得很清楚，研究过黑格尔、费尔巴哈和康德的著作。早在流放期间，他就和倾向于康德的同志们争论得非常激烈，他注意着《Neue Zeit》上发表的关于这个问题的文章，总之，在哲学方面他有很高的修养。

伊里奇在二月二十五日（公历三月十日）给高尔基的信中，叙述了他和波格丹诺夫分歧的经过。伊里奇早在流放期间就读过波格丹诺夫的《自然史观的基本要素》一书，但波格丹诺夫当时的立场只不过是向他后来的哲学观点的过渡。后来，一九〇三年伊里奇和普列汉诺夫一道工作时，普列汉诺夫不止一次地指责过波格丹诺夫的哲学观点。一九〇四年，波格丹诺夫的《经验一元论》一书出版了。于是伊里奇直接向波格丹诺夫声明说，他认为正确的是普列汉诺夫的观点，而不是波格丹诺夫的观点。

伊里奇在给高尔基的信中写道:"1904年夏天和秋天我们同波格丹诺夫等几个布尔什维克的意见完全一致,我们达成默契,大家不谈哲学,把哲学当做中立地区,这个同盟在整个革命时期一直存在着。它使我们有可能在革命中共同贯彻革命的社会民主党(=布尔什维主义)的策略,这种策略我深信不疑地认为是唯一正确的策略。

在革命火热的时候很少研究哲学。1906年初波格丹诺夫在狱中又写了一部著作,大概是《经验一元论》第3卷。1906年夏天他送了一本给我,我仔细读了一遍。我读完之后非常生气,因为我更清楚地看出,他走的是极端错误的道路,非马克思主义的道路。我那时就向他'表白爱情',给他写了一封关于哲学问题的长达三个笔记本的信。我在信中明白地告诉他,在哲学方面我当然是一个普通的马克思主义者,但正是他那些明白易懂、写得很出色的著作使我完全相信他根本错了,而普列汉诺夫是正确的。这些笔记本我曾给某些朋友(其中包括卢那察尔斯基)看过,本来想用《一个普通马克思主义者的哲学札记》这个标题发表出来,但是没有下决心。现在很后悔当初没有立即把它发表。前几天我写信到彼得堡请求把这些笔记本找出来寄给我。

现在《关于马克思主义哲学的论丛》已经出版。除了苏沃洛夫那篇文章(我正在看)之外,其余的我都看了,每篇文章都使我气得简直要发疯……我宁愿受车裂之刑,也不愿加入宣传这类东西的机关报或编委会。

我又想到了《一个普通马克思主义者的哲学札记》,我已开始在写了,我在看《论丛》的过程中当然已经把自己的印象直率地、不客气地告诉了亚历·亚历—奇(指波格丹诺夫——作者注)。"①

弗拉基米尔·伊里奇在给高尔基的信中就是这样说明事情的。

《无产者报》在国外出版第一号的前夕(一九〇八年二月十三日),伊里

---

① 见《列宁全集》第45卷,人民出版社2017年版,第175—176页。

奇和波格丹诺夫的关系已经极端恶化了。

早在三月底,伊里奇就认为可能而且必须把哲学争论同布尔什维克内部的政治派别区别开来。他认为:内部的哲学论争必将最好地说明布尔什维主义不等于波格丹诺夫哲学。

但是,布尔什维克内部即将分裂的征象一天比一天明显了。

在这个艰苦的时期,伊里奇和英诺森(杜勃洛文斯基)特别接近。

一九〇五年以前,我们只是听说过英诺森。在阿斯特拉罕流放所里认识他的"叔叔"(莉迪娅·米哈伊洛夫娜·克尼波维奇)称赞过他,萨马拉人(克尔日扎诺夫斯基夫妇)也极力赞扬过他,但我们从未见过他,也没有通过信。只是在党的第二次代表大会以后,有一次与孟什维克激烈争论的时候,收到过他的一封信,在这封信中他说明了维护党的统一的重要性。后来他参加了调和主义的中央,在列昂尼德·安德列耶夫家里和其他中央委员一起被捕了。

一九〇五年,伊里奇从工作中了解了英诺森。伊里奇看到英诺森对革命事业无限忠诚,看到他总是承担最危险、最艰苦的工作,——因此英诺森一次也没有能出席党的代表大会,因为他总是在每次代表大会之前就被捕了。伊里奇看到英诺森在斗争中是多么坚决——他参加了莫斯科起义,起义时他在喀琅施塔特。英诺森并不是文学家,但他常在工人大会上、在工厂里发表演说,他的演说鼓舞着工人们去进行斗争,当然没有人记录和速记他的演说。伊里奇非常重视英诺森对事业的无限忠诚,对他到日内瓦来,非常高兴。很多事情使他们接近起来。两人都认识到党的巨大意义,认为必须与取消派进行最坚决的斗争,因为取消派硬说秘密党应当取消,硬说秘密党只会妨碍工作。两人都特别重视普列汉诺夫,都因普列汉诺夫对取消派不表同情而感到高兴。两人都认为在哲学问题上普列汉诺夫是正确的,认为在哲学问题上应当坚决与波格丹诺夫划清界线,认为在现在,哲学战线的斗争具有特别重大的意义。伊里奇认为任何人也不像英诺森那样三言两语就能了解他。英诺森常到我们这里来吃午饭,饭后他们两人长时间地考虑着工作计划,讨论时局。晚上到兰多尔特咖啡馆去,继续中午已经开始的谈话。伊里奇把他所谓的"哲学癖"传染给了英诺森。这一切都使他们接近起来。当时,伊里奇和"英诺"(英诺森)非常亲密。

当时正是困难的时期。俄国的组织不断地遭到破坏。警察在奸细的帮助下逮捕了一些非常重要的工作人员。大的集会和代表会议都不能召开。不久前还是公开行动的人们,要想转入地下,并不是一件简单的事情。春天(四、五月),加米涅夫和马尔赫列夫斯基(波兰社会民主党人,是捷尔任斯基、梯什卡和罗莎·卢森堡的亲密战友)在街上被捕了。过了几天,季诺维也夫、罗日柯夫(我们的中央委员,布尔什维克)也在街上被捕了。群众觉醒了。他们要想理解所发生的一切事件的意义,要考虑它,一般性的鼓动已经使人厌烦,它已不能满足任何人了。许多人愿意参加小组,而小组却没有人领导。基于这种情绪,召回派有了某些成就。战斗小组没有组织上的领导,没有在群众斗争的配合下展开活动,而是站在群众斗争之外,不与群众斗争相联系;战斗小组蜕化了,于是英诺森不得不研究在这一基础上所发生的许多问题。

高尔基邀弗拉基米尔·伊里奇到卡普里去(当时波格丹诺夫、巴扎罗夫等人也在那里),以便让大家在一起谈谈。但伊里奇没有去,因为他预感到谈不拢。四月十六日伊里奇在给高尔基的信中写道:

"现在去对我是有害无益的。我不能也不想同那些鼓吹把科学社会主义同宗教结合起来的人交谈。笔记本时期已经过去了。不必争吵,徒伤脑筋是愚蠢的。"[1]

---

[1] 见《列宁全集》第45卷,人民出版社2017年版,第191页。

五月间,伊里奇因高尔基再三邀请,还是到卡普里去了一趟。他在那里只住了两天。当然,卡普里之行并没有同波格丹诺夫的哲学观点调和。后来,伊里奇回忆说,当时他对波格丹诺夫、巴扎罗夫说:我们不得不分手两三年。高尔基的夫人玛丽亚·费多罗夫娜微笑着提醒伊里奇客气些。

那次会见的人很多,很吵闹、忙乱。有的人在下棋,有的人去荡舟闲游。不知怎的伊里奇很少谈到他的这次旅行。他多半只谈海怎样美丽,那里的酒怎样,而对在卡普里发生的头痛的问题却谈得很少,因为这对他是很不愉快的。

伊里奇又钻研哲学了。

一九〇八年夏天,弗拉基米尔·伊里奇在给当时住在敖德萨的《前进报》的同事、一九〇五年革命时一起工作的同志沃罗夫斯基的信中,这样说明了当时的处境:

“亲爱的朋友:谢谢你的来信。你的两点‘怀疑’都不对。我并不是着急,但是我们的处境困难,眼看要和波格丹诺夫分裂了。真正的原因是在几次学术讲演中(绝不是因编辑工作)尖锐地批评了他的哲学观点,他生气了。现在波格丹诺夫在收罗各种分歧。他同阿列克辛斯基一起把抵制问题捅出来了,阿列克辛斯基爱恣意胡闹,我原来就不得不同他断绝了一切关系。

他们把分裂建筑在经验一元论—抵制主义的基础上。事情发展很快。在最近一次代表会议上不可避免地要发生争吵。完全有可能分裂。只要‘左的’真正的‘抵制主义’的路线获得胜利,我就退出派别。我请您来,是认为您快些来会有助于事情的缓和。我们还是十分指望您在公历8月来参加代表会议。一定要设法到国外来。全体布尔什维克的旅费由我们寄去。对地方提出的口号是:委托书只发给地方工作人员,而且只发给真正的工作人员。恳请您为我们的报纸写稿。现在我们能付稿酬并且将准时付给。

握您的手!

有没有哪个出版人愿意出版我将要写成的一本哲学著作?"①

这个时期,布尔什维克有了巩固的物质基础。

莫罗佐夫的外甥、莫斯科普列斯尼亚家具工厂的厂主、二十三岁的尼古拉·巴甫洛维奇·施米特,一九〇五年完全转到工人方面来了,并且成了布尔什维克。他出钱支持《新生活报》,购买武器,他和工人接近,成了工人们的亲密朋友。警察把施米特的工厂叫作"魔鬼的巢穴"。在莫斯科起义时,这个工厂起了巨大的作用。尼古拉·巴甫洛维奇被捕了,狱警在狱中千方百计地折磨他,押着他去看了他的工厂的遭遇,去看了被打死的工人,然后就在监狱里把他杀害了。临死前,他告诉狱外同志说,他把自己的财产交给布尔什维克。

尼古拉·巴甫洛维奇的妹妹伊丽莎白·巴甫洛芙娜·施米特,也决定把从哥哥那里继承过来的、她应得的一分财产交给布尔什维克。但是她还没有成年,为了使她能随意支配继承的遗产,只好让她假结婚。伊丽莎白·巴甫洛芙娜嫁给了伊格纳切夫同志,他在一个战斗组织中工作,但可以公开活动。伊丽莎白·巴甫洛芙娜既被当作他的妻子,她就可以在取得丈夫的同意后来支配遗产了,但他们的结婚是假的。伊丽莎白·巴甫洛芙娜是另一位布尔什维克维克多·塔拉图塔的妻子。假结婚可以立即得到遗产,遗产全部交给了布尔什维克。所以伊里奇很有把握地说:《无产者报》将支付稿费,并将寄给代表们旅费。

夏天,维克多·塔拉图塔来到日内瓦,开始帮助进行经济工作,并以中央委员会国外局书记的身份和国外其他中心联络。

逐渐和俄国建立了联系,开始通信了,但是我仍然有很多空闲的时间。

---

① 见《列宁全集》第45卷,人民出版社2017年版,第198—199页。

我感到还得长期住在国外,于是决定认真地学习法文,以便参加当地社会民主党的工作。我入了日内瓦大学为教法文的外国教师举办的夏季法文学习班。在学习班我注意观察了外国教师们,我不仅学习了法文,而且学会了瑞士人那种认真、紧张、勤恳的工作作风。

伊里奇写哲学著作累了的时候,就拿起我的法语语法、语言史和研究法语特点等方面的书,躺在床上一看就是几个小时,直至读到由于哲学争论而紧张的神经安静为止。

我也研究了日内瓦教育事业的组织。我第一次懂得了资产阶级的"国民"学校是什么。我看到在那些有着明亮的大窗子的漂亮房子里,怎样把工人的孩子培养成顺从的奴隶。我在同一个教室里看到教师怎样殴打工人的孩子,打他们耳光,而对富人的孩子备加爱护,怎样窒息孩子的独立思想,要他们死啃书本,从头到尾给他们灌输向势力和金钱屈服的思想。我从来也没想到在一个民主国家里会有这类事情。我把自己看到的详细地告诉伊里奇。他非常专注地听着。

第一次侨居国外是一九〇五年以前,伊里奇观察国外生活,主要是注意工人运动,他特别感兴趣的是工人集会、示威游行等。一九〇一年伊里奇出国之前,我们俄国没有这样的工人集会和示威游行。现在,一九〇五年革命之后,在经历了俄国工人运动的巨大高潮之后,在经过了各党派斗争之后,在有了杜马的经验之后,特别是产生了工人代表苏维埃之后,伊里奇除了对工人运动的形式感兴趣以外,他对下列问题也特别感兴趣:资产阶级民主共和国实质上是什么东西;工人群众在资产阶级民主共和国里的作用如何;在资产阶级共和国里工人的影响多大;其他党派的影响多大。

一个瑞士代表谈到关于谢马什柯被捕的问题时说,他们的共和国已存在几百年了,它不能允许破坏私有制;我记得伊里奇会用半惊奇半鄙视的声调复述他的话。

"为民主共和国而斗争",这是当时我们纲领中的一项。现在伊里奇特别清楚地看到,资产阶级民主共和国虽然比沙皇政府精巧,但它毫无疑问地终究是奴役劳动群众的工具。民主共和国中的政权组织,不遗余力地促使全部生活浸透资产阶级精神。

如果不经历一九〇五年革命,如果不经历第二次侨居国外的生活,我想伊里奇是写不出《国家与革命》一书来的。

哲学问题上已经展开的争论要求迅速出版伊里奇开始写的那本哲学著作①。伊里奇需要的几种材料在日内瓦找不到,而且侨居生活的吵吵闹闹的气氛又很妨碍他的工作,因此,伊里奇到伦敦去了,以便在不列颠博物馆工作,并写完已开始的著作。

伊里奇不在日内瓦时,卢那察尔斯基宣布举行讲演会。英诺森在会上也发了言。伊里奇给他寄来了提纲,英诺森又作了一些修改。演说之前,他很激动,整天坐在我们这里,翻阅书籍,作摘录。他的演说很成功,他代表自己和列宁声明,布尔什维主义和波格丹诺夫的哲学派别(经验一元论)没有任何共同之点,他和列宁是辩证唯物主义的拥护者,是赞成普列汉诺夫的。

虽然报告是由卢那察尔斯基作的,但在报告会上,经验批判主义的主要维护者是波格丹诺夫,他特别激烈地攻击了英诺。他很了解英诺森,他知道英诺森赞成在哲学战线上进行公开的直接的斗争,他知道英诺有革命荣誉感,所以他反驳英诺森的时候,就拼命打击这种感情。谈到报告人时他说:"骑士戴着玫瑰花冠出来了,但人家却从背后给了他一击。"当然这种攻击并没有使英诺惊慌。他对刚从伦敦回来的伊里奇详细地叙述了这次讲演会的情形。

伊里奇对伦敦之行非常满意,他搜集到了所需要的材料,并对这些材料

---

① 指《唯物主义和经验批判主义》,载《列宁全集》第18卷。——编者注

进行了详细的研究。

列宁回来不久,八月二十四日召开了中央全会。中央全会决定迅速召开党代表会议。英诺森回到俄国去进行代表会议的筹备工作。在这时候,包括很多孟什维克在内的取消派的路线已明显地出现和确定了。取消派企图取消党,取消党的秘密组织。在他们看来,党的秘密组织只能导致失败;他们要坚持进行合法活动的方针,并且仅仅是在工会和各种团体内进行的合法活动。在反动势力嚣张的情况下,这就是完全放弃任何革命活动,放弃领导,退出一切阵地。另一方面,布尔什维克队伍中的最后通牒派和召回派又走到另一个极端:他们不仅反对参加杜马,而且反对参加各种文化教育团体,反对参加俱乐部工作,反对参加学校、公开的工会和保险社。他们完全放弃了广泛的群众工作,放弃了对群众的领导。

英诺森和伊里奇两人不止一次地谈论过党的领导(为此,必须不惜任何代价保存秘密机构)与广泛的群众工作相结合的必要性。党代表会议的准备工作提到日程上来了。应当在选举代表会议代表的基础上进行广泛的鼓动工作,以反对右的和左的取消派。

为了实现这一切,英诺回俄国去了。他到了彼得堡,在那里组织了中央委员会五人小组的工作。五人小组中除他之外,还有梅什柯夫斯基(戈尔登贝格)、孟什维克勃罗伊多、崩得的代表、拉脱维亚的代表。英诺组织了常务局,参加常务局的有果鲁布克夫,他后来成了中央委员会常务局出席党代表会议的代表。英诺本人未能参加一九〇八年十二月召开的代表会议:在代表会议召开前约两星期,他准备好动身到国外来,但在华沙车站被捕,被流放到沃洛格达省。

关于英诺森到俄国去的消息,原来警察已经知道得一清二楚。毫无疑问,日托米尔斯基把英诺森到俄国去的消息通知了警察局。此外,英诺森组织的中央委员会常务局吸收了第二届国家杜马的代表谢罗夫的妻子柳霞参加工作。这个柳霞不久就被发现是个奸细。

伊里奇在九月里写完了自己的哲学著作，那时英诺森已回到俄国。但过了很久，直到一九〇九年五月，这本书才出版。

我们已经决定在日内瓦定居了。

我的母亲来了，于是我们安了一个家——租了一所不大的房子，开始操持家务。表面上生活似乎已经上了轨道。玛丽亚·伊里尼奇娜也由俄国来了，另外还来了几个同志。我记得正在研究合作社问题的斯克雷普尼克也来了。我会作为一个翻译和斯克雷普尼克一同去访问瑞士代表西格（极端的机会主义者）；斯克雷普尼克同志和他谈合作社问题，没有谈几句话，因为他们两人对合作社问题各有不同的见解。斯克雷普尼克以革命者的观点来对待这个问题，而西格却把合作社看作不过是办得很好的"商人的店铺"。

季诺维也夫和利林娜也从俄国来了。他们生了一个儿子，忙于家务。加米涅夫一家也搬来了。离开彼得堡之后，大家在这个小小的、充满小市民习气的、平静的湖滨——日内瓦过得很厌烦。想搬到一个大的中心去。孟什维克、社会革命党人早已搬到了巴黎。伊里奇犹豫不决，因为日内瓦的生活费用低，进行研究工作较好。最后利亚多夫和日托米尔斯基由巴黎来了，他们劝说伊里奇去巴黎。他们提出了各种理由：第一，将来可以参加法国的运动；第二，巴黎是个大城市，那里的监视会少些。第二个理由说服了伊里奇。深秋时，我们迁到了巴黎。

在巴黎度过了侨居生活时期最艰苦的年代。伊里奇经常怀着沉重的心情回忆这几年。后来他不止一次地说过："什么魔鬼把我们带到巴黎去了！"不是魔鬼，而是在侨居生活的中心展开保卫马克思主义、保卫列宁主义、保卫党的斗争的需要把我们带到了巴黎。在反动年代，巴黎正是这样的中心。

巴　黎

一九○九——一九一○年

十二月中旬我们动身到巴黎。二十一日要在巴黎和孟什维克一起举行党代表会议。列宁的全部思想都集中体现在这次代表会议上。应当正确估计时局,保卫党的路线,使党仍然是无产阶级的党,仍然是无产阶级的先锋队,甚至在最困难的时刻也能不脱离最广大的居民阶层,不脱离群众,并帮助他们克服一切困难,组织起来进行新的战斗。必须给取消派以回击。那时与俄国组织的联系很差,因此,会议不能指望俄国组织的特别支持(从俄国派来参加代表会议的只有两个莫斯科人:从乌拉尔来的巴图林和第二天从彼得堡来的第三届杜马的代表波列塔耶夫)。召回派分子已单独地组织起来,他们非常嚣张。代表会议开幕前,孟什维克在巴塞尔召开了他们的国外组织的代表大会。在这个代表大会上通过了一系列分裂性的决议。空气很紧张。

弗拉基米尔·伊里奇心不在焉地看着我们在新居忙着安排家务:他已顾不上这些了。我们租的房子在城郊,紧靠城墙,在靠近奥尔良大街的博尼埃街上,离蒙苏里公园不远。房子很大,很光亮,甚至壁炉上边都安装有镜子(这是新房子的特点)。我母亲住一个房间,刚来到巴黎的玛丽亚·伊里尼奇娜住一个房间,我和伊里奇住一个房间,另一间作为会客室。但这相当华丽的住宅与我们的生活方式及我们由日内瓦运来的"家具"非常不相称。看门人以非常轻视的眼光瞧了瞧我们的白色桌子、普通的椅子和方凳。我们的"会客室"里只有两把椅子,一张小桌子,非常不舒适。

在家务方面,我马上就遇到了许多麻烦。在日内瓦安排一切家务简单得多,而在这里却很麻烦:必须使用瓦斯,而为了弄到一张瓦斯使用证,不得不到市中心去跑三次。法国的官僚主义是骇人听闻的。要到市立图书馆借一本书,必须有房东作保;房东因为我们的陈设简陋而不敢给我们作保。最初一个时期家务很忙乱。我不是一个好主妇,不过弗拉基米尔·伊里奇和英诺不同意这种说法,而习惯于处理真正家务的人都用批评的眼光看我这种简单的处理方法。

在巴黎的生活非常热闹。当时流亡者从各地集中到巴黎。这一年,伊里奇很少在家。我们的人常常在咖啡馆坐到深夜。最常去咖啡馆的是塔拉图塔,别人有时也去去。

在十二月召开的党代表会议上,经过了激烈的争论,毕竟制定了共同的路线。《社会民主党人报》应当成为共同的机关报。在代表会议之后召开的全会上选出了《社会民主党人报》的新编辑部:列宁、季诺维也夫、加米涅夫、马尔托夫、马尔赫列夫斯基。一年之内只出版了九号。马尔托夫在新编辑部中是孤立的,他常常忘掉自己的孟什维主义。我记得有一次弗拉基米尔·伊里奇满意地说:和马尔托夫在一起工作很好,他是一个少有的、天才的新闻工作者。但这是在唐恩没有来到之前。

至于布尔什维克内部的情况,同召回派的关系越来越紧张了。召回派极为顽固。二月底和他们的关系最后破裂了。

在此以前,与波格丹诺夫及波格丹诺夫分子携手工作了三年,不是在一起进行普通的工作,而是进行共同的斗争。共同的斗争最可能使人亲近。伊里奇还有一个特点,就是他善于用自己的思想吸引人,用自己的热情感染人,同时善于发掘别人身上的优点,从他们身上吸取旁人吸取不到的东西。在一起工作过的每个同志身上都似乎有伊里奇的一小部分,因此,他使人们感到非常亲近。激烈的内部斗争非常耗费精力。我记得有一次伊里奇和召回派分子谈话后回家,面色如土,甚至连舌头都有些黑了。我们决定让他到尼斯去休息一个星期,远远离开纠纷,到那里去晒晒太阳。他去了,恢复过来了。

在巴黎从事研究工作是很不方便的。国立图书馆很远。弗拉基米尔·伊里奇一般是骑自行车到图书馆去,但是,在巴黎这样的城市骑自行车不同于在日内瓦郊区,这里骑车要紧张得多。这样骑车伊里奇感到非常疲劳。午休时间,图书馆停止开放。借阅几本需要的书籍,手续也非常麻烦。伊里奇大骂国立图书馆,顺便也骂巴黎。我给一位法国教授(这位教授夏季曾在日内瓦法文学习班教过课)写了一封信,请他另外介绍几个好图书馆。不久我收到了回信,信上提供了需要的全部情况。伊里奇走遍了他所介绍的几个图书馆,可是没有一个合适的。后来,他的自行车竟被人偷去了。他每次都把自行车放在国立图书馆旁边一座房子的台阶上,付给看门人十个生丁,但有一次来取车的时候,车子不见了。看门人说他并不负责看车子,只是允许把车子放在台阶上。

在巴黎和巴黎近郊骑自行车要特别小心。有一次伊里奇在去秀维斯的路上,被汽车撞了,幸亏他从车上跳了下来,可是自行车完全轧坏了。

从索利维切戈茨克逃出来的英诺来到了巴黎。日托米尔斯基殷勤地邀请英诺到他家去住。英诺当时病得很重:在流放途中上了脚镣,脚镣把他的脚磨坏了,因此脚受了伤。我们的医生检查了英诺森的脚,天南地北地说了一大套。伊里奇去请法国教授杜布歇,他是一位有名的外科医生。一九〇五年俄国革命时,他在敖德萨当过医生。伊里奇和娜塔莎·果普涅尔一起去请杜布歇,娜塔莎是在敖德萨认识这位医生的。杜布歇听说我们的医生同志说英诺的脚如何严重,他笑起来了:"你们的医生同志是优秀的革命家,但作为医生来说,他们是驴子!"伊里奇笑得眼泪都流出来了,后来,他常常重复这句评语。不过英诺还是不得不长期治疗他的脚。

英诺的到来使伊里奇非常高兴,他们两人为普列汉诺夫很坚决地与取消派划清界限而感到高兴。普列汉诺夫声明说,他早在一九〇八年十二月取消派把持《社会民主党人呼声报》编辑部时就已声明退出，后来他撤回了这个声明，但是他和取消派的关系始终是紧张的。一九〇九年孟什维克的文集《二十世纪初叶俄国的社会运动》第一卷出版（在这本文集中发表了波特列索夫的一篇文章，他在文章中否认了无产阶级在资产阶级民主革命中的领导作用）之后，普列汉诺夫终于在五月二十六日退出了《呼声报》编辑部。伊里奇和英诺都希望能够继续与普列汉诺夫合作。老一辈马克思主义者对普列汉诺夫所抱的感情是较年轻一代的人所没有体验过的，因为普列汉诺夫在老一辈马克思主义者生活中曾起过决定性的作用。

伊里奇和英诺非常关心哲学战线上的斗争。他们认为哲学是斗争的武器，它与用辩证唯物主义观点估计各种现象问题有着有机的联系，与各个方面的实际斗争问题有着有机的联系。伊里奇往俄国给安娜·伊里尼奇娜写信，催促她快些出版他的哲学著作。决定召开《无产者报》编辑部扩大会议，预定在这次会议上也与召回派最后划清界限。弗拉基米尔·伊里奇五月二十六日给姐姐安娜·伊里尼奇娜写信说：“我们这里的事情很不妙，大概要出现 Spaltung（分裂）；过一个月或一个半月再告诉你确实的消息。”①

五月里，伊里奇的《唯物主义和经验批判主义》一书出版了。书中一切都发挥得淋漓尽致。伊里奇认为哲学问题与反宗教问题有着不可分割的联系。因此，伊里奇五月里在“无产者”俱乐部以“宗教与工人政党”为题作了报告，给《无产者报》第四十五号写了《论工人政党对宗教的态度》一文，给《社会民主党人报》第六号写了《各阶级和各政党对宗教和教会的态度》一文。这些文章，特别是《无产者报》上发表的那篇文章，至今仍有很大的意义。这些文章十分强调宗教的阶级性，指出宗教在资产阶级手中是使群众放弃阶级斗争、模糊群众意识的工具。对这条战线不能采取消极的不管的

---

① 见《列宁全集》第53卷，人民出版社2017年版，第346页。

态度,不能估计不足。但对待这一问题不能简单化,应当揭露宗教的社会根源,看到这一问题的全部复杂性。

伊里奇早在十五岁的少年时就懂得宗教的害处。他丢掉了十字架,不再到教堂去。在当时这样做,并不像现在这样简单。

列宁认为巧妙的宗教特别有害,这种宗教去掉了任何人都能显然看出的各种蠢笨的东西,去掉了外表的奴隶形式。这种巧妙的宗教会产生更大的影响。他认为企图臆造一种新宗教、新信仰的造神派,就是这样的巧妙的宗教。

六月里,出席《无产者报》扩大编辑部会议的代表已开始陆续报到。《无产者报》扩大编辑部实际上是布尔什维克的中心,当时还有前进派参加。

在英诺森领导下的俄国中央委员会常务局工作过的党的工作者果鲁布克夫(达维多夫)从莫斯科来了,他在一九〇八年出席过巴黎党代表会议。舒利亚蒂科夫(顿那特)也来了;杜马代表舒尔卡诺夫(后来才发现他是奸细)也到了,他不是来参加会议的。我们依照法国的习惯请他们到咖啡馆去。舒尔卡诺夫一杯接着一杯地喝着啤酒,舒利亚蒂科夫也喝。但舒利亚蒂科夫是不能喝酒的,他患着遗传性的酒精中毒。啤酒引起了他剧烈的神经痉挛。他走出咖啡馆,突然举起手杖扑向舒尔卡诺夫。英诺森和果鲁布克夫好容易才把他制住了。他们把他送到我们家里。我看守着他;他们去请医生,并给他找一间在城外的住房。在谢马什柯和弗拉基米尔斯基住的芳丹涅-奥-罗兹找到一间房子。

我陪着病人舒利亚蒂科夫在我们空空的会客室里坐了一两个小时。他神经质地乱蹦乱跳,他说他看到了被绞死的妹妹。我不得不安慰他,引开他的思想,握着他的手。一松开他的手,他就要乱蹦乱跳。好容易才等到来接他的英诺森和果鲁布克夫。

参加《无产者报》扩大编辑部会议的有编委列宁、季诺维也夫、加米涅夫、波格丹诺夫,有布尔什维克地方组织的代表托姆斯基(彼得堡)、舒利亚蒂科夫(莫斯科)、纳科里亚科夫(乌拉尔),有中央委员英诺森、李可夫、戈尔登贝格、塔拉图塔和马拉(尚采尔)。此外,还有斯克雷普尼克(舒尔)、柳比莫夫(佐梅尔,又名马尔克)、波列塔耶夫(第三届国家杜马代表)、果鲁布克夫(达维多夫),也出席了会议。扩大编辑部会议从七月四日到十三日举行。

会议通过了关于召回派和最后通牒派的决议,通过了维护党的统一、反对召开专门的布尔什维克代表大会的决议。特别提出了卡普里党校问题。波格丹诺夫清楚地看到,布尔什维克内部必然分裂,于是他预先网罗和组织了自己的派别。波格丹诺夫、阿列克辛斯基、高尔基和卢那察尔斯基在卡普里组织了社会民主党工人宣传员高级党校。学校的学生是工人米哈伊拉·维洛诺夫在俄国挑选的坚强可靠的人。他们来到这里学习。经过革命之后,工人们特别感到理论修养的必要性,而且现在正是短兵相接的斗争静息下来的时候。他们是来学习的,但任何一个有经验的党的工作者都非常清楚,卡普里党校乃是给新的派别奠定基础。《无产者报》扩大编辑部会议指责了这种新派别的组织。波格丹诺夫声明自己不服从会议的决议,因而被开除出了布尔什维克派。克拉辛起来维护他。布尔什维克内部分裂了。

春天,还在《无产者报》扩大编辑部会议召开之前,玛丽亚·伊里尼奇娜患了重病。伊里奇非常焦急。但总算及时地控制住了病情,动了手术。手术是由杜布歇医生做的。然而,健康恢复得很慢,需要到巴黎之外的空气新鲜的大自然环境中去疗养。

会议耗费了伊里奇不少精力,会议之后,他也需要到一个没有流亡者争吵的自然环境中去住一个时期。

伊里奇开始翻阅法国报纸,寻找廉价公寓的广告。在塞纳-马恩省博姆邦村找到了一个公寓,四个人住一天只要付十个法郎。一切都很方便。我们在那里住了将近一个月。

在博姆邦村伊里奇没有进行工作,我们尽力避免谈论问题。我们散步,几乎每天都骑自行车到十五公里远的克拉马尔森林去。也注意观察法国的风俗。我们住的公寓里住着各种小职员,住着某大时装店的一个女售货员和她的丈夫及女儿,还住着一个伯爵的侍仆,等等。注意观察这些浸透着小资产阶级心理的小市民,是很有趣的。这些人一方面极其讲究实际,要求饭菜丰盛,一切安排得都很舒适;另一方面他们都想装成真正的绅士。特别典型的是拉古列特太太(人们这样称呼那个女售货员),她显然是个饱经世故的人,喜欢说一些双关语的笑话,同时梦想着如何带领女儿玛尔塔去赴圣餐,这又如何动人,等等。当然,众多的小市民是令人讨厌的。幸好我们可以单独地按照自己的生活方式来生活。总的来说,伊里奇在博姆邦村休息的不错。

秋天,我们搬了家,搬到同一地区的叫玛丽-罗斯的一条僻静的胡同里,两间房子,一个厨房,窗子正对着一个花园。现在厨房变成了我们的"会客室",一切真诚的谈话都在这里进行。从秋天起,弗拉基米尔·伊里奇满怀工作热情。他定了他自己所说的"规矩",早晨八点起床,到国立图书馆去,下午两点钟回家。在家里继续工作很久。我极力使他少接见客人。我们经常有很多客人来,挤得水泄不通,特别是当时,由于俄国的反动势力嚣张和艰苦的工作条件,俄侨迅速增多了。刚从俄国来的人们兴奋地谈论着那里发生的事情;后来不知怎么他们很快都颓丧起来了。侨居生活、就业和日常琐事的操劳,使他们变得庸俗了。

秋天,卡普里党校的学生邀请伊里奇去讲演。伊里奇断然地拒绝了,同时向他们说明了党校的派别性,并叫他们到巴黎来。卡普里党校内部发生了派别斗争。十一月初,卡普里党校有五个学生(总共是十二个学生),还有党校的组织者维洛诺夫,成了坚定的列宁分子,被学校开除了。这一事实最好地说明了列宁指出学校的派别性是多么正确。被开除的学生来到了巴黎。我记得与维洛诺夫初次会面的情形。他开始谈到他在叶卡特林诺斯拉夫时的工作。从前有一位工人经常从叶卡特林诺斯拉夫给我们写通讯,署名是"米沙·查沃得斯基"。通讯写得很好,都是有关党和工厂生活中的最迫切的问题的。"你认识米沙·查沃得斯基吗?"我问维洛诺夫。"那就是我呀!"他回答说。这马上让伊里奇对维洛诺夫好感倍增。当天他们谈了很长时间。那天晚上,伊里奇给高尔基写信说:"亲爱的阿列克谢·马克西莫维奇:我一直深信您和米哈伊拉同志是新派别的最坚决的分子,要想同这样的派别分子友好地交谈简直是不可思议的。今天第一次见到米哈伊拉同志,和他倾心地谈到各种问题,谈到您,我发现我完全错了。真的,哲学家黑格尔说得对:矛盾推动生活前进,而活的矛盾要比人的理智对它的最初感觉更丰富、更多种多样、更富有内容。过去我只是把学校看做新派别的中心。原来这种认识并不正确,这不是说学校不是新派别的中心(学校是这样的中心,现在仍然是这样的中心),而是说这种说法不全面,没有说出全部真相。主观上有些人把学校变成了这样的中心,客观上它也是这样的中心,但是除此以外,学校还从真正的工人环境中吸收了真正先进的工人。

无论如何俄国会铸造出一个优异的革命的社会民主党,而且会比有时从可诅咒的侨居处境所设想的更快,可靠性也比从某些外部表现和个别情节出发所设想的更大。米哈伊拉这样的人就是这种保证。"①

和米哈伊拉一起来的还有卡普里学校的五个学生。其中特别积极和耿直的是"瓦尼亚·加查涅茨"(潘克拉托夫),他反对卡普里党校的情绪比其他的人都激烈。另外还有柳什文(帕霍姆)、科兹列夫(托马斯)、乌斯廷诺

---

① 见《列宁全集》第45卷,人民出版社2017年版,第274—275页。

夫(瓦西里)、罗曼诺夫(阿利亚·阿列克辛斯基)。伊里奇非常热心地给学生们作了报告。学生们都回俄国去了。米哈伊拉患有肺结核病,这是他在尼古拉耶夫犯人劳动大队时感染上的,在那里他受到各种酷刑的折磨。我们把米哈伊拉安置在达沃斯。他在那里住了不久,一九一〇年五月一日就去世了。

十二月底,其他学生在卡普里党校毕业之后也来到巴黎,伊里奇也给他们作了报告。他对他们谈了时局、斯托雷平的改革及其对"有势力的"农民的方针、无产阶级的领导作用、杜马党团,等等。据科兹列夫(他是当时的学生之一)说,卡普里党校的学生中有人起初企图责难伊里奇,说他现在把国家杜马工作置于在军队中的鼓动工作之上。伊里奇笑了笑,并开始谈到杜马工作的重要性。当然,他一点也没有想到需要在某种程度内削弱在军队中的工作,但他认为军队工作必须尽量秘密地进行。这件工作需要的不是空谈,而是实际去做。恰好当时收到土伦"光荣"号巡洋舰上社会民主党海员小组的一封信,他们需要书籍,特别是需要一个能够帮助他们在海员中进行革命工作的人。伊里奇给他们派去了一位非常熟悉秘密工作条件的同志,这位同志就定居在土伦了。这件事伊里奇当然没有对学生们透露一个字。

伊里奇在关心俄国的同时,也很注意研究法国的工人运动。当时法国的社会党是彻头彻尾的机会主义的党。例如,一九〇九年春天发生了邮递员大罢工。全市都轰动了,而党却站在一边,说这是工会的事,不是他们的事情。我们俄国人对这种分工,对一个党这样自行拒绝参加经济斗争,感到非常惊讶。

伊里奇特别注意观察竞选运动。在竞选运动中,一切都沉没在个人的纠纷和互相攻讦里,政治问题被摆在次要的地位。政治生活中的迫切问题,几乎完全没有加以讨论。只有某些集会是有意思的。有一次大会上我看到饶勒斯,看到他对群众的巨大影响,但我不喜欢他的演说——他太过于斟酌字句了。对瓦扬的演说,我比较感兴趣。他是老公社社员,特别受工人爱戴。我记得一个身材高大的工人,刚下班,袖子还卷着,就聚精会神地在倾听瓦扬的讲演。"你看,我们的老头,他是怎样说的!"——他喊着。两位少年——这个工人的儿子,也以同样的赞美的心情注视着瓦扬。但是饶勒斯和瓦扬并不是到处去讲演的。一般的演说家则是到处发表演说,为了迎合听众的心理,在工人听众中讲一套,在知识分子中讲的又是一套。参加法国的竞选大会使我们清楚地看到了"民主共和国"的选举是怎么一回事。从旁看来,这简直令人惊奇。所以伊里奇很喜爱革命歌手讥笑选举运动的歌曲。我记得这样一首歌,歌词描写一位候选人如何去乡村争取选票,他和农民一块喝酒,对他们谈着各种无聊的话,于是喝得醉醺醺的农民就选举了他,并赞美地唱着:"T'as ben dit, mon ga!"(说的对呀,小伙子!)候选人得到农民的选票之后,开始领取一万五千法郎的议员薪俸,并在众议院出卖了农民的利益。

法国众议院议员、社会党人仲马有一次到我们这儿来,说他在选举前走遍了各个乡村。我们自然而然地想起了一些歌手来。其中最有名的歌手是蒙台居斯,他是一位公社社员的儿子,是郊区(工人区)的宠儿。他的歌曲中混杂着小资产阶级的温情和真正的革命性。

伊里奇很喜欢到城外剧院去观察工人群众。我记得,有一次我们去看戏,这个戏是描写在摩洛哥如何虐待被处罚的士兵的。观众的情绪是值得注意的:挤满剧院的工人对一切都很关心。戏还没有开演,整个剧院突然有节奏地喊起:"帽子! 帽子!"原来是一位太太戴着高高的带羽毛的时髦帽子走进了剧院。观众要求她脱帽,她不得不顺从地摘下帽子。开演了。剧中描写一个被征的士兵就要开到摩洛哥去,他的母亲和妹妹仍处在贫困的境地。房东提出,如果士兵的妹妹答应做他的姘妇,可以不向他们要房租。

全场各个角落响起了"畜生！狗东西！"的咒骂声。我已记不得剧中的详细情节了。剧中描写了在摩洛哥如何折磨不服从长官命令的士兵。最后以武装起义和唱国际歌收场。这个剧曾禁止在市中心上演，但它在巴黎的郊区却上演了，而且赢得了暴风雨般的掌声。一九一〇年，摩洛哥冒险事件引起了十万人的抗议游行。我们会去观看游行。游行是得到警察准许的。系有红围巾的社会党代表——议员们领导着这次游行。工人们挥动着拳头通过富人的住宅，有些人家都慌慌张张地关上了百叶窗，但是游行示威却进行得再和平不过了。这个游行不像是抗议示威游行。

弗拉基米尔·伊里奇通过沙尔·拉波波特与马克思的女婿拉法格取得了联系，他是一位久经考验的战士，伊里奇特别重视他的意见。拉法格和他的妻子(马克思的女儿劳拉)住在离巴黎二十至二十五俄里的德拉维里。他们已不直接工作。记得有一次我和伊里奇骑自行车到拉法格家里去。拉法格夫妇非常热情地招待我们。弗拉基米尔对拉法格谈起了自己的哲学著作；劳拉带我到公园去散步。我很激动，因为在我面前站着的就是马克思的女儿啊！我目不转睛地望着她的脸，情不自禁地从她的脸上寻找着马克思的特点。我在窘困中结结巴巴地谈到妇女参加革命运动，谈到俄国，她回答着，但是我们并没有真正地谈起来。我们回到屋里的时候，拉法格和伊里奇在谈论哲学。劳拉说起她的丈夫："他很快就会证明他的哲学信念是多么真诚"，他们两人有些奇怪地互相看了看。一九一一年我得到拉法格夫妇去世的消息时，我才懂得了这句话和他们互相投送眼光的意思。他们死了，作为无神论者自杀了，因为年老和失去了斗争所必需的力量。

一九一〇年初召开了中央委员会扩大全会。早在《无产者报》编辑部扩大会议上就通过了维护党的统一、反对召开专门的布尔什维克代表大会的决议。伊里奇和团结在他周围的一批同志，在中央委员会全会上也贯彻了这一路线。在反动时期，一个敢于说出全部真理、即使是处在地下的党的存在,是非常重要的。这是反动势力进攻党的时期,是机会主义的自发势力泛滥的时期,是不惜一切牺牲坚持党的旗帜的极为重要的时期。取消派在俄国有强大的合法的机会主义中心。当时需要有一个党来反对它。

卡普里党校的经验表明,当时工人们的派别性常常是相对的、独特的。因此,重要的是要有一个统一的党中央,来团结一切社会民主党的工人群众。一九一〇年,为了保卫党的存在,为了通过党来影响工人群众,进行了斗争。弗拉基米尔·伊里奇相信在党内布尔什维克将是大多数,党终究会走布尔什维克的道路的,但这应当是一个党,而不是一个派别。一九一一年,在巴黎郊区办党校的时候,伊里奇也执行了这条路线。前进派和孟什维克护党分子都参加了党校。一九一二年在布拉格党代表会议上也贯彻了这一路线。不是执行布尔什维克路线的派别,而是执行布尔什维克路线的党。当然,在这个党内,取消派是没有地位的,为了与他们进行斗争而积聚了力量。那些预先决定不服从党的决议的人,在这个党内当然是没有地位的。可是维护党的斗争在许多同志那里变成了调和主义,忽略了联合的目的,庸俗地力求联合一切人,不管他们为什么而斗争。甚至完全拥护伊里奇观点的英诺森,也认为基本的问题是联合孟什维克护党分子、普列汉诺夫分子;他由于热切地希望达到保存党的目的,而沾染上了调和主义的观点。伊里奇纠正了他的错误。

一般说来,大家一致地通过了决议。以为调和派分子会简单地投票选举伊里奇,而伊里奇会放弃自己的立场,这样想是很可笑的。全会开了三个星期。伊里奇认为丝毫不能放弃原则性的立场,而在组织问题方面作最大限度的让步。布尔什维克的机关报《无产者报》停办了。剩下的一些五百卢布一张的钞票也烧掉了。布尔什维克的经费交给了所谓"保管人"——三个德国同志——考茨基、梅林和蔡特金,目的是要他们把这些钱用在全党的事业上。如果党内发生分裂,剩下的钱应归还给布尔什维克。加米涅夫被派到维也纳去做布尔什维克在托洛茨基的《真理报》里面的代表。弗拉基米尔·伊里奇在给安娜·伊里尼奇娜的信里写道："最近我们这里的情况非常'激烈',但是最后决定争取同孟什维克讲和,事情就是这样,虽然看来非常奇怪。我们停办了派别机关报,并试图更有力地推动统一。"①

英诺和诺根到俄国去组织俄国的(即在俄国工作的)中央委员会。诺根是个调和派分子,他希望把各种流派都联合起来,他的这种言论在布尔什维克当中受到了回击。英诺采取了另一条路线,可是在俄国并非在国外,在俄国每句话都有人注意,他的话都用诺根的意思来解释,这一点是所有的非布尔什维克所最希望的。林多夫和米柳亭被选入中央委员会。英诺不久就被捕了。林多夫坚持着诺根的观点,工作很不积极。一九一〇年,俄国中央委员会的工作坏到了极点。

国外的工作同样糟糕。马尔克(柳比莫夫)和列瓦(弗拉基米罗夫)是"一般调和派分子",他们常常受那些关于布尔什维克爱闹意气和不忠诚的胡说的影响。这种胡说,马尔克听到的特别多,因为他参加了联合的中央国外局,那里面有各个派别的代表。

前进派分子在继续组织力量。阿列克辛斯基小组有一次闯进了布尔什维克小组在奥尔良大街咖啡馆里召集的会议。阿列克辛斯基蛮横无理地坐在桌子前面,要求发言,而当他的要求被拒绝的时候,他就吹一声口哨,随他而来的前进派分子向我们的人扑来。我们布尔什维克小组的人阿布拉姆·斯科夫诺和伊萨克·克里沃伊本来要迎上前去,可是,尼古拉·瓦西里也维奇·萨波日科夫(库兹涅佐夫)这个可怕的大力士,在一个腋下挟住了阿布拉姆,在另一个腋下挟住了伊萨克。长于打架的咖啡馆老板把这场风波给平息了。架算是没有打成。可是在这场风波以后很久,伊里奇几乎整夜都

---

① 见《列宁全集》第53卷,人民出版社2017年版,第364页。

在巴黎的街道上漫步，而回到家里后直到第二天早晨也不能睡着。

一九一〇年四月十一日伊里奇给高尔基的信上写道："这样一来'笑话'便在统一中占了优势，提升到了首要地位，为窃笑和奚落等等提供了好材料。……

处在这种'笑话'、这种纠纷和吵闹、麻烦和'积怨'的包围中是难受的，看到这些也同样是难受的；但是不能让感情支配自己。今天的侨民生涯比革命前要痛苦 100 倍。侨民生涯和争吵是分不开的。

争论即将停止，它的 9/10 将留在国外。它只不过是一个附属物。而党和社会民主主义运动则突破现时的重重困难而不断向前发展。社会民主党正在坚决地继续清除它的危险'倾向'，清除取消主义和召回主义；这种清除工作在统一条件下比以前有了很大的进展。

没有亲眼看到和经历过 80 年代末 90 年代初新的社会民主主义运动成长的困难的人，在看到这种困难成长的情形时内心是如何沉重，我是能够想象得到的。当时这样的社会民主党人只有几十个人，甚至只有几个人。而今日却数以百计千计。因此危机频临。但是，整个来说，社会民主党在公开克服这些危机，而且一定能正直地克服这些危机。"①

人们力求避开纠纷。例如，洛佐夫斯基专心致志地参加法国工会运动去了。我们也希望更加接近法国的工人运动。我们以为住在法国党员的集居地区可以帮助我们达到这个目的。这个地区在海滨，离波尔尼克这个小镇不远，位于有名的旺代省。我和妈妈先去。但是我们未能在这个地区居住。法国人很孤僻，各家互不来往，对俄国人的态度不知怎么不甚友好，特别是这个地区的住房管理负责人。我跟一个法国女教师比较接近。那里几乎没有工人。前进派分子科斯季齐恩夫妇和萨武什卡，不久也到这里来了，

---

① 见《列宁全集》第45卷，人民出版社 2017 年版，第 192、316 页。

他们马上就跟这个地区房屋管理负责人争吵起来。于是大家决定到波尔尼克去共同起伙。我和妈妈在关卡巡守员那里租了两个小房间。伊里奇不久就来了。他常洗海水浴，常骑脚踏车——他很爱海和海风；他愉快地跟科斯季齐恩夫妇聊天，非常喜欢吃房东给我们捉来的螃蟹。一般说来，他很同情房东一家。胖身材、高嗓门的女房东——一个洗衣妇，时常讲述她跟教士的斗争。房东有个小儿子在非宗教的学校读书；因为这孩子学习很好，是个聪明伶俐的小孩，所以教士们千方百计地想说服他的妈妈把他送到修道院去学习，答应给他津贴。愤怒的洗衣妇谈到她怎样撵走了来找她的那个教士：她生儿子的目的不是为了把儿子变成一个卑鄙的耶稣会教徒。伊里奇因此不断夸奖螃蟹好吃。伊里奇八月一日到波尔尼克，二十六日便到哥本哈根去出席国际社会党执行局的会议和国际代表大会。伊里奇在描述这次国际代表大会的工作时写道："同修正主义者的分歧已经露出苗头，但是修正主义者要提出独立的纲领还为时尚早。同修正主义者的斗争往后推了，但是这场斗争不可避免地将要到来。"①出席代表大会的俄国代表人数很多，共有二十名：十名社会民主党人，七名社会革命党人，三名工会代表。社会民主党人中有各派的代表：列宁、季诺维也夫、加米涅夫、普列汉诺夫、瓦尔斯基、马尔托夫、马尔丁诺夫；有发言权的代表有托洛茨基、卢那察尔斯基、柯伦泰等人。来宾很多。在代表大会开会期间举行了一次有列宁、普列汉诺夫、季诺维也夫、加米涅夫、第三届杜马代表波列塔耶夫和波克罗夫斯基参加的会议。会议上决定出版国外的通俗机关报《工人报》。普列汉诺夫虽然玩弄手腕，但终究为创刊号写了一篇论文《我们的形势》。

在哥本哈根代表大会之后，伊里奇到斯德哥尔摩去探望他的母亲和妹妹玛丽亚·伊里尼奇娜，他在那里逗留了十天。这是他最后一次看见他的

① 见《列宁全集》第19卷，人民出版社2017年版，第348页。

母亲,他已预见到这一点,因此他以忧郁的目光送着离去的轮船。七年之后,——一九一七年他回到俄国的时候,他的母亲已与世长辞了。

返回巴黎之后,伊里奇说,在代表大会上他有机会能同卢那察尔斯基作长谈。伊里奇一直很欣赏卢那察尔斯基和他的才华。但是不久在《Peuple》①上登出了卢那察尔斯基的论文《我们党内的策略派别》,这篇论文是从召回派的观点阐述一切问题的。伊里奇看完这篇论文,没有作声,后来在一篇文章中作了回答。代表大会的其他参加者也对那篇论文作了评论。托洛茨基就国际代表大会问题在《Vorwärts》(《前进报》)上发表了一篇匿名的短文,多方攻击布尔什维克,吹嘘自己的维也纳《真理报》。代表大会的代表普列汉诺夫、列宁、瓦尔斯基对《Vorwärts》发表这篇文章表示了抗议。早在一九○三年第二次代表大会之前,托洛茨基一到国外,普列汉诺夫就对他(王德威尔得所领导的比利时社会民主党的机关刊物。——编者注)抱有敌意。第二次代表大会之前,他们很激烈地争论过通俗报纸的问题。在哥本哈根代表大会上,普列汉诺夫无条件地签名反对托洛茨基的演说,而托洛茨基就发动了一个运动来反对查尔什维克创办的《工人报》,宣布《工人报》是一个狭隘的派别机关报,并在维也纳俱乐部里就这个问题作了报告;加米涅夫为此退出了托洛茨基的《真理报》编辑部,他是一月全会之后被派到那里去工作的。以马尔克为首的巴黎的调和派分子,在托洛茨基的攻击影响之下,由于害怕派别活动也发起了一个反对《工人报》的运动。伊里奇不能容忍模棱两可的无原则的调和,不能容忍同所有的人、同随便什么人调和,因为这种调和等于在炽热的斗争中放弃阵地。

一九一○年《新时代》第五十期上登出了托洛茨基的文章《俄国社会民主党的发展趋势》,第五十一期上刊登了马尔托夫的论文《普鲁士的争论与

---

① 王德威尔得所领导的比利时社会民主党的机关刊物。——编者注

俄国的经验》。弗拉基米尔·伊里奇写了一篇题名为《俄国党内斗争的历史意义》的文章来回答他们,可是《新时代》的编辑考茨基和武尔姆拒绝刊登列宁的文章。马尔赫列夫斯基(卡尔斯基)先写信和弗拉基米尔·伊里奇商量以后,著文回答了托洛茨基和马尔托夫。

一九○八年初由于带着一箱炸药而在柏林被捕的卡莫同志,于一九一一年到巴黎来找我们了。他坐了一年半多的德国监狱,他假装疯癫,后来在一九○九年十月被移交俄国,被放逐到第比利斯,他在那里的麦捷赫堡又坐了一年零四个月的监狱。人家认为他是一个没有希望的精神病患者,就把他转送到米哈伊洛夫精神病院;他从那里逃了出来,偷偷地藏在货舱里来到巴黎找伊里奇谈话。他因伊里奇和波格丹诺夫、克拉辛之间的分裂而非常苦恼。他过去和这三个人都有密切的联系。此外,他还不能很好地了解在他坐监狱的年代里所形成的局势。伊里奇给他谈了当时的情况。

卡莫要我给他买杏仁吃。他坐在我们巴黎的兼作会客室的厨房里,像在他的家乡一样,吃起杏仁来,讲述着在柏林被捕的情形,讲述着装疯的那几年的情形,讲述着他在监狱里饲养的一只驯顺的麻雀。伊里奇听着他的讲述,感到非常怜惜这个奋不顾身的勇敢的人,这个像孩子般天真的,有一颗火热的心、立志建树丰功伟绩的人,从监狱里逃出之后,不知道该着手哪项工作。他的工作计划都是空幻的。伊里奇没有予以反驳,而是谨慎地竭力使卡莫脚踏实地,告诉他必须组织输送工作,等等。终于决定要卡莫到比利时去,在那里给他的眼睛动手术(他是个斜眼,暗探们根据这个特征,立刻就能认出他),然后由海路到南俄,再去高加索。伊里奇看着卡莫的大衣问道:"你有暖和的大衣吗? 你穿着这件大衣在甲板上散步会冷的。"伊里奇乘轮船的时候,自己是不倦地在甲板上走来走去的。当他知道卡莫再没有别的大衣的时候,他就把自己的那件绵软的灰色斗篷给了卡莫,这件斗篷是他的母亲在斯德哥尔摩的时候送给他的,伊里奇也特别喜欢这件斗篷。

跟伊里奇的谈话以及伊里奇对卡莫的爱护,使卡莫得到了一些安慰。后来,在内战时期,卡莫找着了自己的"岗位",重新创造出英雄主义的奇迹。的确,过渡到新经济政策的时候,他又脱轨了,他老是谈着必须学习,同时又幻想着树立各种功勋。他是在伊里奇最后一次害病期间死的。他骑着自行车往第比利斯去,在维里伊斯基斜坡上撞到汽车上,被撞死了。

伊涅萨·阿尔曼德于一九一〇年从布鲁塞尔来到巴黎,并且立刻就成了我们巴黎组织的一个积极分子,她同谢马什柯和勃里特曼(卡扎科夫)一起被选入巴黎组织的主席团,同时和国外的其他组织进行着广泛的通信联系。她和她的两个小女儿、一个小儿子住在一起。她是一个非常热情的布尔什维克,因此我们巴黎的群众很快地就团聚在她的周围了。

一般说来,我们巴黎组织巩固了一些。在思想上开始团结一致了。只是很多人的生活太困苦了。工人还勉强过得去,而知识分子的境况却极困难。做工人并不是始终可能的。靠着侨民基金生活,长期在侨民食堂赊饭吃,也不是长久之计。我还记得几件生活困苦的事情。有个同志冒充油漆匠去做工,可是手艺并不是立刻就能学会的,只好常常换工作地方。他住在离侨民聚集地很远的工人区,以致饿得没有力气起不了床,他给我们写了一封信,让我们给他送些钱去,但不是直接去找他,而是把钱交给女门房。

尼古拉·瓦西里也维奇·萨波日科夫(库兹涅佐夫)的境况也很困难;他和他的妻子找着了工作——给某种陶器涂色,可是他们只能赚得几文钱,看得出来,这样一个健壮魁梧的大力士,饿得脸上渐渐地起了皱纹,虽然他从来没有抱怨过自己的境况。当时这样的事情很多。莫斯科起义的参加者普里加拉同志的情况,比所有的人更为艰难。他住在某工人村里,同志们也不大知道他。有一次他到我们这里来,兴奋地滔滔不绝地讲起一些莫名其妙的话来——讲起装得满满的一捆捆稻麦的车子,讲起站在车子上的美丽的姑娘,等等。显然,这个人发疯了。首先使人想到的是:这是饥饿所造成的。妈妈急忙给他做饭吃,神色黯然的伊里奇和普里加拉留在家里,而我就跑出去请一个熟悉的治精神病的大夫。大夫来了,同病人谈了话。后来大夫说,这是由于饥饿造成的严重的精神病,现在还不要紧,但当转为被迫害狂的时候,他就可能自杀,那时就应监视着他。可是我们连他的住址都不知道。勃里特曼送他回家,可是普里加拉在半路上就跑了。我们的人都着慌了——他失踪了。后来我们在塞纳河里找着了他的尸体,他的颈上和腿上都绑着石头——他自杀了。

如果要再在纠纷和侨居生活的气氛里住上两年的话,那真要伤透脑筋了。可是革命高潮的年代代替反动的年代了。

由于列夫·托尔斯泰的逝世而举行了游行。《明星报》第一号出版了。布尔什维克的《思想报》也在莫斯科开始出版了。伊里奇立刻活跃起来。他在一九一〇年十二月三十一日写的文章《游行示威开始了》充满了无穷尽的力量。这篇文章在结尾时号召说:"同志们,投入工作吧! 在一切地方建立组织,成立和巩固工人的社会民主党支部,开展经济和政治鼓动工作。在俄国第一次革命时期,无产阶级教会了人民群众进行争取自由的斗争,在第二次革命时期,它应当引导人民群众走向胜利!"①

①　见《列宁全集》第 20 卷,人民出版社 2017 年版,第 76 页。

新的革命高潮的年代

一九一一——一九一四年

巴　黎

一九一一——一九一二年

一九一〇年末在革命高潮的标志下过去了。这几年,即从一九一一年起直到一九一四年八月战争开始时止,每月都有工人运动的增长。但是这一运动的成长和一九〇五年以前的工人运动的成长所处的环境是不同的。它是在一九〇五年的革命经验的基础上成长的。无产阶级已经不是从前那样的了。它经历过许多事情——罢工时期、一系列的武装起义、大规模的群众运动,它经历过失败的年代。问题的关键就在这里,这鲜明地表现在各个方面。热情地深入蓬勃生活的伊里奇,善于解释工人讲出来的每句话的意义及其重要性,深刻地感觉到无产阶级的这一成长的实质。但是,另一方面,他也知道不仅仅是无产阶级变了,而且整个环境也不是从前那样的了,知识分子已变成另外一种样子。一九〇五年广大的知识分子阶层竭力支持过工人。而现在情形不同了。无产阶级所进行的斗争的性质已很明显。斗争将是残酷的、不调和的,无产阶级将要踢开它前进路上的一切绊脚石。不可能像自由资产阶级所想望的那样利用无产阶级去争取狭隘的宪法。无产阶级不允许建立狭隘的宪法。工人阶级将是领导者,而不是被领导者。斗争的条件也不同了。沙皇政府也从一九〇五年的革命中吸取了经验。现在它用一个完整的间谍网把整个工人组织包围起来。这已经不是过去那些可以躲开的、站在街角上的旧式暗探,而是窃取了党的重要位置的马林诺夫斯基分子、罗曼诺夫分子、勃连金斯基分子、切尔诺马佐夫分子。政府并不是盲目地进行监视和逮捕,而是经过深思熟虑的。

这样的局势是培养最标准的机会主义分子的真正温床。取消派分子取消党、取消工人阶级先锋队的方针,受到了广大知识分子阶层的支持。取消派分子像雨后春笋一样,到处出现。每个立宪民主党人都对秘密的党加以蔑视。当时不能不和他们进行激烈的斗争。斗争的条件双方是不同的。取消派分子在俄国有一个强有力的合法的中心,他们能够在群众中进行广泛的取消主义的宣传,而布尔什维克却要在当时地下的极其艰苦的情况下寸土必争。

一九一一年初,一方面突破了书报检查的阻碍,另一方面为巩固党的秘密组织进行了坚决的斗争。斗争是在一九一〇年一月全会建立起来的国外同盟的内部开始的。但是斗争很快地就超出了国外同盟的范围,而按着自己的道路进行了。

《明星报》在彼得堡出版了,《思想报》也在莫斯科出版了,这使伊里奇非常高兴。国外的秘密报纸往俄国运输的工作做得很不好,比一九〇五年以前时期差:国外和俄国遍地都是奸细,由于有这些奸细,秘密的交通线都被破坏了。因此,在俄国出版布尔什维克可以写文章的公开的报纸和杂志使伊里奇非常高兴。

弗·邦契-布鲁耶维奇(布尔什维克)、尼·约尔丹斯基(当时的普列汉诺夫分子)和伊·波克罗夫斯基(杜马党团的代表,同情布尔什维克)参加了《明星报》编辑部。《明星报》算是杜马党团的机关报。该报的第一号上刊登了普列汉诺夫的小品文。第一号并没有使弗拉基米尔·伊里奇很满意,他感觉有些晦涩。但他非常喜欢莫斯科的《思想报》第一号。

"完全是我们的,我非常喜欢它。"①——关于这个报纸,伊里奇这样写信告诉高尔基。伊里奇开始努力给《明星报》和《思想报》写稿。那时候出版公开的报纸并不容易。二月里在莫斯科逮捕了斯克沃尔佐夫-斯捷潘诺夫,而在彼得堡逮捕了邦契-布鲁耶维奇、同波列塔耶夫在一起工作的莉迪娅·米哈伊洛夫娜·克尼波维奇及其他等人。四月《思想报》被封了,六月作为杜马党团机关报的《明星报》出到第二十五号也停刊了,十一月才复刊(《明星报》第二十六号于十一月五日出版)。是的,《明星报》在当时已经确定不移的是布尔什维克的报纸了。在巴库也出版了布尔什维克的报纸《现代生活》。

七月,我们跟萨韦利也夫同志商谈在彼得堡出版公开的杂志——《启蒙》。但这个杂志在一九一一年末才创办成功。

弗拉基米尔·伊里奇极其关心这些刊物,并给它们撰稿。

至于和工人们的联系,我们起初想利用给卡普里党校工人上课的经验来对待波伦亚学校的学生,可是没有结果。

早在一九一〇年十一月,召回派分子就在意大利的波伦亚组织了一个学校;学生们邀请了许多人前去讲课,其中有唐恩、普列汉诺夫和列宁。弗拉基米尔·伊里奇拒绝了邀请并叫他们到巴黎来。可是由于有了卡普里的经验而聪明起来的前进派分子耍起滑头来,要求由中央国外局正式邀请(当时孟什维克在中央国外局里占优势),而波伦亚分子一到巴黎,便同抗拒列宁影响的旁听生一起要求自治。始终未能上课,于是中央国外局把来巴黎的人都派回俄国去了。

一九一一年春天,终于在巴黎的近郊成立了自己的党校。党校招收了

----

① 见《列宁全集》第46卷,人民出版社2017年版,第17页。

工人,以及孟什维克护党分子和前进派工人(召回派分子),但是这两种人都很少。

先到学校来的是彼得堡工人,其中有两个五金工人——别洛斯托茨基(弗拉基米尔)和格奥尔基(记不起他的姓了),一个前进派分子,一个女工薇拉·瓦西里耶娃。来的人都是在政治上开明的和进步的。第一天晚上,他们一来,伊里奇就把他们领到一个咖啡馆去吃晚饭,我现在还记得,伊里奇是多么热情地和他们畅谈了一整个晚上,打听彼得堡的情形,询问他们的工作;从来人的谈话里,伊里奇感觉到了工人运动高潮的征兆。谢马什柯暂时把他们安置在离自己家不远的巴黎近郊的芳丹涅-奥-罗兹住着,他们在那里阅读各种书籍,等着其余的学生前来。后来,又来了两个莫斯科人:一个是制革工人普里夏金,另一个是纺织工人,我记不起他的姓名了。彼得堡的工人很快地就和普里夏金要好起来。普里夏金是个非比寻常的工人,在此以前,他在俄国编辑过制革工人的秘密报纸《播种者》,他很会写文章,但他是个非常羞怯的人:一开口说话,他的手就激动得发抖。别洛斯托茨基爱嘲弄他,不过是很温和的、善意的。

在国内战争时期,普里夏金是巴尔瑙尔省工会理事会的主席,被高尔察克枪杀了。

可是,别洛斯托茨基对另一个莫斯科人——纺织工人,却完全是恶意的嘲笑。那个纺织工人虽然不怎么高明,却非常自信。他写诗,尽量想把自己表现得聪明些。我记得,有一次我到学校宿舍里去,在那里遇见了这个莫斯科人。他就把人们喊到一块儿来说:"密斯脱①克鲁普斯卡娅来了。"为了这个"密斯脱克鲁普斯卡娅",别洛斯多茨基把他嘲笑了一番。他们之间经常发生冲突。每次冲突的结果都是彼得堡工人坚持要求这个小伙子退学:

———————————

① 密斯脱(Mister)——英语"先生"的意思,只用于男性,不用于女性。——译者注。

"他什么也不懂,净瞎扯些嫖妓的事。"我们试着劝他们,说这小伙子可以学好,可是彼得堡工人坚持要把这个莫斯科人赶回去。我们只好暂时把他安置在德国工作。

我们决定把学校设立在离巴黎十五公里的龙寿姆村,这个地方没有住任何俄国人和避暑的人。龙寿姆是个顺着公路延伸的长条形的法国村子,每天夜里这条公路上运送食品的大车络绎不绝,这些食品是用去填满"巴黎的肚皮"的。龙寿姆有个不大的制革厂,周围都是田野和花园。搬家计划是这样的:学生们租几个房间,伊涅萨租一所房子。在这座房子里给学生们设立食堂。我们和季诺维也夫一家搬到龙寿姆住。我们就这样按着计划做了。卡嘉·玛查诺娃担负起了全部事务工作。她是一个工人的妻子,她的丈夫从前和马尔托夫一起在图鲁汉斯克流放过,后来又在乌拉尔做过秘密工作。卡嘉是个好主妇,又是个好同志。一切进行得有条不紊。那时搬进伊涅萨租的那座房子里去的有我们的旁听生:谢尔哥(奥尔忠尼启泽)、谢苗(施瓦尔茨)、扎哈尔(勃列斯拉夫)。谢尔哥才来到巴黎不久。在此以前,他在波斯住了一个时期,我记得那时我们和他进行过详尽的通信,向他解释伊里奇对待普列汉诺夫分子、取消派分子和前进派分子所采取的路线。我们经常同一些高加索的布尔什维克进行非常友好的通信联系。我们寄出去一封关于国外所进行的斗争的信,不知为什么好久没有得到回信。后来,有一次女看门人来说:"来了一个人,连一句法语也不会说,这一定是找你们的了。"我就到楼下去——有个高加索人模样的人站在那里,微笑着。原来是谢尔哥。从那时起,他就成了我们的一个最亲近的同志。谢苗·施瓦尔茨是我们早就认识的。我的母亲特别喜欢他,他在我母亲跟前有一次讲了他还是十九岁的青年人时装成醉汉第一次在工厂里散发传单的情形。他是尼古拉耶夫工厂的工人。和勃列斯拉夫我们也是从一九○五年那年起在彼得堡认识的,那时他在彼得堡的莫斯科区工作。

这样，伊涅萨的房子里住的全是自己人。我们住在村子的另一头，天天到公共食堂来吃午饭，在这里可以很好地和学生们聊天，向他们询问各种事情，并且可以经常讨论当前的工作。

我们向一个制革工人租了石砌的两层楼房（龙寿姆的房子都是石砌的）里的两个房间，因此我们能见到小企业里的工人的生活。天一亮他就去上工，傍晚时分精疲力竭地回来。他家的房子周围没有任何一块小园地。家里的人有时把椅子和桌子给他摆在街上，他就把疲倦的头低垂在劳累过度的双手上，久久地坐在那里。从没有一个同事到他家里来过。星期日他到耸立在我们斜对面的教堂里去做礼拜。教堂里的音乐吸引着他。教堂里的修女们用悦耳的歌喉唱着，她们唱贝多芬及其他音乐家的歌曲。显然，这是怎样吸引着这个制革工人，他过着多么沉重而没有光彩的生活啊！这不由得使人要把他同普里夏金比较一下，普里夏金的职业也是制革工人，他的生活也不见得轻松，可是他是个有觉悟的战士，是个同志们都喜欢的人。那个法国制革工人的妻子一清早就穿着木屐，拿着扫帚到邻近的城堡里去做工，她在那里做日工。家里剩下了一个小姑娘代替主妇工作，她整天在半明半暗的潮湿的屋里忙着家务，照顾着弟弟妹妹们。她也从没有一个女伴来找，平常只是忙于家务，节日到教堂去做礼拜。在这个制革工人的家里，从来没有一个人想过把现存制度改变一下是否好些的问题。这个制革工人认为，既然上帝降生了富翁和穷汉，那就该当如此。

季诺维也夫家给自己的三岁儿子雇的法国保姆，也抱着这种看法，每当小孩想钻到与龙寿姆村毗邻的城堡的公园里去的时候，她就对小孩说道："这不是我们有福享受的，这是老爷们才有福享受的。"当小孩煞有介事地重复着保姆的这句格言时，我们就对他大开玩笑。

学生们很快地都来齐了：尼古拉耶夫工厂的工人安德列耶夫，大概是在沃洛格达流放所里读完了一个独特的学习班（伊里奇戏称他是第一个学生），来自巴库的多加多夫（巴维尔）和肖马（谢姆科夫）。基辅来了两人：安德列·马林诺夫斯基和丘古林，他们是普列汉诺夫分子。后来发现安德列·马林诺夫斯基是个奸细。他除了美妙的歌喉外，没有什么出众的地方；当时他还完全是个年轻人，缺乏观察能力。他告诉我，他是怎样摆脱了监视来到巴黎的。他的话我感觉到不太真实，可是也并没有引起我特别的怀疑。丘古林自认为是普列汉诺夫分子。他是索尔莫夫工厂的工人，坐监很久，政治上非常进步，是个非常敏感的人。他很快就成了布尔什维克。从叶卡捷琳诺斯拉夫卡来了一个叫做萨瓦（捷文）的普列汉诺夫分子。我们给学生租房子的时候，说他们都是俄国的乡村教师。萨瓦来到龙寿姆的期间患着伤寒病。给他看病的那个法国大夫后来微笑着说：“你们有着一些多么奇怪的教师啊。”最使法国人惊奇的是，我们的“教师”常常赤着脚走路（那年夏天异常炎热）。

过了半年，捷文参加了布拉格的党代表会议，后来他长时期在布尔什维克的军队里进行战斗，直到他作为二十六个巴库政治委员之一被白匪军杀害时为止。

瓦西里（伊斯克良尼斯托夫）从伊万诺沃-沃兹涅先斯克来了。他学得很好，可是他的行为有些古怪，他回避一切人，把自己关在房间里，而且当他回俄国的时候，断然拒绝担负任何任务。他是个很能干的人。好多年以来都担负着要职。工厂都认为他“不可靠”而不录用他，他怎样也没能找到工作，于是他同他的妻子和两个孩子很久很久仅仅靠他的做纺织女工的妻子很少一点工钱过活。后来，我们才知道，伊斯克良尼斯托夫经受不起考验而成了奸细。开始经常喝得酩酊大醉。他在龙寿姆的时候没喝过酒。他从龙寿姆回去之后，忍耐不了，就自杀了。有一天晚上，他把他的妻子和孩子都赶出屋子去，生了炉子，堵塞了烟囱，第二天早晨，人们发现他已死了。他靠自己的“工作”得到了几文钱，大概是十几个卢布，他做了不到一年的奸细。

奥列格(普鲁赫尼亚克)是波兰人。曼采夫是功课进行到一半时来到龙寿姆的。

课程非常有系统地进行着。弗拉基米尔·伊里奇讲授政治经济学(三十讲)、土地问题(十讲)、社会主义的理论与实践(五讲)。伊涅萨主导政治经济学的课堂讨论工作。季诺维也夫和加米涅夫讲授党史,谢马什柯也教过两堂课。其他的教师如:梁赞诺夫讲授西欧工人运动史,沙尔·拉波波特讲授法国工人运动,斯切克洛夫和芬-叶诺塔耶夫斯基讲授国家法及预算,卢那察尔斯基讲授文学,斯坦尼斯拉夫·沃尔斯基讲授报纸编辑技术。

那时大家学习非常努力,非常专心。傍晚大家常常到田野里去,在那里唱歌,躺在草堆上面,纵谈各种事情。伊里奇有时也同他们一块儿去。

加米涅夫不在龙寿姆住,只是讲课的时候才来。那个时期他在写一本叫做《两个政党》的小册子。他常常和伊里奇讨论这本小册子。我记得他们躺在龙寿姆村后边的荒地的青草上,伊里奇对加米涅夫谈了自己的思想。伊里奇还给这本小册子作了序。

我必须常常到巴黎去跟人们见面,处理一些事情。为了避免大家到龙寿姆来,这样做是必要的。所有的学生都准备立即动身到俄国去参加工作。当时必须采取一些措施使他们居住在巴黎能稍稍秘密些。伊里奇很满意学校的工作。闲暇的时候,像平常一样,我和伊里奇骑着自行车出去玩,我们爬上山去,再走约十五公里到那里的一个飞机场去参观。这个飞机场非常偏僻,到这里来的人比到茹维兹飞机场去的人少得多。我们常常是唯一的参观者,因而伊里奇能够尽情地欣赏飞机的演习。

八月中旬,我们回到了巴黎。

一九一〇年一月间花了许多力气结成的各个派别的联合,很快地就瓦解了。随着俄国的实际工作任务的提出,共同进行工作的不可能越来越清楚了。实际工作的要求揭破了某些孟什维克用来掩盖自己的所谓党性的假面具。托洛茨基曾带着忠诚的假面具企图把取消派和前进派联合起来,现在他的"忠诚"的本质已经大白于天下了。当开始感到需要在俄国更好地组织起来以进行工作的时候,全部联合的勉强性马上就暴露出来了。还在一九一〇年十二月末的时候,列宁、季诺维也夫和加米涅夫就向中央国外局提出了必须在国外召开中央全会的申请。过了一个多月才得到答复:孟什维克把持的中央国外局拒绝了这个建议。关于这个问题的商谈,一直拖延到一九一一年五月底。显而易见,同中央国外局谈不出结果的。参加中央国外局的布尔什维克代表谢马什柯同志退出了中央国外局,于是布尔什维克就召集当时在国外的中央委员举行会议。一九一一年六月这样的中央委员有九个人。崩得分子约诺夫那时病了,其余的人到六月十日都来齐了。可是孟什维克分子哥列夫和崩得分子李伯尔退出了会议。其余的人讨论了最迫切的问题,讨论了召开党代表会议的问题,并决定了在俄国成立召开党代表会议的俄国组织委员会。八月派人到俄国去了——勃列斯拉夫(扎哈尔)到彼得堡和莫斯科去,谢苗·施瓦尔茨到乌拉尔和叶卡特林诺斯拉夫去,谢尔哥到南俄去。李可夫也去了,可是他到了之后马上就在街上被捕了。报纸上报道说,从李可夫身上搜出了许多地址。但事情并不像报上所说的那样。的确,与李可夫同时被捕的有许多布尔什维克,可是后来弄清楚:当时皮亚特尼茨基在那里担任运输工作,而李可夫在回俄国之前去过的莱比锡,我们的运输员勃连金斯基当时就住在那里,而后来知道,原来勃连金斯基是个奸细。是由他给李可夫把地址译成密码的,所以虽然在搜查李可夫的时候一无所获,但是所有的地址都被破获了。

在巴库举行了一个会议,这只是一个偶然未被破获的会议,因为会议的参加者、著名的巴库工作人员斯切潘·邵武勉和巴库的许多其他工作人员都被捕了。会议移到第比利斯举行,并在那里举行完毕。有五个组织的代表参加了会议;施瓦尔茨、谢尔哥及其他人都出席了这次会议。布尔什维克和普列汉诺夫分子的代表出席了这次会议。出席这次会议的还有后来发现是奸细的切尔诺马佐夫。但是俄国组织委员会完成了自己的工作,党的代表会议在一九一二年一月召开了。

巴黎的布尔什维克组织在一九一一年是个相当强大的组织。当时参加这个组织的有:谢马什柯、弗拉基米尔斯基、安东诺夫(勃里特曼)、库兹涅佐夫(萨波日科夫)、别连基弟兄(阿布拉姆及其兄弟格里沙)、伊涅萨、斯塔尔、娜塔莎·霍普纳尔、科特利亚连科、切尔诺夫(他的真姓我记不起了)、列宁、季诺维也夫、加米涅夫、利林娜、塔拉图塔、马尔克(柳比莫夫)、列瓦(弗拉基米罗夫)及其他同志。总共有四十余人。总的说来,这个组织同俄国保持着相当密切的联系,它有丰富的革命经验。同取消派分子和托洛茨基分子等人的斗争锻炼了这个组织。它对俄国的工作起了不小的作用,并且在法国人中间及广大的侨外工人群众中间进行了一些工作。侨外工人在巴黎是很多的。有一个时期,我想和斯塔尔同志在侨外的女工(制帽工、女缝纫工等)群众中进行工作。那时开了一连串的会议,但有些人对这一工作的估计不足,因而造成了阻碍。在每次会议上,总有人要"叫嚷"说:"为什么一定要召开妇女会议呢?"——这件工作就这样停顿了,虽然它也许起了某些好的作用。伊里奇认为这件工作是必不可少的。

九月底,弗拉基米尔·伊里奇到苏黎世去出席国际局会议。会议上讨论了莫尔肯布尔给德国社会民主党中央委员会的信,这封信上说,由于选举的关系,不应当因摩洛哥事件而明显地对殖民政策提出批评。罗莎·卢森堡把这封信在报上公布了。倍倍尔因此大怒。弗拉基米尔·伊里奇维护了罗莎。德国社会民主党的机会主义政策在这次会议上已经明显地暴露出来了。

伊里奇在他的这次旅行中,在瑞士作了许多次演说。

十月里,拉法格夫妇自杀了。拉法格夫妇的死给伊里奇留下了强烈的印象。我们回忆起我们到他们那里去的情形。伊里奇这样说:"如果不能继续为党工作,应当善于正视真理而像拉法格那样死去。"他想对着拉法格夫妇的遗体说,他们的工作并不是没有结果的,他们所开创的事业,无论与保尔·拉法格或是劳拉·拉法格都有如此密切关系的马克思的事业,在扩大着,在增长着,而且已经传播到遥远的亚洲去了。这时在中国恰巧掀起了群众性的革命运动浪潮。弗拉基米尔·伊里奇写了追悼的讲演稿子,伊涅萨把它译成了法文。我还记得在安葬时伊里奇代表俄国社会民主工党激动地发表演说的情形。

新年之前,布尔什维克召集了布尔什维克侨外组织的会议。虽然那时侨居生活使大家大伤脑筋,可是大家的情绪都很高。

一九一二年初

召开代表会议的准备工作在加紧进行。弗拉基米尔·伊里奇给国际社会党执行局捷克社会民主党代表涅美茨写信,商谈在布拉格举行代表会议事宜。布拉格有一个优点,就是那里没有俄国侨民,而且在第一次侨居国外时弗拉基米尔·伊里奇就熟悉了布拉格,那时他在布拉格的莫德拉切克家里住过一些时候。

我还记得与布拉格代表会议有关的两件事情(我自己没有出席这次代表会议)。一件是:从前的龙寿姆学校的学生、叶卡特林诺斯拉夫的代表萨瓦(捷文)和基辅的代表大卫(施瓦尔茨曼)以及好像还有谢尔哥之间的争论。直到如今我还记得萨瓦的激动的面孔。谈话的内容我现在记不清楚了,但萨瓦是个普列汉诺夫分子。普列汉诺夫没有出席代表会议。他在答复邀请他的信里写道:"你们代表会议的成员太清一色了,为了更符合党的统一的利益,我最好还是不参加。"他又以相应的方法挑动萨瓦,所以萨瓦在代表会议期间会按着普列汉诺夫的精神接连不断地提出抗议。大家都知道,后来萨瓦成为一个布尔什维克了。另一个普列汉诺夫分子大卫,他和布尔什维克的立场一致。谈话的情况我现在还记得,那时谈的问题是关于萨瓦去不去出席代表会议的问题。在龙寿姆的时候,萨瓦一直是个愉快而又很沉静的人,因此,他的激动使我非常惊讶。

另一件事情是:弗拉基米尔·伊里奇已经到布拉格去了。前往出席党代表会议的菲力浦(戈洛舍金)和勃连金斯基一起来了。勃连金斯基这个人,我只知道他的名字,他是做刊物运输工作的。他住在德文斯克。他的主要职责是把领到的秘密刊物转运给各地组织,主要是莫斯科。这时,菲利浦对勃连金斯基产生了怀疑。菲力浦的父亲和姊妹都住在德文斯克。菲力浦在出国之前曾顺便去看过父亲。勃连金斯基在菲力浦的妹妹那里租了一个房间。老头警告菲力浦说:这个人是靠不住的,他的行动有些奇怪,他生活铺张,挥霍金钱。在代表会议举行前两星期,勃连金斯基曾被捕过,过了几天就被释放了。他在监狱期间,有几个人到他这里来,这些人都被捕了;究竟是谁被捕了却不清楚。而且共同越境也引起了菲力浦的怀疑。菲力浦和勃连金斯基一起到我们家里来了,他们的到来使我很高兴;但是菲力浦意味深长地握了握我的手,并且向我使了使眼色,这样我就明白了他有一些关于勃连金斯基的事情要跟我谈谈。后来在走廊里他把他的怀疑告诉了我。我们约好,他先离开这里,过一会儿再面谈,现在我先同勃连金斯基谈谈,摸摸底细,然后再决定怎么办。

同勃连金斯基的谈话,是一次非常奇怪的谈话。我们接到了皮亚特尼茨①的通知,说刊物都妥善地转寄出去了,说刊物已寄到莫斯科,但莫斯科的同志却抱怨说,他们什么都没有收到。我就问勃连金斯基把刊物寄到什

① 皮亚特尼茨基。——编者注

么地址,转交给谁了,这时他惶惶不安起来,说他没有把刊物转交给组织,因为现在这样做是危险的,他把刊物交给了熟识的工人。我又追问那个工人姓什么。他显然地胡诌起来——他说那些人的住址不记得了。显而易见,他是在撒谎。我问起他的旅行的情形,我问了他某个城市(大概是雅罗斯拉夫里)的什么事;他说他不能到那里去,因为他曾经在那里被捕过。我问道:"为什么事被捕的?"他回答说:"因为犯了刑事罪。"我不禁愕然。越往下问,他就越答得牛头不对马嘴了。我就骗他说代表会议将在布列塔尼举行,而且伊里奇和季诺维也夫已经到那里去了。然后我又和菲力浦商妥,要他同格里哥里当夜就动身到布拉格去,而给勃连金斯基留个字条,说他到布列塔尼去了。我们就这样办了。接着我就到布尔策夫那里去了一趟,当时他专门做肃反工作。我告诉他:"有个无疑是奸细的人。"布尔采夫听完我的话,建议说:"把他送到我这里来吧。"没有什么必要把勃连金斯基送到布尔策夫那里去。后来,皮亚特尼茨基拍来了一个电报,他对勃连金斯基也发生了怀疑。他在电报中写道,不要让勃连金斯基参加代表会议;后来他又寄来一封详细的信。这样,勃连金斯基就没有出席代表会议。他没有再回俄国,沙皇政府用四万法郎在巴黎近郊给他买了一所别墅。

我很满意于使这个奸细未能破坏代表会议。但是我不知道,仍有两个奸细——罗曼·马林诺夫斯基和从前的卡普里党校学生罗曼诺夫(阿利亚·阿列克辛斯基)出席了布拉格代表会议。

布拉格代表会议是一九○九年以后召开得成功的、有俄国工作者参加的第一次党代表会议,在这次会议上切实地讨论了与俄国工作有关的问题,制定了进行这一工作的明确路线。会议通过了关于目前形势和党的任务的决议,关于第四届国家杜马的选举的决议,关于社会民主党杜马党团的决议,关于党的工作的性质及组织形式的决议,关于社会民主党在反饥饿斗争中的任务的决议,关于对杜马的工人国家保险法案的态度的决议,关于请愿运动的决议。

布拉格代表会议的成就是：在俄国工作问题上制定出明确的党的路线，确定了对实际工作的真正领导。

布拉格代表会议的巨大意义就在于此。会上选举了中央委员会，被选为中央委员的有列宁、季诺维也夫、奥尔忠尼启泽（谢尔哥）、施瓦尔茨曼（大卫）、戈洛舍金（菲力浦）、斯潘达梁①、马林诺夫斯基。还指定了候补委员，如果有人被捕时补缺。代表会议闭幕不久，斯大林和别洛斯托茨基（龙寿姆学校的学生）被补选为中央委员。那时在党中央内形成了统一，没有这样的统一就不可能在这种艰难的时期进行工作。毫无疑问，代表会议是向前迈进了一大步：消除了俄国工作的混乱现象。取消派分子和托洛茨基的滥施攻击，普列汉诺夫和崩得分子等人的花招，这一切虽然需要予以激烈的回击，需要揭露，可是这些争论的比重还是降低了，现在主要的注意中心转移到在俄国的工作上去了。马林诺夫斯基混进了中央是一个不幸。另一个不幸是：在代表会议之后在莱比锡同第三届杜马的代表——波列塔耶夫、舒尔卡诺夫——举行的会议，警察局了解得很清楚，原来舒尔卡诺夫也是个奸细。毫无疑问，虽然奸细杀害了党的工作人员，削弱了组织，但是，警察局

———————

① 苏廉·斯潘达梁是巴库的代表。代表会议之后，当伊里奇到柏林的时候，他也在柏林。他把伊里奇介绍给了他家的老朋友——沃斯基-约阿尼生，她曾帮助党做过许多工作。当时打算通过她同俄国进行通信联系。苏廉并没有坚持多久，四月底就传来了他被捕的消息。苏廉的父亲住在巴黎。我同伊里奇到他那里去，以便更详细地了解他儿子被捕时的情形。

苏廉的父亲是个病弱的老人，寂寞孤独地生活着，他没有钱，甚至连交房租的钱也没有，他的记性也坏了：他写信的时候，就会忘了写地址。伊里奇非常同情这个老人。而且从巴库来的消息也是不愉快的。苏廉在狱中的情形非常艰苦，没有人关怀他。我们回家以后，伊里奇立即给沃斯基写信，托她多多关怀斯潘达梁父子。伊里奇在信中谈到这位老人说："他的境遇是最悲惨的，甚至是绝望的。我们借给了他一些钱。可是我还决定给您写这封信。您也许在巴库和巴黎有认识斯潘达梁的熟人和朋友。您是否知道巴库有什么人我们可以写信给他谈谈关于苏廉的事情，并请他照顾苏廉？ 其次，如果您和苏廉有共同的朋友的话，照顾一下他的父亲是非常重要的……希望您尽力帮助斯潘达梁父子，并请来信谈谈。"——作者注

却无力阻挡工人运动的高涨;正确制定出来的党的路线把工人运动引导到正确的轨道上去,产生出一批又一批的新生力量。

伊里奇去莱比锡会晤波列塔耶夫和舒尔卡诺夫,然后从那里到了柏林。他到柏林是为了和"保管者"谈归还钱的问题,因为现在要进行工作特别需要钱。这时绍特曼到巴黎来了。他最近在芬兰工作。布拉格代表会议通过了决议,激烈地抨击了沙皇和第三届杜马对待芬兰的政策,并且着重指出了在反对沙皇制度及俄国反革命资产阶级的斗争中芬兰工人与俄国工人的任务是一致的。这个时期,我们的组织在芬兰秘密地进行着工作。有人在波罗的海舰队的水兵中间进行工作,而绍特曼来信说,芬兰已准备好起义,在我们部队中工作的秘密组织已做好战斗准备工作(预定先夺取斯维亚堡和喀琅施塔特要塞)。当时,伊里奇还没有回来。他一回来,就很感兴趣地向绍特曼问起组织的情况,这个组织本身就是一件意义重大的事情(拉希亚、沃罗比约夫、科克科在组织里工作),但是他指出,在当时的情况下,这种发动是不合时宜的。在这样的时刻举行起义,彼得堡的工人是否支持,是值得怀疑的。不久就弄明白了,事情没有到发动起义的地步:组织迅速地被破获了,很快地开始了大规模的逮捕,有五十二人因准备起义而被交付法庭审判。事情当然离起义还差得很远,可是四月中旬爆发的连纳事件以及各地的抗议罢工,显然地表明了:在这些年内,无产阶级已壮大起来,而且什么也没有忘掉;现在运动已经发展到更高阶段,已经形成了一种完全不同的工作环境。

伊里奇变成另一个人了,他立刻变成很少急躁,变成一个精力更集中的人,他更多地考虑着俄国工人运动所面临的任务。伊里奇的这种情绪,在他于五月初所写的论赫尔岑一文里可以说表露得最充分。这篇充满了伊里奇的热情的文章真是使人百读不厌,爱不释手。他写道:"我们纪念赫尔岑时,清楚地看到先后在俄国革命中活动的三代人物、三个阶级。起初是贵族和地主,十二月党人和赫尔岑。这些革命者的圈子是狭小的。他们同人民的距离非常远。但是,他们的事业没有落空。十二月党人唤醒了赫尔岑。赫尔岑开展了革命鼓动。

响应、扩大、巩固和加强了这种革命鼓动的,是平民知识分子革命家,从车尔尼雪夫斯基到'民意党'的英雄们。战士的圈子扩大了,他们同人民的联系密切起来了。赫尔岑称他们是'未来风暴中的年轻航海长'。但是,这还不是风暴本身。

风暴是群众自身的运动。无产阶级这个唯一彻底革命的阶级,起来领导群众了,并且第一次唤起了千百万农民进行公开的革命斗争。第一次风暴是在 1905 年。第二次风暴正在我们眼前开始扩展。"①

还在几个月前,弗拉基米尔·伊里奇有一次忧郁地对来到巴黎的安娜·伊里尼奇娜说:"我不知道能不能活到下一次的革命高潮",而现在他已经充分地感觉到了这增长着的风暴——群众自己的运动。

《真理报》创刊号出版以后,我们就准备往克拉科夫去;克拉科夫在许多方面要比巴黎方便得多。在对待警察的问题上要方便些。法国警察局千方百计地协助俄国警察局。但是,波兰警察局对待俄国警察局也像对待整个俄国政府一样,是采取敌视态度的。在克拉科夫可以放心:寄来的信不会被拆开检查,来的人不会受到监视。同时离俄国的边境又近,可以常常从俄国到这里来。寄往俄国的包裹和信件不会有任何耽搁。我们就急急忙忙地准备动身了。弗拉基米尔·伊里奇高兴起来了,他对留下来的同志们非常关心。我们的住所挤满了来来往往的人。

我记得那时库尔纳托夫斯基也来了。我们还是在舒申斯克村流放期中认识他的。那是他的第三次流放;他曾在苏黎世大学毕业,做过化学工程师,在米努萨附近的一个糖厂里工作。他返回俄国以后,很快地又跑到第比

----

① 见《列宁全集》第 21 卷,人民出版社 2017 年版,第 267 页。

利斯去了。他在麦捷赫城堡的监狱里蹲了两年,后来被流放到亚库特卡去,在路上他又卷入了"罗曼诺夫事件"①,所以在一九〇四年又被判处十二年苦役。一九〇五年他被赦免,组织了赤塔共和国②,被美列尔-扎柯美尔斯基③抓去,然后被转交到连宁坎普夫手里。他被判处死刑并被载上火车去陪刑。后来死刑改为无限期流放。一九〇六年,库尔纳托夫斯基侥幸得以从尼布楚逃亡到日本去。从那里他又转到澳大利亚。他在澳大利亚的时候,非常贫困,还做了一个时期的伐木工人,患了感冒,得了一种耳炎病,他的精力耗尽了。他好不容易来到了巴黎。

　　艰苦的遭遇使他非常疲惫。一九一〇年秋天,他来到以后,我和伊里奇就到医院去看他。那时他害着可怕的头痛病,非常痛苦。叶卡特林娜·伊万诺夫娜·奥库洛娃带着她的小女儿伊丽娜去拜访过他。奥库洛娃的女儿还用孩子的笔迹写了些字给库尔纳托夫斯基看,因为库尔纳托夫斯基当时已经半聋了。后来他好了一些。他落到调和派分子堆里去了,不知怎地他的言谈里也常常出现调和派的论调。从这以后,我们疏远了一个时期:那时大家都很紧张。但是,一九一一年的秋天,我到他那里去了一次,——他在蒙帕尔纳斯街租了一个小房间住着,——我把我们的报纸带给他,跟他讲了龙寿姆学校的情形,我们畅谈了很久。他已无条件地赞成中央委员会的路

---

　　①　"罗曼诺夫事件"是指一九〇四年根据当局的命令对亚库特省流放者进行的武装进攻,进攻的理由是流放者抗议行政当局对政治流放犯所施行的骇人听闻的压迫和横暴。二月十八日,抗议者被关在亚库特人罗曼诺夫的屋子里(因此这次抗议称为"罗曼诺夫抗议")。两边进行对射的时候,流放者马特拉霍夫同志中弹牺牲,三人受伤,士兵方面死去两人。三月七日,"罗曼诺夫分子"投降了。亚库特法庭审判了参与抗议者。五十五个受审者都被判处十二年苦役。——作者注

　　②　赤塔共和国,又称外贝加尔共和国,建立于一九〇五年年底赤塔铁路工厂工人实际夺取政权的时期。日俄战争结束之后,从中国东北回国的士兵们也参加了铁路工厂工人的运动。一月二十一日赤塔来了由连宁坎普夫将军率领的讨伐队,把这次运动血腥地镇压下去了。——作者注

　　③　美列尔-扎柯美尔斯基将军由于一九〇五——一九〇六年在波罗的海沿岸和在西伯利亚的讨伐行动而出名。——作者注

线了。伊里奇高兴起来,而且在后一时期常常到库尔纳托夫斯基那里去。库尔纳托夫斯基瞧着我们收拾行李,瞧着我母亲高兴地捆包着东西,他就说道:"有些人是有精力的呀!"一九一二年秋天,当我们已经到了克拉科夫的时候,库尔纳托夫斯基逝世了。

我们把我们的房子转租给一个波兰人——克拉科夫教堂唱诗班指挥。他接收这所带家具的房子时,紧追着问伊里奇一些家务事情:"鹅什么价钱?小牛肉什么价钱?"伊里奇不知道说什么:"鹅?? ……小牛肉?? ……"伊里奇对家务管的很少,就是我也说不出鹅值多少钱,小牛肉值多少钱,因为我们在巴黎这两样东西都没有吃过,而这位唱诗班指挥对马肉和凉拌菜的价钱却不感兴趣。

那时我们在巴黎的人,都怀着一个急于回到俄国去的愿望:伊涅萨、萨法罗夫等人都准备动身回俄国去。我们暂且只能靠近俄国一些。

克拉科夫
一九一二——一九一四年

我们在克拉科夫的侨居生活和在巴黎或瑞士的侨居生活不同。实质上,这是一种半侨居生活。在克拉科夫,我们几乎全神贯注地关心着俄国工作。同俄国很快就建立了最密切的联系。彼得堡的报纸出版后第三天就可以收到。这时《真理报》开始在俄国出版。弗拉基米尔·伊里奇写信给高尔基说:"俄国正出现的是革命的高潮,——不是别的什么高潮,而正是革命的高潮。而且我们办成了每日出版的《真理报》,顺便说一句,这全靠笨蛋们对之狂吠不已的那次(一月)代表会议。"①我们同《真理报》建立起了

---

① 见《列宁全集》第46卷,人民出版社2017年版,第145—146页。

极密切的联系。伊里奇几乎每天都给《真理报》撰写文章,寄信去,注视着《真理报》的工作,为它物色撰稿人。他想方设法请高尔基参加《真理报》工作。季诺维也夫和利林娜也经常给《真理报》撰稿,后者为报纸选择了有意义的国外材料。无论在巴黎或在瑞士,建立这种有计划的合作,都是不可想象的。同俄国,也很快地通起信来了。克拉科夫的同志们教会我们如何最秘密地组织这一工作。要紧的是信件不要盖上国外的邮戳,这样俄国警察当局便会少注意这些信件。从俄国到市场上来的农妇们,只要少许报酬,便把我们的信件带到俄国扔进邮箱中去。

约有四千名波兰侨民居住在克拉科夫。

我们来到克拉科夫时,巴哥茨基同志——波兰侨民、政治苦役犯——来迎接我们,他立刻负起照顾我们的责任,并且在生活问题和秘密工作问题上给予我们一切帮助。他教会我们怎样利用"护照"(一种通行证,俄国及加里西亚地方靠近国境地带的居民都用这种通行证通行)。"护照"只要用一点点钱就可以买到,而最主要的是这种通行证给我们这些不合法的人越过国境带来极大的方便。我们用这种"护照"把许多同志送过了国境。我们用这种方法送过瓦尔瓦拉·尼古拉耶夫娜·雅柯夫列娃。她在这以前,在流放地患了肺病,逃到国外来治疗,并且去看望住在德国的兄弟。归来时,她路过克拉科夫,因为需要商务通信和工作等问题。她平安无事地通过了国境。不久前我才知道,在越境时,宪兵们注意到了她带着大皮箱,并想查明她是不是到车票上所指明的地点去。但是车上的乘务员把此事预先警告了她,并且以一定的代价给她买了一张到华沙的车票,她就用这张车票安然无事地继续自己的旅行。我们用这种通行证还送过斯大林。当在国境上叫到持有"护照"者的姓名时,必须及时用波兰话答应一声"有"。我记得我是怎样尽力把这个妙诀教给同志们的。秘密越境的工作很快地也组织起来了。在俄国方面通过克雷连柯同志建立了秘密接头地点,他当时住在离国境不远的卢布林。秘密刊物也可以这样运送过去。必须说明，在克拉科夫，警察当局并没有施行任何监视，也不检查信件，而且与俄国警察当局全然没有什么联系。有一次我们证实了这一点。莫斯科的工人舒姆金同志，有一回到我们这儿来取刊物，他想用一种护胸（特别缝制的、嵌带刊物的背心）来运刊物。他是一个极善于进行秘密工作的人。在街上走路时，他把帽子遮到眼上。我们去参加群众大会，把他也带了去。但他不同我们一起走，认为这不合乎秘密工作的要求，而跟在我们后面，保持着一定的距离。他那种秘密工作的样子，引起了克拉科夫警察当局的注意。第二天，一个警官到我们家来询问，是否认识到我们这儿来的这个人，是否能为他担保。我们说能担保。舒姆金坚持他非要带着刊物回去不可；我们虽然劝阻过他，但他仍坚持自己的主张，并且也平安无事地通过国境回去了。

我们是在夏天来到的，巴哥茨基同志劝我们住在克拉科夫郊外一个叫做兹韦日涅茨的地方，我们在那里同季诺维也夫家住在一起。那里非常肮脏，但离维舍拉河很近，可以愉快地洗澡，而且在大约五公里远的地方有座叫"沃里斯基列斯"的绝妙的大森林，我时常同伊里奇骑着自行车到那儿去。秋天，我们迁居到城市另一端的重新翻造过的住宅区，巴哥茨基和季诺维也夫一家也迁来了。

伊里奇很喜欢克拉科夫，它很像俄国的地方。这是一个新的环境，没有侨居生活中的那种忙乱，因而稍微能使神经安静下来。伊里奇仔细地观察了克拉科夫的市民、贫民和劳动人民的生活细节。我也喜欢克拉科夫。早在童年，两岁到五岁的时候，我在波兰住过，在记忆中留下了些东西，我觉得院子里那些木制的露天走廊很可爱，它们使我想起从前我同波兰孩子和犹太孩子在梯阶上游戏的那些走廊；那些出售"拌有土豆的酸牛奶"的"小园子"（小花园），也使我觉得可爱。这一切也使我的母亲回忆起她的青年时代，而伊里奇则为冲出了巴黎的囚禁而高兴，他愉快地讲着笑话，赞赏着这里的"酸牛奶"和波兰"烧酒"。

我们当中,以利林娜的波兰语讲得最好;我的波兰语水平不高,小的时候记得一些,加上在西伯利亚和乌法时学的那点儿,马上就得在家事方面使用。经管家事要比在巴黎困难得多了。没有瓦斯,得烧炉子。我试着照巴黎的习惯到肉铺去买不带骨头的肉。卖肉的凝视着我理直气壮地说:"上帝创造了有骨头的牛,我怎么能卖不带骨头的肉?"星期一吃的面包,必须事先买好存起来,因为在星期天面包师们常常因隔夜喝醉了酒而要再喝点酒,因而面包店就停止营业,等等。必须学会讨价还价。有波兰人开的店铺,也有犹太人开的店铺。在犹太人开的店铺买东西,价钱可以便宜一半,但是要会讨价还价,要用走出铺子再转回去买等等方法,这样就要费许多时间。

犹太人住在特别的住宅区,穿着特别的服装。在医院里,等候大夫诊断的病人们,认真地争论着犹太儿童跟波兰儿童一样还是不一样,他们该诅咒还是不该诅咒。而一个犹太孩子就默默地坐在旁边,听着这场争论。波兰天主教士的权力在克拉科夫大得无边。教士们给因失火而无家可归的人、老妇、孤儿予以物质上的救济,女修道院替女仆寻找工作,并且保护女仆的权利,使她们不受雇主欺侮,在教堂做礼拜是闭塞和愚昧的居民的唯一娱乐。在加里西亚还牢牢地保持着农奴制的风俗,而天主教教堂则支持这种风俗。例如:戴着小帽子的贵妇人在市场上雇用女仆人,有十余名希望被雇去做女仆的农妇站在那里,都得去吻贵妇人的手;一切事情都要给小费,木匠或者马车夫得到小费以后,就跪下叩头。但是,在群众之中同时也存在着对老爷们的无比的仇恨。季诺维也夫夫妇给他们的孩子所雇的一个保姆,每天都上教堂去,被斋戒和祈祷折磨得简直面无血色。可是我有一次同她谈话的时候,她还是说她如何仇恨老爷;她在某个军官太太家里待过三年,这个太太同其他所有的贵族地主一样,每天睡到十一点钟,在床上喝咖啡,要女仆人给她穿衣服,提袜子;这个虔诚信神的保姆说,如果发生革命,她就要第一个拿着叉子去打死贵族地主们。农民和贫民的穷困和痛苦,在一切细节上都流露出来了,而且甚至比我们俄国当时的情形还严重得多。

在克拉科夫,弗拉基米尔·伊里奇会见了加涅茨基同志,他当时是波兰和立陶宛社会民主党的代表,出席过我们党的第二次代表大会以及其后的斯德哥尔摩代表大会和伦敦代表大会,他当时是由总部①派出的代表。从加涅茨基及其他波兰同志那里,弗拉基米尔·伊里奇了解了波兰社会民主党内发生分裂的详细情况。总部掀起了一次运动来反对受到整个华沙党组织拥护的华沙委员会。华沙委员会要求总部采取更有原则性的路线,对俄国社会民主工党党内事务采取明确的立场。总部解散了华沙委员会,并散布流言,说华沙委员会同密探局保持着联系。弗拉基米尔·伊里奇支持华沙委员会("分离派"),写文章为他们辩护,给国际社会党执行局写信,抗议总部的行为。华沙委员会同华沙及其他工人中心地区(罗兹等地)的群众有着巩固的联系。弗拉基米尔·伊里奇没有把"分离派"的事情看作是别人的事情,——这一事件是与当时非常尖锐的整个党内的斗争分不开的,因而弗拉基米尔·伊里奇不能置之不理。但是他的主要注意力仍然贯注在俄国的工作上面。

我们侨居国外的亲近的同志——萨法罗夫和伊涅萨从巴黎到彼得堡去为选举运动进行准备工作。他们用的是别人的护照。伊涅萨顺便到克拉科夫来看望我们,那时我们还住在兹韦日涅茨。她在我们那里住了两天,我们和她商妥了一切,把所有的地址和联系都给了她,她同伊里奇讨论了全部工作计划。伊涅萨必须顺道到住在离加里西亚边境不远的波兰的卢布林的克雷连柯处去,以便通过他安排来克拉科夫的同志们的越境事宜。通过伊涅

---

① 指波兰社会民主党中央委员会。——编者注

萨和萨法罗夫,我们很详尽地了解了彼得堡的工作情形。他们在那里接上了关系,进行了广泛的群众工作,向工人们宣传了布拉格代表会议的决议及党的当前任务。纳尔瓦区成了他们的根据地。恢复了彼得堡委员会,其后又成立了北方区域常务局。参加常务局的,除伊涅萨和萨法罗夫外,还有绍特曼及他的同志拉希亚和普拉夫金。在彼得堡对取消派进行了尖锐的斗争。北方区域常务局的工作,给选举铁路工人布尔什维克巴达耶夫为彼得堡代表打下了基础。取消派在彼得堡的工人群众中丧失了影响;工人们看到取消派不是进行革命斗争,而是站到改良主义的道路上去,实质上是在实行自由派的劳工政策的路线。必须同取消派进行不调和的斗争。因此,当《真理报》起初硬要从伊里奇的文章中删掉同取消派的争论部分的时候,弗拉基米尔·伊里奇非常激动。他给《真理报》写去了一些气愤的信。《真理报》后来才渐渐地参加了这一斗争。

彼得堡工人选民团的代表选举,定于九月十六日(星期日)举行。警察当局为对付选举进行了准备。十四日,伊涅萨和萨法罗夫被捕了。但是警察局还不知道逃出流放地的斯大林已于十二日来到这里。工人选民团的代表选举,取得了巨大的胜利,右派的候选人一名也没有选上,到处都通过了政治性的决议。

整个十月,一切注意力都被吸引到选举运动上了。由于传统和落后,在许多地方工人群众对选举漠不关心,没有重视起来;必须进行广泛的鼓动工作。不过社会民主党人仍然到处都当选为工人代表。各大工业中心工人选民团的选举,使布尔什维克取得了胜利。享有很高威信的工人党员当选了代表。参加杜马的布尔什维克代表虽然只有六名,而孟什维克有七名,但是,布尔什维克工人代表是一百万工人的代表,而孟什维克所代表的不足二十五万工人。此外,从一开始就使人感觉到布尔什维克代表们的巨大组织性和坚强的团结精神。十月十八日杜马的开会是在工人的示威游行和罢工声中进行的。布尔什维克代表们在杜马中不得不与孟什维克一起工作。然而，近来党内关系已经尖锐起来。

布拉格代表会议在一月举行。代表会议在组织布尔什维克力量方面起了巨大的作用。

一九一二年八月末，在托洛茨基的倡议和积极参加下，于维也纳召开了所谓党代表会议。这次代表会议是在联合一切社会民主党力量的口号下召开的；全然没有考虑到取消派和布尔什维克在所走的道路上的分歧，以及取消派的行为与党的路线有着多么深刻的矛盾。前进派分子也被邀参加了会议。可以预见到，代表会议具有极端取消主义的性质。团结在中央委员会周围的布尔什维克没有参加这次代表会议，甚至连孟什维克中的普列汉诺夫分子和布尔什维克中的调和派分子也拒绝参加，他们集结在国外出版的普列汉诺夫的杂志《护党报》的周围。波兰人也没有参加，而代表前进派来参加会议的阿列克辛斯基揭露了代表会议的成员是软弱无力的。绝大多数参加会议的人是国外侨居者，两名高加索的代表是高加索省常务局派出的，总之，所有的代表都是由狭隘的团体选出来的。代表会议的决议具有彻头彻尾的取消主义的性质。从选举纲领中，取消了建立民主共和国的口号，并以"重新审查第三届国家杜马的土地法"的口号代替了没收地主土地的口号。

主要报告人之一波里斯·戈尔德曼（哥列夫）竟说，旧的党已不存在，这次会议应成为"成立"党的会议。甚至阿列克辛斯基也提出了抗议。八月联盟同中央对抗，竭力贬低布拉格代表会议的决议。在联合社会民主党的力量的伪装下，实行了反对布尔什维克的联合。

俄国工人运动高涨起来了。选举显示了这一点。

选举以后，穆拉诺夫同志立刻到我们这里来了，他是秘密地越过国境来的。伊里奇竟惊叫起来。他对穆拉诺夫说："假如你出了事就糟糕了！你是代表，有不可侵犯之权，公开到这里来，也不能损害你丝毫。这样倒会惹出是非来。"穆拉诺夫谈了许多关于哈尔科夫选举的趣闻,谈了他的党务工作,谈了他怎样通过他的妻子散发传单,她怎样把传单带到市场去,等等。穆拉诺夫是个热衷于秘密工作的人,不知怎的他的脑子里容纳不下"代表的不可侵犯性"这一概念。伊里奇同他谈过当前在杜马内的工作以后,就催促他回去。后来代表们就公开地到这里来了。

十二月底和一月初同代表们举行了第一次会议。

头一个来的是马林诺夫斯基,他来的时候十分兴奋。起初,我很不喜欢他,两只眼睛使人觉得讨厌,他那种做作的狂傲态度也使人厌烦,但这种印象在第一次正经的谈话时就消失了。之后,彼得罗夫斯基和巴达耶夫也来了。代表们讲述了他们第一个月的工作情况,谈了他们对群众所进行的工作。我记得,巴达伊奇站在门口,挥着帽子说:"群众,要知道他们在这些年里成长起来了。"马林诺夫斯基给人留下了一个很进步的有威信的工人的印象。巴达耶夫和彼得罗夫斯基看来有些羞怯,但一眼就能看出他们是真正的可靠的无产者,是可以信赖的。在这次会议上拟定了工作计划,讨论了发动的性质,群众工作的性质,与党的工作及党的秘密活动保持极其密切的联系的必要性。会上决定由巴达耶夫负责保护《真理报》。那时,梅德韦捷夫同志同代表一起来了,他讲述了他印刷传单等工作的情形。伊里奇异常满意。他于一九一三年一月一日写信给高尔基说:"马林诺夫斯基、彼得罗夫斯基和巴达耶夫热烈地向您问好并致良好的祝愿。克拉科夫这个基地果然是一个有用的地方,我们迁来这里十分'合算'(从事业观点看)。"①

秋天,由于"列强"干涉巴尔干事件,充满了强烈的战争气息。国际社会党执行局在各地组织了群众抗议大会。克拉科夫也举行了这种大会。但是克拉科夫的这种抗议大会是相当特别的。与其说它是反对战争的抗议大

---

① 见《列宁全集》第46卷,人民出版社2017年版,第229页。

会,倒不如说是挑拨群众仇视俄国的群众大会。

国际社会党执行局决定于十一月十一——十二日在巴塞尔举行社会主义国际的非常代表大会。加米涅夫代表俄国社会民主工党中央委员会参加了巴塞尔代表大会。

刊载在《新时代》上的考茨基的文章引起了弗拉基米尔·伊里奇的愤慨,这篇文章是彻头彻尾的机会主义的,文章中说,如果工人起来组织反对战争的武装起义和罢工,那将是错误的。关于罢工在一九○五年革命中的组织作用,弗拉基米尔·伊里奇在当时已经写了许多文章。在考茨基的文章发表以后,他更详尽地在许多文章中阐明了这一问题。也像对工人群众的一切直接的积极行动一样,他对罢工也非常重视。

在巴塞尔代表大会前五年即一九○七年的斯图加特大会上,就已经研究过战争问题,而且根据革命的马克思主义精神解决了这一问题。在这五年中,机会主义散播的影响很广。考茨基的文章是这一点的鲜明例证。然而,在巴塞尔代表大会上,仍然一致通过了反战宣言,组织了人数众多的反战示威。只是在一九一四年,才表明了第二国际如何浸透了机会主义的病毒。

在克拉科夫时期,即在帝国主义大战爆发前的年代里,弗拉基米尔·伊里奇很注意民族问题。从年轻的时候起,他就憎恶一切民族压迫。马克思会说:对于一个民族来说,再没有比征服另一民族更为不幸的了。对于这句话,伊里奇感到极其亲切,极易理解。

战争迫近了,资产阶级的民族主义情绪增长起来,资产阶级千方百计地煽起民族仇恨。迫近的战争,带来了对弱小民族的压迫,引起对它们要求独立的运动的镇压。但是,战争将不可避免地——对于伊里奇来说这是无可怀疑的——会演变为起义,各被压迫民族将起来保卫自己的独立。这是它们的权利。早在一八九六年,伦敦国际代表大会就确定了这种权利。一九一二年末和一九一三年初,面临着迫近的战争,当时对民族自决权却估计不足,这引起了弗拉基米尔·伊里奇的激愤。八月联盟不仅没有把这个问题提到当前形势所要求的那种高度,不仅没有尖锐地强调这一问题,反而通过一个决议,硬把早在一九〇三年第二次党代表大会所争论过并且当时就否定了的民族文化自治①,说成是可以与民族自决权的纲领条款相容的。这是在民族问题上放弃阵地,把全部斗争仅仅限于争取文化的斗争,好像他们不明白文化与整个政治结构有着千丝万缕的联系。伊里奇认为这是极端机会主义。但是关于民族自决权的主要争论,是同波兰人进行的。他们——包括罗莎·卢森堡和"罗斯拉莫夫派"——硬说民族自决权并不等于分立权。伊里奇了解波兰人在民族自决权问题上的这种小心态度的根源。波兰群众中存在着对沙皇制度的仇视心理——这是每天在克拉科夫都能观察到的:有人追忆起他父亲的痛苦经历,在波兰起义时,他的父亲好容易才逃脱了绞刑架;有人回想起沙皇政权允许把猪放到墓地上去凌辱他的亲人的坟墓;等等。俄国沙皇制度不仅施行压迫,而且它的凌辱和蹂躏也是没有止境的。

　　战争迫近了,不仅黑帮民族主义增长了,不仅各宗主国资产阶级的沙文主义增长了,而且各被压迫民族获得解放的希望也增长起来了。波兰社会党日益梦想波兰的独立。波兰社会党——彻头彻尾的小资产阶级政党——日益增长的分立主义,引起了波兰社会民主党的忧虑不安,因此波兰社会民主党人就起来反对分立了。伊里奇会见过波兰社会党人,和他们的一个显要工作人员约德科谈过几次话,听过达申斯基的演说,所以他了解是什么东西引起波兰人的焦虑。他说:"但是不能只从波兰观点来看民族自决权的

––––––––––––––

　　① 民族文化自治的要求是一九〇五年崩得提出的,他们是这样提的:从国家和地方的及省的自治机关中取消与文化问题(国民教育等)有关的管理职能,并移交给有关的民族,由该民族全体成员按照普遍、平等、直接、秘密投票的方式所选出的地方和中央的特别机关管理。——作者注

问题!"

早在我们党的第二次代表大会时期发生的关于民族问题的争论,在一九一三——一九一四年战争爆发之前,特别尖锐地展开了,后来在一九一六年帝国主义大战正炽烈之际,也仍然继续着。伊里奇在这些争论中起着主导作用,他明确而坚定地提出问题,这些争论并没有白费。这些争论使我们党能够在建立了苏维埃社会主义共和国联盟(这个联盟里没有不平等的民族,没有对民族权利的任何限制)之后,正确地解决苏维埃国家范围内的民族问题。现在在我国,我们可以看见从前处在难以忍受的压迫之下的各民族的文化在迅速发展,可以看见在共同的社会主义建设中联合起来的苏联各民族的团结在日益加强。

然而,如果以为伊里奇在克拉科夫时期由于研究民族问题而忘记了对他一向非常重规的问题如农民问题的研究的话,那将是错误的。在克拉科夫时期,弗拉基米尔·伊里奇写了四十余篇关于农民问题的论文。伊里奇为杜马代表沙果夫写了一篇详尽的报告《论现政府的(一般的)土地政策问题》,为彼得罗夫斯基写了《谈谈农业部的预算问题》的报告;在克拉科夫,他根据对美国材料的研究,开始写作一部书:《关于农业中资本主义发展规律的新材料》。美国以统计资料的精确丰富著称。伊里奇这一著作的目的是要驳斥吉姆美尔(吉姆美尔是现在在破坏方面著名的苏汉诺夫的姓)的观点。弗拉基米尔·伊里奇写道:"吉姆美尔先生并不是偶尔在杂志上写点小文章的等闲之辈,而是代表俄国和欧洲社会思想界中最民主、最左的资产阶级派别的最有名的经济学家之一。唯其如此,吉姆美尔先生的观点就有可能——而在一部分非无产阶级居民阶层中则已经——广泛流传并产生影响。因为这不是他个人的观点,个人的错误,而是表述了用民主主义精心润色过的、用貌似社会主义的词句精心粉饰过的一般资产阶级观点。在资本主义社会的环境中,无论是只知走老路的御用教授,或是千百万小农中觉悟较高的小农,都最容易附和这种观点。

吉姆美尔先生所捍卫的资本主义社会中农业的非资本主义演进理论,实质上是绝大多数资产阶级教授、资产阶级民主派和世界工人运动中的机会主义者即最新的一种资产阶级民主派的理论。"①

在克拉科夫开始撰写的关于美国农业问题的小册子,于一九一五年写成,但直到一九一七年才出版。

八年以后即一九二三年,伊里奇已经卧病在床的时候,翻阅了苏汉诺夫关于革命的札记,并把对这些札记的意见口授成了一篇论文(《真理报》给这篇论文加的题目是《论我国革命》)。他在这篇论文中说道:"现在已经毫无疑问,我们基本上是胜利了。"②苏汉诺夫是不会懂得这一点的。伊里奇口授说:"这几天我翻阅了一下苏汉诺夫的革命札记。特别引人注目的是我国所有小资产阶级民主派也和第二国际全体英雄们一样迂腐。引人注目的是他们对过去的盲目模仿,至于他们非常怯懦,……就更不用说了。

他们都自称马克思主义者,但是对马克思主义的理解却迂腐到无以复加的程度。马克思主义中有决定意义的东西,即马克思主义的革命辩证法,他们一点也不理解。……

他们的一举一动都暴露出他们是些怯懦的改良主义者,唯恐离开资产阶级一步,更怕跟资产阶级决裂……"③其次,伊里奇说明帝国主义世界大战创造了这样的条件,即"特殊的环境把俄国卷入了西欧所有多少有些影响的国家也被卷入的帝国主义世界大战,其次使处于东方即将开始或部分已经开始的革命边缘的俄国,发展到有条件实现像马克思这样的'马克思主义者'在 1856 年谈到普鲁士时曾作为一种可能的前途提出来的'农民战

---

① 见《列宁全集》第 27 卷,人民出版社 2017 年版,第 149 页。
② 见《列宁全集》第 43 卷,人民出版社 2017 年版,第 376 页。
③ 见《列宁全集》第 43 卷,人民出版社 2017 年版,第 373—374 页。

争'同工人运动的联合"①。

又是八年过去了。伊里奇已逝世了。苏汉诺夫仍然不明白十月革命为社会主义建设创造了怎样的前提,他力图阻碍根绝资本主义残余的工作,看不到我国的面貌发生了怎样的变化。集体农庄和国营农场正在巩固起来,联合收割机正在开垦着处女地,旧有的未被开垦的小块土地已是遥远过去的事,劳动是按照新的方式组织的,整个农业的面貌已发生了变化。

伊里奇在克拉科夫时期所写的许多论文包括许多极其重要的问题,鲜明地描述了农民经济和地主经济的现状,说明了各个不同政党的土地纲领,揭露了政府措施的实质,提醒人们注意许多极其重大的问题,如移民事务,农业中的雇佣劳动,儿童劳动,土地的买卖,征用农民土地,等等。伊里奇很了解农村的情形和农民的痛苦,工人和农民一向都感觉到和看到了这一点。

一九一二年年末革命工人运动的高潮及《真理报》在这一高涨的运动中所起的作用,是人所共见的,其中也包括前进派分子。

一九一二年十一月,阿列克辛斯基代表巴黎的前进派分子,同《真理报》交涉,建议同《真理报》合作。阿列克辛斯基为《真理报》写了一些文章,而在前进派的论文集《当前课题》第三卷中,甚至写到必须停止布尔什维克内部的斗争,联合所有布尔什维克去同取消派进行斗争。《真理报》编辑部不仅把阿列克辛斯基所参加的巴黎小组的成员列入编辑人员名单,而且也把波格丹诺夫添了进去。伊里奇是从报纸上知道这件事情的。伊里奇的特点就是善于把原则的争论与勾心斗角和个人怨恨区分开来,善于把事业的利益放在一切之上。普列汉诺夫虽曾百般辱骂过他,但是若从事业的观点出发,同普列汉诺夫联合是重要的话,伊里奇便会跟普列汉诺夫联合起来。尽管阿列克辛斯基曾吵吵闹闹地闯到小组会议上来,百般胡闹,但是,既然

---

① 见《列宁全集》第43卷,人民出版社2017年版,第375页。

他懂得需要在《真理报》尽力工作,反对取消派,捍卫党,伊里奇便真诚地为此而高兴。这样的例子可以举出许多来。当敌人骂他的时候,伊里奇便被激怒,尽力还击,维护自己的观点,但是当提出了新的任务,并且表明可以同反对者在一起工作的时候,伊里奇能够像对待同志那样去对待昨日的反对者。而且他不需要对自己加以任何强制就能做到这一点。伊里奇巨大的力量就在于此。他有其原则的警惕性,但在对人的看法上是个很大的乐观主义者。他有时候也错了,但总的说来,这种乐观主义对于事业是十分有益的。但是,如果没有原则的一致,那也就没有和解可谈。

伊里奇在致高尔基的信中写道:"如果……如果您的推断,如您所写的'马赫主义、造神说和诸如此类的东西都已经永远地陷入了绝境'是正确的话。如果是这样,如果前进派已经理解或即将理解这一点,那么我就会很热心地同您共享您为他们的回归而感到的喜悦。但是我得强调'如果',因为到目前为止,这与其说是事实,不如说是愿望。……我不知道波格丹诺夫、巴扎罗夫、沃尔斯基(半无政府主义者)、卢那察尔斯基、阿列克辛斯基是否能够从1908—1911年的惨痛经验中吸取教训? 他们是否已经明白,马克思主义是比他们所想象的更严整、更深刻的东西,绝不能像阿列克辛斯基那样对马克思主义进行嘲弄,也不能像其他人那样把它视为僵死的东西? 如果他们已经明白了,我愿向他们致千百个敬礼,而一切个人的意气(这在尖锐的斗争中是不可避免的)顷刻间就会烟消云散。如果他们还没有明白,还没有吸取教训,那就请勿见怪:交情是交情,公事是公事。我们将不惜任何牺牲向诽谤马克思主义或歪曲工人政党政策的各种尝试进行斗争。

我非常高兴,终于发现了一条使前进派逐渐回归的道路,这就是通过没有直接对他们进行打击的《真理报》。真是高兴。但正是为了达到牢固的接近,现在对此不能操之过急,应当慎重。我也是曾经这样写信告诉《真理报》的。赞成前进派同我们重新联合的朋友们也应当朝这个方向努力,因为只有把前进派摆脱马赫主义、召回主义、造神说而回归这件事做的慎重、经得起经验的检验,才可能带来很多好处。稍不慎重或'使马赫主义、召回主义等等旧病复发',斗争将会更加激烈⋯⋯波格丹诺夫的新作品《生动经验的哲学》我还没有读,想必也是换了新装的马赫主义⋯⋯"①

现在读到这些字句的时候,一九〇八——一九一一年严重分裂时期同前进派斗争的整个过程,都立刻呈现在眼前了。现在,当这分裂时期已经过去,伊里奇专心致志地从事俄国工作而完全投身于革命的高潮中时,他谈起前进派分子来已经比较平静得多了,不过他很少相信,或者确切些说,根本不相信阿列克辛斯基能够从生活中学到经验教训,波格丹诺夫能不再是马赫主义者。果然不出伊里奇所料。不久就同波格丹诺夫发生了尖锐的冲突:波格丹诺夫假借通俗地解释"意识形态"这个词,竟企图把自己的哲学偷偷搬到《真理报》上去。结果是波格丹诺夫的《真理报》编辑职务被解除了。

在克拉科夫时期,弗拉基米尔·伊里奇的思想已经沿着社会主义建设的路线发展起来。当然,这只能是在某种程度上这样说,因为当时甚至连俄国社会主义革命的道路还不大清楚;但是,如果没有克拉科夫的半侨居时期,没有在领导杜马党团的政治斗争时所遇到的一切极具体的经济和文化生活问题,那么在十月革命后的初期,就很难立刻抓住苏维埃建设的一切必要的环节了。克拉科夫时期是社会主义建设的独特的"预备班"。当然,当时对这些问题只能是大致地提出,但这些问题的提出是十分重要的,甚至在现在还有其重要意义。

这时,弗拉基米尔·伊里奇非常重视文化问题。十二月底,彼得堡发生了逮捕和搜查维特米尔中学学生事件。当然,维特米尔中学与其他中学不

---

① 见《列宁全集》第46卷,人民出版社2017年版,第229—230页。

同。该校女校长和她的丈夫在九十年代积极参加过最初的马克思主义小组。在一九〇五——一九〇七年,他们曾经给布尔什维克以各种帮助。在维特米尔中学,任何人也不禁止学生进行政治活动,组织小组等等。因此,警察才决定去袭击它。在杜马中就逮捕学生的事件提出了质问。教育部大臣卡索对此作了解释,但大多数人认为他的解释不能令人满意。

在给一九一三年第三期和第四期《启蒙》杂志所写的论文《日益增长的矛盾》第十节中,弗拉基米尔·伊里奇指出,国家杜马因为逮捕维特米尔中学的学生,而对国民教育部大臣卡索表示不信任。他写道:人民需要知道的不仅仅是这一点。"人民和民主派应当知道不信任的理由,以便了解被认为政治上不正常的现象产生的原因,以便能够找到正常化的办法。"①于是伊里奇着手分析各个不同政党对当前事务的议案。分析了社会民主党人的议案后,弗拉基米尔·伊里奇写道:

"未必能说这个议案是毫无缺点的。不能不希望它表述得更通俗、更透彻些,不能不对它没有指出从事政治活动的合理性这一点表示遗憾,等等。

但是我们对一切提案的批判,决不是针对着它的表述的细节,而纯粹是针对着起草者的基本政治思想。民主派不得不说出主要的一点:成立小组和组织座谈会是合理而可喜的事情。实质就在这里。用任何理由指责吸引学生参加政治活动,即使指责'过早地'吸引学生参加政治活动,都是虚伪和蒙昧主义的表现。民主派不得不把问题从'联合内阁'提到国家制度的高度。民主派不得不首先指出'同密探的控制'的'不可分割的联系',其次指出同封建大地主阶级在经济生活中的统治的'不可分割的联系'。"②弗拉基米尔·伊里奇这样教导我们把具体的文化问题同重大的政治问题结合起来。

---

① 见《列宁全集》第22卷,人民出版社2017年版,第406页。
② 见《列宁全集》第22卷,人民出版社2017年版,第410—411页。

谈文化问题的时候,伊里奇总是强调文化同一般的政治制度和经济制度的联系。伊里奇激烈地反对民族文化自治的口号,他写道:"只要不同的民族住在一国之内,它们在经济上、法律上和生活习惯上就有千丝万缕的联系。怎么能把学校教育与这种联系割断呢?是否可以按照崩得的经典性(就其特别强调毫无意义的空话而言)提法所说的那样,使教育事业'不受'国家'管理'呢?既然经济生活使居住在一国之内的各民族结合在一起,那么,企图在'文化'问题特别是在学校教育问题方面把这些民族一劳永逸地分开的做法就是荒谬和反动的。相反,必须努力使各民族在学校教育中联合起来,以便把实际生活中要做的事在学校中先准备起来。目前,我们看到的是民族之间的不平等和发展水平不齐;在这种情况下按民族分学校的做法实际上必然会使那些较落后的民族更加落后。美国南方过去实行奴隶占有制的各州,黑人的孩子至今仍在单独办的学校念书,而北方的白人和黑人则合校上课。"①

一九一三年二月,弗拉基米尔·伊里奇写了一篇《俄罗斯人和黑人》的专论,他在文章中尽力表明一个民族的无文化和文化落后会怎样感染另一民族的文化,一个阶级的文化落后会怎样在全国的文化上表现出来。

弗拉基米尔·伊里奇当时所发表的关于无产阶级的教育政策的言论,是非常有意义的。他反对民族文化自治,反对把教育事业从国家"管理中分出来"。他写道:"民主派的利益,特别是工人阶级的利益所要求的恰恰相反:应当竭力使各民族的儿童在当地统一的学校里打成一片;应当让各民族的工人共同贯彻无产阶级在学校教育方面的政策,这个政策已经由弗拉基米尔省工人代表萨莫伊洛夫以俄国社会民主党国家杜马工人党团的名义作了透彻的阐述。"②萨莫伊洛夫要求教会与国家分立,学校与教会分立,要

---

① 见《列宁全集》第24卷,人民出版社2017年版,第183—184页。
② 见《列宁全集》第24卷,人民出版社2017年版,第234—235页。

求学校的完全非宗教化。弗拉基米尔·伊里奇还谈到,在真正民主和完全驱逐学校中的官僚主义和"彼列多诺夫主义"①的条件下,将易于保障各少数民族学生学习自己的文化。

一九一三年夏天,伊里奇为巴达耶夫同志写了一篇在杜马的发言稿"论国民教育部的政策问题",巴达耶夫宣读了这篇稿子,但是主席没有让他读完,就剥夺了他的发言权。

伊里奇在这篇发言稿中用一系列数字材料说明了全国的文化极其落后和国民教育经费的微不足道,表明了沙皇政府的政策怎样使十分之九的居民不能受到教育。在这篇发言稿中,伊里奇描述了"政府对教师采取的是一种最放肆、最无耻、最令人厌恶的专横态度!",并且还同美国作了对比。美国有百分之十一的文盲,而在黑人当中文盲占百分之四十四。"但是美国的黑人在'国民教育'方面的情况比俄国的农民还是要强一倍以上。"②一九〇〇年黑人所以比俄国农民更有文化,是因为美国人民在半世纪前彻底粉碎了美国的奴隶主。所以俄国人民也必须驱逐自己的政府,以便使自己的国家成为一个人人识字的、有文化的国家。

在给沙果夫同志所写的讲演稿中,伊里奇写道:只有把地主的土地交给农民,才能促使俄国成为人人识字的国家。在同一时期所写的一篇论文《对于国民教育能够做些什么?》中,伊里奇详细地叙述了美国图书馆业务的状况,指出我们也需要把图书馆业务这样建立起来。六月间,他写完《工人阶级和新马尔萨斯主义》这篇论文,其中写道:"我们比我们的父辈斗争得出色。我们的子女将比我们斗争得更出色,而且他们一定会取得胜利。

---

① 彼列多诺夫是一个中学教师,赫罗古勃的小说《小鬼》主角,是个彻头彻尾的小市民,卑劣无耻,极善钻营,阴险小气,常常趁机落井下石,是个官僚主义者和专横的家伙。——作者注

② 见《列宁全集》第23卷,人民出版社2017年版,第117、111页。

工人阶级不会在斗争中灭亡,而会在斗争中成长,巩固,壮大,团结起来,受到教育和锻炼。对于农奴制、资本主义和小生产,我们是悲观论者,但是对于工人运动及其目的,我们是竭诚的乐观论者。我们已经在为新的大厦奠定基础,我们的子女将把它建成。"①

伊里奇不仅重视文化建设问题,而且很重视在社会主义建设事业中具有实际意义的其他许多问题。

《一个伟大的技术胜利》是克拉科夫时期具有代表性的论文。在这篇论文中,弗拉基米尔·伊里奇把伟大发明在资本主义制度下和社会主义制度下的作用做了比较。在资本主义制度下,发明只会使一小撮富翁大发其财,对于工人,则是使他们总的状况恶化,使失业人数增加,"在社会主义制度下,采用拉姆赛的这种能'解放'千百万矿工及其他工人的劳动的方法,就能立刻缩短一切工人的工作时间,例如从 8 小时缩短到 7 小时,甚至更少些。所有工厂和铁路的'电气化',一定能使劳动的卫生条件更好,使千百万工人免受烟雾、灰尘和泥垢之苦,使肮脏的、令人厌恶的工作间尽快变成清洁明亮的、适合人们工作的实验室。家家户户有电力照明和电力取暖设备,就一定能使千百万'家庭女奴'不再把一生中四分之三的时光消磨在乌烟瘴气的厨房里。

资本主义的技术的发展,将愈来愈超越那些必然使劳动者处于雇佣奴隶地位的社会条件。"②

十八年以前,伊里奇就考虑过"电力化"和七小时工作制,考虑过公共厨房工厂和妇女解放问题。

在《一个"时髦的"工业部门》一文中表明:十八年以前伊里奇已经考虑到,在社会主义制度下的汽车事业的发展将具有何等重要的意义。在《农民

---

① 见《列宁全集》第 23 卷,人民出版社 2017 年版,第 267 页。
② 见《列宁全集》第 23 卷,人民出版社 2017 年版,第 94 页。

经济中的铁》这篇论文中,伊里奇把铁做"国家文化的铁的基础"。"空谈文明,空谈生产力的发展,空谈农民经济的振兴等等,我们都是行家里手和酷爱成癖的人,但是问题一触及排除那块妨碍千百万贫穷的、受压抑的、饥饿的、赤脚的、不开化的农民'振兴'的石头时,我们的百万富翁就哑口无言了。……

我国工业百万富翁宁愿同普利什凯维奇之流分享他们的中世纪的特权,并为'祖国'①未能摆脱中世纪的不文明状态而叹息……"②

但是,伊里奇的特别有意思的论文是《先进资本的思想》。在这篇论文中,他分析了美国商人、富翁菲列纳的思想,菲列纳力图使群众相信:企业主应当成为他们的领袖,因为企业主日益清楚地了解自己的利益和群众的利益的共同性。民主的力量在增长着,群众的力量在增长着,物价也在暴涨着;议会制度和发行数百万份的日报越来越详尽地向人民群众进行宣传。愚弄群众,硬使他们相信劳资间没有利益的对立,为此目的而付出一些费用(实行职员和熟练工人的分红制),——这就是先进资本的思想。揭露了先进资本的思想的实质以后,伊里奇惊叹道:"最可敬的菲列纳先生!您莫非彻底相信全世界的工人都已经完全变成傻瓜了吗?"③

十八年前所写的这些论文说明:当时哪些问题从建设观点上引起了伊里奇的兴趣,以及后来在苏维埃政权下,这些问题如何成为已很熟悉的问题,只要解决这些已经考虑过的问题就行了。

早在一九一二年秋天,我们就同布哈林认识了。除了同我们常见面的巴哥茨基以外,起初常到我们这儿来的还有波兰人卡季米尔·查平斯基,他在克拉科夫的《Напшуд》(《前进报》)工作。查平斯基常常谈论著名的克

---

① 这里是列宁讽刺百万富翁文化程度很低,把"祖国"读成"粗国",即把俄文的 Отечество 读成了 атечество。——译者注
② 见《列宁全集》第23卷,人民出版社2017年版,第397—399页。
③ 见《列宁全集》第23卷,人民出版社2017年版,第364页。

拉科夫的疗养地扎科帕内,说那儿有多么美妙的山,有多么难以形容的风景,顺便也谈到那里住着一个社会民主党人奥尔洛夫,说他很善于画扎科帕内的山。在我们从兹韦日涅茨迁到城里以后不久,有一次我们在窗子里张望,看到外面走过一个小伙子,背上背着一个大麻袋。原来这就是奥尔洛夫,也就是布哈林。当时他同伊里奇作了相当详尽的谈话。布哈林当时住在维也纳。从那时起,我们同维也纳就建立了密切的联系。特罗雅诺夫斯基一家当时也住在维也纳。当我们向布哈林问起他的绘画时,他便从自己的麻袋里拿出许多印刷精美的德国画家的画,我们就开始热心地欣赏起来。其中有别克林及其他画家的作品。弗拉基米尔·伊里奇爱好绘画。我记得,有一次伊里奇从沃罗夫斯基那里拿到了一大堆有各种画家的插画的评述,并开始在晚上用很长时间阅读和鉴赏其中所附的插图,这使我感到很奇怪。

现在有很多人到克拉科夫来了。到俄国去的同志们都来这里商谈工作。瓦尔瓦拉·尼古拉耶夫娜的兄弟尼古拉·尼古拉耶维奇·雅柯夫列夫,有一次在我们这里住了两星期左右。他是到莫斯科去创办布尔什维克报纸《我们的道路》的,他是一个坚如磐石的可靠的布尔什维克。伊里奇同他谈了许多次话。尼古拉·尼古拉耶维奇把报纸创办起来了,但是很快地就被查封了,尼古拉·尼古拉耶维奇被逮捕了。事情并不奇怪,因为有莫斯科代表马林诺夫斯基在"帮助"创办《我们的道路》。马林诺夫斯基会多次谈论他在莫斯科省各地旅行的情形,谈论他所主持的工人会议。我记得他说过在一次会议上有个警士参加,很注意地听讲,并且尽力帮忙。谈到这件事的时候,马林诺夫斯基笑起来。马林诺夫斯基谈自己谈得很多。其中也谈到他为什么志愿参加了日俄战争,谈到在征兵时街上走过游行示威队伍的时候,他怎么也忍不住地从窗子里讲了话,如何因此被捕,以及以后有个上校怎样对他说:如果他不当志愿兵去参加战争,就把他投到监狱,送到囚徒连去。马林诺夫斯基说,他再没有另外的办法。他也谈过他的妻子是信神的,当她知道了他是个无神论者的时候,她差一点自杀了,还说直到现在她还时常精神失常。马林诺夫斯基的谈话是很奇怪的。毫无疑问,其中是有一点真情实况的,他讲的是所经历过的事情,看来只是没有全部说出,隐瞒了最重要的,说了很多谎话。

我后来想,也许征兵时的全部故事都是事实,可能就是因此才在他从前线归来后对他提出了最后通牒:或者当奸细,或者到监狱去。他的妻子确实因经受某种痛苦而自杀过,但是,也许自杀的原因是别的,可能因为怀疑丈夫是个奸细。总之,马林诺夫斯基的话里,假的和真的夹杂在一起;因而使他所有的话都似乎是真实的。起初,谁也没想到马林诺夫斯基会是个奸细。

除马林诺夫斯基外,政府还竭力想再派一个奸细直接到《真理报》去。这就是切尔诺马佐夫。他住在巴黎,在回俄国途中也到克拉科夫来找过我们,他去《真理报》工作了。我们不喜欢切尔诺马佐夫,我甚至没有留他住宿,他只好在克拉科夫街上游逛了一夜。伊里奇极其重视《真理报》,几乎每天都往那里寄稿。热心地计算着哪些地区给《真理报》捐了多少款,就某个题目发表了几篇文章,等等。《真理报》登载了成功的文章,执行了正确的路线时,他就高兴得要命。有一次,在一九一三年末,伊里奇向《真理报》要来订户名单,我一连有两个星期光景每天晚间同我的母亲剪裁纸张,把订户按城市、村镇整理了出来。订户中十分之九是工人。有时遇到一个订户很多的村镇,查询一下,就会发现那儿有一座我所不知道的大工厂。说明《真理报》发行情形的地图,是很有趣味的。不过,它并没有印出来,也许是切尔诺马佐夫把它抛到纸篓里去了,可是伊里奇很喜欢这张地图。也有比这更坏的情形:有时候——虽然这种情形不多——伊里奇的文章杳无音讯;有时候,压下他的稿子,不马上登载出来。遇到这种时候,伊里奇就焦急,给《真理报》写去气愤的信,但于事无补。

不仅往俄国去的人到克拉科夫,而且也有从俄国到克拉科夫来商量事情的。我记得:尼古拉·瓦西里耶维奇·克雷连柯在伊涅萨到他那里之后不久,便来到了这里。他是来加强联系的。记得伊里奇因他的到来是多么高兴。一九一三年夏天,格涅维奇和丹斯基来商量在"波涛"出版社出版"保险问题"。伊里奇对保险运动很重视,认为这一运动可以巩固与群众的联系。

一九一三年二月上半月,在克拉科夫举行了中央委员会议;我们的代表来了,斯大林也来了。伊里奇在塔墨尔福斯代表会议上、在斯德哥尔摩代表大会和伦敦代表大会上见到过斯大林。这次,伊里奇同斯大林就民族问题谈了很多,他很高兴遇到了一个认真关心这一问题、研究这一问题的人。

在这以前,斯大林在维也纳住过两个来月,研究民族问题,熟识了在那里的我们的人,认识了布哈林、特罗雅诺夫斯基夫妇。会议闭幕以后,伊里奇给高尔基写信谈及斯大林说:"我们这里有一位非常好的格鲁吉亚人正在埋头给《启蒙》杂志写一篇大文章,他搜集了一切奥国的和其他的材料。"①伊里奇当时正因《真理报》而生气,斯大林也因《真理报》生气。他们商谈如何把事情搞好。特罗雅诺夫斯基同志似乎被邀来参加了这次会议。他们谈论了《启蒙》杂志,弗拉基米尔·伊里奇对特罗雅诺夫斯基夫妇寄托了很大的希望。叶列娜·费多罗夫娜·特罗雅诺夫斯卡娅(罗兹米罗维奇)准备动身到俄国去。大家谈到必须在《真理报》出版一套小册子。计划是很广泛的。

在这以前不久,从家里寄来了装着各种鱼类的包裹,寄来的有鲑鱼、鱼子、鳝鱼;我借此机会从妈妈那里要来一本关于烹调的书,制作了一些薄饼。喜欢更好地款待同志们的伊里奇,对这种便饭非常满意。二月二十二日,斯

---

① 见《列宁全集》第46卷,人民出版社2017年版,第257页。

大林在回到俄国后不久，就在彼得堡被捕了。

没有人来的时候，我们在克拉科夫的生活是相当单调的。我给弗拉基米尔·伊里奇的母亲写信说："我们的生活像开动的机器一样单调，说实在没有什么好写的。像在舒沙①一样，邮件是我们生活的主要内容。11 点以前我们随便消磨时间，11 点第一次邮班来，这以后，要等到 6 点，这一段时间简直难熬。"②弗拉基米尔·伊里奇没有很好地利用克拉科夫的图书馆。本来想开始滑冰，但是春天来临了。复活节前一日，我和他到"沃里斯基列斯"去逛过。克拉科夫的春天是美好的，早春在森林里更是美妙无比，灌木丛开着黄花，树枝都着上了春装。春天使人陶醉。但是返回时，我们走了好久才到城里；回家需要步行穿过整个城市，因为在这狂欢的星期六，电车停驶了，我累的精疲力尽。一九一三年冬天，我害起病来，心脏出了毛病，两手发颤，而主要的是身体衰弱。伊里奇坚持要我去找大夫诊治。大夫说：病情严重，神经受损，心脏衰弱，是眼球凸出性甲状腺肿，必须到扎科帕内山里去疗养。回到家里，我把大夫的话说了一遍。来给我们家生炉子和上街买东西的鞋匠妻子不满意地说："难道您是神经质的人？太太们才是神经质的，她们摔碟子！"我倒不摔碟子，但是在这种情况下，我是不适于工作的。

我们、季诺维也夫夫妇和巴哥茨基夫妇带着他们的那只有名的狗朱立克，迁到了离扎科帕内有七公里远的波罗宁过夏天。在扎科帕内住的人太多，而且东西太贵。在波罗宁住要俭朴些，便宜些。我们租了一座大别墅。这个地方很高——海拔七百公尺，在塔特拉山麓。空气特别好，虽然经常有雾，不停地下着小雨，但是，雨停以后，山景却是美妙无比。我们爬上从我们的别墅开始的高原，观赏白雪皑皑的塔特拉山巅。这山巅是很美丽的。伊里奇有时同巴哥茨基到扎科帕内去，他们同扎科帕内的同志（维吉列夫）长

---

① 舒沙即舒申斯克的简称。——译者注
② 见《列宁全集》第 53 卷，人民出版社 2017 年版，第 522 页。

时间在山中漫步。伊里奇特别喜欢在山里行走。山地对我帮助并不大,我越来越陷入残废状态,伊里奇同巴哥茨基(巴哥茨基是神经病理学医生)商量以后,主张到伯尔尼去请科赫尔动手术。我们是在六月中旬去的,顺路到维也纳去了一趟,看望了布哈林夫妇。布哈林的妻子娜捷施达·米哈伊洛夫娜正卧病在床,布哈林自己操作家务,把砂糖当作盐撒到菜汤里;他同伊里奇热烈地讨论了伊里奇所关心的问题,并谈到住在维也纳的人们的一些情形。我们见到了几个住在维也纳的同志,并在维也纳游逛了一番。维也纳是个独特的大都会,除了克拉科夫外我们很喜欢这个城市。在伯尔尼,我们得到了什克洛夫斯基夫妇的照顾,他们为我们忙得不可开交。他们租了一所带花园的别致的小房子。伊里奇同他们的小女儿们嬉戏,逗弄詹妞尔卡。我在医院住了约三个星期。伊里奇上半天坐在我身旁,其余的时间到图书馆去,读了很多书,甚至阅览了许多有关甲状腺肿病的医学书籍,摘记下与他所关心的问题有关的地方。在我住院期间,他到苏黎世、日内瓦和洛桑等地作了关于民族问题的讲演,在伯尔尼也作过关于这一题目的讲演。在伯尔尼——我出院以后——举行了国外各小组代表会议,讨论了党内状况。本来在作过手术后还应当到科赫尔劝我去的别阿登别尔格山中静养两星期左右的,但是从波罗宁传来消息说,有许多急迫的事情待办,季诺维也夫也打来了电报,于是我们便动身回去了。

顺路到了慕尼黑。"叔叔"莉迪娅·米哈伊洛夫娜·克尼波维奇的侄儿波里斯·克尼波维奇住在那里,自小我就认识他,从前我还给他讲过故事。当年,四岁的蓝眼睛的小波里斯爬到我膝上,搂着我的脖子,要求"克鲁普——讲锡士兵的故事"。一九○五年到一九○七年,波里斯是中学社会民主党小组的积极组织者。一九○七年夏天,伦敦党代表大会以后,伊里奇在芬兰的斯提尔苏甸城克尼波维奇家的别墅住过。波里斯当时只是个中学学生,但已经对马克思主义发生了兴趣,倾听伊里奇的谈话,已知道"叔叔"是如何敬爱伊里奇。

一九一一年波里斯被捕了，以后被放逐到国外，在慕尼黑大学学习。一九一二年，他的第一部著作《论俄国农民的分化问题》出版了。他给伊里奇寄来了一本。伊里奇给波里斯的信保存下来了，这封信是以特别注意青年作者的态度、以十分关怀的心情写成的。"我很满意地读了您的著作，十分高兴地看到您着手一件重大的工作。在这种工作上来检查、加深和巩固马克思主义信念，一定会完全成功的。"接着，伊里奇极小心谨慎地提出了几点意见，给予了一些方法论性质的指导。

重读这封信的时候，我回忆起伊里奇对待缺乏经验的作者的态度。他看到本质，看到基本的东西，周密地考虑如何帮助改正缺点。但是他做得十分谨慎，以至有的作者竟觉察不出在纠正他的缺点。伊里奇非常善于在工作中帮助人。例如，他想委托某人写一篇论文，但没有把握那人是否能写得出，于是先同那人详细地谈论这一题目，发挥自己的想法，引起那人的兴趣，充分试探以后，然后建议说："您写篇关于这个题目的论文好不好？"作者甚至觉察不出同伊里奇的预先谈话给了他多大的帮助，觉察不出在自己的文章中写进了伊里奇的话，甚至采用了他的表达方式。

我们本来打算在慕尼黑住两天，看看它从一九○二年我们住过以来发生了些什么变化，但是因为我们十分匆忙，所以在慕尼黑只是停留了几个小时——从一辆车换到另一辆车罢了。波里斯同他的妻子来迎接我们，我们在一家以一种独特的啤酒而闻名的饭馆度过这几个小时，这家饭馆叫做"Hof-Brau"。墙壁上和酒杯上到处都写着"H.B."字样，我笑着说，这是"民意党"①。我们同波里斯在这个"民意党"里坐了一个晚上。伊里奇以内行人和爱好者的姿态夸奖慕尼黑的啤酒，同波利斯谈论农民的分化问题，我们

---

① 俄文"民意党"也是用这两个字母开头的。——译者注

一起回想起"叔叔"——莉迪娅·米哈伊洛夫娜·克尼波维奇,她也患了很重的甲状腺肿病。伊里奇当时立即写了一封信,劝她出国去科赫尔处动手术。我们在八月初,似乎是八月六日,到了波罗宁。在波罗宁迎接我们的是司空见惯的波罗宁的雨天。加米涅夫告诉我们许多关于俄国的消息。

定于九日召开中央委员会议。《真理报》被查封了。开始出版了《工人真理报》,但是差不多每一号都被没收。罢工浪潮掀起来了,彼得堡、里加、尼古拉耶夫、巴库都发生了罢工。

加米涅夫搬到我们楼上来住了,每天晚饭后同伊里奇久久地坐在我们的大厨房里,讨论从俄国传来的消息。

党代表会议即所谓"夏季会议"的准备工作在进行着。这次代表会议是从九月二十二日到十月一日在波罗宁举行的。除了萨莫伊洛夫以外,所有杜马代表都来参加了会议,还有两个莫斯科的复选代表诺沃日洛夫和巴拉绍夫,从基辅来的罗兹米罗维奇,从乌拉尔来的西玛·捷里雅宾娜,从彼得堡来的绍特曼等人。代表《启蒙》杂志来的是特罗雅诺夫斯基,代表波兰人来的是加涅茨基和托姆斯基,此外还有两名"罗斯拉莫夫派分子"(当时"罗斯拉莫夫派"的影响传播于四个大工业区——华沙、洛兹、东布罗瓦和卡科什)。

在杜马代表当中,我只记得马林诺夫斯基。谈论了各种报刊,如《工人真理报》、莫斯科的报纸、《启蒙》杂志,讨论了"波涛"出版社的问题,讨论了在即将举行的合作社和店员代表大会上应当采取怎样的策略,以及当前的任务等等。

代表会议开到一半时,伊涅萨·阿尔曼德来了。伊涅萨在一九一二年九月被捕,用别人的护照在极其艰苦的条件下度过了监狱生活,这严重地损害了她的健康——她有了肺结核的征状,但是她的精力并未减退,她以更大的热情对待党的生活中的一切问题。我们所有住在克拉科夫的人都为她的到来而感到万分高兴。

出席会议的共有二十二人。决定提出召开党代表大会问题。自第五次伦敦代表大会以来已经六年过去了,从那时起,已发生了许多变化。由于工人运动的高涨,有必要召开代表大会了。在会议上提出的有:罢工运动问题,准备普遍的政治罢工问题,鼓动和出版通俗读物的任务问题,不许从宣传鼓动中取消建立民主共和国、没收地主土地、实行八小时工作制的口号问题。讨论了如何在合法团体中进行工作,如何在杜马中进行社会民主党的工作。特别重要的是通过了下列决议:必须在社会民主党党团中争取布尔什维克派和孟什维克派的平等权利,不许只代表极少数工人观点的"七人团"①用对布尔什维克一票多数的办法进行表决。还通过了关于民族问题的重要决议,在这个决议中完全反映了弗拉基米尔·伊里奇对这一问题的观点。我记得在我们厨房中如何争论这一问题,记得讨论这一问题时的热烈情形。

这次,马林诺夫斯基完全神经质起来了。每夜都喝得大醉,痛哭流涕,说大家不信任他。我记得莫斯科的复选代表巴拉绍夫和诺沃日洛夫对他的行为极其愤慨。他们在马林诺夫斯基的所有这些话中,感觉到某种虚伪和做作。

会议以后,我们在波罗宁又住了约两个星期,常常散步,去过景色美妙的山湖"黑水湖",还到过山中的一些地方。

---

① 第四届国家杜马中的社会民主党党团由十三人组成(还有一名没有表决权的波兰社会党代表亚格洛),分成两派:布尔什维克("六人团"),孟什维克("七人团")。党团中的布尔什维克部分完全由工人组成,代表着俄国无产阶级广大群众,而"七人团"却是小资产阶级和激进知识分子利益的代表者。孟什维克利用其形式上的多数,在一切主要的原则问题上,都以社会民主党党团的名义实行其自己的决议。"六人团"要求承认他们在决定一切杜马问题中有平等的权利。孟什维克拒绝了这一要求。于是"六人团"退出了统一的社会民主党党团,组成了独立的"俄国社会民主党党团"。——作者注

　　秋天，我们克拉科夫小组都十分亲密地和伊涅萨接近起来。她有充沛的乐观情绪和热情。我们是在巴黎时认识伊涅萨的，但在那里侨民太多，而在克拉科夫却是生活在不大的同志圈子里。伊涅萨在加米涅夫的女房东那里租了一间房子。我的母亲很喜欢伊涅萨，伊涅萨常到她这里来聊天，坐在一起，抽烟。伊涅萨一来，生活就感到更加舒适和愉快了。

　　我们的生活里充满了党的关怀和各种工作，不大像家庭生活，而更像大学生的生活，我们很喜欢伊涅萨。她这次到来，对我讲述了很多关于她的生活、她的孩子们的事情，把他们的信拿给我看，她的谈话洋溢着一种温暖。我、伊里奇和伊涅萨，时常出去散步。季诺维也夫和加米涅夫把我们叫做"散步党"。我们到城郊去，到牧场去（波兰话牧场叫"блонь"）。伊涅萨甚至从这时起给自己起了个笔名叫布洛宁娜。伊涅萨是个很好的音乐家，她鼓动大家去听演奏贝多芬作品的音乐会，而她自己把贝多芬的许多作品演奏得很好。伊里奇喜欢音乐，特别喜欢《悲怆奏鸣曲》，经常请求她演奏。后来，在苏维埃时代，他还到过瞿鲁巴那里去听某著名音乐家演奏这一奏鸣曲。我们常常谈论文艺书籍。我给弗拉基米尔·伊里奇的母亲写信说："沃洛佳差不多把纳德松和涅克拉索夫的作品给背下来了，一本残缺不全的《安娜·卡列尼娜》也翻来覆去看了上百遍。我们的文艺书籍（过去在彼得堡的那些书的很小一部分）都留在巴黎了，而这里没有地方能弄到俄文书。有时候看到旧书商的关于乌斯宾斯基28卷集、普希金10卷集等等的广告就非常羡慕。

　　沃洛佳好像存心要做大'文豪'了，而且是个极端的民族主义者。波兰画家的展览会你说得再好他也不看，而有一次在熟人那里拣到一本他们扔掉的特列季亚科夫绘画陈列馆的绘画目录，却爱不释手。"①

———————————

① 见《列宁全集》第53卷，人民出版社2017年版，第417页。

起初以为伊涅萨会在克拉科夫住下来,并将写信把孩子们从俄国叫来;我甚至同她去找过房子,但是克拉科夫的生活是很闭塞的,有点像流放生活。在克拉科夫,伊涅萨没有地方可以发挥她的精力,而在这一时期,她的精力却特别充沛。她决定先巡视我们的各个国外小组,作一些讲演,然后在巴黎定居下来,在那里把我们的国外组织的委员会的工作建立起来。在她动身之前,我们对妇女工作谈得很多。伊涅萨热烈地主张在女工中广泛地进行宣传工作,主张在彼得堡为女工出版专门的妇女杂志。于是伊里奇写信给安娜·伊里尼奇娜,说明有必要出版这种杂志,而杂志不久就开始出版了。伊涅萨后来为女工工作的开展做了许多工作,为这一事业贡献了不少力量。

一九一四年一月,马林诺夫斯基来到克拉科夫,并跟弗拉基米尔·伊里奇一同去巴黎,再从巴黎转到布鲁塞尔去参加一月十三日开幕的拉脱维亚边疆社会民主党第四次代表大会。

马林诺夫斯基在巴黎作了十分成功的(据伊里奇说)关于杜马党团工作的报告,伊里奇在纪念一月九日的群众大会上作了关于民族问题的公开报告,而在巴黎布尔什维克小组会上,则就国际社会党执行局想干涉俄国事务以达到调和争执的愿望问题,就考茨基在国际社会党执行局十二月会议上关于社会民主党在俄国已经死亡的发言问题发表了演说。国际社会党执行局对俄国事务的干涉,很使伊里奇不安,他认为这种干涉只会阻碍布尔什维克在俄国影响的日益增强。伊里奇寄给胡斯曼一份关于党内状况的报告。在拉脱维亚边疆社会民主党第四次代表大会上,布尔什维克取得了胜利。参加大会的有别尔津、拉齐斯、赫尔曼等同志及拉脱维亚的其他许多布尔什维克。伊里奇在大会上作了报告,号召拉脱维亚人靠近中央委员会。伊里奇在给母亲的信中说,这次巴黎旅行使他精神焕发。

"巴黎这个城市对经济不宽裕的人来说,生活是很不方便的,会把人弄得很累。但是作短期的逗留、参观和游览,那就没有比它更好更令人快乐的城市了。我在那里尽情地消遣了一番。"①

冬天,弗拉基米尔·伊里奇从巴黎回来不久,就决定派加米涅夫到俄国去领导《真理报》及杜马党团的工作。报纸和杜马党团都需要帮助。加米涅夫的妻子和小儿子前来接他。

加米涅夫的小儿子和季诺维也夫的儿子斯切潘两人十分认真地争论起来:彼得堡是个城市还是俄国。准备动身往俄国去了,我们大家都到车站去送他们。那是个严冬的晚上,大家很少说话,只有加米涅夫的小儿子在说些什么。大家的情绪都很集中,考虑着加米涅夫是否能在俄国长久支持下去,什么时候再能会面呢?什么时候我们也能回到俄国去?每个人都暗地里梦想着俄国,渴望回到俄国去。我成夜梦见涅瓦关卡。我们都避免谈这一话题,可是每个人心里都在想。

一九一四年三月八日,通俗杂志《女工》第一期在彼得堡出版了。每期定价是四戈比。彼得堡委员会印发了关于妇女节的传单。给《女工》杂志写稿的,有巴黎的伊涅萨和斯塔莉,以及克拉科夫的利林娜和我。杂志共出了七期。预定在第八期上发表些有关即将在维也纳举行的国际社会主义妇女代表大会的文章;但是没有来得及出版,战争就爆发了。

准备好在国际代表大会期间举行党代表大会。国际代表大会预定八月在维也纳召开。预计有一部分人员可以公开地通过国境。然后在克拉科夫印刷工人的帮助下,筹划伪装成旅行团,组织大批的人越境。

五月间,我们又迁到波罗宁。

为了给代表大会进行准备工作,动员了彼得堡的基谢廖夫、格列博夫-阿维洛夫、安娜·尼基佛罗娃。他们到波罗宁来同伊里奇商谈一切事

---

① 见《列宁全集》第53卷,人民出版社2017年版,第423页。

情。第一天,我们在我们"别墅"附近的小山上坐了很久,他们讲述了俄国工作的情形。他们都很年轻,精力充沛,伊里奇十分喜欢他们。格列博夫-阿维洛夫从前是波伦亚党校的学生,而现在是坚定的列宁主义者了。伊里奇劝他们到山里去玩,但他自己有点不舒服不能去,于是他们就自己去了。他们嬉笑着说他们怎样爬上了一座最陡峭的山峰,所背的口袋怎样妨碍他们,他们怎样轮流背口袋,以及轮到安娜的时候,大家怎样取笑她,劝她把自己的同伴也背起来。大家谈妥了为召开代表大会而进行的鼓动工作的性质。接受了一切必要的指示后,基谢列夫到波罗的海沿海地区去了,而格列博夫-阿维洛夫和安娜·尼基佛罗娃到乌克兰去了。

从莫斯科来的还有一个阿利亚,过去是卡普里党校的学生,后来成了奸细。我记不清他是以什么借口来的,谈起了正在筹划中的代表大会:当然暗探局需要获得尽可能确切的关于将要召开的代表大会的情报。

伊涅萨把孩子们从俄国接出来过夏天,住在的里雅斯特海滨。她准备着在国际妇女代表大会上的报告,这个代表大会决定在维也纳与国际代表大会同时召开。她还必须进行另一方面的工作。六月中旬,国际社会党执行局准备在布鲁塞尔召开俄国社会民主工党各派的十一个组织的代表会议,组织各派交换意见,以达到建立统一的目的。当然,事情并不限于此,无疑地,取消派分子、托洛茨基分子、崩得分子等等会利用这一机会来限制布尔什维克的活动,用一连串的决议来束缚布尔什维克。布尔什维克在俄国的影响增长起来了。正如巴达耶夫同志在其《国家杜马中的布尔什维克》一书中所指出的,到一九一四年夏天,在彼得堡的十八个工会理事会中,有十四个理事会是布尔什维克占了多数……所有大的工会都站在布尔什维克方面,其中包括五金工人工会,这是所有工会组织当中人数最多、力量最雄厚的工会。在保险机关的工人组织中,力量的对比也是如此。在首都各保险机关的成员中,工人选出的代表有三十七名布尔什维克,只有七名孟什维克,而在全俄保险机关中,有四十七名布尔什维克,十名孟什维克。

广泛地组织了维也纳国际代表大会的代表的选举运动。大多数工人组织都选出了布尔什维克为代表来参加国际社会党代表大会。

党代表大会的准备工作也顺利地展开了。从春天开始,有关召开代表大会的一切准备工作,都不断地加强起来。巴达耶夫写道:"摆在我们面前的任务,就是在代表大会召开之前的时期,巩固和扩大地方党支部,这一任务由于近几个月来国内革命运动的蓬勃高涨而在颇大程度上完成了。工人群众更加向党靠拢,怀有革命情绪的新的工人干部参加了党组织,党的领导集体的工作也日益提高。因此,将要召开的代表大会以及大会议程中的各项问题,都得到了广大工人党员的重视。"[1]巴达耶夫收到了为组织代表大会而募集的一笔数目相当大的捐款。他收到了许多委任书,与代表大会将要解决的问题有关的决议案、委托书,等等。

巴达耶夫同志鲜明地描述了合法活动与秘密工作如何结合在一起的情形。他写道:"夏天,我们可以在城外森林中举行秘密会议,在这些地方我们比较安全,能避开警察的袭击。如果有必要召开扩大一些的会议时,这种会议就用某一教育团体的名义,假借郊外游览之名来举行。离开彼得堡二十余俄里之后,我们就进入森林深处去'散步',在那里,派出按规定的暗语指示道路的放哨的人,我们就举行会议……许许多多的暗探围绕着所有工人的组织乱转,特别注意像《真理报》编辑部和我们党团住所这类人所共知的党的工作中心。但是,与暗探局活动加强的同时,我们的秘密工作技术也提高了。当然,发生过个别同志被捕的事情,但是没有发生过重大的破坏。"[2]

---

① 见巴达耶夫:《国家杜马中的布尔什维克》,国家出版社一九三二年俄文版,第二九三——二九四页。——作者注

② 见巴达耶夫:《国家杜马中的布尔什维克》,国家出版社一九三二年俄文版,第二九四——二九五页。——作者注

这样,就证明了中央所采取的如下路线是完全正确的:展开合法刊物的工作并确定刊物的方针,发展杜马内和杜马外的党团工作,明确提出一切问题,把合法工作和秘密工作结合起来。

想通过国际社会党执行局来破坏这一路线和阻碍工作进展的企图,使伊里奇极为愤慨。他决定自己不去参加布鲁塞尔统一代表会议。决定由伊涅萨去。她会说法语(法语是她的母语),头脑清醒,有坚强的性格。完全可以信任她,她不会投降的。伊涅萨住在的里雅斯特,伊里奇把他拟定的中央委员会的报告寄给她,并写去了许多指示,说明在这种或那种情况下应如何行动,考虑到了一切细节。中央代表团的成员内,除伊涅萨外,还有弗拉基米尔斯基和波波夫。伊涅萨用法语宣读了中央委员会的报告。果不出所料,事情并不仅限于交换意见。考茨基以执行局的名义提出了一项决议案,指责分裂,硬说没有根本的分歧。除了中央代表团和拉脱维亚代表外,都投票赞成这个决议案,中央代表团和拉脱维亚代表拒绝参加投票,虽然国际执行局书记胡斯曼曾威胁说要报告维也纳代表大会:不投票者要承担破坏企图建立统一的责任。

取消派分子、托洛茨基分子、前进派分子、普列汉诺夫分子以及高加索省组织,在布鲁塞尔非正式会议上结成了反布尔什维克“同盟”,这一同盟决定利用所造成的局势对布尔什维克施加压力。

除了布鲁塞尔统一代表会议外,伊里奇在一九一四年夏天还把注意力放在另一件极其重大的事件——马林诺夫斯基事件上。

当钟柯夫斯基将军被任命为内务大臣助理,并得悉马林诺夫斯基的奸细活动时,他把这事通知了国家杜马主席罗将柯,并说必须撤消这一案件以避免引起重大的政治纠纷。

五月八日,马林诺夫斯基向罗将柯提出退出杜马的声明,便到国外去了。地方和中央的各机关斥责了马林诺夫斯基的无政府主义和逃兵的行为,并将其开除出党。但是至于说到马林诺夫斯基是奸细,则这一罪名当时看来却是那么奇怪,以至中央任命了一个特别委员会来加以研究,这个委员会由加涅茨基任主席,列宁和季诺维也夫任委员。

关于马林诺夫斯基是奸细的流言已传之很久了。这是由孟什维克方面传出来的,叶列娜·费多罗夫娜·罗兹米罗维奇由于自己的被捕而产生了很大的怀疑。她在杜马党团中工作,宪兵们探知了那些除了利用奸细之外而无法知道的细节。布哈林也了解一些情况。弗拉基米尔·伊里奇认为马林诺夫斯基完全不可能是奸细。他只有一次发生过怀疑。我记得有一次在波罗宁,我们从季诺维也夫家回来谈起所传的流言时,伊里奇突然在一座小桥上停下来说:"是真的吗?"他的脸上充满了不安的表情。"你怎么啦",我回答说。于是伊里奇也就平静了,开始大骂孟什维克,骂他们在同布尔什维克斗争中,不择任何卑劣手段。在这一问题上,他再没有过任何犹豫。

委员会调查了一切关于马林诺夫斯基是奸细的传闻,接到了布尔采夫关于他认为马林诺夫斯基不可能是奸细的声明,以及听取了布哈林、罗兹米罗维奇的意见之后,仍然未能确定马林诺夫斯基是奸细的事实。

完全失去常态、张皇失措的马林诺夫斯基,在波罗宁游荡起来。天知道他在这一时期是怎么过的。他从波罗宁到什么地方去了,谁也不知道。二月革命才揭发了他。

十月革命以后,他主动回到俄国,向苏维埃政权自首,根据最高法院的判决被枪毙了。

这时,俄国国内的斗争尖锐起来了。罢工运动增长着,以巴库爆发的罢工最为有力,工人阶级支持了巴库的罢工者。警察在普梯洛夫工厂的一万二千名工人举行群众大会时,开枪射击。同警察的斗争越来越残酷,代表们变成了起义的无产阶级的领袖。群众性的罢工在进行着。

七月七日,彼得堡有十三万人举行了罢工。无产阶级做好了战斗准备。

罢工没有削弱,而是增长起来了,在红色彼得堡的街道上修筑了街垒。

但是战争爆发了。

德国八月一日对俄国宣战了,八月三日对法国宣战,八月四日对比利时宣战,在同一天,英国对德国宣战;八月六日,奥匈对俄国宣战了;八月十一日,法国和英国对奥匈宣战了。

世界大战开始了,它暂时中止了正在增长着的俄国革命运动,震动了整个世界,产生了一系列极深刻的危机;它用新的方式更加尖锐地提出了革命斗争的重大问题,突出地表明了无产阶级作为全体劳动人民领袖的作用,把新的阶层卷入了斗争,使无产阶级的胜利成为俄国生死攸关的问题。

战争的年代

克拉科夫

一九一四年

虽然好久以前就闻到了战争气息,但当战争爆发时,还是使大家感到有些手足无措。我们应当离开波罗宁,但能往哪里去呢——还完全不清楚。这时利林娜病得很厉害,季诺维也夫反正哪里也去不成,他们住在扎科帕内,那里有医生。我们决定暂时还待在波罗宁。伊里奇给哥本哈根的科别茨基写信,请他随时报告情况,并同斯德哥尔摩联系等等。开始动员时,当地山民的情绪异常颓丧。同谁作战,为什么作战,谁也不清楚,没有丝毫热情,大家像受屠宰的牲畜似地走上前线。我们别墅的房东是个农妇,她万分悲痛——她的丈夫被征去打仗了。天主教教士想从讲经台上煽动起大家爱国主义的感情。流传着各种谣言,一个常到我们这里玩耍的、邻居穷人家的六岁的孩子,悄悄地对我说:波兰天主教教士说,俄国人往井里面下毒药了。

八月七日,波罗宁的一个宪兵上士带着个有枪的当地农民作见证人,到我们别墅来搜查。搜查什么,宪兵上士也不大清楚,他在柜子里翻腾了一气,找到一支没有装填子弹的勃朗宁手枪,没收了几本载有数字的关于土地问题的笔记,提了几个毫无意义的问题。见证人困惑地坐在椅子边上,莫名其妙地望着,宪兵上士嘲笑他:指着装浆糊的小罐说这就是炸弹。然后说道,有人密告了弗拉基米尔·伊里奇,他本来应当把伊里奇逮捕起来,可是因为明天早晨反正还得把伊里奇带到新塔尔克去(最近的军事当局所在地),所以最好还是让伊里奇自己明天搭早晨六点钟的火车去。显而易见有被逮捕的危险,而在军事时期,在战争开始的日子里,是可以随随便便地杀掉一个人的。于是,伊里奇到当时也住在波罗宁的加涅茨基那里去,把所发生的事情告诉了他。加涅茨基立刻给社会民主党的代表马列克拍了一份电报。伊里奇则给克拉科夫的警察局拍了一份电报,因为那个警察局知道他是一个侨民。我同母亲留在波罗宁,两人住一座大房子,使伊里奇感到担心。他和吉霍米尔诺夫同志说好,决定让他暂时住到我们的楼上去。吉霍米尔诺夫不久以前才从奥洛涅茨流放所回来,《真理报》编辑部让他到波罗宁来休养,振作一下在流放中弄得疲惫不堪的精神,顺便帮助伊里奇根据刊载在《真理报》上的材料编写一些关于争取出版工人报刊等运动的综合报道。

我和伊里奇整整坐了一夜,没有睡觉;实在太令人担心了。早晨我送走了他,回到空荡荡的屋子里。加涅茨基当天便雇了一辆装货马车到新塔尔克去了,在那里见到了军区司令官——帝国皇家司令官,跟他争吵了一番,并告诉他伊里奇是国际社会党执行局的委员,会有人来为伊里奇辩护的,必须对伊里奇的生命安全负责。加涅茨基见到法院的预审官,也同样告诉他伊里奇是个什么样的人物,并且为我取得了次日会见伊里奇的许可。加涅茨基从新塔尔克回来以后,我就和他一同写信给维也纳国际社会党执行局的委员、奥地利代表、社会民主党人维克多·阿德勒。在新塔尔克我见到了伊里奇。我们两人被单独留在一起,但是他很少讲话(因为对当时的处境还不完全了解)。克拉科夫警察局拍来电报说,怀疑乌里扬诺夫进行间谍活动是没有根据的;马列克从扎科帕奈也拍来了同样的电报;有位著名的波兰作家来到新塔尔克,为伊里奇辩护。住在扎科帕奈的季诺维也夫得到伊里奇被捕的消息以后,不顾倾盆大雨,立即骑上自行车到老民意党人——住在离扎科帕内十俄里远的波兰人德卢斯基博士那里去。德卢斯基也立刻雇了一辆双人马车到扎科帕内去,拍电报、写信,还到什么地方去商谈。每天我都可以看见伊里奇。清早我乘六点钟的火车到新塔尔克去,在车上要一小时的时间,十一点钟以前我在候车室、邮局、市场等地方闲逛,然后跟伊里奇有一小时的会见。伊里奇告诉我关于他的同狱人的事情。当地许多农民被押在这个监狱里,有的是因为护照过期,有的是因为没有纳税,有的是因为触犯了地方当局;监狱里监禁着一个法国人,一个为了买便宜东西而用别人的"护照"越境的波兰官吏,一个隔着监狱院子同走到狱墙跟前的妻子喊话的茨冈人。伊里奇记起他在舒申斯克村农民中间的律师活动,他曾使那些农民摆脱了各种艰难困窘的处境,于是他在狱中就组织了独特的法律咨询处,给同狱人写申诉状等文件。同狱人称他为"бычий хлоп",即"硬汉"。"硬汉"渐渐在新塔尔克狱中住惯了,因此见面的时候显得比较镇静、比较活泼了。在这个刑事犯监狱里,每天夜里犯人都睡着的时候,他就考虑党现在应当做些什么,必须采取哪些步骤,才能把已经爆发的世界大战变成无产阶级同资产阶级的世界范围内的搏斗。我把能收集到的有关战争的新闻转告给伊里奇。

下面这件事情,我没有告诉他。有一次我从车站上回来:听见几个从教堂里走出来的农妇高声说——显然是在教训我——她们自己会对付间谍,即使长官无意地把间谍释放出来的话,她们也会挖出他的眼睛,割掉他的舌头,等等。显然,伊里奇被释放以后,再也不能留在波罗宁了。我动手整理行装,分出非带不可的东西和必须留在波罗宁的东西。当时我们的家务非常混乱。夏天我们因为母亲有病而雇的一个女佣人对邻居编造了许多关于我们、关于我们和俄国的联系的谣言,于是我尽快地把她打发到她想去的克拉科夫去了,给了她路费,并预支了工钱。这时邻居的一个女孩子帮着我们生俄国式的炉子,帮着我们购买食物。我的母亲——她已经七十二岁了——感觉到自己很不舒服,她看到出了什么事情,但不能清楚地理解到究竟是什么事情;虽然我告诉她,伊里奇被捕了,但是,她有时总说他是被动员去打仗了;每当我从家里出去,她就焦虑不安,她觉得我也会像伊里奇似地在什么地方失踪。我们的同居者——吉霍米尔诺夫——沉思地抽几口烟,整理一下书。有一次,我需要在搜查时被宪兵上士嘲笑过的那个农民见证人给我开个什么证明,我就到他住的村边上去了。在他的家里(一所典型的贫农的屋子)谈了很久,我们谈到这次战争是一个什么战争,是谁为了什么而战,谁对这次战争感到兴趣。后来我走的时候,他很热情地送我出来。

维也纳代表阿德勒和利沃夫代表迪阿曼德(他们保释了伊里奇)的压力产生了效果,伊里奇于八月十九日出狱了。清早我照常到新塔尔克去,这次甚至让我到狱里帮忙拿东西了;我们雇了一辆装货马车去波罗宁。在那里住了约一个星期,才取得搬到克拉科夫的许可;到了克拉科夫,我们就到加米涅夫和伊涅萨从前的女房东那里去。卫生所已占去这个住宅的一半,但女房东仍然给了我们一个角落住。不过,她并没有心思照顾我们。在克拉斯尼克城下刚刚打了头一仗,她的两个儿子志愿入伍,参加了这次作战,她不知道他们的情形如何。

次日,从旅馆(我们迁到旅馆里住了)的窗子里,我们看到了一幅惊心动魄的情景。从克拉斯尼克开来了一列载着打死和打伤的士兵的火车。克拉斯尼克城下战斗的参加者的亲人们跟着担架跑着,窥视着那些死者和将死者的面孔,紧张地辨认着他们的亲人。那些伤轻的,包着头,裹着手,缓慢地往站外挪动着。来接车的人帮他们拿东西,给他们喝从邻近餐馆买来的生啤酒,给他们东西吃。不由使人想到:这就是战争!——这还仅仅是第一仗!

　　在克拉科夫，我们很快得到往中立国瑞士去的许可。我们还有些事情得安排一下。在这不久之前，我的母亲成了"资本家"。她的姐姐在新切尔卡斯克病逝了；她的姐姐是个教育工作者，把自己的财产遗留给了她——一些银勺子、圣像、衣服和三十年教育工作中积蓄下来的四千卢布。当时我们把钱存入了克拉科夫银行。为了把钱提取出来，必须同维也纳的某经纪人立一个合同。这个经纪人设法把钱提取出来了，他要去了半数作报酬。在战争期间，我们主要是靠这些剩余的钱生活的；我们是这样地俭省，以至于在一九一七年回俄国时还存有一些；一九一七年七月事变的日子里，在彼得堡搜查时，人们竟拿存款单据来证明伊里奇因进行间谍活动而从德国政府领取了津贴。

　　从克拉科夫到瑞士的边境，我们走了整整一个星期。为了让军用车开过去，火车在各个站上都停了很久。我们看见了女修道士和聚集在她们周围的女积极分子在进行沙文主义的鼓动。在车站上，她们把一些圣像和祈祷词等等送给士兵们。有一个花花公子似的军官在车站上走来走去。车厢上贴满了对待法国人、英国人、俄国人的各种标语和指示："Jedem Russ ein Schuss!"（杀掉每个俄国人！）在一条备用线上停着好几车皮的除跳蚤粉；这些车皮是发往前线某地的。

　　我们在维也纳停留一天，领取必要的证明文件，筹措旅费，往瑞士拍了电报要他们给我们找一个保证人，因为没有保证人是不准入瑞士境的。瑞士社会民主党的最老的党员格雷利希给我们做了保证人。在维也纳，梁赞诺夫领着伊里奇去拜访维克多·阿德勒，因为阿德勒曾帮忙使伊里奇得到释放。阿德勒叙说了他同部长谈话的情形。部长问道："您相信乌里扬诺夫是沙皇政府的敌人吗？"———"嗯，当然啰！"阿德勒答道，"他比阁下还要敌视沙皇政府呢。"我们很快地就从维也纳抵达了瑞士边境。

伯 尔 尼

一九一四——一九一五年

我们终于在九月五日到了瑞士,去伯尔尼。

我们还没有最后确定是住在日内瓦还是住在伯尔尼。日内瓦这个住惯了的旧地方吸引着伊里奇。从前在那里的"Societe de Lecture"(读书会)工作很方便,那里有一个完备的俄文图书馆,等等。但是,住在伯尔尼的人们说,日内瓦大大地改变了,从其他城市和法国去了很多侨民,现在侨民的混乱情形简直令人难以想象。在没有最后决定这个问题以前,我们暂时在伯尔尼租了房子。

伊里奇立刻同日内瓦通起信来,询问那里是否有到俄国去的人——必须依靠他们跟俄国接上关系,打听那里是否还有保留下来的俄文印刷所,那里是否还能印刷俄文传单,等等。

从加里西亚到来的第二天,留在伯尔尼的所有的布尔什维克——什克洛夫斯基、萨法罗夫夫妇,杜马代表萨莫伊洛夫,还有歌别尔曼等人集合起来在森林中举行了一个会议;伊里奇在会上发表了自己对当前事变的观点。结果通过了一个决议,指出这次战争是帝国主义的掠夺性的战争,认为投票赞成军事预算的第二国际的领袖们的行为是叛变无产阶级事业的行为;决议里说:"从俄国各民族的工人阶级和劳动群众的观点来看,沙皇君主政府和它的军队战败为害最小,因为它们压迫波兰、乌克兰和俄国的许多民族。"①决议提出了在世界各国宣传社会主义革命、宣传国内战争、坚决反对世界各国的沙文主义和爱国主义的口号,同时决议也为俄国制定出行

---

① 见《列宁全集》第26卷,人民出版社2017年版,第6页。

动纲领:反对君主制度,宣传革命,为共和制度而斗争,为解放受大俄罗斯民族压迫的各民族而斗争,为没收地主土地和实行八小时工作制而斗争。

伯尔尼的决议实质上是对整个资本主义世界的一个挑战书。当然,伯尔尼的决议不是为了束诸高阁而写的。它首先散发给了国外布尔什维克的各个支部。然后萨莫伊洛夫把它带去同中央委员会的俄国部分和杜马党团讨论。那时还不清楚他们站在什么立场。当时和俄国的联系中断了。后来才知道中央委员会的俄国部分和杜马党团中的布尔什维克立即采取了正确的行动。国际代表大会关于战争的决议,对于我国的先进工人,对于我们的党组织,决不是一纸空文,而是行动的指南。

在战争爆发的头几天,刚刚宣布动员时,党中央就发出传单,号召"打倒战争!""以战争反对战争!"在动员预备兵的那天,彼得堡的许多企业举行了罢工,甚至还要组织游行示威。但战争使得疯狂的黑帮派的爱国主义异常嚣张,使得军事反动势力大大增强了,所以当时未能做出多少成绩。我们的杜马党团坚决地执行反对战争的路线,执行同沙皇政权继续斗争的路线。这种坚定精神甚至影响了孟什维克,于是整个社会民主党党团通过了一个要在杜马讲坛上加以宣布的共同的决议。这个决议是以非常谨慎的词句写成的,其中许多问题并未明确指出,但这终究是引起全体杜马代表一致愤怒的表示抗议的决议。当社会民主党党团(那时还是整个党团)没有参加军事预算投票,并为了表示抗议离开会场的时候,代表们的这种愤怒更加高涨了。布尔什维克组织迅速地转入了地下,深深地隐蔽起来,开始印发传单,在传单上发出如何利用战争来展开和加强革命斗争的指示。这时外省也开始了反对战争的宣传。各地报道表明,这个宣传得到了具有革命情绪的工人的支持。关于所有这些情况,我们在国外知道得很晚。

我们各个国外小组没有经历俄国最后几个月的革命高潮,而且疲惫于侨居生活(许多人都想不惜任何代价摆脱这种生活),因此没有我们杜马代表和俄国布尔什维克组织所具有的那种坚定的精神。许多人对问题还不清楚,所谈论的多半是谁是进攻的方面。

巴黎小组的大多数人终于表示反对战争,反对参加义勇军的行为,但也有一部分同志,如萨波日科夫(库兹涅佐夫)、卡扎科夫(勃里特曼,又名斯维亚金)、米沙·爱吉谢罗夫(达威多夫)、莫伊谢耶夫(伊里亚,又名泽菲尔)等人,作为义勇军参加了法国军队。义勇军,孟什维克,一部分布尔什维克,社会革命党人(共约八十人)以"俄国共和派"的名义通过了一个宣言,发表在法国的报纸上。义勇军从巴黎出发之前,普列汉诺夫曾向他们作了临别赠言。

巴黎小组中的大部分布尔什维克是谴责参加义勇军的行为的。但是在其他小组里,问题并没有彻底搞清楚。弗拉基米尔·伊里奇懂得,在这个重要时刻,使每个布尔什维克彻底理解现时发生的各种事变的意义,是具有特别重大意义的,必须同志般地交换意见,不宜于一开始就立即把每种看法的色彩固定下来,应当彻底地讨论。这就是为什么伊里奇在回答卡尔宾斯基的信(卡尔宾斯基在信里叙述了日内瓦支部的观点)的时候写道:"批评,和我的'反批评'可能是最恰当的谈话题目吧?"

伊里奇知道,同志般的谈话比通信更能把问题谈得透彻。当然,当时没有这许多时间能够长久地只在狭小的布尔什维克圈子里进行同志般的谈话。

十月初,得悉普列汉诺夫从巴黎回来后已在日内瓦作了讲演,并且打算去洛桑讲演。

普列汉诺夫的立场使弗拉基米尔·伊里奇感到非常不安。他不敢相信普列汉诺夫已变成护国分子。"简直叫人不能相信",他说。"一定是普列汉诺夫的军事经历①发生了影响"——他沉思地补充了一句。十月十日洛

---

① 普列汉诺夫青年时代曾在军事学校读过书,列宁指的可能是这段经历。——译者注

桑来电报说,讲演定于明日即十一日举行。伊里奇立即坐下准备发言稿,我尽量不让其他事情打扰他,我同我们的人商量:谁从伯尔尼前去听讲演,等等。我们在伯尔尼住下了。这时季诺维也夫一家也住在伯尔尼,他们比我们约晚来两星期。伊涅萨当时也住在伯尔尼。

我没有能出席讲演会,后来我们的同志把会上情形详细地告诉了我。但是,我在《列宁研究院学报》里读完了弗·伊里奇关于这次讲演的回忆录之后,我就知道当时伊里奇所经受的一切了,我好像看见了伊里奇一样。伊涅萨后来也详细地谈过这次讲演会。我们的人从各地去参加了讲演会。从伯尔尼去的有:季诺维也夫、伊涅萨、什克洛夫斯基;从克拉伦河上的鲍日去的有:罗兹米罗维奇、克雷连柯、布哈林以及住在洛桑的同志们。

伊里奇曾担心不能参加普列汉诺夫的讲演会,不能讲出积郁已久的全部意见,他担心孟什维克不允许这么多的布尔什维克到会场里去。我想象得出,在这种时候他是多么不愿意同人们谈论各种事情;他为了达到一个人独处的目的而使用的一些单纯的心机是可以理解的。可以清楚地想象出来,在莫夫绍维奇家里吃饭的时候,虽然四周闹哄哄的,但他却独自沉思,激动得吃不下一点东西。普列汉诺夫致开幕词时,说他没有准备在这样的大会上讲话,这时伊里奇对坐在附近的同志们低声说句不很自然的笑话,是可以理解的。"骗子",——伊里奇当时说了一句,便聚精会神地听普列汉诺夫的讲话了。普列汉诺夫讲演的前一部分斥责了德国人,伊里奇同意他的意见,并且向他鼓掌。普列汉诺夫讲演的第二部分就发挥起护国主义的观点了。已经丝毫没有怀疑的余地了。只有伊里奇一人登记讲话,再没有别的人去登记了。他端着一杯啤酒走到桌子跟前。他讲话很镇静,只是他那苍白的脸色透露了他的激动的心情。伊里奇说,现在爆发的战争不是偶然的,这是由资本主义社会发展的整个性质准备好了的。历次国际代表大会——斯图加特代表大会、哥本哈根代表大会、巴塞尔代表大会——规定了社会主义者对当前战争应抱的态度。社会民主党人只有同本国沙文主义的乌烟瘴气进行斗争才能完成自己的职责。必须把已经开始的战争变成无产阶级对统治阶级的坚决斗争。

伊里奇的讲话时间只有十分钟,他只是讲出了要点。普列汉诺夫以其常有的尖刻态度反驳了他。孟什维克——他们在会上占压倒的多数——疯狂地给普列汉诺夫鼓掌。这就造成了一种印象,似乎是普列汉诺夫胜利了。

三天之后,十月十四日,仍在普列汉诺夫讲演的那个地方——Maison du Peuple(国民公所),伊里奇作了报告。礼堂挤得满满的。这次报告很成功,伊里奇的情绪是高涨的、战斗的。他充分地发挥了他对于战争的看法,认为这个战争是帝国主义战争。弗拉基米尔·伊里奇在报告中指出,中央委员会已在俄国印发了反对战争的传单,高加索及其他地方的一些党组织也印发了同样的传单。伊里奇在报告中指出,现在欧洲最好的社会主义报纸是马尔托夫为之撰稿的《呼声报》。"尽管我同马尔托夫的意见分歧越来越多、越来越大",伊里奇说道,"我应该越加肯定地说,这位作家现在做的正是社会民主党人应当做的事情。他批评本国的政府,他揭露本国的资产阶级,他痛骂本国的部长们。"

在私人谈话中,伊里奇屡次说,如果马尔托夫能完全转到我们这边来,那该是多么好啊。但是,伊里奇不大相信马尔托夫能够坚持他的立场。伊里奇知道,马尔托夫是非常容易受别人影响的。"因为现在只是他一个人,所以他才这样写",伊里奇补充说。伊里奇的讲演获得了巨大的成功。他在日内瓦也作了以《无产阶级与战争》为题的讲演。

伊里奇外出讲演回来的时候,接到施略普尼柯夫的一封信,他从斯德哥尔摩给伊里奇报道俄国的工作,报道王德威尔得给杜马党团的电报以及杜马的代表——孟什维克和布尔什维克给他的回电。爱弥尔·王德威尔得——国际社会党执行局里的比利时代表,在宣战时,在比利时政府任部长之职。战前不久,他到过俄国,看到过俄国工人同专制制度进行的斗争,但他没有理解这种斗争的本质。王德威尔得给社会民主党杜马党团的两派拍了电报。他号召社会民主党党团争取俄国政府站在协约国方面,坚决同德国进行战争。

孟什维克的代表们最初虽然拒绝了投票赞成军事预算,但是当他们知道了大多数社会党所采取的立场以后,便非常明显地动摇起来了;所以他们给王德威尔得的复电便具有完全不同的性质了:他们宣称,他们不反对战争。布尔什维克党团也作了答复,在答复中坚决拒绝了支持战争、停止反对沙皇政府斗争的任何建议。在这个答复中有许多问题没有明确提出,但它采取的基本路线是正确的。当时已感到,国外与俄国的联系如何重要,因此,伊里奇极力主张让施略普尼柯夫留在斯德哥尔摩,加强跟杜马党团及一般俄国人的联系。这种工作在斯德哥尔摩做是再好不过了。

伊里奇从克拉科夫一到伯尔尼,就立刻给卡尔宾斯基写信,打听是否可以在日内瓦印刷传单。伊里奇初到伯尔尼时通过的提纲,一个月之后决定修改成宣言出版。于是伊里奇又给卡尔宾斯基写信,商谈出版事宜;信是找别人带去的,要做到极其秘密。那时还不清楚瑞士当局对于反军国主义的宣传抱什么态度。

弗拉基米尔·伊里奇在接到施略普尼柯夫的第一封信的次日,给卡尔宾斯基的信上写道:"亲爱的卡:正当我在日内瓦的时候,得到了来自国内的令人兴奋的消息。俄国社会民主党人给王德威尔得的答复的文本也来了。因此我们决定出版中央机关报《社会民主党人报》下一号,来代替单独印行的宣言……星期一我们将给您寄去宣言的几处不大的改动和更换了的署名(因为同国内取得联系之后,我们就可以比较正式地发表了)。"[1]

---

[1] 见《列宁全集》第47卷,人民出版社2017年版,第12—13页。

十月底，伊里奇又出去讲演，起初在蒙特勒，后来在苏黎世。在苏黎世讲演的时候，托洛茨基发言，对于伊里奇称考茨基为"叛徒"这件事表示愤慨。伊里奇为了弄清谁采取什么路线起见，故意把所有的问题都提得非常尖锐。同护国分子的斗争全面展开了。

这个斗争不仅带有党内斗争的性质，不仅涉及俄国问题，它还具有国际的性质。

"被机会主义所战胜的第二国际死亡了"，弗拉基米尔·伊里奇肯定地说。应当聚集力量来建立清除了机会主义的新国际即第三国际。

当时可以依靠哪种力量呢？

没有投票赞成军事预算的，除了俄国社会民主党人之外，只有塞尔维亚的社会民主党人；他们在塞尔维亚国会中总共只有两人。德国在战争开始的时候，全都赞成军事预算，但是九月十日，李卜克内西、梅林、卢森堡、蔡特金联合发表了一个声明，反对大多数德国社会民主党人的立场。这个声明直到十月底才在瑞士报纸上发表出来，在德国报纸上没有能够发表。战争一开始在德国报纸中就采取最左立场的《不来梅国民日报》，在八月二十三日宣称"无产阶级国际"破灭了。以盖得和瓦扬为首的法国社会党已经滚进沙文主义的泥潭。可是党的下层群众反对战争的情绪却相当普遍。王德威尔得的行为是当时比利时党的特征。在英国机会主义的独立工党中，麦克唐纳和凯尔-哈第给了汉德曼及整个英国社会党的沙文主义以反击。中立国也有反战的情绪，但是这种情绪多半带有和平主义性质。以《Avanti》（《前进报》）为领导中心的意大利社会党算是最革命的了；它同沙文主义进行了斗争，揭破了号召战争的自私自利的内幕。它得到大多数进步工人的支持。九月二十七日在卢加诺举行了意大利和瑞士两国社会党人的代表会议；我们把关于战争的提纲寄给了代表会议。代表会议认定这次战争是帝国主义战争，要求国际无产阶级为和平而斗争。

弗·伊·列宁

（**1914 年**）

一般说来,反对沙文主义的呼声,国际主义的呼声,当时还很微弱,分散,没有信心。但是伊里奇毫不怀疑这种呼声将越来越有力。整个秋天,伊里奇都充满了高昂的战斗激情。

我关于这个秋天的回忆,是与伯尔尼森林的秋景交织在一起的。那年的秋天异常美妙。在伯尔尼我们住在第斯泰维克——那是一条清洁而寂静的小胡同,接近绵延数公里的伯尔尼森林。伊涅萨和我们住斜对门。五分钟就能走到季诺维也夫家,十分钟就能走到什克洛夫斯基家。我们常常连续几小时地顺着落满黄叶的林间小道散步。我们散步的时候多半是三个人——弗拉基米尔·伊里奇、伊涅萨和我。弗拉基米尔·伊里奇谈论他在国际方面的斗争计划。伊涅萨热情地把所有这些都记在心里。她直接参加了这一正在展开的斗争:与外边通信;把我们的各种文件译成法文和英文;搜集材料;同人们谈话;等等。有时候我们在灌木丛生的向阳坡上坐几小时。伊里奇草拟他的讲演与论文的大纲,琢磨词句;我依照土森的教科书研究意大利语;伊涅萨缝制一条裙子,她愉快地晒着秋天的太阳——出狱以后她的健康还没有完全恢复过来。晚上我们都聚集在季诺维也夫家的小房间里(季诺维也夫一家三口人——季诺维也夫、利林娜和他们的小孩斯切潘——住在一个房间里),伊里奇逗弄一会要睡觉的斯切潘之后,就提出许多具体的建议。

伊里奇在十月十七日给施略普尼柯夫的信里,扼要而确切地表达了斗争路线的要点。

"取消派先生们同阿列克辛斯基和普列汉诺夫的整个'布鲁塞尔联盟'的中间路线看来就是迎合目前为害最大的考茨基。考茨基用花言巧语来掩饰机会主义者的丑行(在《新时代》杂志上),他的这种诡辩术已经到了非常有害和卑鄙的程度。机会主义者的危害一目了然。而以考茨基为首的德国'中派'的危害则是巧加粉饰不易发觉的,它能迷惑工人的视线、理智和良心,因而也最危险。目前我们的任务是无条件地和公开地同国际机会主义及其庇护者们(考茨基)进行斗争。这也是我们在即将出版(大概是两版)的中央机关报上将要采取的方针。目前必须竭力支持有觉悟的工人对德国人的恶劣行为所表示的正当的憎恨,并从中得出政治结论:要反对机会主义和任何纵容机会主义的行为。这是一项国际任务。承担这项任务的只有我们,别无他人。这是义不容辞的。'简单地'恢复国际这个口号不正确(因为根据考茨基—王德威尔得路线通过的糟透了的调和性决议的危害性非常非常之大!)。'和平'这个口号不正确,——我们的口号应当是变民族战争为国内战争。(这个转变可能需要很长时间,可能需要而且势必需要许多先决条件,但是必须根据实行这种转变的方针,本着实行这种转变的精神和方向去进行整个工作。)不是暗中破坏战争,不是本着这种精神去进行单独的个人的活动,而是进行群众性的宣传工作(不只是对'非军人'),引导人们最终把战争变为国内战争。

在俄国,沙文主义利用'法国很美好'而比利时很不幸(而乌克兰呢?等等)这样的说法或者利用对德国人(和对'凯撒制度')的'民众普遍的'仇恨来作掩护。因此跟这些诡辩作斗争是我们义不容辞的责任。为了使斗争能以一条正确和鲜明的路线为指导,就需要一个集中反映这条路线的口号。这个口号就是:对我们俄国人来说,从俄国劳动群众和工人阶级的利益考虑,丝毫不容置疑、绝对不容置疑的一点就是,沙皇制度在这场战争中现在马上失败带来的损失最小,因为沙皇制度比凯撒制度坏百倍。不是暗中破坏战争,而是跟沙文主义作斗争,竭力宣传无产阶级的国际团结(接近、声援、协商,视情况而定)以便进行国内战争。无论是号召采取狙击军官之类的个人行动,还是认为我们不想帮助凯撒制度之类论据有道理,都是错误的。前者是无政府主义倾向,后者是机会主义倾向。我们应当为在军队中采取大规模的(至少是集体性的)行动作准备,并且不只是在一个国家的军队中作这种准备,而且还应当根据这个方针来进行全部宣传鼓动工作。根据变民族战争为国内战争的精神来指导工作(顽强地、系统地、也许是长期地)——这就是整个实质。何时实行这种转变是另外一个问题,现在还不清楚。应当使这个时机成熟和有步骤地'促使它成熟'。……

我认为,和平口号在目前是不正确的。这是庸人的、神父的口号。无产阶级的口号应当是:国内战争。

客观上是这样:从欧洲局势的根本改变中必然得出这样一个适应于大规模战争时代的口号。从巴塞尔决议中也必然得出同样的口号。

我们既不能'许诺'国内战争,也不能'用法令宣布'国内战争,但是我们必须按照这个方针进行工作——必要时甚至进行很长一个时期。详情可看中央机关报上的文章。"①

开战两个半月以后,伊里奇已制定了明确的斗争路线。他的后来的全部活动都围绕着这个路线。斗争的国际性的范围使伊里奇所筹划的全部俄国工作获得了新的色调,给予了这个工作以新的力量、新的色彩。如果没有过去长时期为建党、为组织俄国工人阶级而斗争的艰苦工作,伊里奇就不可能这样迅速而果断地采取正确的路线来对待帝国主义战争所提出的新任务。如果没有深入地参加国际斗争,伊里奇就不能这样坚定地领导着俄国无产阶级取得十月革命的胜利。

一九一四年十一月一日,《社会民主党人报》第三十三号出版了。起初只印了五百份,后来需要再加印一千份。十一月十四日,伊里奇高兴地写信告诉卡尔宾斯基,说中央机关报已运到离国境不远的一个地方了,不久就要继续往前运送。

通过奈恩和格拉贝,十一月十三日在纽沙德尔州工人集中地绍德封

---

① 见《列宁全集》第47卷,人民出版社2017年版,第14—17页。

(Chaux-de-Fond)用法文出版的瑞士报纸《La sentinelle》(《哨兵报》)上刊出了宣言的摘录。伊里奇非常高兴。我们把宣言的译文寄给了法国、英国和德国的报纸。

为了在法国人中间展开宣传,弗拉基米尔·伊里奇写信给卡尔宾斯基,要他在日内瓦给伊涅萨组织一个用法语发言的讲演会。同施略普尼柯夫通信讨论了关于他在瑞典国际代表大会上的演讲。施略普尼柯夫在这次大会上作了演讲,而且很成功。布尔什维克的"国际活动"就这样逐渐地开展起来了。

当时同俄国的联系很差。施略普尼柯夫为中央机关报第三十四号寄来一份彼得格勒的重要的材料。但与此同时,在第三十四号上也刊登了关于五个布尔什维克杜马代表被捕的消息。同俄国的联系又削弱了。

在展开反对第二国际背叛无产阶级事业的激烈斗争的同时,伊里奇回到伯尔尼立即着手为格拉纳特百科辞典撰写论文《卡尔·马克思》。他在这篇论文中阐明马克思的学说时,先概括地说明马克思的世界观,即从《哲学唯物主义》和《辩证法》这几节开始,接着叙述了马克思的经济学说,然后阐述了马克思如何对待社会主义问题和无产阶级阶级斗争的策略问题。

一般都不这样叙述马克思的学说。为了撰写哲学唯物主义和辩证法这两节,伊里奇再次重读了黑格尔及其他哲学家的著作,并且在完成关于马克思的这篇论文之后,也没有放弃这一工作。他研究哲学是为了掌握怎样把哲学变为具体的行动指南的方法。伊里奇一九二一年在工会问题上同托洛茨基、布哈林争辩时提出的那些关于辩证地对待一切现象的简要意见,最好地表明了他的哲学研究工作在这方面对他有多大帮助。他到伯尔尼以后就开始的哲学研究工作,乃是他在一九○八——一九○九年间同马赫主义者进行斗争时所作的哲学研究工作的继续。

伊里奇总是把斗争与学习、学习与科学研究工作密切地结合在一起,相互间始终有最深刻最直接的联系,虽然乍看起来也可能觉得这是各不相干的。

一九一五年初,继续进行着团结国外布尔什维克小组的紧张工作。虽然当时已有了一定的协调性,可是当时的情况比任何时候都更需要团结。战前布尔什维克组织的中心,即所谓国外组织委员会,设在巴黎。现在必须把这个中心移到中立国瑞士的伯尔尼,而中央机关报的编辑部也在这里。当时,应当彻底协商下列问题:对战争的看法问题,摆在党面前的新任务问题,完成这些任务的方法问题,必须更加精确地确定各小组的工作。例如那时鲍日分子①(克雷连柯、布哈林、罗兹米罗维奇)决定出版他们的国外机关报《明星报》,甚至没有同中央机关报商量过就匆忙地开始了筹备工作。我们是从伊涅萨那里知道这整个计划的。那时出版这样一个报纸是不合时宜的。当时,没有钱出版中央机关报,暂时是没有意见分歧,可是意见分歧是很容易发生的。任何一句不谨慎的话都可能被敌人利用去大造其谣。当时需要步调一致。那时的要求就是这样。二月底在伯尔尼召开了国外布尔什维克组织代表会议。除了瑞士的布尔什维克组织以外,还有巴黎的布尔什维克组织出席了这次代表会议;代表巴黎来的格里沙·别连基详细地叙述了战争开始时笼罩过巴黎布尔什维克组织的护国主义情绪。伦敦的布尔什维克没能出席,他们把自己的权利委托给了代表会议。鲍日分子动摇了好久——来呢还是不来,直到会议结束时他们才来了。同他们一道来的有"日本人"——我们这样称呼基辅布尔什维克皮达可夫同志和博什同志(她是叶·费·罗兹米罗维奇的妹妹),他们是从西伯利亚的流放地经过日本和美国逃出来的。那时我们极其需要观点一致的一切新同志。我们很喜欢"日本人"。他们的到来无疑地壮大了我们国外的力量。

---

① 指"鲍日"反党集团分子,该集团是因其所在地鲍日(瑞士)而得名。——译者注

代表会议通过了一个明确的关于战争的决议,会上辩论了欧洲联邦口号(伊涅萨特别激烈地反对这个口号),会议确定了国外布尔什维克组织的工作性质,决定不出版鲍日的报纸,选举伯尔尼的布尔什维克什克洛夫斯基、卡斯帕罗夫、伊涅萨·阿尔曼德、利林娜、克鲁普斯卡娅等人组成新的"国外组织委员会"。

战前,一九一三年,卡斯帕罗夫住在柏林。伊里奇是从我们的巴库同志叶努基泽和邵武勉等人那里知道他的。这一时期,伊里奇特别关心民族问题,所以他尽量地设法和那些关心民族问题并能正确对待这一问题的人取得密切的联系。

一九一三年夏天,卡斯帕罗夫给《启蒙》杂志写了一篇关于民族问题的论文。伊里奇回答他说:"亲爱的同志:您的文章我已经收到并读过了。依我看,题目选得很好,论述得也很正确,就是文字加工不够。'鼓动'得有点(怎么说好呢?)过头,和谈理论问题的文章不相称。我看,或是您自己再加一下工,或是由我们试改一下。"①民族问题的题目的选择和正确的阐述,具有很重要的意义,因此伊里奇立刻把搜集民族问题材料的许多工作交给了卡斯帕罗夫,并具体指出他所应关心的是什么;他相信卡斯帕罗夫能看见最重要最本质的东西。一九一四年一月,伊里奇准备去柏林作短期逗留之前,写信给卡斯帕罗夫,说必须和他见见面,同时指出怎样见面。

尖锐斗争的时刻、革命高潮的时刻使他们更加亲近了。一九一四年七月,彼得格勒工人运动迅速地开展起来,我们接到一封报道革命浪潮高涨的信。在这以前,伊里奇给卡斯帕罗夫写信的称呼总是"亲爱的同志",现在当他知道卡斯帕罗夫跟我们一样激动地经受着革命高潮的时候,他在信中的称呼就不同了:"亲爱的朋友!"伊里奇写道,"亲爱的朋友:恳请您承担起

---

① 见《列宁全集》第46卷,人民出版社2017年版,第308页。

在俄国革命的日子里向我们通报消息的工作。我们现在无报可读。请您……"①接着并给他提出了一个完整的通信大纲。

战争爆发以后，卡斯帕罗夫不得不从德国搬到伯尔尼来住。我们如同好友相逢一样。在伯尔尼我们天天见面，卡斯帕罗夫很快就成了我们小组里最亲近的一个同志。后来我们就把他吸收到国外组织委员会里面来了。

在国际范围内集聚力量的任务已提到日程上来。一九一五年二月十四日举行的协约国（英、比、法、俄）社会党伦敦代表会议，清楚地表明了这是多么艰巨的任务。这次代表会议是王德威尔得召集的，但是会议却是以凯尔-哈第和麦克唐纳为首的英国独立工党组织的。代表会议举行之前，他们反对战争，赞成国际联合。起初，独立工党想邀请德国和奥地利的代表参加，但是法国人声称，要是这样的话，他们将不参加代表会议。参加这次会议的，英国有十一个代表，法国有十六个代表，比利时有三个代表。俄国有三个社会革命党人代表。孟什维克的组织委员会有一个代表参加。我们布尔什维克由李维诺夫出席。事先已清楚地看出这将是一个什么样的代表会议，能得出什么结果，所以约定李维诺夫只是在会议上读一下中央委员会的宣言。伊里奇给李维诺夫拟定了宣言的草稿。宣言要求王德威尔得、盖得、桑巴立刻辞去比利时和法国资产阶级的部长职务，要求所有的社会党支持俄国工人反对沙皇制度的斗争。宣言中指出，德国和奥地利的社会民主党人投票赞成军事预算，同容克、僧侣和资产阶级签订"国内和平"的协定，这是对社会主义和国际的骇人听闻的罪行。可是比利时和法国的社会党人的行为并不比他们好些。"俄国工人向像卡尔·李卜克内西、塞尔维亚和意大利社会主义者、独立工党的英国同志、英国社会党某些党员、我们俄国社会民主工党被捕的同志那样行动的社会主义者伸出同志的手。

---

① 见《列宁全集》第46卷，人民出版社2017年版，第517页。

我们召唤你们走这条路,走社会主义的路。打倒危害无产阶级事业的沙文主义!国际社会主义万岁!"①宣言是以这些话结束的。签署这篇宣言的除中央委员会外,还有拉脱维亚社会民主党人的代表别尔津。主席没让李维诺夫把宣言读完。李维诺夫把宣言交给主席,宣布俄国社会民主工党不参加代表会议之后,退出了会场。李维诺夫走后,代表会议通过了拥护把"解放战争"进行到战胜德国为止的决议;凯尔-哈第和麦克唐纳也投票赞成这个决议。

这时正进行着国际妇女代表会议的准备工作。当然,重要的不仅仅是举行这个代表会议,而是使这个会议不带和平主义的性质,采取确定不移的革命立场。因此,非常需要进行大规模的准备工作。这个工作主要落在伊涅萨的身上。伊涅萨帮助中央机关报编辑部翻译各种文件;她一开始就参加了日益展开的反对护国主义的斗争,这个工作由她来做是再适合不过了。除此而外,她还精通多种外国语。伊涅萨常常同蔡特金、巴拉巴诺娃、柯伦泰和许多英国人通信,加强着国际联系的初步线索。这些线索极不可靠,而且逐渐中断,但是伊涅萨一次又一次地把它们连接起来。伊涅萨通过住在巴黎的斯塔莉同法国的同志们通信。那时同巴拉巴诺娃的通信联系最简单——她在意大利工作,参加了《前进报》的工作。这个时期正是意大利社会党革命情绪最高的时期。德国的反护国主义的情绪增长起来了。十二月二日卡尔·李卜克内西投票反对军事预算。蔡特金召集了国际妇女代表会议。她是社会主义妇女国际局的书记。她和卡尔·李卜克内西、罗莎·卢森堡、弗·梅林一起进行了反对德国社会民主党沙文主义多数派的斗争。伊涅萨同蔡特金建立了联系。至于柯伦泰,这时她已同孟什维克断绝了关系。一月间,她给弗拉基米尔·伊里奇和我写了信来,并寄来一张传单。弗

---

① 见 1915 年 3 月 29 日《社会民主党人报》第 40 号。——编者注。

拉基米尔·伊里奇在给她的信中说:"敬爱的同志:多谢您寄来传单(我暂时只能把它交给这里的《女工》杂志编辑部成员——她们已寄了一封信给蔡特金,内容大概同您的信相同)。"①其次,弗拉基米尔·伊里奇开始阐明布尔什维克的立场。"看来您并不完全同意国内战争这一口号,而只是把它放在和平口号之后,使它处于一种可以说是从属的(甚至也许是受到限制的)地位。您还着重指出,'我们应该提出一个能够团结一切人的口号'。"②伊涅萨也根据伊里奇的方针和柯伦泰通信谈论代表会议问题。柯伦泰没能出席这次代表会议。

伯尔尼国际妇女代表会议于三月二十六——二十八日举行。最大的和有组织的代表团是以蔡特金为首的德国代表团。代表俄国中央委员会出席这次代表会议的有:阿尔曼德、利林娜、拉维奇、克鲁普斯卡娅、罗兹米罗维奇等人。波兰"罗斯拉莫夫派"的代表有卡瓦斯卡娅(托姆斯卡娅),她与中央委员会的代表团团结在一起。俄国的代表中还有组织委员会的两个代表。意大利的代表是巴拉巴诺娃。法国的代表是路易莎·索莫诺——一个受巴拉巴诺娃影响甚深的法国妇女。荷兰的代表们具有纯粹和平主义的情绪。当时荷兰左翼的代表罗兰-霍尔斯特未能前来,彻头彻尾沙文主义的特鲁尔斯特拉的党派来了一个代表。英国的代表属于机会主义的独立工党,瑞士的代表也有和平主义的倾向。在会议上这种倾向占了上风。当然,如果我们回想一下一个半月以前举行的伦敦代表会议的话,这是不小的一个进步。各个交战国的社会主义者都来参加代表会议这一事实本身就是具有意义的。

德国代表大部分是卡尔·李卜克内西和罗莎·卢森堡一派的。这一派已经开始同本国沙文主义分子划清界限,同本国政府进行了斗争,——罗

---

① 见《列宁全集》第47卷,人民出版社2017年版,第47页。
② 见《列宁全集》第47卷,人民出版社2017年版,第47页。

莎·卢森堡已经被捕了。但这只是在本国的情形。而在国际讲坛上,她们觉得她们应当表示出最大的让步态度,因为她们是一个这时在战场上不断获胜的国家的代表团。如果这样困难地召集起来的代表会议破裂了的话,大家就会要她们来负全部责任;代表会议破裂,就会使各国沙文主义分子高兴,首先就会使德国社会爱国主义分子高兴。因此,蔡特金对和平主义者作了某些让步,这意味着阉割决议的革命内容。我们的代表团——俄国社会民主工党中央委员会的代表团,坚持了伊里奇在给柯伦泰的信中所叙述的观点。问题不在于笼统的团结,团结应该是为了进行反对沙文主义的革命斗争,为了进行无产阶级反对统治阶级的不调和的革命斗争。德国、英国和荷兰的代表所组成的委员会拟定的决议中没有斥责沙文主义。我们提出了自己的宣言。伊涅萨捍卫了这个宣言。波兰代表卡瓦斯卡娅也发言捍卫这个宣言。我们在会议上仍然是孤立的。大家都斥责我们的"分裂"政策。可是,现实不久就证明了我们的立场是正确的。英国和荷兰代表们的好心善意的和平主义,并没有把国际活动向前推进一步。进行革命斗争,同沙文主义划清界限,在使战争迅速结束方面起了重大的作用。

伊里奇用全副精力来聚集力量,以便在国际战线上进行斗争。有一次他说:"我们人少,这并非不幸,千百万人将同我们站在一道。"他给我们起草了伯尔尼妇女代表会议的决议,并且关注着会议的全部工作。但是,感觉得出来,在这一非常重要的工作中只能在一旁作指导,这使伊里奇多么难过,因为这件工作就在他身旁进行,他非常希望能以全部身心来直接参加这一工作。

我记得有一回:我同伊涅萨正在医院里看望动了手术的阿布拉姆·斯科夫诺。伊里奇来了,他劝说伊涅萨立刻到蔡特金那里,去向她证明我们的立场是正确的,她必须明白,而且不能不明白在这种时刻不许滚到和平主义的泥坑里去,必须尖锐地提出一切问题。于是伊里奇一再举出说服蔡特金的新论据。伊涅萨不愿意去,她认为谈话不会有什么结果。伊里奇坚持要她去,他的话里充满了热烈的请求。伊涅萨当时没能同蔡特金谈话。

四月十七日在伯尔尼举行了第二个国际性的代表会议——社会主义青年代表会议。那时瑞士聚集了许多不愿意到前线参加帝国主义战争的各个交战国的青年和逃避兵役者;他们侨居在中立国瑞士。自然,这些青年具有革命的热情。所以继国际妇女代表会议之后而召开社会主义青年代表会议就不是偶然的了。

伊涅萨和萨法罗夫代表我们党的中央委员会在会议上发表了演说。

三月我的母亲去世了。她是我们最亲密的同志,她曾帮助我们做各种工作。在俄国,搜查的时候,她收藏秘密文件,替同志们往狱中送东西,转达委托;在西伯利亚和国外她都和我们一起住,给我们打理家务,照顾到我们这里来来往往的同志们,缝制暗藏秘密文件的坎肩,给许多化学药水信写"底子",等等。同志们都很敬爱她。最后的一个冬天,对她是很困难的。她已精疲力竭了,很想回俄国去,但是当时那里我家没有人照顾她。妈妈常常同弗拉基米尔·伊里奇争论,但总是很关心伊里奇,而伊里奇对她也是体贴入微。有一次不知为了什么缘故,母亲无精打采地坐着。她是个酷爱抽烟的人,却忘了买纸烟,正赶上那天又是个节日,到处都买不到烟。伊里奇看到这种情况,说:"唉,糟糕,我马上想办法买去。"于是他就挨着店铺找,终于找到了,给母亲买了烟来。在去世前不久,有一次母亲对我说:"不,我一个人怎地也不回俄国去,同你们一起我才回去。"另外一次她同我谈起宗教来。她认为自己是个信徒,可是她已好多年没有进过教堂,没有戒过斋,没有祷告过,总而言之,宗教在她的生活中没有起过任何作用,而且她不喜欢谈论这类问题,那时她说:"年轻的时候,我信过教,生活了一个时期之后,我认识了生活,看出了那完全是胡说八道。"她屡次叮咛我们,她死后把她火葬。我们的房子邻近伯尔尼的森林。当春日的太阳温暖地照耀起来的时候,母亲就想到森林里去。我们和她一道去,在长凳上休憩约半个小时,她勉勉强强地挣扎到家里,第二天就病危了。我们按着她的吩咐,在伯尔尼的火葬场把她火葬了。

我和弗拉基米尔·伊里奇坐在墓地上;过了大约两小时,守墓人给我们送来了一个盛着还在发热的骨灰的洋铁罐,并告诉我们把骨灰埋在什么地方。

我们的家庭生活变得更加大学生化了。女房东——是个信教的熨衣老太太——要求我们另找房子,因为她希望把她的屋子租给信教的人。于是我们就搬家了。

二月十日对杜马中的五个布尔什维克代表进行了审判:所有布尔什维克代表——彼得罗夫斯基、穆拉诺夫、巴达耶夫、萨莫耶洛夫、沙果夫以及加米涅夫,都被判处流放。

伊里奇在一九一五年三月二十九日的论文《对俄国社会民主党工人党团的审判证明了什么?》中写道:"事实说明,在战争爆发后的头几个月里,俄国工人的觉悟的先锋队实际上就已团结在中央委员会和中央机关报的周围。不管这个事实使某些'党团'多么不愉快,但这是无可置辩的事实。起诉书引用了这样一句话:'不应当把枪口对准自己的兄弟即别国的雇佣奴隶,而要对准各国反动的资产阶级政府和政党。'通过审判,这句话一定会把而且已经把实行无产阶级国际主义、进行无产阶级革命的号召传遍俄国。通过审判,俄国工人先锋队的这一阶级口号已经深入广大群众。

资产阶级和部分小资产阶级中普遍流行的沙文主义,另一部分小资产阶级的动摇不定,工人阶级的上述号召——这就是我国政治分野的客观实际情景。必须把自己的'展望'、希望和口号同这种实际情景结合起来,而不是把它们同知识分子和各种小团体的创立者的善良愿望结合起来。

真理派的报纸和'穆拉诺夫式'①的活动,已使俄国五分之四的觉悟工人团结起来。约有 4 万工人购买《真理报》,而读《真理报》的工人就更多得多了。即使战争、牢狱、西伯利亚、苦役会夺去他们中间五分之四或十分之九的人,但要消灭这个阶层是不可能的。这个阶层生气勃勃,充满着革命精神和反沙文主义思想。只有这个阶层站在人民群众中间,扎根于群众之中,宣传被剥削被压迫的劳动者的国际主义。在四处出现土崩瓦解的情况下,只有这个阶层岿然屹立。只有这个阶层在领导半无产者阶层脱离立宪民主党人、劳动派分子、普列汉诺夫、《我们的曙光》杂志的社会沙文主义的影响而走向社会主义。对俄国社会民主党工人党团的审判,使整个俄国都看到了这个阶层的存在,看到了它的思想和活动,看到了它的'同别国雇佣奴隶兄弟般地团结起来'的呼吁。

必须对这个阶层进行工作,必须反对社会沙文主义以维护这个阶层的统一。俄国工人运动只有沿着这条道路才能走向社会革命,而不是走向'欧洲'式的民族自由主义。"②

实际生活很快地表明了列宁是正确的。伊里奇毫不懈怠地宣传着国际主义的思想,揭露着形形色色的社会沙文主义。

母亲去世以后,我的眼球凸出性甲状腺肿病复发了,医生指示我到山中去休养。伊里奇按着招租广告在一个偏僻的地方找到一处便宜的公寓,是在罗特霍伦山脚下的泽伦堡一个叫做"马琳塔尔"的旅馆。在那里我们度过了整个夏天。

我们动身前不久,"日本人"(博什同志和皮达可夫同志)到伯尔尼来了,他们带来在国外创办秘密的大型杂志的草案,在这个杂志上将能充分讨

---

① 穆拉诺夫在法庭上发表声明,说他在党中央的口号下把工人组织在党的周围,并叙述了利用国会达到革命目的的情形。——编者注

② 见《列宁全集》第 26 卷,人民出版社 2017 年版,第 177—178 页。

论一切最重大的问题。《共产党人》杂志将由 Π.基辅斯基和 H.基辅斯基（博什同志及皮达可夫同志）参加的中央机关报编辑部来编辑出版。这一点已经谈好。夏天,伊里奇为《共产党人》杂志写了一篇长论文《第二国际的破产》。这一年夏天,由于进行国际主义者代表会议的筹备工作,伊里奇和季诺维也夫一起准备了《社会主义与战争》一书。

在泽伦堡我们生活得挺好。周围是森林、高山,罗特霍伦山顶上甚至还有积雪。邮递工作具有瑞士式的准确性。而且,在泽伦堡这样一个偏僻的山村里,还能免费从伯尔尼或苏黎世的图书馆里借到任何书。只要给图书馆寄一张写着地址和申请借书的明信片去就成。没有人向你盘问什么,不要任何证明,不要任何人保证你不会把书骗走,——这和官僚主义的法国是完全相反的。两天之后,你便可以接到用硬纸包起来的书,纸包上用细绳系着一张硬纸做成的证签,证签的一面记着借书人的住址,另一面记着寄书的图书馆的馆址。这使住在最偏僻的地方的人也能够从事研究工作。伊里奇竭力赞扬瑞士的文化。那时在泽伦堡非常适于从事研究工作。过了不久,伊涅萨到我们这里来了。我们每天起得很早,午饭前(像瑞士全国的习惯一样午饭在十二点钟吃),我们各自在花园的一角用功。伊涅萨常在这个时候弹奏钢琴;在远处传来的音乐声中读书是特别好的。午饭以后,我们有时去山里玩一整个下午。伊里奇很喜欢山,喜欢在傍晚时分爬到罗特霍伦山的支脉上去,那时山顶上是一片奇异的景色,而在脚下则飘浮着玫瑰色的薄雾;或沿着什拉坚夫鲁山漫步,——这座山离我们约有两公里远,我们把这座山名译成"步步难登"。无论怎么也爬不上它的广阔平坦的峰顶——这座山密布着一种被春水冲击得嶙峋的石块。我们很少爬到罗特霍伦山上去,虽然从这座山上能望见阿尔卑斯山的绝妙景色。我们在鸡进舍时就睡;我们还去采集阿尔卑斯山的玫瑰和野果,并且大家都非常喜欢采蘑菇——这里遍地都是白蘑菇,另外,也有其他种类的蘑菇的幼苗。因此,在辨别蘑菇的种类时,我们常常发生激烈的争论,人们可能会以为在讨论一个具有原则性的决议案。

在德国,斗争开始炽烈起来。四月间,罗莎·卢森堡和弗·梅林创办的《国际》杂志出版了,但随即被查封了。尤尼乌斯(罗莎·卢森堡)写的《德国社会民主党的危机》一书出版了。卡尔·李卜克内西写的德国社会民主党左派的宣言《主要敌人在我们自己国内》出版了。六月初,卡尔·李卜克内西和敦克尔共同起草了《给社会民主党中央委员会和德国国会党团的公开信》,反对社会民主党大多数人对战争所持的态度。上千名党的负责干部在这个《公开信》上签了名。

德国社会民主党中央委员会看到左派社会民主党人的影响不断地增长,决定设法阻挠,一方面发表了由考茨基、哈阿兹和伯恩施坦签署的反对割让土地的宣言,并且号召党的团结;另一方面则以中央委员会和德国国会党团的名义反对左派。

罗·格里姆于七月十一日在瑞士的伯尔尼召集了研究筹备左派社会民主党人国际代表会议问题的预备会议。出席会议的有七个人(格里姆、季诺维也夫、阿克雪里罗得、瓦尔斯基、瓦列茨基、巴拉巴诺娃、莫尔加利)。实际上除季诺维也夫之外,参加这次预备会议的并没有真正的左派分子。全部谈话给人这么一种印象:到会者中间,谁也没有认真地想要召开左派代表会议。

弗拉基米尔·伊里奇很激动,他热心地给各方面写信,——给季诺维也夫、拉狄克、别尔津、柯伦泰以及洛桑的同志们写信,他关心在这次代表会议上能保证真正左派的席位,关心尽量加强左派分子之间的团结。八月中旬,布尔什维克已制定出宣言、决议案和声明草案,并送给了最坚决的左派同志们讨论。十月,列宁和季诺维也夫的《社会主义与战争》一书已译成德文。

代表会议于九月五日至八日在齐美尔瓦尔德举行;十一个国家的代表

（共三十八人）出席了这次会议。结成所谓齐美尔瓦尔德左派的只有九人（列宁、季诺维也夫、别尔津、霍格伦、涅尔曼、拉狄克、博尔夏特、普拉廷以及代表会议后参加的罗兰-霍尔斯特）。出席会议的俄国代表还有：托洛茨基、阿克雪里罗得、马尔托夫、纳坦松、切尔诺夫和一个崩得分子。托洛茨基没有参加齐美尔瓦尔德左派。

弗拉基米尔·伊里奇在开会前就到了，在四日举行的非正式会议上作了关于战争性质和国际代表会议应采取的策略的报告。整个争论都是围绕着《宣言》问题的。左派分子提出了自己的宣言草案和关于战争和社会民主党人任务的决议草案。大多数代表拒绝了左派分子的草案，而通过了非常模糊的、战斗性极弱的《宣言》。左派分子签署了共同宣言。伊里奇在《第一步》一文里对齐美尔瓦尔德会议作了这样评价："我们的中央委员会当时是否应当在这个不彻底的和畏首畏尾的宣言上签字呢？我们认为应当。至于我们的不同意见——不仅是中央委员会的也是代表会议全体国际主义的革命马克思主义左派的不同意见——无论在专门决议中，在专门宣言草案中，或在投票赞成这个妥协性宣言时所作的专门声明中，都已公开陈述过了。我们毫不隐瞒自己的观点、口号和策略。会上分发了德文版小册子《社会主义与战争》。我们过去传播，现在传播，将来也要传播我们的观点，要使这种传播不逊于宣言的传播。这个宣言在同机会主义作实际斗争方面、在同机会主义实行决裂方面前进了一步，这是事实。在我们有充分的自由和充分的可能来批评不彻底性并争取得到更多收获的情况下，如果拒绝同处于少数的德国人、法国人、瑞典人、挪威人和瑞士人一道向前迈出这一步，那就是宗派主义。"①在齐美尔瓦尔德代表会议上，左派组织了自己的常务局，并形成了一个单独的小组。

---

① 见《列宁全集》第27卷，人民出版社2017年版，第46页。

虽然在齐美尔瓦尔德代表会议之前,弗拉基米尔·伊里奇就写过,必须给考茨基分子们看看我们的决议草案:"荷兰代表+我们的代表+德国左派+○,这并非不幸,将来不会是○,而是全体!"但是前进的步伐实在太慢了,因此,伊里奇对这一点很难容忍。《第一步》一文正是以着重指出革命运动发展的速度缓慢而开始的:"在战争引起严重危机的时代,国际社会主义运动的发展缓慢。"①因此,伊里奇从齐美尔瓦尔德代表会议回来以后,变得非常烦躁。

伊里奇从齐美尔瓦尔德回来的次日,我们就到罗特霍伦山上去玩。我们"兴致勃勃地"往山上爬着。但当我们爬到山顶的时候,伊里奇突然往地上一躺,险些躺在雪上,就在这样不舒服的地方呼呼地睡着了。刹那间乌云四起,过了不大会儿云散了,这时候从罗特霍伦山上能够望见阿尔卑斯山的奇异景色。但是伊里奇却一动也不动地酣睡着。睡了约摸一个钟头。显然,齐美尔瓦尔德代表会议把他累坏了,耗费了他很多的精力。

必须在山上和泽伦堡周围游逛几天,以便使伊里奇恢复健康。柯伦泰到美国去了。伊里奇给她写信,嘱咐她必须尽量团结美国左派国际主义分子。十月初,我们回到伯尔尼。伊里奇到日内瓦去作关于齐美尔瓦尔德代表会议的讲演,继续同柯伦泰通信谈论美国人问题及其他问题。

那是一个有些闷热的秋天。伯尔尼主要是一个行政性和教育性的城市。这里有许多好的图书馆,有许多学者,可是这个城市的整个生活浸透了一种小资产阶级精神。伯尔尼这个地方是很"民主"的。共和国的高级官员的妻子每天在凉台上抖弄地毯;伯尔尼的妇女完全被这些地毯和家庭的舒适生活吸引住了。这年秋天,我们租了一间有电灯的房间,我们把手提箱和书籍都搬去了。我们搬家的那天,什克洛夫斯基夫妇到我们这里来了,我

---

① 见《列宁全集》第27卷,人民出版社2017年版,第42页。

就打开电灯给他们看亮得多么奇异。可是，什克洛夫斯基夫妇走后，房东太太就吵吵嚷嚷地跑到我们这里来，要我们第二天就搬家，因为她不允许白天在她的住宅里开电灯。她既然很古怪，我们就另租了一个房子，比较简陋些，没有电灯。次日我们就搬进这个新租的房子里了。瑞士到处都笼罩着露骨的小市民气息。伯尔尼来了一个用德语演出的俄国剧团；剧团演出了列夫·托尔斯泰的剧本《活尸》。我们也去看过。演得非常好。伊里奇从心里讨厌一切小市民的庸俗习气和客套。这个剧使他非常感动。后来他还想再去看一次。总之，俄国人很喜欢这个戏。瑞士人也喜欢这个戏。但是他们喜欢这个戏的什么呢？他们很同情普罗塔索夫的妻子，把她的遭遇牢牢记在心上。"嫁了这样一个放荡的丈夫，而他们两人都是有钱有地位的人，本来能够过幸福的生活的。不幸的莉扎！"

一九一五年秋天，我们比任何时候都专心地坐在图书馆里读书，照常出去散步。但是，怎么也不能摆脱这种被囚禁在小市民式的民主主义笼子里的感觉。而在另一个地方，革命斗争在高涨着，生活在沸腾着，可是这一切却离我们很远。

在伯尔尼只能同很少几个左派分子取得直接联系。我还记得伊涅萨去瑞士的法语区与瑞士的左派分子奈恩和格拉贝接洽的情形。她怎样也见不着他们。不是奈恩去钓鱼了，就是格拉贝忙着家务。"父亲今天忙着哩，我们洗衣服，他在晾衣服"，格拉贝的小女儿很有礼貌地对伊涅萨说。钓鱼、晾衣服——这些事儿都不坏，伊里奇也曾不止一次地看过牛奶锅子，不让牛奶溢出来。但是当晾衣服和钓鱼之类的事情妨碍了重大问题的讨论、妨碍了讨论左派组织问题时就很不好了。后来伊涅萨拿着别人的护照到巴黎去了。从齐美尔瓦尔德回去以后，梅尔黑姆和布尔德朗在巴黎成立了恢复国际联系的委员会；伊涅萨代表布尔什维克参加了这个委员会。她在那里进行了许多斗争来捍卫左派路线，左派路线终于得到了胜利。伊涅萨会把自己的工作情形详细地写信告诉弗拉基米尔·伊里奇。

伊涅萨在一九一六年一月二十五日的明信片中这样写道："亲爱的弗拉基米尔·伊里奇，谢谢您的来信，您的信安慰了我，也鼓舞了我。我恰好在那天因为在梅尔黑姆的草案问题上遭到失败而情绪不高。现在，当您写信告诉我托洛茨基拒绝参加荷兰杂志的工作的时候，我就能更好地理解梅尔黑姆拒绝参加这个杂志的工作的问题了——显然这两件事是有联系的。您的来信再及时不过了，这还有一个原因，就是我对于工作的性质有了一种看法，但对这种看法还有些动摇，而您的来信彻底地使我肯定了这种看法。一般说来，我在这里生活得还好。疲倦，的确是相当疲倦，工作很累，例如今天花了四小时等着会客。我终于搞到国立图书馆的借书证，并且了解了利用该图书馆目录的办法以及其他必需的情况。好吧！祝一切顺利。握手。"

与这封信的同时，伊涅萨在书脊里寄来一张纸条，详细地叙述了自己以后的工作。那上边写道：

"亲爱的朋友们，只给你们写几句话，因为时间很少。从我给你们写信的那时以来，'行动委员会'已开过两次会了。一次会上讨论了号召（关于法国党'少数派'不是同德国党'多数派'，而是同德国党'少数派'采取同一步调的问题；关于恢复国际的问题）。托洛茨基的草案被否决了，而代之以梅尔黑姆的草案。梅尔黑姆草案没有谈恢复国际问题，只是说：'国际应该建立在阶级斗争的基础上，建立在反对帝国主义的斗争的基础上，建立在争取和平的斗争的基础上。我们只加入这样的国际'。其次谈到，国际若不建立在这些基础之上，那就是对无产阶级的欺骗。我提出了一些修正意见——关于反对社会沙文主义者的斗争的意见（答复是把这个问题附在后面），关于国际要为反对帝国主义而斗争的意见（这点已经通过了），最后我发言反对'我们加入诸如此类的国际'的说法，我提议改成'我们要在基础上改造国际等等'。为了这个'改造'，梅尔黑姆和布尔德朗都起来攻击我。

梅尔黑姆说我们是盖得派（旧式的），说我们抽象地考虑问题，没有估计形势，说法国社会主义者不愿意听到分裂的言论，等等。我回答他说：旧式的盖得派并不坏，现在只有我们的策略是生气勃勃的、现实的，因为现在只有把自己的观点和沙文主义者的观点明确地对立起来，才能把无产阶级的力量团结在自己的周围；领袖们的背叛已引起怀疑和失望；工厂里许多工人读着我们的小册子说：'这很好，但再也没有社会主义者了'、我们必须把有社会主义者这个好消息传到群众中去，只要我们能彻底同沙文主义者决裂，我们就能做到这一点。"

其次，伊涅萨在信中叙述了青年工作和印发传单的计划，叙述了同机工、裁缝、土工以及同工会各个部门的联系等等。伊涅萨在我们巴黎小组中也做了许多工作，她跟我们小组里的萨波日科夫同志见过面。萨波日科夫起初志愿参军到前线去了，现在他已赞成布尔什维克的观点，并在法国士兵中间开始做宣传工作。

什克洛夫斯基同志组织了一个小小的化学实验室，而我们的人卡斯帕罗夫、季诺维也夫为了维持生活也在那里工作。季诺维也夫时常沉思地看看试管和烧瓶，满屋子摆的都是试管和烧瓶。

那时在伯尔尼主要地只能进行理论研究工作。开战一年以来许多问题都比较清楚了。例如，欧洲联邦问题的提法充分地表明了这一点。一九一四年十一月一日中央机关报上公布的中央委员会的宣言中说："欧洲社会民主党人当前的政治口号应当是建立共和制的欧洲联邦。但是，与只要能把无产阶级卷入沙文主义大潮流什么事情都可以'答应'的资产阶级不同，社会民主党人将要阐明：如果不提以革命推翻德、奥、俄三国的君主制度，这个口号便完全是欺骗性的和毫无意义的。"①三月，在社会民主党国外支部

---

① 见《列宁全集》第26卷，人民出版社2017年版，第17—18页。

代表会议上,这个问题引起了很大的争论。代表会议的报告中说道:"关于'欧洲联邦'口号这一问题的争论,只偏重了政治方面,因此,决定把这个问题推迟到报刊上讨论了这个问题的经济方面之后再来解决。"①

关于帝国主义以及它的经济本质问题,关于资本主义列强剥削弱小国家的问题,关于剥削殖民地的问题,都充分地提出来了。因此,中央机关报作出了这样的结论:"从帝国主义的经济条件来看,即从'先进的'和'文明的'殖民大国的输出资本和瓜分世界这一点来看,欧洲联邦在资本主义制度下不是无法实现的,便是反动的……在资本主义制度下建立欧洲联邦,就等于缔结瓜分殖民地的协定。"②

可是,那时也许可以提出另一个口号,即世界联邦的口号吧?关于这个问题伊里奇写道:"在共产主义的彻底胜利使一切国家包括民主国家完全消失以前,世界联邦(而不是欧洲联邦)是同社会主义相联系的、各民族实行联合并共享自由的国家形式。然而,把世界联邦口号当作一个独立的口号未必是正确的,第一,因为它是和社会主义交融在一起的;第二,因为它会造成一种曲解,以为社会主义不可能在一个国家内获得胜利,并且会使人曲解这样的国家和其余国家之间的关系。"③这篇文章很好地表明了一九一五年末伊里奇的思想过程。显然,他的思想一方面是日益深刻地研究世界大战的经济根源,即帝国主义的经济根源,另一方面是找出一条争取社会主义的世界斗争所将遵循的道路。

一九一五年末和一九一六年,弗拉基米尔·伊里奇就研究这些问题,为他的《帝国主义是资本主义的最高阶段》一书搜集材料,并反复重读了马克思和恩格斯的著作,以便更清楚地了解社会主义革命的时代、社会主义革命

---

① 见《列宁全集》第 26 卷,人民出版社 2017 年版,第 163 页。
② 见《列宁全集》第 26 卷,人民出版社 2017 年版,第 365—366 页。
③ 见《列宁全集》第 26 卷,人民出版社 2017 年版,第 367 页。

的道路及其发展。

苏 黎 世
一九一六年

从一九一六年一月起,弗拉基米尔·伊里奇着手为"帆船"出版社撰写
《帝国主义是资本主义的最高阶段》一书。伊里奇认为这个问题有重大意
义,认为不从经济方面和政治方面彻底弄清帝国主义的本质,就无法真正
地、深刻地估计当前的战争。因此,他极愿意做这个工作。二月中旬,伊里
奇需要到苏黎世图书馆去写作,我们就决定到苏黎世去住两个星期。到了
之后,我们一再推延返回伯尔尼的日期,最后我们就索性住在苏黎世了。苏
黎世比伯尔尼热闹些。苏黎世有许多具有革命情绪的外国青年,有工人群
众,这里的社会民主党比较左倾,这里小市民气也似乎少一些。

我们去租房子。我们找到了普莱罗格太太,与其说她像瑞士人,倒不如
说她像维也纳的市民。这是因为她曾在维也纳的一个旅馆里做过很长时间
的厨子。我们本想住在她那里,但是第二天知道原先的房客要回来。那个
房客的头被人打破,住了医院,现在已经痊愈了。普莱罗格太太请我们另租
房子,但是建议我们到她那里去包饭,价钱非常便宜。我们在她那里大约包
了两个月的饭:饭菜简单,但很丰富。一切都很简单,咖啡盛在一只打掉了
柄的茶碗里,在厨房里吃饭、谈天,不是谈吃,也不是谈什么汤里面该放几个
马铃薯,而是谈在普莱罗格太太这里起伙的人们所关心的事情,——这一切
使伊里奇感到喜欢。的确,在这里包饭的人并不多,而且常常变换。我们很
快地就感觉到,我们走进了一个独特的环境,走进了苏黎世的真正的最"底
层"了。有段时间一个妓女在这里吃饭,她毫不隐讳地谈着自己的职业,但
是比对自己的职业更关心的,有时是她妈妈的健康,有时是她妹妹寻找工

作的问题。有个护士也在这里吃了几天的饭,后来又添了一些来包饭的人。普莱罗格太太的那个房客多半沉默着,但是从一言半语里听得出来,这个人像个刑事犯。谁也不避忌我们,但是必须说,这一群人的谈话,远比聚集在一个华丽的旅馆餐厅里的富人们的高谈阔论更"富有感情",更生动。

我催促着伊里奇在家里吃饭,因为跟这些人在一起易于招惹是非。不过苏黎世"底层"的某些特点是蛮有意思的。

后来当我读约翰·里德的文集《革命的女儿》的时候,我特别喜欢里德不是从妓女的职业或者爱情问题来描写妓女,而是从她们所关心的其他事情来描写她们。通常在描写"底层"的时候很少注意日常生活。

后来当我和伊里奇在俄国看"艺术剧院"上演高尔基的《底层》的时候——弗拉基米尔·伊里奇很想看这个戏——他非常不满意演出的"戏剧性",不满意缺少那些生活细节,因为正是这些细节如人们所说的"创造着音乐",刻画出戏剧的整个具体背景。

后来我们经常在街上碰见普莱罗格太太。伊里奇见着她的时候,总是亲切地向她问好。我们常常遇见她,因为我们住在离她家不远的一条窄胡同里的鞋匠卡梅雷的家里。房间不很舒适。这座房子又阴暗、又古老,差不多是十六世纪建造的,院子散发着臭味。用这些房钱也许可以租到更好的房子,可是我们很看重这家房东。这是一个工人家庭,他们具有革命情绪,斥责帝国主义战争。这简直是个真正的"国际主义"住宅:房东住着两个房间,一个做面包的德国兵的老婆带着孩子们住着一间,一个意大利人住着一间,第三个房间里住着几个奥地利演员(他们带着一只令人惊奇的金黄色的猫),我们俄罗斯人就住在第四个房间里。这里闻不到一点沙文主义的气味。有一次,整个"妇女国际"聚集在煤气炉旁边时,卡梅雷太太愤慨地喊道:"士兵们应当掉转武器去反对自己的政府!"从此以后伊里奇甚至连换屋子的话都不愿意听了。我跟卡梅雷太太学到了许多东西:花很少的钱,用最少的时间,做出最好吃的午饭和晚饭来。还学到其他的东西。报纸上有一次宣布瑞士在进口肉类方面遭受到困难,因此政府号召公民一星期少吃两次肉。肉铺在"斋戒"的日子也照常营业。我买来了做午饭的肉,跟平时一样站在煤气炉旁问卡梅雷太太,公民是不是响应这个号召,政府怎样检查,——是派检查人员挨家检查吗?"为什么要检查呢?"卡梅雷太太感到奇怪地说,"既然宣布了有困难,工人怎么会在'斋戒'的日子吃肉呢,难道工人是资产者吗?"她看到我的窘态,声音就缓和下来补充道:"这跟你们外国人没有关系。"这种无产阶级的自觉态度让伊里奇敬佩不已。

我检查这一时期寄给施略普尼柯夫的信的时候,找到一封一九一五年四月八日的信。这封信表明了我当时的情绪。我写道:"亲爱的朋友,接到您四月三日的信,觉得稍为轻松些,而您那些发誓说要到美国去、准备责怪什么的感情激动的信,让人读起来觉得重。通信是件麻烦的事情,误会会接踵而来……在失落了的一封信里,我详细地写出为什么不能叫格里哥里①到俄国去,也不应当把他放在您身边的原因。您责怪他没有搬到斯德哥尔摩去,他把您的责怪牢牢记在心上了。不能破坏中央机关报编辑部,不能破坏我们一般的国外基地。现在中央机关报比任何时候更要费力地在战争时期夺得不止一个阵地。中央机关报编辑部在国际中起了不小的作用。现在不得不把多余的谦逊抛在一边,直截了当地说出这一点了。没有中央机关报编辑部《共产党人》也不能出版。它使我们费了许多口舌,操了许多心,担了许多忧。《Vorbote》(齐美尔瓦尔德左派的机关报)更是如此。解散了编辑部,就没有人工作了。组织一个新编辑部——并不这么容易。我们会极力争取尼古拉·伊万诺维奇②来。据说他先到克拉科夫,然后再到伯尔

---

① 季诺维也夫的名字。——译者注
② 布哈林的名字和父名。——译者注

尼。当时什么也干不成。两个人也还嫌太少,而您却只要一个人。您要解散了国外基地,就会没有东西可输送了。有时候格里哥里极其厌倦国外生活,他就乱跑起来。而您用责怪来火上浇油。如果从有利于整个工作的角度来看,就不应当触犯格里哥里。整个编辑部迁移的问题提出来了,可是钱的问题,国际影响的问题,警察方面的问题也随之产生了。关于钱的问题直接向'日本人'提了出来,但他们说,他们没有钱。斯德哥尔摩的生活费用非常高,格里哥里在一个实验室工作,有图书馆,从而也就有了靠写文章维持生活的可能性。在最近的将来,维持生活的问题,对我们大家将是一个非常严峻的问题。"

"对伊里奇热衷于侨民工作的责难,是毫无根据的。他根本就不管侨民工作。他必须比从前更多地研究国际问题,而且这是必要的。的确,他现在非常关心'民族自决'。我看,要是愿意很好地'利用'他的话,就必须坚持要他写一本关于这个问题的通俗小册子。这个问题在现时是最少学究气的。在国际社会民主党内,对这个问题的看法是很混乱的,但是,决不可因此就把这个问题推开不管。这个冬天,这里曾和拉狄克讨论过这个问题。讨论使我获益不浅。"——下面我用几页的篇幅叙述讨论的内容,叙述伊里奇的观点。

我们在苏黎世的生活,正像伊里奇在一封家书里面所写的那样,是很"清静"的,我们和当地的侨民来往不多,天天在图书馆里从事研究工作。午饭以后,从侨民食堂回来的年轻同志格里沙·乌西耶维奇,总要到我们这里来待上半个小时。一九一九年他在内战中牺牲了。有一个时期,捷姆利亚奇卡的饿疯了的侄子每天早晨到我们这里来。他的服装破烂不堪,浑身上下都是泥污,以致人家不许他进瑞士图书馆。他想在伊里奇进图书馆之前截住伊里奇,并且肯定地说他必须和伊里奇讨论某些原则性问题,这使伊里奇很伤脑筋。

为了到图书馆之前沿着湖滨散一下步，谈谈话，我们便早一些离家。伊里奇对我谈着他正在写的那部著作以及他的各种想法。

在苏黎世小组里常常和我们见面的是乌西耶维奇和哈利东诺夫。我还记得这几个人："瓦尼亚伯伯"——阿夫杰也夫，是一个冶金工人；图尔金，是一个乌拉尔工人；博伊措夫，他后来在政治教育总局工作。还记得一个保加利亚工人（他的姓我忘了）。我们苏黎世小组大部分同志都在工厂工作；大家都很忙，小组会开得比较少。可是我们小组的同志却同苏黎世的工人保持着密切的联系。同瑞士的其他城市比起来（但绍德封这个地方例外，在那里我们的小组同工人群众联系得更密切），我们比较接近苏黎世的工人生活。

弗里茨·普拉廷领导着苏黎世的瑞士工人运动。他是党的书记，曾经参加齐美尔瓦尔德的左派活动，他是工人的儿子，是个朴实热情的青年，在群众中威信很高。苏黎世的党报《Volksrecht》（《民权报》）的编辑诺勃斯也参加了齐美尔瓦尔德左派。苏黎世侨民中有很多青年工人，他们以威廉·明岑贝格为首，很积极，支持过左派。这就使得我们对瑞士工人运动相当接近。有些没有到过国外的同志现在似乎觉得：列宁对瑞士工人运动寄予了特别的希望，并且认为瑞士几乎可以成为未来社会革命的中心。

当然不是这样的。瑞士没有强大的工人阶级，这个国家主要是个休养地，这个国家很小，靠强大的资本主义国家的残羹剩饭维持生活。一般说来，瑞士工人的革命情绪并不高。民主制度和民族问题的适当解决，还不是足以使瑞士成为社会革命发源地的条件。

当然，不能由此得出结论说，不必在瑞士进行国际主义的宣传，不必帮助瑞士工人运动和瑞士的党革命化起来，因为假如瑞士卷入战争，局势很快就会发生变化。

伊里奇给瑞士工人作过讲演，同普拉廷、诺勃斯、明岑贝格有密切的联系。我们苏黎世小组和几个波兰同志（勃朗斯基同志当时住在苏黎世）想同苏黎世的瑞士组织举行一个联席会议。大家聚集在离我们家不远的"Zum Adler"咖啡馆里。第一次会议来了约四十个人。伊里奇在会上分析了当前的局势，把问题都提得很尖锐。虽然出席这次会议的都是国际主义者，但是瑞士的人们却因问题的尖锐提法而困窘不安。我记得有一个瑞士青年代表讲话，他说用前额碰不透墙壁。结果，会议涣散起来了。第四次到会的只有俄国人和波兰人，我们就这个事实讲了一阵笑话，便各自回家去了。

我们在苏黎世住下来的头几个月中，弗拉基米尔·伊里奇主要是写帝国主义论一书，他非常专心地从事这个工作，做了许多摘录。他特别感兴趣的是殖民地问题；他搜集了非常丰富的资料，我记得他也叫我从英文翻译一些关于非洲殖民地的资料。他给我讲了许多很有趣的事情。后来，我重读他的《帝国主义是资本主义的最高阶段》时，觉得这比他讲的故事枯燥多了。他仔细地研究了欧洲、美洲等地的经济生活。当然，使他发生兴趣的不仅是经济结构，而且还有适应于这一结构的政治形式及其对群众的影响。七月间，这本书写完了。一九一六年四月二十四——三十日举行了第二次齐美尔瓦尔德代表会议（所谓昆塔尔代表会议）。第一次齐美尔瓦尔德代表会议闭幕后已八个月过去了，八个月来帝国主义战争的范围愈来愈大，可是昆塔尔代表会议与第一次齐美尔瓦尔德代表会议的面貌，却没有什么显著的区别。群众变得激进一些了。齐美尔瓦尔德左派不是八个代表而是十二个代表了。代表会议的决议有一定的进步。代表会议严厉地斥责了国际社会党执行局；通过了关于和平的决议，决议中说道："持久和平不能建立在资本主义社会的基础上面；创造实现持久和平的必要条件的是社会主义。因为社会主义消灭了资本主义私有制从而也消灭了有产阶级对人民群众的剥削以及民族压迫，所以也消灭了战争的起因。因此争取持久和平的斗争

只能包括在争取实现社会主义的斗争里面。"①五月间,在德国有三个军官
和三十二个士兵由于在战壕里散发这个宣言而被枪杀了。德国政府最怕群
众革命化。

俄国社会民主工党中央委员会在昆塔尔代表会议的提案中所注意的,
正是必须使群众革命化。提案中说:"齐美尔瓦尔德宣言固然指出工人应
当为自己的事业而不是为他人作出牺牲,以此暗示要进行革命,但这还不
够。还必须明确地向群众指出道路。应当让群众知道往哪里走以及为什么
要这样走。战争时期的群众性的革命行动,如果发展得顺利,只会使帝国主
义战争变为争取社会主义的国内战争,这是显而易见的,对群众隐瞒这一点
是有害的。相反,应当明确指出这一目标,不管在我们刚刚走上这条道路
时,要达到这一目标是多么困难。齐美尔瓦尔德宣言说:'资本家说他们'
进行这场战争'是为了保卫祖国,这是在撒谎';工人在革命斗争中不应当
顾忌本国的戒严状态,只说这些是不够的;还应当把这里所暗示的意思明说
出来:不仅资本家而且社会沙文主义者和考茨基分子都在撒谎,因为他们是
在这场帝国主义性质的战争中应用保卫祖国这个概念;如不使'自己的'政
府有战败的危险,在战争时期就不可能开展革命行动;政府在反动战争中的
一切失败都有助于革命,只有革命才能带来持久的民主的和平。最后,必须
告诉群众,他们如果不自己建立秘密组织和创办不经战时书报检查的即秘
密的报刊,就不可能有效地支持业已开始的革命斗争,促进它的发展,批评
它的个别步骤,纠正它的错误,不断扩大和加强这一斗争。"②

中央委员会的这个提案非常鲜明地表示出布尔什维克和伊里奇对群众
的态度:永远必须把全部真情、把毫无掩饰的真情向群众彻底讲清,不要害
怕这个真情会吓跑他们。布尔什维克要把自己的全部希望寄托在群众身

---

① 见《列宁全集》俄文第 3 版,第 19 卷,第 434 页(附录)。
② 见《列宁全集》第 27 卷,人民出版社 2017 年版,第 301—302 页。

上。群众,也只有群众,才能争取到社会主义。

我在六月一日给施略普尼柯夫的信中写道:"格里哥里对昆塔尔代表会议很感兴趣。当然我只能根据别人的叙述来判断,但是空话很多而没有内部的一致,没有那种可以保证事业稳固发展的一致。显然,正如巴达伊奇说的,下层还没有'起来',只有在德国人中间才可以稍微感觉到这一点。"

研究帝国主义的经济,分析这个"变速箱"的各个组成部分,把握走向灭亡的帝国主义——资本主义的最后阶段——的全世界情景,这一切使伊里奇有可能以新的方式提出许多政治问题,更加深入地研究一般的特别是俄国的争取社会主义的斗争应该用什么形式来进行的问题。伊里奇希望把许多问题彻底弄清,使自己的意见完全成熟,因此,我们决定到山中去,而且那时我不去也不成,因为我的甲状腺肿病总是不好。只有一种方法能治好它,就是住在山里。我们在离苏黎世不远的圣加棱州荒山里的秋吉维泽休养所住了六个星期。这个休养所地势很高,几乎接近白雪皑皑的峰顶了。在休养所中生活非常便宜,每人每日只需要交两个半法郎就可以了。的确,这是个"牛奶"休养所——早晨我们喝牛奶咖啡,吃黄油干酪面包,但没有砂糖,午饭是牛奶汤,第三道菜是牛奶渣和牛奶做出来的食品,下午四点钟的时候,又是牛奶咖啡,晚上仍旧是用牛奶做的东西。头几天,这种牛奶治疗简直使得我们要叫起来了,可是后来,他们除了牛奶之外,又给我们覆盆子和黑莓果吃。在休养所周围有大量覆盆子和黑莓果。我们的房间干干净净,有电灯,没有什么摆设,必须自己收拾屋子,鞋也得自己擦。弗拉基米尔·伊里奇亲自承担擦鞋工作;他学着瑞士人的样子,每天早晨把我的和他自己的爬山皮鞋提到房檐下面去擦(规定在那里擦皮鞋),同别的擦鞋的人开着玩笑,擦得那样热心,有一次竟在大家笑声中把一个装着一些空啤酒瓶子的藤篮碰倒了。这里的人们都是拥护民主的。这种每人只花两个半法郎的休养所,"体面的"人是不住的。这个休养所的某些地方很像法国的博姆邦村,但是休养的人朴实些、贫苦些,而且带着瑞士的一种民主味道。晚上主人的儿子拉起手风琴来,来休养的人就尽情跳舞,直到十一点多钟还能听到跳舞者的脚步声。秋吉维泽离车站八公里,唯一的交通工具就是骑驴。路程全是山地羊肠小道,大家都是步行,差不多每天早晨六点钟都要敲钟把大家集合起来给下山的人送行,并且还唱着关于杜鹃的送别歌。每段结尾都是:"别了!杜鹃"。弗拉基米尔·伊里奇是一个喜欢睡一会儿早觉的人,嘴里嘟囔几句就用被把头严严地蒙上了。这些休养的人对政治漠不关心,连战争也从未谈起过。休养者之中有一个士兵,他的肺不大健康,所以他的上司就拿官费叫他到这个牛奶休养所来治疗。瑞士的军事当局很关心士兵(瑞士没有常备军,只有民兵)。他是一个相当可爱的小伙子。伊里奇接近他就像猫儿接近荤油一样。伊里奇和他谈过几次目前战争的掠夺性质,青年人没表示反对,但显然也并不赞同。看得出来,他对政治问题很不感兴趣,他感兴趣的是在秋吉维泽消遣。

在秋吉维泽的时候,没有人到我们这里来,这里没有别的俄国人,我们在那里摆脱了一切工作,整天在山上游逛。在这里,伊里奇什么也没有研究。在山上散步的时候,他向我谈了许多他研究过的问题,谈到关于民主的作用,关于瑞士民主的好的方面和坏的方面,他常用不同的句子重复着同一个意思;显然,这些问题特别引起了他的兴趣。我们在山上度过了七月的后半月和整个八月。我们下山的时候,休养的人们像送大家一样唱了"别了!杜鹃"。穿过树林子下山的时候,弗拉基米尔·伊里奇突然看见了一片白蘑菇,不顾下雨就高兴地采起来了,好像征集齐美尔瓦尔德左派分子一样。我们全身湿透了,可是摘到了满满一袋的蘑菇。当然,我们没赶上火车,只好在车站上坐了大约两小时等下一班火车。

回到苏黎世之后,我们仍住在从前什比格里街的房东那里。

在秋吉维泽的时候,弗拉基米尔·伊里奇周密地考虑了最近时期的工作计划。当时特别重要的是理论上的一致,是确定一个明确的理论路线。那时伊里奇和罗莎·卢森堡、拉狄克、荷兰左派分子、布哈林、皮达可夫(基辅斯基)之间,部分地和柯伦泰之间有意见上的分歧。特别同皮达可夫之间有严重的分歧。皮达可夫在八月间写了《无产阶级与民族自决权》一文。读过这篇文章的原稿以后,伊里奇立即坐下写了一整本小册子《论面目全非的马克思主义和"帝国主义经济主义"》来回答他。这本书是以非常生气的口吻写出的,因为这一时期伊里奇对于争取社会主义的斗争时代中的经济和政治之间的关系已经有了一个明确的观点。他认为对这个时代的政治斗争估计不足,就是帝国主义的经济主义。伊里奇写道:"资本主义胜利了,因此用不着在政治问题上动脑筋了,老'经济派'在 1894—1901 年间就是这样推断的,他们甚至反对在俄国进行政治斗争。帝国主义胜利了,——因此用不着在政治民主问题上动脑筋了,当代的'帝国主义经济派'就是这样推断的。"①

忽视民主在争取社会主义的斗争中的作用是不能容许的。弗拉基米尔·伊里奇在同一书中写道:"没有民主,就不可能有社会主义,这包括两个意思:(1)无产阶级如果不通过争取民主的斗争为社会主义革命作好准备,它就不能实现这个革命;(2)胜利了的社会主义如果不实行充分的民主,就不能保持它所取得的胜利,并且引导人类走向国家的消亡。"②

弗拉基米尔·伊里奇的这些话不久就为俄国的经验所证实。二月革命及其以后的争取民主的斗争,为十月革命作了准备。苏维埃、苏维埃制度的不断扩大和巩固,也改造着民主本身,不断地使这一概念的内容深刻化。

一九一五——一九一六年,弗拉基米尔·伊里奇已经深刻地考虑了民主制问题,并且从社会主义建设的观点来对待这个问题。还在一九一五年十月

---

① 见《列宁全集》第 28 卷,人民出版社 2017 年版,第 116 页。
② 见《列宁全集》第 28 卷,人民出版社 2017 年版,第 168 页。

驳斥拉狄克("巴拉贝伦")一九一五年十月发表在《Berner Tagewacht》①上的文章时,伊里奇就写道:"照巴拉贝伦说来,他是为了社会主义革命,才以轻蔑的态度抛弃民主制方面的彻底革命的纲领的。这是不对的。无产阶级只有通过民主制,就是说,只有充分实现民主,把最彻底的民主要求同自己的每一步斗争联系起来,才能获得胜利。把社会主义革命和反对资本主义的革命斗争同民主问题之一(在这里是民族问题)对立起来是荒谬的。我们应当把反对资本主义的革命斗争同实现一切民主要求的革命纲领和革命策略结合起来;这些民主要求就是:建立共和国,实行民兵制,人民选举官吏,男女平等,民族自决等等。只要存在着资本主义,所有这些要求的实现只能作为一种例外,而且只能表现为某种不充分的、被扭曲的形式。我们在依靠已经实现的民主制、揭露它在资本主义制度下的不彻底性的同时,要求推翻资本主义,剥夺资产阶级,因为这是消灭群众贫困和充分地、全面地实行一切民主改革的必要基础。在这些改革中,有一些将在推翻资产阶级以前就开始,有一些要在推翻资产阶级过程中实行,还有一些则要在推翻资产阶级以后实行。社会革命不是一次会战,而是在经济改革和民主改革的所有一切问题上进行一系列会战的整整一个时代。这些改革只有通过剥夺资产阶级才能完成。正是为了这个最终目的,我们应当用彻底革命的方式表述我们的每一项民主要求。某一个国家的工人在一项基本的民主改革都未充分实现以前就推翻资产阶级,这是完全可以设想的。但是,无产阶级作为一个历史阶级,如果不经过最彻底和最坚决的革命民主主义的训练而要战胜资产阶级,却是根本不可设想的。"②

我所以引证这么一大段文字,是因为它能很确切地表明弗拉基米尔·

① 《伯尔尼哨兵报》。——译者注
② 见《列宁全集》第27卷,人民出版社2017年版,第78页。

弗·伊·列宁

（**1917 年**）

伊里奇在一九一五年末和一九一六年很用心考虑过的问题,而且这对伊里奇后来的言论也有影响。他的有关民主在争取社会主义斗争中的作用问题的文章,大部分出版很晚:反对巴拉贝伦的论文在一九二七年出版,《论面目全非的马克思主义和"帝国主义经济主义"》一书在一九二四年出版。这些文章所以不为人所知,是因为它们被收集在一些印数不很多的文集里。但是不读这些文章,就无法理解弗拉基米尔·伊里奇在民族自决权争论中表现出来的全部热情。如果把这个问题同伊里奇对民主主义的总的评价联系起来看,这种热情就是可以理解的了。必须了解:在弗拉基米尔·伊里奇看来对待民族自决问题的态度是一个试金石,在这个试金石上可以检查出正确地对待一般民主要求的能力。同罗莎·卢森堡、拉狄克、荷兰左派分子、基辅斯基及其他许多同志在这个问题上的争论,正是从这个观点出发来进行的。伊里奇在反对基辅斯基一书中写道:"一切民族都将走向社会主义,这是不可避免的,但是一切民族的走法却不会完全一样,在民主的这种或那种形式上,在无产阶级专政的这种或那种形态上,在社会生活各方面的社会主义改造的速度上,每个民族都会有自己的特点。再没有比'为了历史唯物主义'而一律用浅灰色给自己描绘这方面的未来,在理论上更贫乏,在实践上更可笑的了:这不过是苏兹达利城的拙劣绘画而已。"①

社会主义建设不仅仅是经济建设,经济仅仅是社会主义建设的基地、基础、前提,而社会主义建设的本质是以新的方式改造整个社会组织,根据社会主义的革命的民主制度进行改造。

这大概就是始终使列宁和托洛茨基意见分歧的最深刻的原因。托洛茨基不懂得民主的意义,不懂得建设社会主义的民主原理,不懂得改造群众整个生活方式的过程。伊里奇同布哈林后来的意见分歧也早在当时即在一九

① 见《列宁全集》第28卷,人民出版社2017年版,第163页。

一六年就已初露端倪。布哈林于八月底在《青年国际》第六期写了署名 Nota Bene 的短评,从这篇文章中可以看到他对国家的作用估计不足,对无产阶级专政的作用估计不足。伊里奇在《青年国际》的短评中指出了布哈林的这个错误。保证无产阶级在改造整个社会组织中起领导作用的无产阶级专政,——这就是弗拉基米尔·伊里奇在一九一六年下半年特别感兴趣的问题。

民主要求要列入最低纲领——这就是弗拉基米尔·伊里奇从秋吉维泽回来后在给施略普尼柯夫的第一封信中说到的,在这封信中他斥责了巴扎罗夫发表在《年鉴》上主张取消最低纲领的文章;他同对国家的作用估计不足、对无产阶级专政的作用估计不足的布哈林进行争论,等等;他非常不满不懂得无产阶级领导作用的基辅斯基。伊里奇在信中对施略普尼柯夫说:"在理论上取得一致这一点不可小看,因为在目前这样困难的时刻,这的确是工作所必需的。"①

弗拉基米尔·伊里奇开始加紧重读马克思和恩格斯写的所有论国家的著作,并作了摘录。这个工作使他特别深刻地懂得了未来革命的性质,使他有了极好的准备来认清这一革命的具体任务。

十一月三十日,瑞士左派分子召开了一个关于对战争态度的会议。从温特图尔来的阿·施米特说,必须利用瑞士的民主组织去达到反军国主义的目的。次日,列宁给施米特写信,在信中建议"如果我们这样把问题提出来进行全党表决:是赞成把剥夺工业和农业中的大资本主义企业作为彻底消灭军国主义的唯一途径,还是反对剥夺。

在这种情况下,我们将会在我们的实际政策中得出我们大家在理论上都承认的那个结论,这就是:只有消灭资本主义,彻底消灭军国主义才是可

---

① 见《列宁全集》第47卷,人民出版社2017年版,第416页。

以想象和可以实现的。"①在一九一六年十二月写的、过了十五年以后才在《列宁文集》第十七卷刊出的信中,关于这一点,列宁写道:"也许有人以为,我会这样天真地相信,'靠说服'就能解决像社会主义革命那样的问题吧?

不,我只想作一些说明,并且只是说明一个局部问题,这就是:如果我们愿意真正严肃地对待拒绝保卫祖国的问题。那么,党的全部宣传工作应当作怎样的改变。仅仅说明一个局部问题,此外我们没有别的奢望。"②

辩证地对待一切事变的问题,在这一时期也特别引起了伊里奇的注意。他直截了当地抓住了恩格斯批评爱尔福特纲领草案的话:"这样的政策长此以往只能把党引入迷途。人们把一般的抽象的政治问题提到首要位置,从而把那些在重大事件一旦发生,政治危机一旦来临就会自行提到日程上来的紧迫的具体问题掩盖起来。"把这一段话摘录下来以后,伊里奇把自己的话用大字母写出并打上两层括号:"(把抽象的提到第一位,把具体的加以抹煞!!)Nota bene③! 绝妙! 主要的被抓住了! NB④。"

"马克思的辩证法要求对每一特殊的历史情况进行具体的分析。"⑤——弗拉基米尔·伊里奇在评论尤尼乌斯的小册子时这样写道。伊里奇这一时期特别努力地从一切联系和中介中来看一切问题。他对待民主问题、民族自决权问题,都是从这个观点出发的。

一九一六年秋天——一九一七年初,伊里奇集中全副精力从事理论工作。他尽量利用图书馆开放的时间。他每天整九点到图书馆,一直坐到十二点,十二点十分整回到家里(十二点至一点图书馆停止开放),午饭后再

---

① 见《列宁全集》第47卷,人民出版社2017年版,第453—454页。

② 见《列宁全集》第28卷,人民出版社2017年版,第250页。

③ 注意。——译者注

④ 注意。——译者注

⑤ 见《列宁全集》第28卷,人民出版社2017年版,第12页。

到图书馆去,一直坐到下午六点。在家里工作是不大方便的。虽然我们的房间很明亮,可是窗户朝着院子,院子里发散着令人难以忍受的臭气,因为院子对面是一座香肠工厂。只有深夜的时候,我们才打开窗户。每星期四午饭以后,图书馆停止开放,我们就到苏黎世别尔格山去。伊里奇从图书馆回来的时候,总要用三十生丁买两块用浅蓝色纸包装的胡桃巧克力糖。午饭以后,我们就带着巧克力糖和书上山。在树林子深处有一块我们心爱的地方,那里没有人,伊里奇躺在草地上就专心地读起书来。

我们那时个人生活过得非常俭省。伊里奇到处留心找工作维持生活,——关于这件事,他给格拉纳特、高尔基和自己的亲属都写过信,有一次他对安娜·伊里尼奇娜的丈夫马尔可·季莫费耶维奇提出了一个出版《教育学百科全书》的庞大计划,而这部百科全书由我来编写。这一时期我研究了教育学的许多问题,并且熟悉了苏黎世学校中的实际情况。伊里奇在提出这个庞大计划的时候,非常认真。他在信中写道:要紧的是不要让任何人偷去这个计划。

靠写稿维持生活是远水解不了近渴的。因此,我决定在苏黎世寻找工作。苏黎世有一个外侨基金局,主持这个局的是费利克斯·雅柯夫列维奇·柯恩。我担任了这个局的秘书,开始帮助费利克斯·雅柯夫列维奇工作。

固然,工资少得真有点近似神话,但这还是一件需要做的事情,必须帮助同志们找工作,必须安排一切事务并帮助同志们治病。那时基金非常少,因而是计划多,实际帮助少。我记得那时有一个计划,要建立一个自给自足的疗养所。瑞士人有这样的疗养所:病人每天在果园和菜园中工作几小时,或者在室外编织几小时的藤椅,这可以大大地减轻他们的开支。侨民之中肺病患者的比例很高。

我们在苏黎世就是这样安安静静地生活着,而革命的局势却日益形成起来。伊里奇除了理论研究工作以外,认为制定一个正确的策略路线也是非常重要的。他认为国际范围内的分裂已经成熟,必须和第二国际、国际社会党执行局决裂,必须永远和考茨基及其一伙决裂,着手用齐美尔瓦尔德左派分子的力量建立第三国际。在国内必须立即同齐赫泽、斯柯别列夫决裂,同组委会分子①决裂,同那些像托洛茨基那样不懂得现在不允许有任何妥协和联合的人决裂。必须进行争取社会主义的革命斗争,必须最无情地揭露机会主义分子,因为他们言行不一致,实际上在为资产阶级服务,出卖无产阶级事业。我觉得伊里奇任何时候也没有像一九一六年最后几个月和一九一七年最初几个月那样充满不调和的情绪。他深信革命日益临近了。

---

① 组委派即八月联盟所选出的组织委员会的拥护者。——编者注

侨居国外的最后几个月

一九一七年

一九一七年一月二十二日，弗拉基米尔·伊里奇在苏黎世青年大会上作了演讲，他谈了一九〇五年的俄国革命。大会是在苏黎世国民公所举行的。当时，在侨居苏黎世的德、意及其他国家的青年当中，有不少人具有革命情绪，不愿意参加帝国主义战争。弗拉基米尔·伊里奇愿意向这些青年尽量全面地阐述工人革命斗争的经验，表明莫斯科起义的意义。他认为一九〇五年的俄国革命是未来欧洲革命的序幕。他说："毫无疑问，未来的这次革命，也只能是无产阶级革命，并且是在更深刻得多的意义上，即按其内容来说也只能是无产阶级的、社会主义的革命！未来的这次革命将在更大得多的范围内表明：一方面，只有严酷的斗争，即国内战争，才能把人类从资本压迫下解放出来；另一方面，只有具有阶级觉悟的无产者才能成为而且一定会成为绝大多数被剥削者的领袖。"①对这样的远景，伊里奇连一分钟也没有怀疑过。至于这一未来的革命何时才会来临，他当然是不可能知道的。"我们这些老年人，也许看不到未来这次革命的决战。"②在这个报告的末了，他隐约地带着一点忧郁的心情这样说。但是，伊里奇仍然为这一未来革命而思考着、工作着。

---

① 见《列宁全集》第28卷，人民出版社2017年版，第332页。
② 见《列宁全集》第28卷，人民出版社2017年版，第333页。

二月革命

返回俄国

有一天,伊里奇吃过午饭准备上图书馆去,我刚收拾好餐具,勃朗斯基走进来说:"你们还一点不知道!?俄国爆发革命了!"他把报纸号外上的电讯告诉了我们。勃朗斯基走后,我们立刻赶到湖边,那里有一个带檐的招贴板,上面张贴着一些新出的报纸。

我们把那些电讯细读了几遍。俄国真的发生革命了。伊里奇的全部心思立刻集中到这个巨大的事变上来了。我记不得这一天我们到底是怎样度过的。第二天,我们接到了关于二月革命的第二号政府电讯,伊里奇马上给在斯德哥尔摩的柯伦泰写信说:"无论如何不再采用第二国际的形式!无论如何不跟考茨基同流合污!一定要有更革命的纲领和策略(卡·李卜克内西、美国的社会主义工人党、荷兰的马克思主义者等等已经有了这种纲领和策略的要素)",他接着写道:"要像从前一样进行革命的宣传、鼓动和斗争,以便促进国际无产阶级革命和由'工人代表苏维埃'(而不是由立宪民主党的骗子手)夺取政权。"①

伊里奇立刻采取了明确的不调和的路线,但是,革命的规模有多大,他

---

① 见《列宁全集》第47卷,人民出版社2017年版,第543页。

还没有感觉到;他还用一九○五年革命的规模来衡量这次革命。他说,目前最重要的任务就是把合法斗争和秘密工作结合起来。

第二天,在回复柯伦泰的电报中,谈到指示的必要性时,伊里奇的写法已不同了,比较具体了,他已经不说工人代表苏维埃夺取政权是远景,而提出要实际准备夺取政权,武装群众,为面包、和平与自由而斗争,"要广泛展开工作! 把新的阶层发动起来! 唤起新的主动精神,在一切阶层中成立新的组织,并向它们证明,只有武装的工人代表苏维埃掌握了政权,才能有和平。"①伊里奇和季诺维也夫开始一同起草关于二月革命的决议案。

从二月革命的消息传来的那一时刻起,伊里奇就急着要赶回俄国去。

英法两国政府是无论如何也不会让布尔什维克取道回俄国去的。这一点伊里奇是很清楚的。他给柯伦泰的信中写道:"我们担心不能很快离开这该死的瑞士。"②伊里奇由于考虑到这一点,便在三月十六日和十七日给柯伦泰的信中,商量应当怎样更好地与彼得堡建立联系。

合法的道路是没有的,只好走秘密的道路了。可是怎么走呢? 从二月革命的消息传来的那天起,伊里奇就没有睡好觉,夜里他想出一些令人难以置信的归国计划。可以坐飞机飞回去吧,但这只可以在夜里似睡非睡的时候想想。只要一说出嘴来,很清楚,这个计划是不能实现的,是不现实的。可以从中立国搞到一张外国人的护照,最好是搞一张瑞典人的,因为瑞典人引起的猜疑最少。通过瑞典同志可以弄到瑞典人的护照,但是,不会说瑞典语却是个妨碍,装哑巴,又容易露出马脚来。"一睡着,梦见孟什维克,骂起'混蛋! 混蛋!'来,全部秘密就会暴露出来了",我笑着说。

列宁还请教过加涅茨基,是否可以偷偷地取道德国返回俄国去。

三月十八日,巴黎公社纪念日,伊里奇到瑞士的工人中心地绍德封去讲

① 见《列宁全集》第47卷,人民出版社2017年版,第546页。
② 见《列宁全集》第47卷,人民出版社2017年版,第546页。

演。伊里奇很喜欢到那里去,那里有一位青年同志阿布拉莫维奇,他在当地的一个工厂里工作,并且积极地参加瑞士的工人运动。关于巴黎公社,关于如何把巴黎公社的经验运用到已开始的俄国革命运动中来,关于如何避免重犯巴黎公社的错误,——伊里奇对这些问题近来会多次地考虑过。所以,这次讲演很成功,他自己对这次讲演也感到满意。这次讲演给我们的同志留下了一个深刻的印象。瑞士同志觉得这次讲演的现实意义不大——甚至瑞士的工人中心对俄国发生的事件都缺乏了解。

三月十九日,侨居瑞士的俄国国际主义者各个政治派别举行了一个会议,商讨回国的办法。马尔托夫提出了一个计划:以释放被扣留在俄国的德、奥俘虏为条件,来换取假道德国的通行证。大家都反对,只有列宁赞成。实行这个计划时必须十分谨慎。最好先由瑞士政府提出,然后再进行谈判。当时委托格里姆同瑞士政府进行谈判。谈判没有任何结果,拍到俄国去的电报也没有回音,伊里奇感到苦恼。在给斯德哥尔摩的加涅茨基的信中,他这样写道:"在这样的时候坐在这里,对我们大家说来是何等痛苦啊!"可是他控制住了自己。

《真理报》在三月十八日于彼得堡复刊。伊里奇从二十日起就给《真理报》写《远方来信》。共有五封信:《第一次革命的第一阶段》、《新政府和无产阶级》、《论无产阶级民兵》、《如何实现和平?》、《革命的无产阶级国家制度的任务》。列宁到彼得堡的那天,报上才登出第一封信,其余的几封还在编辑部里。第五封信甚至还没有送到《真理报》去。这封信,是在归国前夜写的。

这几封信特别鲜明地反映了列宁在归国前夕所考虑的问题。我特别记得当时伊里奇对民警这个问题所发表的意见。他的第三封信《论无产阶级的民兵》阐明了这个问题。这封信在伊里奇逝世之后于一九二四年才发表出来。在这封信里,伊里奇阐述了自己对无产阶级国家的意见。谁要想彻底了解列宁的《国家与革命》这一著作，首先必须精读这封《远方来信》。这篇文章写得非常具体。由普遍武装起来的成年的男女公民组成新型的民警，这就是伊里奇在这篇文章中所指出的要点。这样的民警，除了执行军事任务之外，同时必须正确而迅速地征集粮食及其他物资，实行卫生监督，要关心使家家都有粮食，要使每个婴儿都有一瓶好牛奶，要使富有之家的成年人不敢多拿一点牛奶（在牛奶还不够孩子们喝的时候），要使宫殿及富翁的公馆不空闲着，而拨给贫苦无依靠者作安身之所。列宁在《论无产阶级的民兵》这篇文章中写道："除了有妇女与男子平等参加的全民民兵以外，又有谁能实行呢？这些措施还不是社会主义。它们涉及消费品的分配，而不涉及生产的改组。它们还不是'无产阶级专政'，而只是'无产阶级和贫苦农民的革命民主专政'。目前的问题不在于从理论上把它们分类。假使我们把复杂的、迫切的、迅速发展着的实际革命任务放在狭隘理解的'理论'的普罗克鲁斯提斯床上，而不把理论看做首先是、主要是行动的指南，那就大错特错了。"①无产阶级民警可以实现真正教育群众参加管理一切国家事务的任务。"这种民兵将吸引少年男女参加政治生活，不仅用言语，而且通过行动，通过工作对他们进行教育。"②"摆在当前日程上的是组织任务，但是，决不能把这项任务刻板地理解成仅仅是建立千篇一律的组织，而应当理解为吸引空前广大的被压迫阶级群众到组织中来，并且由这个组织来执行军事的、行政的、国民经济的任务。"③许多年过去了，当现在我们读伊里奇这封信时，好像他就站在面前，一方面，他的思想非常清晰，清楚地意识到必须进行不调和的武装斗争，不允许在当时作任何让步，不允许有任何动摇；而另一方面，他又极为注意群众运动，注意用新的方式组织广大群众，注意

---

① 见《列宁全集》第 29 卷，人民出版社 2017 年版，第 43 页。
② 见《列宁全集》第 29 卷，人民出版社 2017 年版，第 42 页。
③ 见《列宁全集》第 29 卷，人民出版社 2017 年版，第 44 页。

他们的具体要求,注意立刻改善他们的地位。关于这些问题,伊里奇在一九一六年与一九一七年之交的冬季谈得很多,特别是在二月革命即将发生的那一时期。

谈判继续拖延着。临时政府显然不愿意俄国的国际主义者回国。从俄国传来的消息说,有些同志已开始动摇了。这一切,使我们不得不赶快动身回国。伊里奇给加涅茨基拍了一个电报,加涅茨基三月二十五日才收到这封电报。伊里奇在电报中写道:"我们现被耽搁,原因不明。孟什维克要求由工人代表苏维埃批准。请尽可能立即派人前往芬兰或彼得格勒同齐赫泽商定。别列宁意见如何,切望见告。"①这里的别列宁指的是中央局。柯伦泰在三月十八日到达俄国,向中央局报告了伊里奇准备动身的情况,接到了加涅茨基的来信。中央局经过加涅茨基转来了一封电报,内称:"乌里扬诺夫应立即出发!"加涅茨基把这份电报转给了列宁。弗拉基米尔·伊里奇坚持由瑞士的社会主义者——国际主义者弗里茨·普拉廷去负责进行谈判。普拉廷跟德国驻瑞士大使签订了确切的书面条件。条件的要点是:一、不问其对战争抱何种观点,全部侨民都可归国。二、没有普拉廷的许可,任何人也没有权利进入归国侨民乘坐的车厢;对护照、行李不做任何检查。三、回国者有责任在俄国开展鼓动工作,争取放出与归国侨民同等数目的被拘留的奥地利人和德国人。伊里奇立刻写信给伯尔尼,给日内瓦,给许多同志,积极准备动身回国。伊里奇同前进派分子进行过谈判,但前进派拒绝回国。我们的两位最亲近的同志卡尔和卡斯帕罗夫当时病势很重,在达沃斯气息奄奄,未能同行。临别前,伊里奇还写信向他们辞行。

老实说,伊里奇只是在我写的长信里附了几笔。我写得很详细,告诉他们谁走,我们在怎样准备动身,有些什么计划。伊里奇虽然只写了几句话,

---

① 见《列宁全集》第47卷,人民出版社2017年版,第581页。

但从这几句话里看得出来,他是多么了解那些不得不留下的同志的痛苦心情,并说出最重要的东西:

"亲爱的卡斯帕罗夫:紧紧地、紧紧地握您和卡尔的手,祝你们精神愉快!要忍耐一下。我想我们会很快在彼得格勒见面的。再一次向二位致以崇高的敬礼!"①

"祝你们精神愉快!要忍耐一下……"是的,问题就在这里。我们同他们再也没有见着面。卡斯帕罗夫和卡尔不久都病逝了。

伊里奇给苏黎世出版的《民权报》写了《论俄国社会民主工党在俄国革命中的任务》一文,还写了一封《给瑞士工人的告别信》,他在这封信的结尾说:"正在兴起的欧洲无产阶级革命万岁!"②伊里奇还写了《告被俘同志书》,在这封信里,告诉他们发生了的革命及面临的斗争。当时必须写信告诉他们。我们住在伯尔尼的时候,就已经和被关在德国俘虏营里的俄国俘虏开始广泛地通起信来。对他们的物质帮助,当然不可能很多,但我们总是尽力而为。我们经常给他们写信,给他们送书籍,和他们建立了一系列的密切关系。我们离开伯尔尼归国之后,由萨法罗夫夫妇继续这个工作。我们把秘密的文件送给俘虏,把柯伦泰论战争的小册子(这本小册子很受欢迎)和许多传单寄给他们。

我们归国几个月之前,有两个俄国俘虏到了苏黎世。一个叫作米哈列夫,是沃罗涅什的农民。另一个是敖德萨的工人。他们都是从德国俘虏营中游过博登湖逃出来的。他们到我们苏黎世小组来了。伊里奇会多次和他们谈话。米哈列夫谈了俘虏营中许多有趣的事情。他谈到,起初乌克兰的俘虏是怎样被解送到加里西亚,德国人怎样在他们中间进行乌克兰独立化的宣传,唆使他们反对俄国。后来,他被遣送到德国,被迫给德国的富裕农

---

① 见《列宁全集》第47卷,人民出版社2017年版,第588—589页。
② 见《列宁全集》第29卷,人民出版社2017年版,第93页。

户当苦力。"他们安排得很好,连一点面包皮也不白丢掉!等我回到自己村子的时候,我也要学他们那样过日子!"米哈列夫高声嚷道。他是个旧教徒,因此,他的祖父和祖母从小就不许他认字,他们说印刷品是妖魔邪道。但是,在俘虏营中他却学会了认字。他的祖父和祖母常常给他往俘虏营寄小米和猪油。德国人好奇地看着他怎样煮小米粥吃。米哈列夫想进苏黎世的民众大学学习,可是苏黎世的民众大学都不收他,他非常气愤。他被拘留起来了。后来他在一个地方做土工,看到瑞士工人的受压制很惊讶。他说:"我到管理处去领工钱,看见许多瑞士工人站在那里,他们连进管理处都不敢进,只靠着墙,探望着窗口。他们多么受压制啊!我走上去,一手把门推开,就走进管理处。去拿自己的血汗工钱嘛!"这个中部黑土地带的刚刚学会认字的农民谈论瑞士工人受压制的情形,使伊里奇大感兴趣。米哈列夫还告诉我们,他在俘虏营的时候,那里来了一个俄国神甫。士兵们都不愿听他说教,叫嚷起来,并且骂他。有一个俘虏走近神甫,吻了一下神甫的手,对他说:"请吧,老爹,这里不是你待的地方。"米哈列夫和他的伙伴请求我们也把他们带回俄国,但我们连自己将来的遭遇如何也不知道,——可能我们全体在路上会被逮捕的。我们回国以后,米哈列夫迁居到法国,起初住在巴黎,后来在某地的一个拖拉机工厂里做工,再后来,又迁到波兰侨民聚集的法国东部去了。一九一八年(也许是一九一九年,记不清了),米哈列夫回到俄国来了。伊里奇还和他见过面。米哈列夫谈到,在巴黎的时候,他和一些从俘虏营中逃出来的俄国士兵被传到俄国驻法大使馆去,要他们在必须把战争继续到胜利为止的宣言上签名。虽然大使馆里那些挂着勋章的重要官员亲自出来和士兵们谈话,可是,士兵们都没有签名。"我站起来说,必须结束战争,接着就扭身走了。别人也都跟着我悄悄地走了出来。"米哈列夫还谈到他居住过的一个法国市镇上的青年进行某种反战宣传的情形。米哈列夫全然不像个沃罗涅什的农民了:他头戴法国鸭舌帽,腿上打着草绿色的绑腿,脸刮得干干净净的。伊里奇把他安置在一个工厂里工作。但是,米哈列夫总是怀念着故乡。红军和白匪曾在他的故乡进行过拉锯战,村子的中心几乎全被白匪焚毁了,可是他家的房子侥幸留下了。他的祖父和祖母也还活着。米哈列夫会到政治教育总局来看我,谈到他的故乡的情形,也谈到他准备回家去的事情。我问他:"那你为什么还不回去呢?"他说:"我等胡子长出来之后再回去,否则,祖父和祖母看到我这刮得净光的下巴,会悲伤死的。"今年我收到米哈列夫的来信。他在中央亚细亚某地铁路上工作。他在信中说,在悼念伊里奇的日子里,他给大家讲述过一九一七年在苏黎世会见伊里奇的情形,他还在工人俱乐部介绍了我们在国外的生活情形。大家都很爱听他讲,可是,怀疑他的话是否真实,米哈列夫请我给他证明:他在苏黎世真的会见过伊里奇。

在米哈列夫这个人身上,反映了当时的一部分现实生活;而俘虏们寄到我们援助俘虏委员会的那些信,也同样反映了一部分现实生活。

伊里奇不把自己当时所最关心的问题写信告诉他们,是不能到俄国去的。

当从伯尔尼来信说普拉廷所负责进行的谈判行将顺利结束,只要在记录上签字就可以启程回国的时候,伊里奇主张立刻动身,他说:"我们就坐第一班列车。"离开车只有两小时了。在这两小时内,必须清理好我们所有的"家产",同房东把账算清,把书籍归还图书馆,收拾好行装,等等。我说:"你先走吧,我明天就赶来。"但伊里奇坚决不同意:"不,我们一块儿走。"在这两小时内,我们把一切事情都做完了:捆好了书,烧毁了信件,收拾好了必需的衣服、物品,结束了一切事务。我们乘第一班列车到伯尔尼去了。

回俄国的同志都在伯尔尼的国民公所聚齐。其中有我们俩,季诺维也夫一家,乌西耶维奇一家,伊涅萨·阿尔曼德,萨法罗夫一家,奥丽珈·

拉维奇,从绍德封来的阿布拉莫维奇,格列别利斯卡娅,哈利东诺夫,林达、罗森布吕姆,博伊措夫,米哈·茨哈卡雅,马里延戈夫一家,索柯里尼柯夫等。拉狄克也装成俄罗斯人的样子到俄国去。如果不算跟我们同行的一个女崩得分子带领的四岁的娃娃——卷发的罗伯特,我们一共是三十个人。

弗里茨·普拉廷护送着我们。

那些护国分子看到布尔什维克要假道德国回国,便拼命喊叫。当然,德国政府发给我们通行证,是出于这种想法的:革命,是一个国家最大的不幸;因此,他们认为让我们这批侨居外国的国际主义者回国,就会促使革命在俄国发展。而布尔什维克却认为在俄国进行革命的鼓动是自己的职责,争取无产阶级革命的胜利是自己活动的目的。至于德国资产阶级政府怎样打算,布尔什维克是很少关心的。布尔什维克知道,护国分子一定会制造各种谣言来诽谤他们。但是,他们深信,群众终究会跟他们走的。那时,三月二十七日,只有布尔什维克冒险回国了。一个月之后,有两百多个侨民也经过德国回到俄国来了,其中有马尔托夫及其他孟什维克分子。

上车时,没有人盘查我们的行李和护照。伊里奇是人坐在车上、心早飞回俄国去了。大家在路上多半谈些琐事。罗伯特的快乐的声音充满了全车厢;他对索柯里尼柯夫特别地热情亲近,却不愿意和女人在一块谈话。德国人竭力想表现得自己非常富有:厨师给我们准备了特别丰盛的筵席。但我们的流亡弟兄们对这样丰盛的筵席却不甚习惯。我们从窗口向车外观望,根本看不到成年男子,这很使我们感到惊奇。无论在车站上,在田野间,或在城市的大街上,我们只看到一些妇女、少年和儿童。后来,当我们回到彼得堡的头几天,看到那么多的士兵挤满电车而又感到惊奇的时候,我就不禁回忆起在德国所见到的这种情景。

我们的列车进入柏林车站,停在备用线上了。快到柏林时,有一些德国社会民主党人上车,进到一个单独的房间里去了。我们谁也没有同他们说话,只有罗伯特往他们房间望了望,用法语问他们:"乘务员在干什么?"我不知道德国人是否回答了罗伯特提出的问题。但是这样他们也就没能向我们布尔什维克提出什么问题来。三月三十一日,我们到了瑞典。在斯德哥尔摩,瑞典社会民主党的代表们:林德哈根、卡尔松、什特列姆、图雷·涅尔曼等人欢迎了我们。候车室里挂了一面红旗,还举行了欢迎大会。斯德哥尔摩的一些详细情形,现在我记不起来了,当时,我们一心只想念着俄国。临时政府不许弗里茨·普拉廷和拉狄克进入俄国。但它不敢用这样的手段对待布尔什维克。我们从瑞典乘芬兰式马车到了芬兰。不大好的三等车厢,俄国士兵,——这一切都是自己的,令人感到十分亲切。一切都很满意。待了不大会儿,罗伯特被一个老兵抱起来了,他用小手攀着老兵的脖子,用法语讷讷地说了一些什么。他吃着士兵给他的复活节祭祀用的乳糕。我们从车窗向外看。火车经过的车站的月台上站着成群的士兵。乌西耶维奇从车窗探出头去,高呼:"世界革命万岁!"士兵们莫名其妙地望着他。有个脸色苍白的陆军中尉在我们身边来回走了好几次,而当我和伊里奇走进邻近的空车厢时,他立即走近伊里奇,两个人谈了起来。这个中尉是个护国分子,伊里奇维护着自己的观点,他的脸色也气得苍白了。士兵们慢慢地聚集到车厢里,很快地就挤满了车厢。有些士兵还站在长凳上,以便更清楚地听一听和看一看是谁把反对掠夺性战争的道理讲得这么透彻。士兵们的注意力愈来愈集中,他们的脸色变得愈来愈紧张了。

在白岛车站,玛丽亚·伊里尼奇娜、施略普尼柯夫、斯塔尔和其他同志来迎接我们。女工们也来迎接我们了。斯塔尔一再要我给她们讲几句祝贺的话,但是我的话一下子都没有了,我连一句也讲不出来。同志们跟我们坐了一会儿。伊里奇问大家,我们这次回来,临时政府会不会逮捕我们。同志们笑了。我们很快地就到达彼得堡了。

1917 年 4 月 13 日（俄历 3 月 31 日）列宁抵达斯德哥尔摩

在彼得格勒

彼得格勒的群众、工人、士兵和水兵都来迎接自己的领袖。许多亲近的同志也来了。其中，有一位叫丘古林，是龙寿姆学校的学生，肩上佩着宽宽的红带子，他感动得泪流满面。海潮似的人流，自发地聚集起来。

没有经历过革命的人，无法想象出革命是多么雄伟，多么壮丽。到处飘扬着红旗，喀琅施塔特的海员组成了仪仗队，彼得-保罗要塞的探照灯照亮了从芬兰车站到克舍辛斯卡娅公馆的道路，路上停着装甲车，道路两旁由男女工人担任警卫。

齐赫泽和斯柯别列夫以彼得格勒工兵代表苏维埃正式代表的身份到芬兰车站上来欢迎伊里奇。同志们把伊里奇引到过去专供沙皇休息的车站大厅里，齐赫泽和斯柯别列夫在那里等着。当伊里奇走上月台时，有位大尉走到伊里奇的面前，立正向他作了个简短的报告。这种意外的欢迎仪式，使伊里奇感到有些不安，他给这位大尉回了个举手礼。月台上排着仪仗队，伊里奇和全体归国的同志检阅了仪仗队，然后，当我们坐上汽车的时候，伊里奇却被安置在装甲车上，车子向克舍辛斯卡娅公馆开去。伊里奇在路上对成千上万的人群高呼："社会主义的世界革命万岁！"

这种革命的开端，伊里奇已经完全深刻地感觉到了。

我们到达了克舍辛斯卡娅公馆，当时，党中央委员会和彼得格勒市委员会都设在这里。在公馆的楼上，举行了一个欢迎的茶话会，彼得堡的同志们还准备致欢迎词，但伊里奇却把话题转到他最关心的问题上去，他开始谈起目前党所必须采取的策略。克舍辛斯卡娅公馆的周围站满了工人和士兵。伊里奇不得不在凉台上向广大群众发表了演说。由于会面和高涨的革命热情所激起的欢乐淹没了一切。

后来，我们便乘车回自己的家，到安娜·伊里尼奇娜和马尔可·季莫费耶维奇那里去。玛丽亚·伊里尼奇娜同他们住在一起。他们住在彼得格勒区的谢罗夫街，给我们腾出了一个单间。安娜·伊里尼奇娜抚养大的小孩戈拉，为了欢迎我们，在我们两张床之间的墙上悬挂了一幅标语："全世界无产者，联合起来！"当天夜里，我几乎没有和伊里奇谈话，因为没有词句能表达出我们当天的感受，但是即使不说话，一切也都是很明白的。

时间是这样宝贵，甚至连一分钟也不容许浪费。伊里奇还未起床，同志们就赶来接他去出席在塔夫利达宫楼上举行的布尔什维克（全俄工兵代表苏维埃会议的代表）的会议。列宁在这次会议上用由十条提纲来阐明自己对当前任务的看法。在这个提纲里，他对时局作了估计，明确地指出奋斗的目的，并规定了达到目的的道路。听报告的同志们起初有些惶惑不安。许多人觉得伊里奇把问题提得太尖锐了，把社会主义革命的问题提得太早了。

楼下，孟什维克也在开会。他们派了一个人来讲伊里奇在布尔什维克及孟什维克代表联席会议上作的报告。布尔什维克的会议决定让列宁在社会民主党人的联席会议上再作一次报告。列宁就这样做了。联席会议是在楼下塔夫利达宫大礼堂里举行的。我记得，一进礼堂首先就看到戈尔登贝格（梅什柯夫斯基）坐在主席台上。在一九〇五年二月革命时，他是一个坚定的布尔什维克，是我们在斗争中一个最亲近的同志。这时他已成了普列汉诺夫的追随者，变成一个护国分子了。列宁作了将近两小时的报告。戈尔登贝格站起来发言反对列宁的观点。他的发言非常激烈，说列宁是企图在革命民主派中间掀起内战。显然，两者之间的差别是多么大。我记得，柯伦泰在当时也发了言，她热烈地维护列宁的提纲。

普列汉诺夫在他所办的《统一报》上说列宁的提纲是"梦话"。

三天以后，即四月七日，列宁的提纲在《真理报》上发表了。第二天，《真理报》上也登了加米涅夫的文章《我们的分歧》，表示不同意列宁的提纲。他在文章中说列宁的提纲只是列宁个人的意见,无论是《真理报》或党中央都不赞成。他说参加这次会议听过列宁这个报告的全体布尔什维克代表所通过的不是这个提纲,而是中央局的提纲。加米涅夫还说,《真理报》仍然保持着原来的立场。

于是,在布尔什维克组织的内部,斗争开始了。但这次斗争很快就结束了。一星期之后,召集了彼得格勒布尔什维克全市代表会议,这次会议使列宁的观点获得了胜利。会议从四月十四日到二十二日一连举行了八天;这几天中发生的许多巨大事件,证明列宁是完全正确的。

四月七日,即列宁的《四月提纲》在报上发表的那天,彼得格勒苏维埃执行委员会还投票赞成发行"自由公债"。

资产阶级的报纸和护国分子的报纸开始疯狂地攻击列宁和布尔什维克。谁也没有理睬加米涅夫的声明,大家知道,在布尔什维克组织的内部,占上风的一定会是列宁的观点。对列宁的攻击促使列宁的提纲得到迅速而广泛的传播。列宁称当前的战争是帝国主义的、掠夺性的战争,大家看到他是真正拥护和平的。这感动了水兵,感动了士兵,感动了那些同战争问题有生死关系的人。四月十日,列宁在伊兹迈洛夫舰队里发表演说,十五日《士兵真理报》开始出版,而在四月十六日这天,彼得格勒的水兵及士兵举行了反对攻击列宁和布尔什维克的示威游行。

四月十八日(公历五月一日),全俄国举行了空前未有的大规模的五一示威游行。

同日,临时政府外交部长米留可夫以临时政府的名义向协约国发出一个通牒,声称临时政府要把这次战争进行到彻底的胜利,临时政府认为必须遵守对各盟国所承担的义务。而布尔什维克做了些什么呢?布尔什维克在报纸上说明了这是些什么义务。布尔什维克指出,临时政府要履行沙皇尼古拉二世的政府和沙皇匪帮所承担的义务。他们指出了这是对谁的义务,这是对资产阶级的义务。

这样，广大群众一经弄清楚这个道理，就又走上了街头。四月二十一日，广大群众在涅瓦大街上举行了示威游行。临时政府的拥护者也到涅瓦大街来组织游行。

这些事件团结了布尔什维克。彼得格勒的布尔什维克组织按列宁的精神通过了决议。

四月二十一日和二十二日，党中央委员会作出了几项决议，明确地指出必须揭露临时政府，斥责彼得格勒苏维埃的妥协政策，号召重新选举工人和士兵代表，号召巩固苏维埃，号召广泛深入地进行宣传解释工作；同时也指出，立即推翻临时政府的企图是不合时宜的。

到四月二十四日布尔什维克全俄代表会议开幕的时候，即列宁的提纲发表三星期之后，布尔什维克之间的意见已取得了一致。

自从回到彼得堡以后，我就很少看见伊里奇。他在党中央委员会工作，又在《真理报》工作，还要到各地去参加会议。我在克舍辛斯卡娅公馆的党中央书记处工作，这里的书记处的工作，不像我们在国外时或在一九〇五——一九〇七年时那样了；从前必须按照列宁的指示进行规模相当大的独立工作。这里书记处的秘书是斯塔索娃，她那里有许多技术人员。我负责跟来访的工作人员谈话，但当时对地方的工作我还了解得很少。中央委员常常来这里，来得最勤的是斯维尔德洛夫同志。我的消息很不灵通。没有固定的职责，这使我很苦恼。但是，我却尽力去了解我周围的生活。那时候，街道上的情景非常有趣：到处都是人群，到处的人群都在热烈地谈论着时局，讨论着一切事件。你只要走到人群跟前，就可以听到。有一次，我从谢罗夫街到克舍辛斯卡娅公馆就走了三个小时，因为在街上举行的群众大会太有意思了。我们房子的对面有一座院子，深夜一打开窗户，就可听见热烈的争论。有一个士兵坐在那里，时常有一些女厨子、邻屋的女仆人和青年人围着他。深夜一时,断断续续地传来:布尔什维克,孟什维克……三时,又听到:米留可夫,布尔什维克……五时,又是政治啦,大会啦。现在在我的回忆里,彼得格勒的白夜始终是和这些晚间的群众大会联系在一起的。

在中央委员会书记处,我见过许多人。中央委员会、军事组织、《士兵真理报》编辑部都设在克舍辛斯卡娅公馆里。有时候,我去参加中央委员会的会议,更深入地了解群众,关心着彼得格勒委员会的工作。我对少年男女和青年工人也很感兴趣。当时,青年都卷入了革命斗争。他们的倾向各不相同,有的拥护布尔什维克,有的追随孟什维克,有的支持社会革命党人,还有的赞成无政府主义者。青年组织已发展到五万人,但在初期,这个运动是"没有人管的"。我在他们中间进行了一些工作。中学高级班的学生同青年工人完全相反。这些学生时常成群结队地到克舍辛斯卡娅公馆前大声谩骂布尔什维克。显然,他们被人愚弄得不轻。

回国后不久(确切的日期我记不起来了),我参加了一次教师代表大会,出席那一次会议的人很多。这些教师完全处在社会革命党人的影响之下。一些重要的护国分子都在会议上发了言。在我参加会议的这一天早上,阿列克辛斯基在我到会之前也讲了话。社会民主党人——布尔什维克和赞成国际主义的孟什维克总共有十五到二十人,他们挤在一间不很大的房间里,交换意见,研究将来应该建立什么样的学校。有许多出席过这次会议的代表后来在区杜马中工作。当时的教育界被沙文主义的乌烟瘴气所包围。

四月十八日(公历五月一日),伊里奇参加了五一示威游行。他在奥赫塔和马尔斯校场先后作了讲演。我没有听到他的讲演,因为当天我病得不能起床了。伊里奇回来的时候,他脸上的激情使我感到惊讶。我们侨居外国时,也时常参加五一示威游行,不过,那些被警察当局许可的五一游行和战胜了沙皇制度的革命人民的五一游行完全是两回事。

四月二十一日,我必须去丹斯基那里会见伊里奇。会见的地址是在旧涅瓦大街三号。我步行穿过了整个涅瓦大街。一支庞大的工人示威游行队伍从涅瓦关卡走了过来。挤满了人行道的工人群众都在向这支示威队伍致敬欢呼。"来啊!"有一个青年女工对站在人行道上的另一个女工喊道,"来啊!我们要通宵游行!"另外有一小队由戴着小礼帽的人所凑成的队伍朝着工人游行的队伍走来,站在人行道上的那些戴小礼帽的人向这支小队呐喊欢迎。在涅瓦关卡附近,工人占大多数,而在靠近莫尔斯卡亚关卡的地方,在警察桥附近,大多数是戴小礼帽的人。这帮人互相传播着一个谎言,说列宁用德国的黄金收买了工人,所以现在工人都拥护他。在那支队伍中有一个穿得很摩登的女人在叫喊:"列宁该打!"有一个戴小礼帽的人也狂呼:"这些恶棍都该打!"这是一个阶级反对另一个阶级!而工人阶级是拥护列宁的。

从四月二十四日到二十九日,举行了全俄四月代表会议。有一百五十一名代表出席会议,会上选出了新的中央委员会,并且讨论了下列非常重要的问题:时局问题,战争问题,筹备第三国际问题,民族问题,土地问题,党纲问题。

我特别记得伊里奇所作的时事报告。

这次报告非常明显地表现了伊里奇怎样对待群众,怎样注意群众的心事。他说:"毫无疑问,无产阶级和半无产阶级作为阶级来说是不要战争的。他们受到传统和欺骗的影响,他们还没有政治经验。因此,我们的任务就是要进行长期的解释工作。我们决不能对他们作丝毫的原则性让步,但是我们不能像对待社会沙文主义者那样对待他们。居民中的这些人从来不是社会主义者,他们根本不懂什么是社会主义,他们刚刚觉醒过来参加政治生活。但是他们在异常迅速地提高觉悟,开阔眼界。必须善于对他们进行解释,这是一个最困难的任务,对于一个昨天还处于地下的党来说,就尤其困难。"①

在这次报告中,列宁说:"我们许多人,包括我本人在内,都在群众面前,特别是在士兵面前讲过话,我想,假如所有问题都用阶级观点去解释,那么他们最难理解的是我们在怎样结束战争、怎样才能结束战争的问题上所持的立场。广大群众对我们的立场有许多误解和完全不理解的地方,因此我们在这个问题上应该讲得极其通俗。"②

"……向群众讲话的时候,应当向他们作出具体的答复。"③

伊里奇说,不仅对无产阶级,而且对广大的小资产阶级,都必须善于进行解释工作。

在谈到监督时,弗拉基米尔·伊里奇说:"要监督必须有政权。如果小资产阶级联盟的广大群众不了解这一点,就应当向他们耐心地解释,但决不应当对他们说假话。"④伊里奇决不许任何人蛊惑群众,跟他谈过话的士兵和农民都感觉得到这一点。但信任不是轻易获得的。在当时那样紧张的时刻,列宁保持着平时那种清醒的头脑:"我们现在是少数,群众还不信任我们。我们要善于等待,一旦政府显露出本来面目,群众就会转到我们这一边来。"⑤当时,有不少士兵和农民同伊里奇谈话,同时伊里奇也看到他们对党的信任;但是,他并没有作任何幻想:"对于无产阶级政党来说,最危险的错误莫过于在需要组织起来的时候把自己的策略建筑在主观愿望上。不能说我们已经获得多数的拥护;在这种情况下需要的是不信任、不信任、再一个不信任。把无产阶级的策略建筑在主观愿望上就等于把它毁掉。"⑥

---

① 见《列宁全集》第29卷,人民出版社2017年版,第148—149页。
② 见《列宁全集》第29卷,人民出版社2017年版,第345—346页。
③ 见《列宁全集》第29卷,人民出版社2017年版,第350页。
④ 见《列宁全集》第29卷,人民出版社2017年版,第344页。
⑤ 见《列宁全集》第29卷,人民出版社2017年版,第345页。
⑥ 见《列宁全集》第29卷,人民出版社2017年版,第350页。

在时事报告的最后部分,伊里奇说:"俄国革命创立了苏维埃。世界上所有的资产阶级国家都没有而且不可能有这种国家机构,所有的社会主义革命除了这种政权以外不可能运用任何其他的政权。工兵代表苏维埃取得政权不是为了建立通常的资产阶级共和国,或直接向社会主义过渡。这是不行的。但究竟是为了什么呢?苏维埃取得政权是为了实行向社会主义过渡的初步的和具体的步骤,这些步骤可以实现,而且应当实现。在这方面,主要的敌人是畏惧。应当向群众宣传:必须马上采取这些步骤,否则工兵代表苏维埃这种政权就毫无意义,就不会给人民带来任何好处。"①

接着,伊里奇谈到摆在苏维埃面前的直接任务。"必须废除土地私有制。这是一项摆在我们面前的任务,因为人民大多数是主张这样做的。为此我们就需要苏维埃。旧的国家官吏是不可能实行这种措施的。"②在这个报告的结束语中,伊里奇举了一个实例来说明在地方上夺取政权的意义是什么。他说:"最后,我要谈谈给我留下了极深刻印象的一次讲话。一个煤矿工人作了一次出色的讲话,他没有用一个书本上的字眼,讲了他们怎样进行革命。他们谈的问题不是要不要有个总统,他所关心的倒是这样一个问题:在他们占据矿井以后,必须保存好钢绳,以防生产中断。后来出现粮食问题,他们没有粮食,于是又商量好取得粮食的办法。这才是真正的革命纲领,而不是从书本上搬来的东西。这才是地方上的真正的夺取政权。"③

季纳伊达·巴甫洛夫娜·克尔日扎诺夫斯卡娅回忆我给她讲述那个矿工的演说的情况时说:"现在他们主要的是要有自己的工程师。弗拉基米尔·伊里奇认为,要是格列勃能到那里去,那就再好不过了。"

在这次代表会议上,我们会见了许多熟识的同志。我记得,我们还会见

① 见《列宁全集》第29卷,人民出版社2017年版,第354—355页。

② 见《列宁全集》第29卷,人民出版社2017年版,第355页。

③ 见《列宁全集》第29卷,人民出版社2017年版,第356页。

了龙寿姆学校的学生普里夏金,还记得在听伊里奇的报告的时候,他的眼睛是怎样地闪闪发光。普里夏金现已不在人世。一九一八年,他在西伯利亚被白匪枪杀了。

一九一七年五月初,伊里奇拟好了一个关于修改党纲的草案。帝国主义战争和革命使整个社会经济生活发生了极大的变化,旧的党纲已经过时,要求对许多问题作新的估计,采取新的态度。

这个最低纲领草案是要极力改善和提高群众的生活水平,使他们能广泛地发挥主动性。

秘书处的工作越来越使我苦恼,我很想直接做群众工作,同时又想多和伊里奇见面,因为当时伊里奇的处境越来越危险。敌人对他的攻击越来越猛烈。走到彼得格勒区,你就会听到一些家庭妇女在叨念着:"该怎样收拾那个从德国回来的列宁呢? 把他扔到井里淹死吗?"当然,谁在制造这些收买、叛国一类的谣言,是很明白的。但是,听到这些谣言,对我来说实在不是一件愉快的事。这些谬论出自资本家之口是一回事,而出自群众之口却是另一回事了。我曾为《士兵真理报》撰写一篇文章,说明列宁是一个什么样的人。这篇文章的标题是《党史的一页》。伊里奇看过这篇原稿,并作了修改。这篇文章发表在一九一七年五月十三日第二十一号《士兵真理报》上。

当弗拉基米尔·伊里奇疲倦地回家来时,我不愿意再提出任何问题去烦扰他。但是,在散步的时候,不论是我或是伊里奇,都喜欢按照老习惯随便谈谈。我们有时也在彼得格勒区比较偏僻的街道上散散步,虽然不是经常地。有一次,我记得我们跟邵武勉同志和叶努基泽同志一起散步。邵武勉把一些红色的徽章交给伊里奇,这是他的几个儿子托他交给列宁的。伊里奇微笑着接受了。

邵武勉(斯切潘)同志在巴库的无产阶级中威信很高,我们早就认识他。第二次代表大会之后,他就站到布尔什维克这边来,并且参加过斯德哥尔摩和伦敦代表大会。在斯德哥尔摩代表大会上,他参加了资格审查委员会。这次大会的出席人数比第二次和第三次的人数多得多。在那几次代表大会上,我们对每一个代表都很了解,有许多代表是毫无名望的。在资格审查委员会里,在审查每个代表时都引起了尖锐的派别斗争。我记得,邵武勉同志在资格审查委员会里工作是非常劳累的。我没有参加伦敦代表大会。后来,在第二次侨居国外期间,我们跟巴库同志们的通信增多了。我记得,他们还写信来问我跟前进派决裂的原因。我很详细地写了回信,告诉他们争论是怎样发生的。

一九一三年,伊里奇和邵武勉同志之间就民族问题做了频繁的通信。一九一四年五月间伊里奇写的一封信很重要,他在信里发挥了自己对民族问题的见解,这就是:所有民族或大多数民族的马克思主义者,应当拟定一个各民族一律平等和保护少数民族权利的法律草案,提到国家杜马中去。按伊里奇的意见,这个草案要充分说明,我们所理解的平等权利也包括语言问题、学校问题和一般文化问题,而且这些问题是互相联系、互相制约的。伊里奇写道:"我以为,用这种方法可以通俗易懂地揭穿民族文化自治的胡说,彻底打掉这种胡说的拥护者的妄想。"①伊里奇甚至亲自拟订了这样一个草案。

所以一九一七年,伊里奇很高兴跟斯切潘见面,并同他畅谈了当时尖锐地提到布尔什维克面前的一切问题。

我还记得伊里奇在全俄工兵代表苏维埃第一次代表大会上讲话的情形。这次大会是在瓦西里岛第一道街的一所士官学校内举行的。人们在长廊里走动着。教室成了代表们的宿舍。大厅里坐满了人,布尔什维克为数不多,坐在后边。列宁的讲话只有布尔什维克鼓掌。虽然如此,但毫无疑

_____

① 见《列宁全集》第46卷,人民出版社2017年版,第477页。

义，列宁的话给人留下了强烈的印象。后来，有人说克伦斯基听完列宁的这次演说之后便失去了知觉，躺了三小时之久。我不知道这话有几分是符合实际的。

六月间，进行各区杜马的选举。我去看了一下瓦西里岛的竞选运动是怎样进行的。大街上挤满了工人。大多数是管道工厂的工人，拉菲尔姆工厂的女工也来了不少。拉菲尔姆工厂的工人都投社会革命党人的票。到处都是热烈的争论，所争论的并不是候选人或某个人的问题，而是各个政党的活动、这个党和那个党的主张等问题。我记起了我们从前在巴黎的时候，也看到过那里的区选举。使我们惊奇的是那里没有政治方面的评价，有的只是掺杂到选举中去的许多个人打算。这里的情形恰恰相反。跟一九〇五——一九〇七年的情形比较起来，群众的成长是显而易见的。可以看到，人们都在读着各种不同派别的报纸。有一些人在议论是否可以实行拿破仑主义。人群中有个身材不高、暗探模样的人钻来钻去，这种人在最近几年成长起来的工人群众中，显得特别刺眼。

群众的革命情绪越来越高涨了。

布尔什维克决定于六月十日举行示威游行。但苏维埃代表大会反对，它决定三天内禁止一切示威。当时，伊里奇主张取消党中央指定的示威。他认为，既然我们承认苏维埃政权，就不能不服从苏维埃代表大会的决定，不然就是把武器交给了敌人。可是苏维埃代表大会对群众的情绪作了让步，决定在六月十八日举行自己组织的示威游行。但出乎它意料之外，参加示威的约有四十万工人和士兵，百分之九十的旗帜和标语牌上都写着布尔什维克中央的口号："全部政权归苏维埃！""打倒十个资本家部长！"拥护临时政府的标语只有三个：一个是崩得分子的，一个是普列汉诺夫的《统一报》的，还有一个是哥萨克军团的。伊里奇把六月十八日这天估计为一个转变的日子。他写道：

"6月18日的游行示威,成了指出革命方向、指出摆脱绝境的出路的革命无产阶级的力量和政策的示威。星期日游行示威的巨大历史意义就在这里,它同革命烈士安葬日和五一节的游行示威的原则区别就在这里。革命烈士安葬日是全体人民对革命的最初胜利和对革命的英雄表示的敬意,是人民对自己十分迅速、十分成功地走过的争取自由的第一阶段的回顾。五一节是表示愿望和希望的节日,这些愿望和希望是同全世界工人运动的历史,同这一运动的和平和社会主义的理想联系着的。

这两次游行示威都没有打算指出革命今后发展的方向,而且也不可能指出。这两次游行示威都没有向群众和代表群众提出具体的、明确的和迫切的问题:革命应当向何处去,应当怎样进行。

从这个意义上来说,6月18日是第一次实际行动起来的政治示威;它说明———不是在书本上或报纸上,而是在大街上;不是通过领袖,而是通过群众———为了继续推进革命,各个阶级正在怎样行动,打算怎样行动和将要怎样行动。

资产阶级躲藏起来了。"①

选举区杜马的工作结束了。我在维堡区当选。在维堡区当选的,只有布尔什维克和为数不多的孟什维克国际派,不过孟什维克没有开始工作。当时在区公所工作的只有几个布尔什维克:米哈伊洛夫、库奇缅科、丘古林,还有一位同志和我;我们的区公所起初是和区党委会设在一座房子里。区委书记是任尼娅·叶哥罗娃。拉齐斯同志也在那里工作。我们区公所和区党委会的工作保持着非常密切的联系。在维堡区工作,使我学到许多东西。这是一所学习党和苏维埃工作的非常好的学校。我曾长期侨居国外,甚至在一些人数很少的会议上也不敢讲话,在此以前一直也没有给《真理报》写

---

① 见《列宁全集》第30卷,人民出版社2017年版,第333—334页。

过片言只语,对我来说,这样的学校是很需要的。

维堡区里有许多坚强的布尔什维克积极分子。布尔什维克深得工人群众的信任。我参加工作后不久,便不得不接替司徒卢威的妻子尼娜·亚历山德罗夫娜·格尔德在士兵家属救济委员会分会的工作。格尔德是我的老朋友,中学时代的同学,后来一起在星期日夜校教过书。在工人运动发展的初期,她是社会民主党人。而现在,我们的政治观点完全不同了。向我移交工作时,她说:"士兵的家属不信任我们;不管我们怎么干,他们都不满意。他们只相信布尔什维克。好吧,您来担任这件工作吧,也许会搞得好些!"我们不怕担任这个工作,我们认为:和工人一道,依靠他们的主动性,就能广泛地展开工作。

广大的工人群众不但在政治方面而且在文化方面也表现了很大的积极性。我们区很快地成立了国民教育委员会,区内各工厂都有代表参加。工厂代表中,我记得有普雷舍夫、卡尤罗夫、尤尔金、戈尔季延科。每星期开会一次,讨论一些具体的措施。人人都要识字的问题一提出来,各工厂的工人就迅速地进行了文盲登记。工人要求厂主拨出房屋来成立识字学校。有一个厂主拒绝提供房屋;女工们查明工厂里有一座房子被敢死队员(受沙文主义熏染极深的士兵)占着,几乎闹翻了天,终于迫使厂主租一座房子来办学校。工人们亲自检查到课情况和教师的教学工作。离区公所不远驻有一个机枪团,这个团队最初被认为是很可靠的,但它的"可靠性"很快就消失了。这个团队刚调到维堡区,就有人在士兵中进行鼓动工作。拥护布尔什维克的第一批鼓动员是卖葵花子和格瓦斯①等食品的女人。其中有不少人是士兵的妻子。维堡区的女工不是我在九十年代所看到的那样的女工了,甚至也不是一九〇五年革命时那样的女工了。她们都穿得很好,在会上积

----

① 格瓦斯是一种用面包屑酿成的清凉的酸饮料。——译者注

极发言,政治觉悟很高。有一位女工对我说:"我的丈夫还在前方。我们过去相处得非常和睦,不知道将来他从前方回来会怎样。现在我拥护布尔什维克,跟着布尔什维克走。可是,我不知道他在前方怎样……不知道他是不是也已经明白,已经看清楚应该跟着布尔什维克走。我夜里时常这样想:万一他还没有明白呢?不过,不知道我们能不能再见着,他也许会被打死,我呢,现在吐血,常常上医院去。"这位担心因观点不同而不得不跟丈夫离婚的、两腮上有红斑点的女工的瘦削面孔,给我留下了极深刻的印象。但那时在文化工作中走在前面的不是女工而是男工。他们关心着一切。例如,戈尔季延科同志为幼儿园的许多工作操劳。库克林同志则关心着青年工作。

我也去直接做青年工作。青年们成立了"光明和知识协会",订出了会章。这群青年中,有布尔什维克,有孟什维克,有无政府主义者,也有无党无派的。他们的会章是非常幼稚和简单的;但是,他们还围绕着这个会章进行了很有意思的争论。例如,他们的会章中有一条规定:每个会员必须学会缝纫。有一位青年(布尔什维克)提出:"为什么每个会员要学会缝纫呢?当然,姑娘们是应该会的,否则,她们将来连丈夫裤子上的扣子也不会钉。但何必一定要人人都学这一套呢!?"这几句话激起了一场愤怒的风暴。不但姑娘们,连青年男子也从座位上跳了起来,猛烈地攻击他。"妻子必须给丈夫钉裤子上的扣子吗?你怎么?要维护奴役妇女的老制度吗?妻子是丈夫的同志,不是婢女!"这位主张只让姑娘们学缝纫的倡议者,被围攻得不得不低头认错。记得我会和一位热烈拥护布尔什维克的青年穆拉舍夫谈过话。我问他:"您为什么不参加布尔什维克组织?"他回答我说:"您看到了吧,我们青年当中有几个已经加入了组织。而我们干吗要加入呢?您以为参加的人都是由于认识到布尔什维克是正确的吗?不是的,是因为布尔什维克给自己的人发手枪!这样是无论如何不行的。应该按照自己的觉悟行事;我退回了党证,等自己把问题彻底认识清楚了再入党。"应当说,参加

"光明和知识协会"的全都是具有革命情绪的青年。这些青年不能容忍自己中间有人发表右派的观点。他们都很积极,在自己的工厂里、在会议上经常发言,只是太轻信别人了。当时不得不用一切方法同这种轻信态度作斗争。

在妇女当中,我们也进行了很多工作。我已经忘记了自己不久以前的羞怯心理,哪里需要,我便到哪里去讲话。

我专心致志地工作,希望把每个群众都吸收来参加社会工作,希望创造条件来解决伊里奇在当时提出来的关于组织"民兵"的问题。

我参加维堡区工作之后,就更少看见伊里奇了。当时,时间很紧张,斗争非常激烈。六月十八日不但是四十万工人和士兵高喊布尔什维克的口号举行游行示威的日子,也是摇摆了三个月的临时政府在协约国的压力下又在前线开始了进攻的日子。布尔什维克已在各种报刊和集会上发表了自己的意见。临时政府也感到自己的宝座摇摇欲坠。六月二十八日,俄国军队在前线开始败退,这就使得军队更加愤怒了。

六月底,伊里奇跟他的妹妹玛丽亚·伊里尼奇娜一同到姆斯塔米亚克车站附近的内沃尔村(离彼得格勒不远),在邦契-布鲁耶维奇家里休息了几天。在这期间,彼得格勒爆发了下述的事件。驻在维堡区的机枪团决定举行武装起义。两天以前,我们的文教委员会和机枪团的文教委员会约好在星期一开会,共同研究几个有关文教工作的问题。机枪团的人一个也没有来,全团的人都开走了。我就到克舍辛斯卡娅公馆去。很快地,我就在沙姆索尼耶夫大街赶上了机枪团的士兵。他们正在列队行进。我到现在还记得这样一个场面。一个老工人离开了人行道,迎着这士兵队伍走去,向他们躬身致敬,并大声高呼:"兄弟们! 为工人而斗争吧!"在克舍辛斯卡娅公馆里,在中央委员会办公室的同志中间,我记得有斯大林和拉舍维奇同志。机枪团的士兵们到了凉台下边站住了,向党中央致敬之后,才继续前进。接着,又有两个团队的士兵也从党中央的所在地经过,随后来的是工人的示威队伍。当天傍晚派了一个同志到姆斯塔米亚克去接伊里奇。中央委员会提出了把这次示威变成和平游行的口号,可是机枪团却在驻地筑起街垒来。我记得,在这个机枪团进行了很久工作的拉舍维奇同志,他在出发到机枪团去劝说士兵们停止发动之前,曾在维堡区公所躺在沙发上面对天花板呆望了很久。这对他来说不是一件容易的事情,但中央委员会已经作了这样的决定。工厂的工人也举行罢工了。喀琅施塔的水兵们也来了。武装工人和士兵的强大示威队伍集合到塔夫利达宫的前面。伊里奇在克舍辛斯卡娅公馆的阳台上发表了演说。中央委员会发表了号召停止示威的宣告。临时政府出动了士官生和哥萨克。在花园街,他们向示威者开枪射击了。

再度转入地下

这一夜同志们把伊里奇安送到彼得格勒区的苏里莫夫的家里过夜。隐藏伊里奇最可靠的地方是维堡区。于是,决定使他迁到维堡区工人卡尤罗夫的家里。我到苏里莫夫的家里找到了伊里奇,然后,我们一起步行到维堡区去。我们在莫斯科团队旁边的一条林荫道上走着。卡尤罗夫早已坐在林荫道旁等我们。他看到了我们,便稍为走在我们前面一点,伊里奇一个人跟着他,我转到另一边走了。士官生捣毁了《真理报》编辑部。白天,彼得格勒委员会在莱诺工厂的警卫室里举行会议,伊里奇也出席了这个会议。会上讨论了总罢工问题。当时决定不举行罢工。会后,列宁又到列斯尼路福法诺娃家里,他在那里同几位中央委员会晤。在这一天,工人运动被镇压下去了。曾任第二届杜马彼得格勒工人代表、前进派分子、当年在工作上曾跟我们接近过的阿列克辛斯基和什吕谢尔堡的老政治犯、社会革命党人潘克拉托夫造起谣来,说他们所掌握的材料证明列宁是德国的间谍。他们企图

化装后的列宁。1917 年 7 月以后，列宁化名工人依万诺夫，用这张身份证从事秘密活动

用这种诽谤来削弱列宁的影响。七月六日，临时政府颁布了逮捕列宁、季诺维也夫、加米涅夫的命令。克舍辛斯卡娅公馆被政府军队占据了。伊里奇又从卡尤罗夫那里搬到阿利路也夫同志的家里。季诺维也夫也躲藏在阿利路也夫家里。卡尤罗夫的儿子是一个无政府主义者，这个青年喜欢玩弄炸弹，这对于要作为隐蔽的住宅来说，是很不合适的。

七日，我和玛丽亚·伊里尼奇娜到阿利路也夫的住宅去看伊里奇。当时，正是伊里奇犹豫不决的时候。他援引必须出席法庭的理由。玛丽亚·伊里尼奇娜激烈地反对他到法庭上去。伊里奇对我说："我和格里哥里已经决定上法庭去，你把这个决定去告诉加米涅夫吧。"加米涅夫当时躲藏在附近的一个同志家里。我急忙要去，伊里奇叫住我说："我们来告别吧，也许我们再不能相见了。"我们拥抱起来了。然后，我去找加米涅夫，并把弗拉基米尔·伊里奇的决定转告给他。傍晚，斯大林同志等来了，说服了伊里奇不上法庭去，这样便保全了他的生命。晚间，谢罗夫街我们的住宅受到了搜查，只搜查了我们的房间。进来搜查的是一个上校和一个穿白里子军大衣的军人，他们从桌子上拿走了一些小本子和我的一些文件。他们问我知不知道伊里奇在哪里。从他们的问话里我判断出伊里奇没有到法庭去受审。早上，我去找斯米尔加同志，他也住在谢罗夫街上。斯大林和莫洛托夫同志也在那里。在那里我知道伊里奇和季诺维也夫决定躲藏起来。

过了一天，九日，一大群士官生又闯进我们的住宅来搜查。他们非常仔细地搜遍了整幢房子。他们错把安娜·伊里尼奇娜的丈夫马尔可·季莫费耶维奇·叶利扎罗夫当作伊里奇，他们追问我他是不是伊里奇。当时，有一个名叫安努斯卡的农村姑娘在叶利扎罗夫的家里做佣人，她是从偏僻的农村来的，什么也不懂。她非常喜欢学习识字，一有空就拿起识字课本来学习，但学的成绩不好。"乡下人脑筋笨!"她时常发愁地这样说。我尽力帮助她学习，同时也给她解释目前有些什么政党，为什么会发生战争等问题。

关于列宁,她一点也不知道。八日,我没有在家。我们的人告诉我,有一辆汽车驶到我们屋前,并有人举行了敌意的示威游行。突然,安努斯卡跑进来喊道:"来了一些奥列宁!"搜查的时候,士官生指着马尔可·季莫费耶维奇问安努斯卡:他叫什么名字?她不知道。他们以为是安努斯卡不肯实说。于是,他们到她的住处——厨房去,检查了床下,看是否有人躲在那里。安努斯卡愤怒地对他们说:"烤炉里边也看一看吧,可能会有人坐在那里!"他们抓了我、马尔可·季莫费耶维奇和安努斯卡三人,把我们押到总参谋部,分隔开来。我们每个人都有一个持枪的兵守着。不一会儿,有一些像发了疯似的军官闯进来,要扑打我们。这时,第一次搜查我们住宅的那个上校进来了,他看了看我们,说:"这几个都不是我们要找的人。"这时候,如果伊里奇真的在这里,那他们一定会把他撕成碎片的。我们被释放了。马尔可·季莫费耶维奇要他们用汽车送我们回家。那个上校答应以后就溜走了。当然,谁也不会用汽车送我们的。我们自己雇了一辆马车回去。桥面已经被吊开了。我们到家的时候天已亮了。敲了很久门,我们开始担心我们的人是否出了事。最后总算把门打开了。

我们家又遭到第三次搜查。当时我不在家,是在区上。我走到家时,门口有几个士兵守着,街上满是人。我在街上站了一会儿,就返回区上,——反正是没有办法的。回到区上,已经很晚了。除了看门的老太太之外,谁也不在。过了一会儿,斯卢茨基同志来了,他是不久以前和沃洛达尔斯基、美尔尼昌斯基等同志从美国回来的;后来,他在南方战线上牺牲了。他当时刚从监牢里出来,他劝我不要再回家了,建议第二天早晨先打发一个人去了解一下情况。于是我们就出去找地方过夜。但是我们都不知道同志们的住址,在区里转了很长时间,才找到福法诺娃的住处。福法诺娃是我们区上的一个工作同志,她就给我们安排过夜的地方。到了早上,我们知道我们的人都没有被逮捕,这一回搜查并不像上回那样粗野。

伊里奇和季诺维也夫藏在一个老地下工作者、谢斯特罗列茨克工厂的工人叶梅利扬诺夫的家里,他的家在距谢斯特罗列茨克工厂不远的拉兹里夫车站上。伊里奇始终对叶梅利扬诺夫及其一家人始终怀着非常亲近的感情。

我一直留在维堡区。在七月事变的日子里,小市民的情绪和工人的情绪大不相同,给人的印象很深;无论是在电车上,或在大街小巷的各个角落,都充满了小市民的怨恨的声音,但你一走过到维堡区去的木桥,就像是到了另一个世界一样。这时候事情很多。通过佐夫和其他跟叶梅利扬诺夫有联系的同志,我不断地收到伊里奇写给我的条子,上面写着各种任务。反动派更加猖狂了。七月九日,全俄中央执行委员会和工农代表苏维埃执行委员会联席会议宣布临时政府"是挽救革命的政府"。当天"挽救"就开始了。当天加米涅夫就被逮捕了。七月十二日,颁布了在前线实行死刑的命令。七月十五日,《真理报》和《战壕真理报》被封闭,并颁布了禁止在前线举行群众大会的命令。在赫尔辛福斯,有许多布尔什维克被捕,那里的布尔什维克的报纸《浪潮报》也被查封了。七月十八日,芬兰国会被解散,科尔尼洛夫将军被任命为最高总司令。七月二十二日,托洛茨基和卢那察尔斯基被捕了。

七月事变过去不久,克伦斯基就想出了措施来加强军队中的纪律,他决定解除在七月事变时开始革命活动的机枪团的武装,把他们集合在广场上,加以侮辱。我亲眼看到了这个被解除了武装的机枪团到广场上去的情形。解除了武装的士兵牵着马,眼睛里充满无限仇恨,缓慢的脚步也显示出无比的仇恨;很显然,再没有比克伦斯基这个措施更愚蠢的了。的确,在十月革命时,机枪团的士兵们都坚决拥护布尔什维克,这些机枪手都奋不顾身地在斯莫尔尼宫保护伊里奇。

布尔什维克党转入了半秘密状态,但它更加巩固、更加壮大了。在七月二十六日党的第六次代表大会开幕前夕,已有十七万七千党员,比三个月前召开全俄布尔什维克四月代表会议时增加了一倍。布尔什维克影响的增长,尤其是在军队中的影响的增长已没有疑问了。第六次代表大会团结了更多的布尔什维克的力量。以第六次代表大会的名义发出的宣言中指出了临时政府的反革命立场,指出了世界革命和阶级的搏斗正在酝酿。宣言中写道:"在这个搏斗中,我们的党高举着招展的旗帜前进。党把旗帜紧握在自己的手里。党在暴行者和无耻的诽谤者面前,在出卖革命的叛徒和资本阶级的奴仆面前,没有丢掉自己的旗帜。党今后也要把这面旗帜高高举起,为社会主义、为各族人民的友谊而斗争。因为党坚信:新的运动即将爆发,旧世界的丧钟就要响起。"

八月二十五日,科尔尼洛夫的军队开始向彼得格勒推进了。彼得格勒的工人和维堡区的居民当然首先奋起保卫彼得格勒。我们派出了鼓动员到科尔尼洛夫的部队即所谓"野蛮师"中去进行工作。科尔尼洛夫的军队很快地就瓦解了,没有发动起真正的进攻。指挥进攻彼得格勒兵团的司令克雷莫夫将军自杀了。我现在还记得我们维堡区的一个青年工人的样子。他负责扫除文盲的工作。他是最早去前线的一个。我记得很清楚,他从前线回来的时候,肩上还背着步枪,就一直跑到区杜马来。扫盲学校当时缺少粉笔,这个青年小伙子进来,脸上还散发着斗争的兴奋,把枪往屋角里一放,便热烈地谈起粉笔、黑板等问题了。在维堡区,我每天可以看到工人怎样把他们的革命斗争跟掌握知识和文化的斗争紧密地联系起来。

伊里奇不能再继续躲在拉兹里夫车站附近的草棚里了,因为秋天来了。伊里奇决定移居到芬兰,他计划在那里写完他已考虑成熟的著作《国家与革命》。为了写这部著作,伊里奇作了大量的摘录,并从各方面作了深刻的思考。同时,在芬兰也较容易看到报纸。叶梅利扬诺夫给伊里奇弄了一张谢斯特罗列茨克工厂工人的护照,我们给伊里奇戴了假发,帮助他化好装。

季米特里·伊里奇·列先科(他是一九〇五——一九〇七年时期的老党员同志。他当过我们布尔什维克报纸的秘书,那期间,列宁常在他家里过夜。当时,他在维堡区是我的文化工作的助手)到拉兹里夫车站来,给伊里奇拍了照片(因为护照上需要贴照片)。一位在芬兰铁路上当司机的芬兰同志雅拉瓦(绍特曼和拉希亚非常了解他)负责把伊里奇化装成司炉护送过境。这一切都成功了。过后,也是通过他,我们和伊里奇保持着密切的联系。我不止一次地到他那里去取伊里奇写来的信件。他也是住在维堡区。伊里奇住在赫尔辛福斯的时候,用化学药水写了一封信来,叫我到他那里去,他把自己的住址告诉我,并且还把走的路线描画得很具体,使我不用再问别人。不过我把这封信拿到灯上烤的时候,路线图烤坏了一个角。叶梅利扬诺夫夫妇帮助我弄了一本假护照(那是谢斯特罗列茨克工厂一个老女工的护照)。我包了头巾,坐车到拉兹里夫车站,找到了叶梅利扬诺夫夫妇。他们把我送过国境。住在边境上的居民只要有护照就可以越过国境去。检查护照的是一个军官。从国境要穿过一个大约有五俄里长的森林到奥利拉小车站去乘军用火车。一路上都很顺利。只是我的路线图有一块地方烤坏了,看不清楚,在街上遛了很久,才找到了我所要找的那条街道。伊里奇很高兴。显然,在准备斗争的中心这样重要的时刻却不得不隐藏起来,这使伊里奇感到十分苦闷。我把我知道的一切都告诉了他。我在赫尔辛福斯只住了两天。伊里奇一定要送我到车站,他把我送到最后一个拐角。我们约好,我还要来。

过了两个星期,我第二次到伊里奇那里去了。因为误了时间,所以我决定不再找叶梅利扬诺夫,而自己走到奥利拉车站去。但当我走进那个森林时,天已黑了——那已经是深秋时节,月亮也出来了。我的脚常常陷到沙里。我感到迷路了,着急起来。我到了奥利拉车站,但没有火车。等了半个钟头,火车才到站。车厢里装满了陆海军士兵,挤得只好一直站着。坐在车上的士兵们都公开地谈论武装起义,他们所谈的都是有关政治的问题。整个车厢好像在举行着一个万分激昂的群众大会。没有一个外人走进车厢里来。有一个普通乘客走进这个车厢,听到一个士兵谈论在维堡区如何把军官扔到水里去之后,车刚到第一个站台就溜走了。没有人注意我。当我把这些士兵的言论告诉伊里奇的时候,伊里奇立刻深思起来,以后他无论说什么话脸上都神情凝重。显然,他谈的是一个问题,而想的却是另一个问题,即武装起义问题,在想如何做好武装起义的准备工作。

九月十三——十四日,伊里奇以《马克思主义和起义》为题给党中央委员会写了一封信。九月末,为了更靠近彼得格勒,他从赫尔辛福斯移居维堡。列宁在维堡曾写了一封信给住在赫尔辛福斯的斯米尔加(他当时是芬兰工人、陆军和海军省委会主席),在这封信里,伊里奇指出应当充分注意使芬兰陆军和海军做好战斗准备,以便在即将来临的战斗中推翻克伦斯基。伊里奇不倦地考虑着:必须怎样改造国家机构,必须怎样用新的方式组织群众,必须怎样用新的方法织出像他所说的整匹社会生活的"布"来。他在《布尔什维克能保持国家政权吗》一文中谈到了这些问题,在告农民和士兵的宣言中谈到了这些问题,在写给彼得格勒市代表会议的信(这封信是在秘密会议上宣读的,信内已指出夺取政权所必须采取的具体措施)中,在给中央委员会、莫斯科委员会和彼得格勒委员会的信中,在给彼得格勒和莫斯科苏维埃的布尔什维克代表的信中,也谈到了这些问题。

起义的前夜

十月七日,列宁从维堡搬到了彼得格勒。决定对这次迁居严守秘密:列宁隐藏的地方,决不告诉任何人,甚至不告诉中央委员。我们把列宁安置在维堡区列斯诺伊大街的拐角处玛格丽塔·瓦西里耶夫娜·福法诺娃的家里。那是一座大房子，里面住的几乎全是工人。福法诺娃的住宅非常舒适，夏天没有人住，甚至连女佣人也没有，而玛格丽塔·瓦西里耶夫娜本人又是一个热情的布尔什维克，她为伊里奇的一切委托而奔走。过了三天，十月十日，列宁出席了在苏汉诺娃家里举行的中央委员会会议，这次会上通过了关于武装起义的决议。赞成举行武装起义的中央委员共十人，即列宁、斯维尔德洛夫、斯大林、捷尔任斯基、托洛茨基、乌里茨基、柯伦泰、布勃诺夫、索柯里尼柯夫、洛莫夫。季诺维也夫和加米涅夫二人反对。

十月十五日，彼得格勒的党组织召开了会议。会议是在斯莫尔尼宫举行的（这件事实即可表明一切）；出席者都是各区的党代表（维堡区来了八人）。我记得，捷尔任斯基在会上发表了拥护武装起义的演说，丘德诺夫斯基则发言反对。丘德诺夫斯基在前线受了伤，他的手还缠着绷带。他在会议上非常激动，说我们一定会失败，说不能着急。"为革命而死，死也心甘，如果自取杀身之祸，那就会损害革命的事业。"丘德诺夫斯基真的在国内战争时期为革命事业而牺牲了。他不是个空谈家，但是他的观点是完全错误的。我记不起当时还有谁发言了。在表决的时候，大多数人都赞成立刻举行武装起义，维堡区的全体代表都投票赞成。

第二天（十六日），中央委员会举行了一个扩大会议，会议是在森林街的分区杜马中举行的，出席这次会议的除了中央委员外，还有彼得格勒委员会执行委员会、军事组织、彼得格勒工厂和铁路工会理事会、彼得格勒州委员会的委员们。在这次会议上讨论了两条路线：多数人主张立即举行武装起义，少数人反对。结果，列宁的提案获得大多数人的拥护，十九票赞成，两票反对，四票弃权。问题解决了。在中央委员会的秘密会议上，选出了领导武装起义的军事革命总部。

只有很少几个人到列宁匿居的地方去，那就是我和玛丽亚·伊里尼奇娜·拉希亚同志也去过一次。我记得这样一件事。伊里奇委托福法诺娃办事去了。约好无论谁敲门他也不给开；而且，有人按电铃也不答话。我敲门都是用暗号的。福法诺娃有一个堂兄弟，在某军校念书。晚上，我到了门口，看见这个小伙子惊慌失措地站在台阶上。他看到我，说："你知道吗？玛格丽塔的家里有一个人偷进去了！""怎么偷进去的？""我来到这里，按电铃，有一个男人的声音答了一句话，后来我再按，就没有人来答话了。"我对这个青年人撒了个谎，使他相信玛格丽塔今天开会，是他听错了。我一直等到这个青年人坐上电车走了之后，才安下心来。我用暗号敲了门，伊里奇给我开了。我当时就抱怨他："那个青年人会带人来啊！"——"我当时以为发生了什么紧急的事情了呢。"这些天，我完全为执行伊里奇的委托而奔走。十月二十四日，他写信给中央委员会，提出必须当天就夺取政权。他派福法诺娃把这封信送去，但还没有等到她回来，自己就戴起假发，赶到斯莫尔尼宫去了；一分钟也不能迟缓了。

维堡区准备举行武装起义了。有五十个女工在该区区公所办公处。有一个女医生整夜教她们扎绷带，工人们在区委会办公处进行武装，他们一批一批地到区委会来领取武器。但是维堡区没有可镇压的人，只逮捕了到工人俱乐部来喝茶的一个上校和几个士官生。当天晚上，我和任尼娅·叶哥罗娃同乘卡车到斯莫尔尼宫去打听武装起义进行的情况。

一九一七年十月二十五日（公历十一月七日）早晨，临时政府被推翻了。国家政权转到领导着彼得格勒无产阶级和卫戍部队的军事革命委员会——彼得格勒苏维埃的机关——的手里。当天，在第二次全俄工人士兵代表苏维埃代表大会上，成立了工农政府，组织了人民委员会，列宁被任命为人民委员会主席。

| 第 三 部 |

序

写不写回忆录的第三部分,即十月革命后的部分,我犹豫了好久。在一九一七年我们回到俄国以前,我一直同伊里奇肩并肩地工作,并且是直接帮助他进行工作的。我每天都能从他同人们的谈话中来观察他,了解使伊里奇焦虑的每一件小事。但是,十月革命后的情况就不同了。在苏维埃政权的情况下,我的秘书工作的性质改变了,工作范围也狭窄得多了。因此,伊里奇坚持要我到教育战线上去工作。工作把我完全吸引住了,而更吸引我的却是当时那种丰富多彩而又异常复杂的火热沸腾的生活。老实说,这种生活使我们更加亲近。伊里奇一有空就把我从教育人民委员部找去,一块儿在克里姆林宫散步,或者坐车到树林里去、到城外去;有时也直接到我那里谈谈天。但是他总是很忙的。当时我们养成了这样一个习惯:我从来不向伊里奇详细打听任何事情,他通常也不立即把刚刚经历的事情详细地对我说,只不过偶尔顺便提上三言两语,等过后遇着机会的时候才谈,而且通常总是从刚刚经历的事情所引起的一些思想活动谈起的。好多年过去了,现在偶尔再读弗拉基米尔·伊里奇的文章的时候,仿佛还能听见他在同人们谈话中讲到现在已写入文章中的某句话时的声调。可是这一点,我无论如何也表达不出来。因此,我的回忆必然是些插曲式的、片断的东西。本来,我决定根本不写苏维埃时期的回忆。可是,后来考虑了一下,觉得如果能在各种事件的总的背景上写出这些片断的回忆,还是会有一定的好处的。

但这种背景不应是事件的历史,它应当是而且也只能是背景。我不知道能不能做到这一点。因为同志们对有关伊里奇的每件小事都很感兴趣,我也只好试着写一写。这里刊载的几章,就是这类回忆的开头部分。

娜·克鲁普斯卡娅

一九三三年十二月十二日

在十月的日子里

十月夺取政权的问题，是经过无产阶级政党，即布尔什维克党的周密考虑和充分准备的。起义在七月的日子里就自发地开始了。可是，党认为这时举行起义是不合时宜的，党保持着完全清醒的头脑。当时必须正视现实。群众还没有做好起义的准备。中央委员会决定延迟起义。当时很难阻止那些渴望投入战斗的起义者，布尔什维克要做到这一点是有困难的。但是他们毕竟履行了自己的职责，因为他们懂得正确选择起义的时机有着多么巨大的意义。

两个月以后，局势发生了变化。当时被迫隐匿芬兰的伊里奇，在九月十二日和十四日之间给党中央委员会、彼得格勒委员会和莫斯科委员会的信中写道：“布尔什维克既然在两个首都的工兵代表苏维埃中取得多数，就能够而且必须夺取国家政权。”接着，他论证了为什么正是在现在必须夺取政权。彼得堡就要放弃。这会减少胜利的机会。英、德帝国主义者之间已在打算单独媾和。伊里奇在信中写道：“现在向各国人民提议和平这就是胜利。”

他在致中央委员会的信中，详细地谈到如何选定起义时机和如何进行起义准备的问题：“起义要获得胜利，就不应当依靠密谋，也不是依靠一个党，而是靠先进的阶级。此其一。起义应当依靠人民的革命高潮。此其二。起义应当依靠革命发展进程中的转折点，即人民先进队伍中的积极性表现得最高,敌人队伍中以及软弱的、三心二意的、不坚定的革命朋友队伍中的动摇表现得最厉害的时机。此其三。”

伊里奇在这封信的结尾指出,应该怎样做才是像马克思主义者那样对待起义,也就是像对待艺术那样对待起义:“既然要像马克思主义者那样对待起义,也就是像对待艺术那样对待起义,那么我们就一分钟也不能浪费,应当立即组织起义队伍的司令部,配置力量,把可靠的部队调到最重要的据点去,包围亚历山大剧院,占领彼得罗巴甫洛要塞,逮捕总参谋部和政府成员,派遣那些宁可战死也不让敌人向城市各中心地点推进的队伍去抵御士官生和野蛮师;我们应当动员武装的工人,号召他们进行最后的殊死的战斗,一开始就占领电报局和电话局,把我们的起义司令部设在中央电话局附近,使它能同所有的工厂、团队、武装斗争地点通话,如此等等。当然,这都是大概而言的,无非是为了说明在目前这个时机要继续忠于马克思主义,忠于革命,就必须像对待艺术那样对待起义。”①

伊里奇待在芬兰非常焦急,唯恐将要坐失起义的良机。十月七日,他给彼得堡市代表会议写信,同时给党中央委员会、莫斯科委员会、彼得堡委员会以及彼得堡苏维埃和莫斯科苏维埃的布尔什维克代表写信。八日,又给出席北方区域苏维埃区域代表大会的布尔什维克写信,他担心这封信会收不到。九日,他已经亲自来到彼得格勒,秘密地住在维堡区,在那里领导起义的准备工作。

最后这一个月,列宁以全副精力专心一意地考虑起义问题。他的饱满的热情和坚定的信念感染了同志们。

伊里奇从芬兰寄给出席北方区域苏维埃区域代表大会的布尔什维克的最后那封信,是非常重要的。信中写道:

---

① 见《列宁全集》第32卷,人民出版社2017年版,第240—241页。

"……但是武装起义是受特殊规律支配的一种特殊的政治斗争形式，必须仔细考虑这些规律。卡尔·马克思把这个真理说得非常清楚，他说武装'起义也正如战争一样，是一种艺术'。

马克思指出的这种艺术的主要规则如下：

（1）任何时候都不要玩弄起义，在开始起义时就要切实懂得，必须干到底。

（2）必须在决定性的地点，在决定性的关头，集中强大的优势力量，否则，更有训练、更有组织的敌人就会把起义者消灭。

（3）起义一旦开始，就必须以最大的决心行动起来并坚决采取进攻。'防御是武装起义的死路。'

（4）必须出其不意地袭击敌人，不放过敌军还分散的时机。

（5）每天（如果以一个城市来说，可以说每小时）都必须取得胜利，即令是不大的胜利，无论如何要保持'精神上的优势'。

马克思并用'历史上最伟大的革命策略家丹东的"勇敢，勇敢，再勇敢！"'这句话总结了一切革命中关于武装起义的教训。

如果把这点应用于俄国，应用于1917年10月，那就是说：一定要既从外面，又从内部，既从工人区，又从芬兰、雷瓦尔、喀琅施塔特等各方面，同时地、尽可能出其不意地、迅速地对彼得格勒进攻，要使用全部舰队来进攻，要使集中的力量大大超过那拥有15000—20000（也许更多些）人的我国'资产阶级近卫军'（士官生）以及我国'旺代军队'（一部分哥萨克）等等。

要把我们的三支主要力量———海军、工人和陆军部队配合起来，一定要占领并不惜任何代价守住：（1）电话局，（2）电报局，（3）火车站，（4）特别是桥梁。

要挑选最坚决的分子（我们的'突击队员'、青年工人和优秀水兵）组成一些小分队去占领一切最重要的据点，并参加各处一切重要的军事行动，例如：

包围彼得格勒，使之与外界隔绝，用海军、工人和陆军部队的联合进攻把它占领，——这是需要有艺术和三倍的勇敢才能完成的任务。要把最优秀的工人编成配备枪支炸弹的队伍去进攻和包围敌人的'中枢机关'（士官生学校、电报局、电话局等等），口号是：宁可全体牺牲，决不放过一个敌人。

我们希望，一旦决定行动，每个领导者都能够很好地运用丹东和马克思的伟大遗训。

俄国革命和全世界革命的成败，都取决于这两三天的斗争。"①

这封信是二十一日（八日）写的。二十二日（九日）伊里奇已经来到彼得堡；次日，召开了中央委员会会议，在他的主持下通过了关于武装起义的决议。季诺维也夫和加米涅夫在会上发言反对起义，并要求召开中央委员会紧急全体会议。加米涅夫威胁说，他要退出中央委员会。列宁要求给他以最严厉的党纪处分。

在粉碎机会主义逆流的同时，加紧了起义的准备工作。十月二十六日（十三日），彼得格勒苏维埃执行委员会通过了关于成立军事革命委员会的决议。二十九日（十六日），举行了有各个党组织代表参加的中央委员会扩大会议。当天，在中央委员会会议上，选出以斯大林、斯维尔德洛夫、捷尔任斯基等同志组成的实际领导起义的军事革命总部。

三十日（十七日），不仅彼得格勒苏维埃的执行委员会批准了军事革命委员会的组织草案，而且整个彼得格勒苏维埃也批准了这个草案。五天以后，彼得格勒驻军委员会会议承认彼得格勒军事革命委员会为彼得格勒驻军的领导机关，并决定拒绝执行未经军事革命委员会签署的参谋部的命令。

十一月五日（十月二十三日），军事革命委员会已给各个部队派去了政

① 见《列宁全集》第32卷，人民出版社2017年版，第373—375页。

弗・伊・列宁

（1918 年）

治委员。次日,十一月六日(十月二十四日),临时政府决定将军事革命委员会的委员交付法庭审判,逮捕被委派到各个部队里去的政治委员,并且把士官生召到冬宫。但是,事情已经晚了一步:部队已经拥护布尔什维克,工人已经拥护政权转归苏维埃,军事革命委员会已经在党中央直接领导下进行工作。大部分中央委员,如:斯大林、斯维尔德洛夫、莫洛托夫、捷尔任斯基、布勃诺夫等,都参加了军事革命委员会的工作。起义已经展开。

十一月六日(十月二十四日),伊里奇还秘密地住在维堡区我党党员玛格丽塔·瓦西里耶夫娜·福法诺娃的家里(在沙姆索尼耶夫大街与谢尔多博里街的拐角,门牌92/1号,第四十二号住宅)。他明明知道在准备起义,而他却偏在这样的时刻不能直接参加工作,这使他非常焦急。他曾多次让马尔加利达给我送来便条,以便由我向上转达:不可拖延起义时刻。晚上,埃诺·拉希亚终于到伊里奇这儿来了。他是一位芬兰同志,同各个工厂,同党组织有密切的联系,是伊里奇和党组织之间的联络员。埃诺对伊里奇说,城里的巡逻队增强了,临时政府为了切断各工人区之间的联系,已经下令吊开涅瓦河上的桥面,并派许多队伍把守起来。显然,起义开始了。伊里奇本想让埃诺把斯大林同志请来,可是从谈话中知道,这一点几乎是无法做到的。当时,斯大林多半在斯莫尔尼宫的军事革命委员会里,而电车可能已经停驶了,要把他找来,得费很多的时间。于是,伊里奇决定立即亲自到斯莫尔尼宫去,并且急着马上动身了。他给马尔加利达留下一个便条:"我走了,到您不想叫我去的地方。再见!伊里奇。"

这天夜里,维堡区武装起来,准备进行武装起义。一批批工人到区委会来领取武器及指令。夜里,我到福法诺娃的家里去看伊里奇,到那里我才知道他已经到斯莫尔尼宫去了。我同维堡区的区委书记任尼娅·叶哥罗娃搭乘了一辆不知为什么派往斯莫尔尼宫去的载重汽车。我急于想知道,伊里奇是否到了斯莫尔尼宫。我已记不清是我亲眼看见伊里奇在斯莫尔尼宫,还只是听别人说他在那里。反正,我和伊里奇在那里没有谈过话,因为那时候,伊里奇把全部精力都关注在领导起义的事情上,而通常他在进行领导工作的时候,总是周密地考虑一切细节问题。

斯莫尔尼宫灯火通明并且整个沸腾起来了。赤卫队员、工厂代表和士兵从各个地方来听取指示。打字机不住声地响着,电话铃响成一片,我们的姑娘们坐在那里埋头整理一叠叠的电报,军事革命委员会一直在三楼开会。斯莫尔尼宫前的广场上,装甲车在怒吼,架起了三吋口径的野炮,还堆着一堆准备搭街垒用的木柴,大门口架着机枪和大炮,门旁站着卫兵。

十月二十五日(十一月七日)早晨十点钟,彼得格勒苏维埃军事革命委员会发出《告俄国公民书》,上面宣告:

"临时政府已被推翻。国家政权业已转到彼得格勒工兵代表苏维埃的机关,即领导彼得格勒无产阶级和卫戍部队的军事革命委员会手中。

立即提出民主的和约,废除地主土地所有制,实行工人监督生产,成立苏维埃政府,人民为之奋斗的这一切事业都有了保证。

工人、士兵、农民的革命万岁!"①

虽然很明显,革命是胜利了,但是二十五日早晨,军事革命委员会仍然继续紧张地工作,因为它要占领一个个的政府机关并组织这些机关的防务等等。

下午两点三十分,彼得格勒工兵代表苏维埃会议开幕了。代表们以热烈的欢呼来迎接这个消息:临时政府已被推翻,临时政府的一些部长已被逮捕,其余的部长也将要被逮捕,预备议会已被解散,各个火车站、邮局、电报局、国家银行都已被占领。现在正在攻打冬宫。冬宫虽然还未攻下,但它的命运早已注定。士兵们表现了罕有的英雄气概;革命是没有流血地完成了。

---

① 见《列宁全集》第33卷,人民出版社2017年版,第1页。

苏维埃代表们热烈地欢迎前来出席会议的列宁。列宁在会上作了报告。他对已经取得的胜利没有多讲什么话。这正是伊里奇的特点。他讲了别的问题,讲了摆在苏维埃政权面前的那些必须立即争取完成的任务。

他说,俄国历史的新时代开始了。苏维埃政府将在没有资产阶级参加的情况下进行工作。消灭土地私有制的法令即将颁布,对生产将建立真正的工人监督。为实现社会主义而进行的斗争就要全面展开。旧的国家机关将要被彻底粉碎,而新的政权,即各地苏维埃组织的政权将要建立起来。我们拥有群众组织的力量,它定能战胜一切。我们当前迫切的任务就是缔结和约。要缔结和约,就必须打倒资本。国际无产阶级一定会帮助我们缔结和约,国际无产阶级中间已经在出现酝酿革命的征兆。

伊里奇的这次演说,对彼得格勒工兵代表苏维埃的代表们来说是亲切的。的确,我们历史上的新时代是开始了。群众组织的力量是不可战胜的。群众已经站起来了,而资产阶级政权已经倒台了。我们必须夺取地主的土地,必须把工厂主管制起来,而最主要的是要取得和平。世界革命会来援助我们。伊里奇说得对。暴风雨般的掌声淹没了伊里奇的话声。

晚上,预定召开全俄苏维埃第二次代表大会,大会将宣布苏维埃政权的成立,正式地将已取得的胜利肯定下来。

代表们来齐了。在代表们中间展开了鼓动工作。工人政权必须依靠农民,必须领导农民跟着自己走。社会革命党算是代表农民意见的党派。富裕农民和富农有其以右派社会革命党人为代表的思想家。小农的思想家,即左派社会革命党人,是摇摆于资产阶级与无产阶级之间的小资产阶级的典型代表。纳坦松、斯皮里多诺娃和卡姆柯夫是社会革命党彼得格勒委员会的领导者。早在第一次侨居国外的时候,伊里奇就认识了纳坦松。在当时,即在一九○四年的时候,纳坦松的观点接近于马克思主义。他当时只是认为,社会民主党人对农民的作用估计不足。斯皮里多诺娃当时是个很出名的人物。在第一次革命时期,即在一九〇六年,她以一个十七岁的姑娘就刺杀了镇压唐波夫省农民运动的卢热诺夫斯基,因而后来遭到严刑拷打,最后被流放到西伯利亚服苦役,直到二月革命才获释。彼得堡的左派社会革命党人,处于群众的布尔什维克情绪的强烈影响之下。他们对布尔什维克的态度比其他的人要好。他们看到布尔什维克在认真地为没收地主的全部土地并将其交给农民而进行斗争。左派社会革命党人认为必须实行土地平均使用制;而布尔什维克则认识到必须对整个农业实行社会主义改造。不过,伊里奇认为当时最重要的是没收地主的土地,至于以后用什么办法来实行改造,那是实际生活会告诉我们的。于是,他就开始缜密地考虑如何草拟土地法令。

在福法诺娃的回忆录里有一处写得非常有趣。她写道:"我记得弗拉基米尔·伊里奇有一次给了我一个任务,要我把已出版的全部《全俄农民代表苏维埃消息报》给他找来。当然,我执行了这个任务。我已记不起找来了多少号报纸,反正找来了不少。总之,是供研究用的大量的材料。弗拉基米尔·伊里奇接连两天都用很多的时间从事研究工作,甚至夜里都不休息。第三天早晨,伊里奇说道:'我认为把所有的社会革命党人都彻底研究清楚了,今天只剩下读读他们的农民委托书了。'两小时以后,伊里奇把我找去,他用手敲着报纸(我当时看见他手里拿着一份八月十九日的《农民消息报》)愉快地说:'我们准备同左派社会革命党人达成协议,二百四十二个地方代表签署的委托书,可非同小可呵!我们就拿它作为土地法的基础,看看左派社会革命党人会有什么办法来拒绝。'他把一份用蓝铅笔在好几个地方划过线的报纸指给我看,并且补充说道:'现在我们只是要找个小小的把柄,以便将来按我们的方式彻底修改他们的社会化。'"

玛格丽塔就其职业来说是个农艺师,她在工作中碰到过这些问题,所以伊里奇特别愿意跟她交谈这些问题。

左派社会革命党人会不会退出代表大会呢?

二十五日晚上十点四十五分,全俄苏维埃第二次代表大会开幕了。这天晚上,代表大会应确定组织机构,选出主席团,规定大会的权限。在六百七十名代表中,仅有三百名是布尔什维克;其次,社会革命党人有一百九十三名代表,孟什维克有六十八名代表。右派社会革命党人、孟什维克和崩得分子在会上大发雷霆。他们破口大骂布尔什维克。他们发表了抗议的宣言,反对"布尔什维克背着苏维埃中的其他党派所搞的军事阴谋和夺取政权",接着就退出了会场。一部分孟什维克国际主义者也退出了会场。左派社会革命党人(他们占社会革命党代表的极大多数,在一百九十三名代表中占一百六十九名)都留下来了。退出大会的一共有五十人。二十五日,伊里奇没有出席代表大会。

全俄苏维埃第二次代表大会开幕的时候,正在攻打冬宫。克伦斯基还在头一天晚上就改扮成一个水兵躲藏起来,乘汽车逃往普斯可夫。普斯可夫军事革命委员会虽然接到德宾科和克雷连柯签署的直接命令,但是并未逮捕克伦斯基。于是克伦斯基就到了莫斯科,准备在那里组织向士兵和工人掌握了政权的彼得格勒进军。以基什金为首的其余的部长们都躲藏在冬宫里,由集结在那里的士官生和一个女兵突击营来保护。孟什维克、右派社会革命党人和崩得分子因围攻冬宫一事在代表大会上发疯般地大吵大闹。埃利希声言,鉴于没有停止对冬宫的炮轰,市杜马部分代表决定赤手空拳冒着枪林弹雨到冬宫广场上去。农民代表苏维埃执行委员会、孟什维克党团和社会革命党党团决定跟他们一同去。孟什维克和社会革命党人退出会场以后,宣布暂时休会。三点十分,代表大会复会的时候,宣布冬宫已经攻下,部长们已被逮捕,军官及士官生已经缴械投降,克伦斯基派遣的向彼得格勒进攻的第三自行车营已经转到革命人民这边来了。

伊里奇在头一天夜里几乎根本没有睡,自始至终积极地参加了起义的领导工作,只是在看到胜利已经完全确定无疑并且知道左派社会革命党人没有退出代表大会以后,他才到离斯莫尔尼宫不远的彼斯奇区的邦契-布鲁耶维奇家里去睡觉。他们给他腾出一个单间,可是很久他也不能入睡,于是他又悄悄地起来草拟早已经过周密考虑的土地法令。

十月二十六日(十一月八日)晚上,伊里奇在代表大会上作了阐明土地法令的报告,他说:"这里有人叫嚷,说这个法令和委托书是社会革命党人拟定的。就让它这样吧。谁拟定的不都是一样吗? 我们既是民主政府,就不能漠视下层人民群众的决定,即使我们并不同意。只要把这个决议运用到实际当中去,在各地实行起来,那时农民自己就会通过实际生活烈火的检验懂得,究竟什么是对的。……实际生活是最好的教师,它会指明谁是正确的;就让农民从这一头,而我们从另一头来解决这个问题吧。实际生活会使我们双方在革命创造的总的巨流中,在制定新的国家形式的事业中接近起来的……农民在我国八个月的革命当中,已学会了一些东西,他们想要亲自解决一切有关土地的问题。所以我们反对对这个法案作任何修改,我们不希望规定得很详细,因为我们写的是法令,而不是行动纲领。"①

这段话表现了伊里奇的全部特性:他没有无谓的自尊心——只要说得正确,至于是谁说的,则无关紧要;他考虑下层人民群众的意见;他了解革命创造的力量;他深深地了解群众最相信实际,最相信事实;他深信事实和生活会使群众认识到布尔什维克的观点是正确的。列宁所捍卫的土地法令被通过了。从那时起已经过去十六年了。地主土地所有制已经废除,在同旧的、小私有者的观点和习惯势力作斗争的过程中逐步建立了新的经济组织形式——农业集体化,现在这种组织形式已经普及到大部分农户中去。旧的小农经济和旧的小私有者的心理即将成为过去。强大而巩固的社会主义

---

① 见《列宁全集》第33卷,人民出版社2017年版,第20—21页。

经济基础已经建立起来。

十月二十六日(十一月八日)晚上的会议,通过了和平法令和土地法令。在这两个问题上,同社会革命党人达成了协议。可是在组织政府的问题上情况却不大好。左派社会革命党人没有退出代表大会,也不能退出代表大会,因为他们懂得,一旦退出,就会失掉在农民群众当中的任何影响。可是右派社会革命党人和孟什维克十月二十五日的退出会场,他们关于所谓布尔什维克的冒险行为,关于夺取政权等所发出的叫嚣,却使左派社会革命党人大为不安。右派社会革命党人和其他一些人退出会场以后,左派社会革命党人的领袖之一卡姆柯夫声称,他们拥护统一的民主政府,左派社会革命党人将尽一切可能来建立这样的政府。左派社会革命党人说,他们愿意做布尔什维克和退出代表大会的各党派之间的调解人。布尔什维克没有拒绝谈判,不过伊里奇非常清楚,谈判是不会有任何结果的。我们夺取政权、进行革命的目的,并不是要把天鹅、梭鱼和龙虾都套到苏维埃的小车上去①,并不是要建立一个意见纷纭、行动不灵的政府。但是伊里奇认为当时同左派社会革命党人的合作还是可能的。

在十月二十六日代表大会开会前两小时,曾经就这个问题同左派社会革命党人的代表们会谈过。我还记得这次会谈的情景。会谈是在斯莫尔尼宫的一个摆着许多深红色软沙发的屋里举行的。斯皮里多诺娃坐在一把沙发上,伊里奇站在她的身边,温和而又热情地就某一点对她进行着说服。但是,同左派社会革命党人终究未能谈判成功,因为他们不愿意参加政府。于是,伊里奇提议任命一批布尔什维克做社会主义政府的部长。

十月二十六日(十一月八日)的会议在晚上九时开始举行。我出席了

---

① 俄国文学家克雷洛夫曾写有《天鹅、梭鱼和龙虾》寓言一则,大意是天鹅、梭鱼和龙虾合拉一辆小车,尽管都用了很大力气,但因为各自方向不一,结果小车还是停在老地方。说明共事的人如果不能一致,就会一事无成。——译者注

这次会议。我还记得伊里奇作报告的情形,他在阐明土地法令的时候,讲得多么平静!听众紧张地听着。当宣读土地法令的时候,坐得离我不远的一个代表的神情引起了我的注意。这是一个不怎么年轻的农民打扮的人,由于激动,他的脸上简直像涂了蜡似的发亮,他的双眼也闪现出一种异常的光亮。

克伦斯基在前线施行的死刑被废除了,通过了和平法令、土地法令和关于工人监督的法令,批准了人民委员会中布尔什维克的委员。任命弗拉基米尔·乌里扬诺夫(列宁)为人民委员会主席;阿·伊·李可夫为内务人民委员;弗·巴·米柳亭为农业人民委员;亚·加·施略普尼柯夫为劳动人民委员;弗·阿·奥弗申柯(安东诺夫)、尼·瓦·克雷连柯和巴·叶·德宾科为陆海军人民委员;维·巴·诺根为工商业人民委员;安·瓦·卢那察尔斯基为国民教育人民委员;伊·伊·斯克沃尔佐夫(斯捷潘诺夫)为财政人民委员;列·达·勃朗施坦(托洛茨基)为外交人民委员;格·伊·奥波科夫(洛莫夫)为司法人民委员;伊·阿·泰奥多罗维奇为粮食人民委员;尼·巴·阿维洛夫(格列博夫)为邮电人民委员;约·维·朱加施维里(斯大林)为民族事务人民委员;交通人民委员的职位暂时空着。

据埃诺·拉希亚同志谈,当布尔什维克党团拟定第一批人民委员的名单的时候,他坐在屋角里听着。有个被拟定为人民委员的人推辞着说,他对这个工作没有经验。弗拉基米尔·伊里奇哈哈大笑道:"您想一想,我们当中谁有这种经验?!"当然,谁都没有这种经验。但是,在弗拉基米尔·伊里奇的眼前,已经浮现出一个密切联系群众的人民委员、新型的部长、某个国家工作部门的领导者和组织者的面貌。

弗拉基米尔·伊里奇时刻都在聚精会神地考虑新的管理形式的问题。他在考虑怎样建立一个与官僚主义习气完全不相容的机关,这个机关善于依靠群众,善于组织群众帮助自己工作,善于在这个工作中培养新型的工作人员。苏维埃第二次代表大会关于成立工农政府的决定用下面的话表达了这一点:"设立各种委员会,主持国家生活各部门的事务,其成员应与工人、水兵、士兵、农民和职员等群众组织紧密团结,保证实行代表大会所宣布的纲领。行政权属于由这些委员会主席组成的会议,即人民委员会。"①

我回忆起了在伊里奇住在福法诺娃家里的那几个星期,我同他在这个问题方面的谈话。我当时在维堡区兴致勃勃地工作着,贪婪地注视着群众的革命创造力,注视着整个生活正在怎样彻底地改造着。我一见到弗拉基米尔·伊里奇就对他谈区里的生活。记得,有一次我向他谈起我曾经参加过的一次人民法院的独特的庭审。这样的庭审早在一九〇五年革命时就在某些地方举行过。例如,在索尔莫沃就举行过。丘古林同志是索尔莫沃人,他是个工人,在巴黎近郊龙寿姆党校的时候,我就很熟识他,现在我们又一起在维堡区公所工作。他建议在维堡区也来组织这样的庭审。第一次庭审是在国民公所的屋内举行的。屋子内聚集了许多人,人们肩挨肩站着,有人站在长凳上,有人站在窗台上。现在我记不清审理的案子了。其实,就犯罪这个字眼的狭义而言,这还不能算是犯罪,不过是一些日常生活上的问题罢了。审讯了两个企图逮捕丘古林的形迹可疑分子。"审讯"了一个身材高大肤色黑黑的更夫,因为他殴打自己的未成年的儿子,虐待他,不让他学习。人群当中有许多男女工人讲了很多热心肠的话。"被告"开始还擦擦额头上的汗珠,随着在他的脸上淌下了眼泪,答应不再欺负儿子了。其实,这并不是审判,只不过是对公民行为的一种社会监督罢了;这样就会锻炼出无产阶级的道德。弗拉基米尔·伊里奇对这样的"审判"极感兴趣,向我打听了它的一切详情细节。

但我和他谈得最多的是关于文化工作的新形式的问题。我在区公所主

---

① 见《列宁全集》第 33 卷,人民出版社 2017 年版,第 22 页。

持国民教育科的工作。夏天,儿童学校不工作,只好多做些政治教育工作。九十年代我在涅瓦关卡外星期日夜校的五年工作经验,对我有很大的帮助。当然,现在时代完全不同了,可以全力地展开工作了。

每个星期,我同大约来自四十个工厂的代表聚在一起,共同讨论应该做些什么事情,应该怎样实施各种措施。我们一旦决定什么事情,就立即付诸实施。譬如,我们决定扫除文盲,每个工厂的代表就分头在自己的企业里亲自进行文盲登记,寻觅校舍,催促工厂管理处筹措经费。每个扫盲学校指定一个工人作专职代表,他要注意让学校有一切必需的东西:黑板、粉笔、识字课本。还要选出几位代表负责了解教学方法是否正确,工人们对讲课有什么意见。我们则指导专职代表并听取他们的汇报。我们把士兵家属的代表召集起来,同她们一起讨论托儿所的工作情况,把她们组织起来监督托儿所的工作,指导她们,并且进行了巨大的解释工作。我们把区里的图书管理员召集起来,同他们和工人们一起讨论群众图书馆的工作形式。工人们的倡议像泉水一样大量涌现出来,国民教育科的周围团结了不少的力量。当时,伊里奇说,我们国家机关和我们未来的部长们的工作就应当采取这种工作方式,——也就是说要建立由深入生活、了解生活、了解工作情况和了解当前群众所最关心的事情的男女工人组成的委员会。因为弗拉基米尔·伊里奇认为我懂得怎样吸引群众来管理国家事务,所以他特别愿意经常跟我谈论这些问题;后来,他还当着我特别咒骂过无孔不钻的"可恶的"官僚主义。以后,当提出必须提高那些爱把责任推卸到会议和委员会去的人民委员和人民委员部各部门领导者的责任问题的时候,就提出了关于一长制的问题。这时伊里奇突然让我担任人民委员会直属的负责审查这个问题的委员会的委员。伊里奇说,必须注意,无论如何不能让一长制压制委员会的首创精神和主动性,不能让它削弱同群众的联系,而必须把一长制同善于作群众工作结合起来。为了建设新型的国家,伊里奇竭力利用每一个人的经验。在现时由伊里奇领导的苏维埃政权面前,摆着一个建设史无前例的新型国家机关的任务,这种国家机关要依靠最广大的劳动群众,按照新的方式,即社会主义的方式来改造整个社会组织和人们的一切关系。

但是,首先应当保卫苏维埃政权,打破敌人用暴力推翻它、从内部瓦解它的阴谋。因此必须巩固自己的队伍。

十一月九日至十五日是为苏维埃政权本身生存而斗争的几天。

伊里奇极其仔细地研究了巴黎公社这个世界上第一个无产阶级政权的经验,指出工人群众和工人政府对待人所共知的敌人的那种宽容,是怎样致命地影响了巴黎公社的命运。所以伊里奇一谈到对敌斗争的时候,总是说要"坚决到底",唯恐群众和自己过分宽容。

十月革命的初期,这种过分的宽容并不算少:放走了克伦斯基,放走了许多部长,根据空口的保证放走了保卫冬宫的士官生,把指挥克伦斯基的进攻军队的克拉斯诺夫将军软禁在家里。有一次,我在斯莫尔尼宫的一个穿堂屋里坐在一堆士兵大衣上等人,亲眼看见克雷连柯同志同带到彼得格勒来的被捕的克拉斯诺夫将军谈话。他们两人一起走进屋来,靠着摆在这间大屋子当中的一张孤零零的小桌坐下,心平气和地谈起话来。我记得,他们谈话的平和态度使我非常惊讶。十一月十七日(四日),伊里奇在中央执行委员会会议上发言时说道:"我们对克拉斯诺夫采取的措施是宽大的。他只是被软禁在家里。我们反对国内战争。但是,如果国内战争还是要打下去,那我们该怎么办呢?"①

被普斯可夫人放走的克伦斯基,组织了对彼得格勒的进军,在空口保证下被释放了的士官生在十一月十一日举行了暴动,被软禁的克拉斯诺夫逃到了顿河,并且在德国政府的帮助下组织了一支近十万之众的白匪军队。

———————————

① 见《列宁全集》第33卷,人民出版社2017年版,第53页。

对帝国主义大屠杀已经厌烦的人民希望不流血的革命,而敌人却迫使人民投入战斗。对整个社会制度的社会主义改造问题考虑得最多的伊里奇,不得不先来抓起保卫革命的工作。

十一月九日,克伦斯基侥幸占领了加特契纳。波德沃伊斯基同志在《列宁在革命的日子里》(见一九二七年十一月六日《红色报》)一文中,非常清楚地叙述了列宁在保卫彼得格勒的日子里所完成的巨大的工作,叙述了列宁怎样来到军区司令部要求向他作关于局势的必要的报告。安东诺夫—奥弗申柯开始陈述总的作战计划,并在地图上指点着我军的部署和敌军大概的部署和兵力。"列宁同志注视着地图。他以一个深谋远虑的战略家和统帅敏锐地要求解释下列的问题:为什么这个据点不防守?为什么那个据点不防守?为什么采取那个步骤,而不采取这个步骤?为什么不请求喀琅施塔特、维堡、赫尔辛福斯方面的支援,等等……交换意见的结果,明白了我们在一系列问题上的确是疏忽大意了,在组织人力和物力来保卫彼得堡方面,我们没有表现出应付彼得堡危险局势所必须有的那种高度主动性。"九日晚上,伊里奇用直达电报同赫尔辛福斯联系,要求派出两艘鱼雷艇和"共和国号"战斗舰支援彼得堡,保卫通向彼得堡的要道。

伊里奇还同安东诺夫—奥弗申柯同志几次到普梯洛夫工厂去,检查该厂是不是在非常紧张地制造如此急需的装甲火车。伊里奇同工人们谈了话。司令部从军区司令部迁进斯莫尔尼宫。列宁开始监督司令部的整个工作,并且帮助动员群众的工作。波德沃伊斯基同志写道,当列宁召集工人组织、区苏维埃、工厂委员会、工会和部队的代表开会的时候,他才特别认识到列宁的工作的重要意义。"在这里我才认识到列宁同志的力量所在。在紧要关头,他能把我们的人力物力作到最大限度的集中。而我们却把精力分散到各个方面,在调度和使用力量方面没有计划,结果造成步调紊乱,造成群众情绪的不稳定,因而使群众不能发挥积极性、主动性及具有坚定信念。

群众缺少铁的意志和铁的计划来指挥。这个计划应当像一部机器一样，一切都是紧凑的、环环扣紧的。列宁使每个人都树立起这样一个中心思想——必须集中一切力量进行保卫战。从这个思想出发，他进一步展示了大家已经了然的计划，这个计划正像一部完整的机器一样，每个人都自然而然地在它上面找到自己、自己的工厂、自己的部队所应占的位置。在会议上，每个人都能够马上具体地想象到今后的工作计划，并且立刻觉察到自己的工作与共和国整个集体的工作的联系。因此，他也才感觉到无产阶级专政从此刻起所赋予他的责任。应该引导群众并使他们认识到，他们的事情不是由领袖们来完成的，而是应该由他们自己用自己的双手来开拓安排自己生活的道路、保卫自己国家的道路，——这就是列宁一贯力求做到的事情，这里正体现出他是一位真正的人民领袖，他善于引导群众认识他们所迫切需要采取的步骤，并且使群众以高度的自觉性亲自采取这些步骤，而不是不自觉地跟着领袖走。"

波德沃伊斯基同志在这方面讲得深为正确。伊里奇善于发动群众的积极性，善于经常在群众面前提出具体的目标。

彼得堡的工人们一致起来保卫彼得堡，无论老头子还是青年人都奔赴前线去迎击克伦斯基的军队。哥萨克、外省调来的部队最不愿意打仗。因此，彼得堡的工人们就到他们中间去进行鼓动，说服了他们。于是哥萨克以及克伦斯基动员来的士兵们就干脆带着枪炮跑下了火线。克伦斯基的战线瓦解了。但是仍然有许多彼得堡人在保卫彼得堡的战斗中牺牲了。顺便提一下，曾经在瓦西里岛区积极地工作过的维拉·斯卢茨卡娅也牺牲了，她是在乘卡车到前线去的时候被炮弹削掉了颅骨死去的。我们维堡区的人牺牲的也相当多，我们把他们安葬在区里，全区的人都来送葬。

十一月十一日（十月二十九日），当克伦斯基还在拼命进攻的时候，在空口保证下从冬宫获释的士官生决定支援克伦斯基，并且举行了暴动。当时我还不在斯莫尔尼宫住,而是住在彼得格勒区弗拉基米尔·伊里奇的亲人那里。清早,在离我们不远的巴甫洛夫士官生学校附近,战斗开始了。得知士官生暴动的消息以后,维堡区的赤卫队员们和各工厂的工人们都赶来镇压他们。大炮轰鸣起来了。我们住的整座房子都在摇晃。市民们吓得要命。清晨,当我由家里往区上去的时候,邻家的女佣人迎面向我跑来唉声叹气地说:"不得了啦! 我刚才看见:士官生们像小甲虫似的被用刺刀挑掉!"在路上我碰到维堡区赤卫队的一支新的队伍,运着一门大炮前往增援。士官生的暴动迅速地被镇压下去了。

当天,伊里奇在彼得格勒卫戍部队各团代表会议上讲了话。他在这个会议上说道:"克伦斯基的尝试同科尔尼洛夫的尝试一样,是一种可怜的冒险。但是目前形势是困难的。必须采取有力的措施整顿粮食工作,制止战争的灾难。我们不能等待,我们对克伦斯基的叛乱一天也不能容忍。如果科尔尼洛夫分子组织新的进攻,他们将遭到今天士官生暴动所遭到的那种回击。让士官生去抱怨自己吧! 我们夺取政权几乎没有流血。要说有牺牲,那也只是我们方面的牺牲……根据工兵农代表的意志建立起来的政府,决不容许科尔尼洛夫分子嘲弄自己。"①十二月十四日,克伦斯基的叛乱被镇压下去了,收复了加特契纳。克伦斯基逃跑了。彼得堡的胜利是保住了。但是国内战争爆发起来了。早在十一月八日(十月二十六日),卡列金将军就宣布了顿河地区处于战争状态,并且着手组织哥萨克来反对苏维埃政权。十一月九日,哥萨克的首领杜托夫占领了奥伦堡。在莫斯科,情况仍在僵持着。白匪在那里占领了克里姆林宫。莫斯科的斗争比彼得堡更为残酷。

右派社会革命党人、孟什维克以及退出十一月八日(十月二十六日)苏维埃第二次代表大会的其他党派,组织了救国救革命委员会。他们想把苏

---

① 见《列宁全集》第33卷,人民出版社2017年版,第31—32页。

维埃的所有敌人都团结在这个委员会的周围。加入这个委员会的有:九个中心市杜马的代表,预备议会的整个主席团,全俄工兵代表苏维埃执行委员会、农民代表苏维埃、社会革命党党团和孟什维克代表各三名,孟什维克联合派、中央舰队的代表,普列汉诺夫"统一"派的两个代表。他们想从背着他们夺取了政权的布尔什维克"冒险分子"那里救国救革命。可是,他们已没有多大的救头了。"为和平而斗争","为土地而斗争"的口号是如此深入人心,以致群众都以高涨的热情毫不动摇地跟着布尔什维克走。在莫斯科成立的保安委员会同彼得格勒的救国救革命委员会合并了。这个委员会是根据以右派社会革命党人鲁德涅夫为首的莫斯科市杜马的倡议成立的。莫斯科保安委员会公开地支持反革命。

当时必须派遣军队增援莫斯科。但是由于全俄铁总执委会所采取的立场,增援没有成功。全俄铁总执委会是退出代表大会的党派的支柱,工人在这个执委会里没有影响。全俄铁总执委会声称,在已开始的国内战争中,它将采取"中立态度",无论哪方面的军队都不准通过。实际上这种"中立"打击了布尔什维克,阻碍着他们进军增援莫斯科。铁路工人们担负起了运送军队的任务以后,就粉碎了全俄铁总执委会的怠工。十一月十六日(三日),军事革命委员会从彼得格勒派遣军队到莫斯科去。但是还在援军未到之前,白匪在莫斯科的反抗就被粉碎了。

在最困难的关头,即在士官生的暴动在彼得格勒刚刚被镇压下去、克伦斯基还在进攻、莫斯科的斗争还在进行的时候,许多中央委员开始动摇了。他们认为局势无望,必须让步。他们这种动摇在同全俄铁总执委会的谈判中特别明显地暴露出来。十一月九日,全俄铁总执委会通过了关于必须成立由所有社会主义政党——从布尔什维克起到人民社会主义者止——组成的政府的决议,并且推荐自己的仆从充当调停者。开始只是全俄铁总执委会的左派同中央委员会进行谈判,中央委员会授权列·波·加米涅夫和格·雅·索柯里尼柯夫进行谈判。开始时孟什维克和右派社会革命党人没有干预谈判,但是,当他们认为布尔什维克被克伦斯基的进攻和莫斯科的局势逼得走投无路的时候,特别是当他们知道了中央委员会里面有人开始动摇了的时候,他们就嚣张到了极点。十一月十二日至十三日(十月三十日至三十一日)他们参加了全俄铁总执委会会议,要求拒绝苏维埃政权,要求拒绝参加十月革命的犯罪分子的政府,要求首先把列宁撤职,要求成立由切尔诺夫或阿夫克森齐耶夫担任主席的新政府。以加米涅夫为首的布尔什维克代表团没有退出会议,甚至听任讨论孟什维克和右派社会革命党人提出的建议。次日,即十一月十四日(一日),召开了中央委员会会议。列宁要求立即停止同站在卡列金分子和科尔尼洛夫分子一边的全俄铁总执委会的谈判。中央委员会通过了相应的决议。十七日(四日),诺根、李可夫、维·米柳亭、泰奥多罗维奇提出辞职,辞去人民委员的职务。他们认为必须成立由所有社会主义政党组成的社会主义政府。还有许多人民委员附和他们。加米涅夫、李可夫、季诺维也夫、诺根、维·米柳亭声言他们要退出中央委员会。早在十月革命刚取得胜利以后,他们这伙人就都主张由所有政党组成联合政府。中央委员会要求他们服从党的纪律。伊里奇非常气愤,并且竭力坚持自己的意见。季诺维也夫发表了关于他回到中央委员会的声明书。

布尔什维克的更进一步的胜利,彼得堡和莫斯科的党组织对于上述同志退出中央委员会和辞职的坚决否定态度,使党能够比较迅速地平息这一事件。我不由地回忆起过去的事情——十四年前即一九〇三年召开的党的第二次代表大会。那时党才刚刚建立起来。当时马尔托夫拒绝参加《火星报》编辑部,在党内引起了极其严重的危机,伊里奇极其沉重地度过了这次危机。现在许多同志的退出中央委员会和辞去人民委员职务,只不过造成暂时的困难罢了。革命运动的高涨迅速地平息了整个事件,而爱在散步的时候谈当时最使他激动的事情的伊里奇,甚至一次都没有提到过这个事件。

当时他在全神贯注地研究怎样开始建设社会主义制度的问题,考虑怎样实现苏维埃第二次代表大会所通过的决议。

十一月十七日(四日),伊里奇在全俄中央执行委员会会议上,在彼得格勒工兵代表苏维埃和前线代表联席会议上发表了演说。他的演说充满了对胜利的信心,对布尔什维克采取的路线的正确性的信心,对能得到群众支持的信心。

"克伦斯基政府那种罪恶的无所作为,使国家和革命濒于灭亡;拖延确实等于自取灭亡,新政权颁布了符合广大人民群众的要求和希望的法律,从而在新的生活方式的发展道路上立下了里程碑。各地苏维埃可以因地、因时制宜,修改和扩充政府所制定的基本条例。群众生气勃勃的创造力正是新的社会生活的基本因素。让工人着手在自己的工厂建立工人监督吧,让他们用工业品来供应农村,换取粮食吧。每一件产品、每一俄磅粮食都应当计算到,因为社会主义首先就是计算。社会主义不是按上面的命令创立的。它和官场中的官僚机械主义根本不能相容;生气勃勃的创造性的社会主义是由人民群众自己创立的。"(着重点是我加的——作者注)①

这些话说得多精彩啊!

伊里奇说:"政权属于我们的党,属于依靠广大人民群众信任的党。就让我们的某些同志去拥护同布尔什维主义毫无共同之处的政纲吧。但是莫斯科的工人群众是不会跟李可夫和诺根走的。"②伊里奇在结束他在中央执行委员会会议上的演说时说:"中央执行委员会责成人民委员会在召开下次会议之前提出内务人民委员、工商业人民委员的人选,并提议由柯列加耶夫同志担任农业人民委员。"③柯列加耶夫是一个左派社会革命党人,他没

①　见《列宁全集》第33卷,人民出版社2017年版,第56—57页。
②　见《列宁全集》第33卷,人民出版社2017年版,第58页。
③　见《列宁全集》第33卷,人民出版社2017年版,第61页。

有接受向他提出的职务。左派社会革命党愈来愈不想承担责任了。

孟什维克、右派社会革命党人和其他分子进行了鼓动怠工的工作。官员们拒绝在布尔什维克的领导下工作,不来上班。十一月十七日(四日),列宁在彼得格勒苏维埃演说时说道:"有人说我们被孤立了。虽然资产阶级对我们大肆造谣诽谤,但是我还没有看到过一个士兵不欢天喜地地庆贺政权转归苏维埃。我没有看到过一个农民表示反对苏维埃。"①正是这给了列宁胜利的信念。

一九一七年十一月二十一日,雅柯夫·米哈伊洛维奇·斯维尔德洛夫被选为全俄中央执行委员会主席以代替被撤换了的加米涅夫。伊里奇提出他为候选人。选举进行得非常顺利。雅柯夫·米哈伊洛维奇是个非常坚强的人。在捍卫苏维埃政权的斗争中,在同反革命斗争中,是没有人能够代替他的。此外,当时面临着组织一个新型国家的巨大的工作,需要一位雄才大略的组织家,而雅柯夫·米哈伊洛维奇正是这样一位组织家。

两年过去了,雅柯夫·米哈伊洛维奇在最艰难的时期完成了国家如此需要的巨大的组织工作以后,在一九一九年三月十八日逝世。列宁在全俄中央执行委员会紧急会议上就雅柯夫·米哈伊洛维奇的逝世发表了演说,这篇演说作为纪念这位为工人阶级事业而奋斗的忘我战士的最卓越的文献,而被载入了史册。列宁说道:"在我国革命进程中,在革命胜利中,斯维尔德洛夫同志比谁都完整地体现出无产阶级革命的最主要最本质的特征……"伊里奇继续说道:"而组织无产阶级群众,组织劳动人民,却始终是革命"最"深刻的经常的特点,始终是革命胜利的条件。把千百万劳动群众组织起来,这是革命最有利的条件,这是革命胜利最深的源泉……由于无产阶级革命的这个特征,也就出现了像雅·米·斯维尔德洛夫这样一位首先

_____

① 见《列宁全集》第33卷,人民出版社2017年版,第64页。

是和主要是组织家的人物"。伊里奇评价斯维尔德洛夫是"职业革命家的最突出的典型",他全心全意献身于革命事业,经过多年秘密活动的锻炼,从不脱离群众,从来没有离开俄国,作为一个革命家,他"善于把自己锻炼成不仅是受工人爱戴的、对实际工作有极全面极深刻认识的领袖,而且是先进无产者的组织家……只有他的非凡的组织天才,才使我们的工作达到了足以自豪的地步。他使我们完全能够同心协力地卓有成效地进行无愧于有组织的无产阶级群众、符合于无产阶级革命要求的真正有组织的工作,没有这种团结一致的有组织的工作,我们就不会有任何成就,我们就不能克服过去和现在所遇到的无数困难中的任何一个困难,我们就会经受不住过去和现在所遇到的无数严重考验中的任何一次考验"。伊里奇评价斯维尔德洛夫是一位"拥有最高威信"的"俄国苏维埃政权"的组织者,是一位"就其知识"来说是独一无二的"党的工作"的组织者,"这个党建立了苏维埃,实现了苏维埃政权……"①

十月革命改变了革命斗争的条件。新的斗争条件要求人们当机立断、坚毅顽强和"眼明手快",像弗拉基米尔·伊里奇喜欢说的那样,要求人们有巨大的组织胆略。伊里奇不止一次地说过:"建设社会主义的关键,就在于组织。"不怕负责的人们开始被提到重要的地位,这并不是偶然的。过去地下工作的条件未能使他们施展出自己的才能:经常的逮捕、流放破坏了他们的极其重要的组织工作,而保密的必要性又淹没了他们的领导作用。斯大林同志就是这种人。难怪在苏维埃第二次代表大会上拟定人民委员的时候,伊里奇提议任命斯大林为民族事务人民委员。伊里奇多年以来为各民族的解放、为各民族能够得到全面发展而奋斗,特别在最近几年来他为民族自决权而奋斗。我记得,伊里奇对任何一件有关这个问题的小事情都非常

---

① 见《列宁全集》第36卷,人民出版社2017年版,第73页。

关切。有一次当我告诉他说,教育人民委员部正在为是否要把某些对波兰人说来是非常珍贵的文物归还给他们这个问题而犹豫不决时,伊里奇是多么震怒呵!伊里奇极端仇恨大国沙文主义,极力想使苏维埃共和国提出与压迫各弱小民族的帝国主义政策相反的完全解放这些民族的政策,即同志式的关怀它们的政策。他非常了解斯大林对于民族问题的观点,在克拉科夫他们就多次交谈过这些问题。他相信,斯大林的一个光荣的任务就是:不是在口头上,而是在实际行动上把有关这个问题的那些过去经过深思熟虑和全面探讨而现在必须付诸实现的东西化为事实。必须把民族自决权给予各个民族。这个任务之所以变得复杂,是因为要在尖锐的阶级斗争的情况下实现这种权利。必须把实现民族自决权的工作同为实现无产阶级专政和实现苏维埃政权的斗争结合起来。这个问题与无产阶级的国际斗争问题、与国内战争问题有极其密切的联系。因此,领导民族战线工作的人必须具有广阔的眼界、深刻的信念和善于实地组织工作的本领。正是这样,所以伊里奇才推荐斯大林担任这项工作。

在党的全体工作人员面前迫切地提出了这样一个问题:怎样学会按新方式工作,改造自己的一切习惯,怎样把反对革命的人改造成为社会主义制度的负责的、精明强干的建设者。

*　　　　　*　　　　　*

我同伊里奇搬到斯莫尔尼宫来了。拨给了我们一个房间。一个女子学校的学监过去曾在这里住过。房间里有一道隔板,床就摆在板壁的后面。出来进去都得经过盥洗室。可以乘电梯上楼去,伊里奇的办公室就在楼上,他就在那里面工作。他的办公室的对过有个不大的房间——会客室。代表团一个接一个地来谒见伊里奇。从前线来的代表团特别多。有时到他的办公室去,而他却在会客室里。士兵们肩挨肩地挤在一起站着,一动不动地听着,而伊里奇则站在窗户跟前给他们谈着什么事情。当时斯莫尔尼宫经常挤满了民众,伊里奇就是在这种环境下进行工作的。人人都向往着斯莫尔尼宫。机枪团的士兵保卫着斯莫尔尼宫。一九一七年夏天,这个机枪团驻扎在维堡区,而且完全受着维堡区工人的影响。一九一七年七月三日,机枪团是第一个出动和准备好投入战斗的。克伦斯基决定用罚一儆百的办法惩处起义者,把他们赤手空拳的押上了广场,并且像对待叛徒一样地侮辱了他们。从此机枪手们愈加仇恨临时政府。在十月的日子里他们为苏维埃政权进行了战斗,后来,他们就担负起警卫斯莫尔尼宫的责任。机枪手饶尔德舍夫同志被派去照料伊里奇。他是乌法省的一个农民,他非常敬爱伊里奇,对他特别关心,照料他,从当时斯莫尔尼宫的食堂里给他打饭。饶尔德舍夫是个非常天真的人,他对一切事物都感到新鲜,对酒精炉怎样燃烧也感到新鲜。有一次,我一进屋就看见他蹲在放在地板上燃烧着的酒精炉前面往炉里灌酒精哩。他对安装的水龙头、对碗碟都感到新鲜。有一次,警卫斯莫尔尼宫的机枪手们发现了寄宿女子中学女学生的一堆小匣子。他们想知道里面装的是什么东西,于是就用刺刀把小匣子挑开了。原来里面装的是几本日记、各种小装饰品和发带。机枪手们把小装饰品分送给附近的小孩子们。饶尔德舍夫还给我一个小玩意——一个稍带圆形的小镜子,上面刻有花纹和英文签的"尼亚加拉"字样。直到现在我还保存着这个小镜子。伊里奇有时同饶尔德舍夫匆忙谈上三言两语,他就不惜为伊里奇赴汤蹈火。饶尔德舍夫当时还负责照应托洛茨基,他全家住在我们对面从前斯莫尔尼宫的女官住过的房子里。但饶尔德舍夫不喜欢托洛茨基,有一次,饶尔德舍夫给我写信说:"他是个极爱发号施令的人。"

他现在住在巴什基里亚共和国的一个集体农庄里。他有一个大家庭,自己常常闹小病,还在养蜂。有时给我写信来,还怀念着伊里奇。

我整天忙于工作,开始在维堡区工作,后来在教育人民委员部工作。当时伊里奇简直是个没人照料的人。饶尔德舍夫给伊里奇送菜、送面包——

按口粮份额应得的一份。玛丽亚·伊里尼奇娜有时候从家里给伊里奇带来各种食物,而我却不在家,对他的饮食也没有经常的照顾。不久以前,有个叫科罗特科夫的青年对我说,他十二岁的时候,跟着在斯莫尔尼宫食堂任清洁工的妈妈住在一起。有一次,他妈妈听见有人在食堂里走动,她张望了一下,看见伊里奇站在桌子旁边正在拿起一块黑面包和青鱼吃。他看见清洁工有些不好意思起来,就微笑着说:"真想吃点什么东西。"科罗特科娃是认识弗拉基米尔·伊里奇的。在革命后不多天,有次伊里奇上楼时看见科罗特科娃在擦楼梯,因为干活干累了正靠着栏杆站着。伊里奇和她谈起话来,当时她还不认识和她谈话的人是谁。伊里奇问她:"呃,同志,您说现在怎么样,是不是在苏维埃政权下面生活要比在旧政府下面好些?"但她却回答说:"这关我什么事,还不是要做工才给钱呵。"后来,当她知道那人就是列宁的时候,她是多么吃惊啊。她一辈子都记得她当时对他的答话。现在她已是个领养老金的人了,她那当时在斯莫尔尼宫做收发工作的儿子已从国立高等工艺美术学院毕业,成为了一个艺术家。

绍特曼的母亲终于在我们家里住下来了。她是芬兰人,非常喜欢她的儿子,并且以她的儿子作过我党第二次代表大会的代表和帮助过伊里奇在七月事变的日子里隐蔽而自豪。她把家里弄得干干净净、有条不紊,使伊里奇非常高兴。她还着手训练饶尔德舍夫、女清洁工和食堂服务员。现在我可以安心地离开家了,因为伊里奇会吃得饱,会得到很好的照应。

傍晚,天黑下来的时候,我下班回来。要是伊里奇没有事,我就和他到斯莫尔尼宫附近去散步、聊天。当时很少有人认得伊里奇,他散步时也没有任何警卫。的确,机枪手们一见他出去就担心,巴望不要出什么事。他们监视着不让敌对分子在斯莫尔尼宫附近集聚。有次抓来了十多个聚在一个墙角里大声辱骂列宁的家庭妇女。第二天早晨,斯莫尔尼宫的警卫队长马林科夫同志来找我说:"昨天我们抓了几个妇女,她们起哄,您看是把她们押起来还是怎样?"但是事情是这样的,首先,这批妇女大部分都是在逮捕后释放的,其余的都是些什么事也不懂的居民,把她们押起来是可笑的。我笑着建议马林科夫快点把她们释放了。一个妇女往外走的时候转过身来指着马林科夫悄悄问我:"这是列宁还是谁?"我摇了摇手。我们在斯莫尔尼宫一直住到一九一八年三月迁往莫斯科的时候。

从十月革命到布列斯特和约

伊里奇在一九二一年十一月五日写的《论黄金在目前和在社会主义完全胜利后的作用》一文里写道:"从 1917 年 10 月 25 日到签订布列斯特和约时为止,我们在几个星期之内以令人头晕目眩的速度建立了苏维埃国家,通过革命手段退出了帝国主义战争,完成了资产阶级民主革命,即使作了签订布列斯特和约这个大倒退,我们仍然保留了充分广阔的阵地,可以利用'喘息时机'再胜利前进,反击高尔察克、邓尼金、尤登尼奇、皮尔苏茨基、弗兰格尔。"①列宁当时所说的这几个星期,主要是包括留在列宁格勒斯莫尔尼宫这个时期,即三月中旬迁往莫斯科之前这个时期。伊里奇领导并组织了这全部的工作。这是耗费他的所有精力并使他的神经极度紧张的工作;当时必须克服极大的困难,进行殊死的斗争,常常还得同一起工作的亲近的同志们作斗争。无怪乎伊里奇深夜回到我们在斯莫尔尼宫里的房间时,他怎么也睡不着,他起来给某个人打电话,下达某些紧急的命令,最后即使睡着了,还在梦中继续不停地谈着工作……在斯莫尔尼宫不但白天工作,夜里也工作。开始一切工作都在斯莫尔尼宫进行——又是党的各种会议,又是人民委员会;各人民委员部的工作也在这里进行,从这里发出各种电报、命令,人们从四面八方汇集到斯莫尔尼宫来了。可是人民委员会当时是个什么样

① 见《列宁全集》第 42 卷,人民出版社 2017 年版,第 262 页。

的机关呢？这个机关开始只有四个人，而且是四个完全没有经验的人，他们不停地工作，做了实际工作所要求的一切事情；当时脑子里甚至于连想都没想把他们的职务明确地划分一下，因此职务就没有明确而是包罗万象的。他们竭力地工作，但是无论有多少力量也不够用，因而伊里奇只好常常亲自做些杂事，打电话，等等。当然，我们也利用了党的机关，全俄中央执行委员会及其他组织的机关。可是，要利用这些机关也需要做不少的组织工作。当时的一切都处于极其原始的状态。当时必须一个环节一个环节地打碎旧的国家机器。官僚机关反抗起来了，旧阁部和所有国家机关的职员决定千方百计地怠工，并以此阻碍苏维埃政权建立新的国家机关。我记得，我们是怎样在国民教育部"夺取政权"的。安那托里·瓦西里耶维奇·卢那察尔斯基和我们很少的几个党员到国民教育部大厦去。这座大厦坐落在车尔尼雪夫桥的旁边。国民教育部附近有怠工者的岗哨，怠工者预先劝阻前往国民教育部的工作人员和到访者说那里没有进行工作。甚至有人还试图同我们谈这个问题。国民教育部里，除了送信员和女清洁员而外，连一个职员也没有。我们在一些冷清清的房间里（房间里的桌子上还摆着没有收拾的文件）看了看；然后就向一个办公室走去，就在那里召开了教育人民委员部委员会的首次会议。我们之间做了分工，当时决定让安那托里·瓦西里耶维奇给技术人员讲一次话，就这样作了。卢那察尔斯基热情地讲了话。相当多的听众聚精会神地但又有点莫名其妙地听着，因为执政者从来还没有给他们讲过这些问题。

教育人民委员部的状况还不怎么糟。资产阶级不特别重视它，所以我们也就不难把事情弄清楚。我们里面的大多数人都很熟悉国民教育工作。譬如，明仁斯卡娅姐妹们曾多年在彼得堡的小学里当过教员，我也做过许多教学工作，研究过教育学，大家都作过宣传员和鼓动员。十月革命前几个月在区杜马的工作，使我获得了不少组织工作的实地经验和广泛的联系。我是搞社会教育(政治教育)工作的,我有这个工作的经验,而党和工人群众对这个工作的支持又特别重要。当时依靠群众就立刻能够按新方式开展工作。当然,在财务、行政、统计和计划工作方面还做得不好,但是工作还是很快地向前推进了,群众的求知欲很高,群众坚持着干,工作就搞起来了。

但是在像粮食、财政和银行这些主要部门状况就不同了。资产阶级把自己的主要力量派去保卫这些部门;一方面当时特别恶毒地组织怠工,而另一方面——我们当时又最缺乏经验和实际的业务知识。在这方面敌人指望我们"对付不了"。当时我们还不大善于施加压力。我们的青年,不只是青年,凡是较晚参加工作的人,常常把事情看得非常简单:夺取了冬宫、打垮了士官生和打退了克伦斯基的进攻——就算万事大吉了。至于怎样建立机关,怎样进行各个人民委员部的工作,兴趣不大。而事实上我们在管理工作方面最初采取的那些步骤,我们怎样在日常管理工作中学习为无产阶级的事业而斗争,不用说是具有特殊意义的。尼·彼·哥尔布诺夫在他的关于人民委员会的工作机关怎样在十月革命的日子里建立起来的回忆文章里,精彩地像史诗一样叙述了比如在财政战线上我们是怎样夺取政权的。哥尔布诺夫同志写道:"国家银行不顾政府的命令和拨付经费的要求蛮横无理地怠工了。财政人民委员明仁斯基同志(现在的国家政治保卫总局局长。——作者注)无论采取什么措施,直至逮捕国家银行经理希波夫,都不能迫使银行给政府拨付革命所必需的经费。把希波夫带到了斯莫尔尼宫并且在那里拘押了一个时期。他同明仁斯基同志和我在一个房间里住宿。白天,这个房间就变成某个机关的办公室了(是财政人民委员部的吧?)。而使我气愤的是我还不得不装做特别客气的样子……把我的床让给他睡,而自己睡在椅子上。"①皮达可夫同志被任命为国家银行的经理;开始他一点

---

① 尼·彼·哥尔布诺夫:《回忆列宁》,党出版社1933年版,第15—16页。——编者注

钱也弄不到。哥尔布诺夫同志叙述弗拉基米尔·伊里奇怎样把他亲笔签署的命令交给他,命令上指示国家银行不受一切规矩和手续的限制并作为例外情况将一千万卢布交到人民委员会的秘书手中由政府支配。奥新斯基同志被任命为国家银行的政府委员。伊里奇在把命令交给他们(哥尔布诺夫和奥新斯基)的时候说:"你们如果弄不到钱,——就别回来。"钱是弄到了。我们依靠下级职员和送信员,加上赤卫军的威胁,迫使出纳员交出了所需的数目。在银行警卫队扳着机枪的情况下接收了钱款。哥尔布诺夫同志写道:"困难出在钱口袋上了,我们来的时候什么也没带,终于有个送信员给我们借来了两条旧的大口袋。我们满满地装了两口袋钱,把它们扛在背上,搬进了汽车。我们笑逐颜开地来到了斯莫尔尼宫。在斯莫尔尼宫我们也是这样把钱口袋往背上一扛搬进弗拉基米尔·伊里奇的办公室里。当时伊里奇不在办公室。在等待弗拉基米尔·伊里奇的时候,'为了警卫'起见我就端着手枪坐在钱口袋上面。我特别郑重地把钱口袋交给了弗拉基米尔·伊里奇。他以一种好像理所当然的样子接收了钱口袋,但是实际上他是非常满意的。我们把隔壁屋子里的一个衣柜腾出来保管苏维埃第一批现款,用椅子围了个半圆圈把这个衣柜圈起来并派卫兵看守起来。人民委员会发布一个特别命令规定了这批现款的保管和使用规则。这样就为我们苏维埃的第一个预算打下了基础。"①

弗·德·邦契-布鲁耶维奇描写了后来是怎样实行银行国有化的。战斗行动是在斯大林同志的领导之下进行的,邦契-布鲁耶维奇征求了斯大林同志的意见,进行了一切准备工作:草拟了各种命令,组织了运输,组织了二十八个射手队,等等。当时要占领二十八个银行,要逮捕二十八个银行经理。弗·德·邦契-布鲁耶维奇回忆道:"我向斯莫尔尼宫的警卫队长马林

---

① 尼·彼·哥尔布诺夫:《回忆列宁》,党出版社1933年版,第16—17页。

科夫同志建议,拨出一所远离群众的僻静的好房子,叫他在这所房子里安上二十八张床,摆上桌子和椅子,而且告诉他,要他准备好接待二十八个人吃饭,首先,在早晨八点以前要准备好茶和早餐。"二十八个银行顺利地占领了。这件工作是在一九一七年十二月二十七日进行的。"财政人民委员很快就把新工作人员领到银行里来了。许多被捕的银行经理表示也愿意在苏维埃政权下面继续工作,因而他们就立刻获释了。银行里派来了人民委员,因为当时需要集中国家银行的资金和银行业务,所以工作就继续进行下去了。"

我们就这样地夺取了政权。

大家都很着急,我们大多数人还缺乏业务知识和信心,所以不止一次地听见同志们说:"我再也不能这样工作下去了",但他们没放下工作,而且在工作过程中学得很快。

建立起了国家工作的新部门,新形式。

十一月十二日公布了八小时工作制的法令。

因为苏维埃第二次代表大会的宣言中提到了工人监督制,于是工人就立刻把它广泛地应用在实际工作当中。实际上,十月革命以前的时期就已经使他们作好了这个准备。工厂主们已经开始重视工人们的意见了,而工人们也已习惯于十分彻底而又坚定地坚持自己的意见了。但是工作是自发地进行的。在斯莫尔尼宫召开了由弗拉基米尔·伊里奇担任主席的委员会会议,参加这个委员会的有:托姆斯基,施略普尼柯夫,施米特,格列博夫-阿维洛夫,洛佐夫斯基,策彼罗维奇等人。一部分同志说,必须实行国家监督制,它可以代替常常转变为夺取工厂、矿山和矿井的自发的工人监督制;另一部分同志认为,不必在所有的工厂实行监督制,而只须在一些规模较大的金属加工厂、铁路和其他地方建立监督制就成了。但伊里奇却认为,不能把这个工作的范围缩小,不能在这个工作中限制工人的首创精神。即使许多事情做得并不如人所愿,可是工人们只有在斗争中才能学会真正的监督。伊里奇的这个观点是由他对社会主义的基本观点而来的:"社会主义不是按上面的命令创立的。……生气勃勃的创造性的社会主义是由人民群众自己创立的。"①委员会最终同意了伊里奇的观点,拟出了草案,提交到全俄中央执行委员会并于十一月二十九日公布出来了。工人群众当时是非常积极的,从下面涌现出广泛的主动精神。就在夺取政权以后的头几天里,工厂委员会会议提出必须建立领导整个工业的无产阶级专政的战斗机关,即建立最高国民经济委员会的意见。工人和农民的代表必须参加这个委员会。新型的机关建立起来了。一九一七年十二月十八日公布了关于建立最高国民经济委员会的命令。

土地问题进展得很慢。农业人民委员部第一人民委员泰奥多罗维奇同志由于同全俄铁总执委会的事件关系,提出了辞职就到西伯利亚去了。施利希特尔同志被任命为农业人民委员部人民委员,但是他当时住在莫斯科,也不知道为什么没有立刻转告他,叫他赶紧到彼得格勒来,而当时在斯莫尔尼宫里农民提出土地应怎样处置的问题在纠缠着伊里奇。十一月十八日,弗拉基米尔·伊里奇写了《答复农民的问题》和《告人民书》②。在《答复农民的问题》中,他重申废除地主土地所有制的法令,号召各乡委员会自己夺取地主的土地。在《告人民书》中,他号召人民"像爱护眼珠一样地爱惜和保护土地、粮食、工厂、工具、产品和运输业,所有这一切今后都完全是全民的财产了"。这里有一个和工人监督制的法令同样的目的,那就是启发群众的积极性,在斗争中提高他们的觉悟。当施利希特尔同志来到的时候,伊里奇委托他立刻组织接待来自各地的农民代表的工作,给他们一些有关没收土地的法令的具体指示。后来,伊里奇指出,必须把政府机关掌握到自己

---

① 见《列宁全集》第33卷,人民出版社2017年版,第57页。

② 见《列宁全集》第33卷,人民出版社2017年版,第65—67页。

手中——粉碎怠工和迅速地制定有关土地的《条例》。

十一月二十三日，农民代表苏维埃非常代表大会开幕了。弗拉基米尔·伊里奇在这次代表大会上讲了两次话，他认为这次代表大会具有重大意义。出席代表大会的三百三十名代表中就有一百九十五个左派社会革命党人，他们是起决定作用的一派。在代表大会上同右派社会革命党人（他们只有六十五人）进行了斗争。在列宁的第二个报告以后，通过了赞成人民委员会的工作和同左派社会革命党人协商的条件的决议。左派社会革命党人同意参加政府，把自己的代表派到各个人民委员部去，虽然他们没有立刻派去；柯列加耶夫——左派社会革命党人——出任农业人民委员部的人民委员，但是他并没有立刻进行工作。

在我们留在彼得格勒这个时期，我很少见到伊里奇，他总是忙于同士兵、工人和农民的代表们谈话，他那里经常有会议，他紧张地草拟各种法令，这些法令为新建立的苏维埃国家奠定了基础。的确，在傍晚，在黄昏，或者在深夜的时分，我还能同他在斯莫尔尼宫的附近稍稍散会儿步；现在伊里奇比任何时候都需要把意见谈出来，谈谈最使人关心的事情。可是当时时间没有余裕。与其说我是从他那里了解到工作进行情况的，还不如说我是从别人那儿了解来的。在斯莫尔尼宫的走廊里，常常可以碰到许多党员群众。由于在国外、在一九〇五年和在维堡区认识我的同志按老习惯向我介绍他们的经历，所以我才详细地了解到什么工作进行到了什么程度。许多人常常到教育人民委员部的社会教育司来。当时既没有工农红军和工农红海军政治部又没有工会的文化教育科，群众川流不息地到教育人民委员部来。他们顺便谈了许许多多有关群众情绪的有趣的事情。我特别记得一位来自前线的同志的谈话，这位同志是来向我们征询如何开展前线的文教工作的意见的。他谈到了士兵群众中存在的那种对贵族学校和一切旧文化的深刻的仇恨。当时士兵被指定在一所实科中学内宿营。士兵们在一夜之间把所有的书、地图、练习本,只要是学校书桌和书橱内的东西都撕了个粉碎,而且还拿脚踩来踩去。他们把所有的教材都毁坏了,他们说:"该死的贵族老爷们就在这里教自己的孩子们的。"这使我又想起一件事来,在九十年代,一个工人(星期日夜校的学生)在非常详细地阐明了地球是圆形的所有论据之后,在结尾时他却以不相信的讥笑态度补充道:"但是不能相信这套,这是贵族老爷们瞎编出来的哩。"我不止一次地同伊里奇谈到过关于群众对旧科学和学习的这种不相信的态度。后来在苏维埃第三次代表大会上伊里奇说道:"过去,人类的全部智慧、人类的全部天才所进行的创造,只是为了让一部分人独享技术和文化的一切成果,而使另一部分人连最必需的东西——教育和发展也被剥夺了。然而现在一切技术奇迹、一切文化成果都将成为全民的财产,从今以后,人类的智慧和天才永远不会变成暴力手段和剥削手段。这些我们是知道的,因此,为了实现这一最伟大的历史任务,难道还不值得去工作,还不值得献出全部力量吗?劳动者一定能完成这一宏伟的历史任务,因为在他们身上蕴藏着革命、复兴和革新的尚未苏醒的伟大力量。"①伊里奇的这些话向落后群众表明了,群众如此憎恨的旧科学即将成为过去的事了;今后科学将只是为群众造福而工作。群众必须掌握科学。

社会教育(政治教育)司依靠同工人的联系进行工作,首先是依靠维堡区的工人进行工作。我记得我们怎样同他们一起编写出了《公民识字课本》——这是一种独特的课程,每个工人都必须掌握它,以便能够参加社会工作、各苏维埃的工作和参加在苏维埃周围出现的越来越多的那些组织的工作。此外,工人们还谈了区里正在进行的工作。生产开始缩减了,工厂开始解雇青工,当时粮食供给方面有好多困难。十二月十日,人民委员会按弗拉基米尔·伊里奇的建议,委托了一个特别委员会详细研究政府经济政策

① 见《列宁全集》第33卷,人民出版社2017年版,第292—293页。

的一些主要问题并且组织召开一次粮食工作者会议,以便讨论同粮商的投机行为作斗争和改善劳动者的生活状况的实际措施。过了两天,在人民委员会会议上通过了伊里奇起草的关于使正在制造海军部订货的工厂转向满足人民生活需要的生产工作的议案。当时不能简单地把军事工厂大门一关了事,而是必须阻止失业的增长。

伊里奇急忙组织了粮食人民委员部的工作,粮食人民委员部必须代替粮食部:一方面,当时旧机关的反抗非常厉害,另一方面,当时应当采取一些新的办法把工人群众吸引到这个工作中来,找出吸引工人群众参加这个工作的方式。

在十月革命以后的头几个星期内,苏维埃机关就是这样建立起来的。旧的政府管理机关打碎了,用缺乏经验的、还不熟练的新手建立起了苏维埃机关。许多事情还待完成;但是,在评定一九一八年年初在这方面所完成的工作时,应当说,当时是做了大量工作的。

维堡区组织了除夕联欢会。除夕联欢会同时欢送去前线的维堡区的赤卫队员同志们。他们当中有许多人参加过同向彼得格勒进军的克伦斯基军队的斗争。他们到前线去,为了进行捍卫苏维埃政权的宣传工作,为了唤起士兵的积极性,为了把革命的精神带到整个斗争中去。除夕联欢会是在米哈伊洛夫士官生学校的大厅里举行的。奔赴战场的同志们以及全维堡区人都想见见伊里奇,于是我就劝说他到那里去,去同工人们一起欢度苏维埃的第一个新年。伊里奇喜欢这个计划。我们动身去了。我们好不容易才走出了广场。由于取消了清洁员,没有人扫雪,因此司机就得有很高的技术才能通过雪堆。我们是晚上十一点半钟到达那里的。米哈伊洛夫学校的"白色"大厅很像个练马场。伊里奇在工人热烈欢迎声中走上了讲台。听众的情绪使他激动,虽然他话讲得简单,没有什么响亮的辞句和呐喊,但他却讲了最近他这样孜孜不倦地考虑了的问题,他谈到工人们应该如何通过各苏

列宁在克里姆林宫办公室

维埃按新的方式组织自己的全部生活。他也谈到了上前线的同志们在那里应该如何进行士兵工作。当伊里奇讲完话的时候，大家长时间地向他热烈欢呼。四个工人抬起伊里奇坐的那张椅子，把他放在椅子上向上抛，我也同样被抛了一下。后来礼堂里已经开始上演文娱节目了，可是伊里奇还是坐在指挥部里喝茶，在那里和群众聊天，后来，我们就尽量不使人注意地离开了。这次联欢会给伊里奇留下了非常好的印象。一九二〇年的时候，他开始叫我跟他到各个区里去——这已经是在莫斯科的事了，他想再同工人们一起欢度新年，当时我们遍访了三个区。

在旧圣诞节的时候（旧历十二月二十四日至二十九日，新历一月六日至十一日），我同伊里奇、玛丽亚·伊里尼奇娜到芬兰的某个地方去。当时在斯莫尔尼宫工作的柯修拉同志，把我们安置在芬兰的一个休养所里，别尔津同志当时也在那里休养。芬兰室内的那种独特的洁白干净和窗户上挂的窗帘使伊里奇联想起了一九〇七年那个时期他在芬兰的赫尔辛福斯的秘密生活，联想起了十月革命之前在一九一七年他在那里撰写《国家与革命》一书的情景。不知为什么总没休息得成，伊里奇甚至有时还像从前被迫隐藏那个时期一样地小声讲话，虽然我们每天都在散步，可是却没有真正的兴趣：伊里奇考虑着各种工作并且总在写作。他在休假这四天内写的东西，他认为是还未完成的东西，因而当时他没有让它们流传出去。伊里奇当时所写的几篇文章《被旧事物的破灭吓坏了的人们和为新事物而斗争的人们》、《怎样组织竞赛》、《关于消费公社的法令草案》只是在他逝世五年以后才被公布出来，但这几篇文章再好不过地描绘出了当时弗拉基米尔·伊里奇所深思熟虑的问题。当时他最关心的问题是如何用最好的方式组织日常经济生活，如何更好地帮助工人们，使他们从他们当时所生活的困难境遇摆脱出来；如何组织消费公社，供应孩子们牛乳，如何把工人们迁移到最好的住宅里去和为了达到这些目的如何组织日常的统计和监督，如何把一切工作这样组织起来,以便把群众本身吸引到工作中来,发挥他们的主动性,唤起他们在这方面的积极性。伊里奇考虑过如何把工人中间的最有天才的组织者提拔到这种工作中来,于是他写了论竞赛、论竞赛的组织作用的文章。

"休假"的生活不能过得太久;四天过去了,应该回到彼得格勒去了。不知道为什么记忆中留下了这么一个印象:冬天的道路,穿过芬兰松树林的旅程,奇色异景的早晨和伊里奇沉思忧虑的面孔。他在考虑着当前的斗争。在最近几天内必须要解决立宪会议的问题,——立宪会议定于一月十八日(五日)召开。立宪会议问题到一九一八年年初就已经完全清楚了。当一九〇三年在党的第二次代表大会上通过党纲的时候,社会主义革命还是非常遥远的未来的事情,而工人阶级奋斗的最近的目标是推翻专制制度。立宪会议在当时是个战斗口号,代表大会以后,布尔什维克时刻为这个口号作了比孟什维克勇敢和坚决得多的斗争。当时除了资产阶级民主共和国这个形式而外,还没有人能具体地想象到政权的其他民主组织形式。在一九〇五年的革命斗争过程中,自发地产生的工人代表苏维埃就是国家政权的新的、接近群众的形式的萌芽。在反动的年代里,伊里奇深刻地考虑过这个新型的组织形式,把它同巴黎公社时期建立的国家组织形式作了比较。一九一七年二月革命除建立了临时政府外,还建立了工兵代表的全俄组织。最初苏维埃对资产阶级唯命是从,资产阶级通过他们的走狗——孟什维克和右派社会革命党人——竭力企图把苏维埃变成模糊群众意识的机关。从四月开始,列宁到达俄国,布尔什维克在群众中展开了广泛的宣传工作来提高工人和农民的最贫苦阶层的阶级觉悟,千方百计地帮助全面开展阶级斗争。

工人和农民写在他们的旗帜上的"全部政权归苏维埃"的口号,实质上已预先决定了将来在立宪会议中的斗争的方向:一方面,将为建立苏维埃政权而斗争;另一方面,却将为建立不同形式的资产阶级共和国的资产阶级政权而斗争。苏维埃第二次代表大会已经预先决定了政权形式的问题,因而立宪会议只要把已经建立起来的政权形式固定下来,详细研究一下细节问题就可以了。布尔什维克是这样看的。资产阶级却认为,立宪会议可以扭转历史车轮,一建成资产阶级共和国形式的政权之后,就取消苏维埃,或者至少把它的作用化为乌有。十月革命以前进行了苏维埃改选;布尔什维克在苏维埃里占了优势,他们执行了党的决议。

远在十月革命以前很久党就懂得,立宪会议是不会在无阶级的社会中召开的。早在一九〇五年,弗拉基米尔·伊里奇在他的小册子《社会民主党在民主革命中的两种策略》中分析孟什维克一九〇五年夏天在布尔什维克第三次党代表大会期间举行的"代表会议"的决议时说,孟什维克在他们的决议中把"立宪会议"的口号叫作"彻底的胜利","因为全民立宪会议的口号是君主派资产阶级已经接受了的(见'解放社'的纲领),它所以接受这个口号,正是为了阉割革命,为了不让革命完全胜利,为了使大资产阶级能和沙皇政府做交易。"①

因此,在一九一七年——十二年之后——布尔什维克没有等待任何立宪会议就在十月革命里夺取了政权。

但是临时政府围绕立宪会议制造了一系列的幻想。为了打破这种幻想,当时必须召开立宪会议并设法使它为革命服务,如果做不到这一点,那就尽力向群众揭露它的害处,消除一切制造出来的幻想,夺下敌人手中这个反对新政权的鼓动工具。拖延召开立宪会议是没有什么意义的,因而就在十一月十日公布了人民委员会关于在规定期限内召开立宪会议的决议。十一月二十一日全俄中央执行委员会通过了相应的决议。在立宪会议里布尔

---

① 见《列宁全集》第33卷,人民出版社2017年版,第27页。

什维克背后有没有多数？他们的背后有无产阶级，有无产阶级的大多数，孟什维克到这个时候在工人中间已经几乎失掉了任何影响。无产阶级在具有决定性的地点，在彼得格勒和莫斯科，不仅具有布尔什维克的精神，而且它是在十五年的斗争中锻炼出来的，这是有觉悟的、具有革命精神的无产阶级。它也善于引导农民跟着自己走。苏维埃第二次代表大会通过的"为和平"、"为土地"而斗争的口号，使得陆军和海军的半数选票都投给了布尔什维克，农民的大多数选票投给了社会革命党人。社会革命党人分裂成了右派和左派。大多数人拥护左派社会革命党人、贫农和大多数中农都跟着左派社会革命党人走。大家都知道，在苏维埃第二次代表大会以后，社会革命党中央委员会把左派社会革命党人、苏维埃第二次代表大会的参加者开除出党了。十一月二十三日（十二月八日）召开的农民代表苏维埃非常代表大会——列宁在这次会上讲了话——承认了苏维埃政权。次日在伊里奇作了报告以后，代表大会的全体代表都到斯莫尔尼宫去，那里正举行着工兵代表苏维埃全俄中央执行委员会会议，他们参加了这个会议。农民代表苏维埃非常代表大会决定，左派社会革命党人的代表应当参加政府。就在当天伊里奇给《真理报》写了《工人同被剥削劳动农民的联盟》①一文。农民代表苏维埃非常代表大会表明了，在十月革命的影响之下，在来自前线日益倾向布尔什维克的士兵的书信影响之下，农村、农村的贫农和中农也归附于苏维埃政权了。农民还没有弄清左派社会革命党人与右派社会革命党人的不同究竟何在。选票一般是投给社会革命党人的，而实际上大多数选票显然是投给左派社会革命党人的。因此，弗拉基米尔·伊里奇向全俄中央执行委员会提出必须对从前选出的代表行使罢免权的意见。他说，罢免权——这实际上是对代表的言论和行动的监督权。这种权利由于已往革命传统的

---

① 见《列宁全集》第33卷，人民出版社2017年版，第102—104页。

关系至今还在北美合众国以及在瑞士的某些州里存在着。全俄中央执行委员会批准了罢免权，并且在一九一七年十二月六日公布了相应的法令。早在八月间，临时政府就任命了由立宪民主党人和右派社会革命党人组成的立宪会议的选举委员会。委员会千方百计地阻挠了选举的准备工作并且拒绝向人民委员会提出选举进程的报告。在通过关于罢免权的法令的当天，即十二月六日，任命人民委员乌里茨基同志领导委员会的工作。委员会拒绝在他的领导下工作，于是委员会的委员们就被逮捕了，但是十二月十日委员会的委员们根据列宁的命令都获释了。十二月六日全俄中央执行委员会决定，立宪会议将于四百个代表到达彼得堡时召开。十二月十一日右派社会革命党人和立宪民主党人企图组织游行示威，但是只有为数不多的几个知识分子参加，无论工人或是士兵都没有参加这次游行示威。十二月十三日选举委员会被解散了。布尔什维克展开了广泛的宣传工作，阐明了有关立宪会议的问题。十二月十四日，列宁在全俄中央执行委员会会议上就立宪会议这个问题发表了演说。他在会议上说道："有人建议我们按照原来的设想召开立宪会议。对不起，这不行！原来有人设想用它来反对人民。而我们进行革命，就是要保证立宪会议不致被用来反对人民，……要让人民知道，立宪会议不会按照克伦斯基的愿望召开。我们实行了罢免权，立宪会议决不会成为资产阶级原先所设想的样子。在离立宪会议的召开只有几天的时候，资产阶级却在组织内战，加紧暗中破坏，破坏停战。我们不会受形式上的口号的骗。他们希望在立宪会议里占有席位，同时又要组织内战（这时在南俄，在顿河畔罗斯托夫附近，由卡列金将军组织的血腥战斗正在进行着。——作者注）。……我们要对人民讲真话。我们要告诉人民，他们的利益高于民主机关的利益。不要倒退到那种使人民利益服从形式上的民主制的旧偏见上去。立宪民主党人高喊'全部政权归立宪会议'，实际上这就是说：'全部政权归卡列金'。必须把这一点告诉人民，人民是会赞成我们的。"①次日——十二月十五日——伊里奇在斯皮里多诺娃主持下举行的农民代表第二次全俄代表大会上发表了演说；代表大会开得非常热烈，右派社会革命党人退出了代表大会。

围绕着立宪会议掀起了尖锐的斗争，立宪会议的布尔什维克党团内有人开始动摇，流露出右倾情绪，这一切都变得越来越明显了。十二月二十四日中央委员会为此问题召开了会议；当时决定在立宪会议的党团内作一个中央委员会的报告，拟定关于立宪会议这个问题的提纲，这两件事情都委托列宁去做。他草拟了提纲，并于次日在斯莫尔尼宫作了报告，他在立宪会议的党团会议上宣读了提纲。提纲被大家一致通过，并于次日在《真理报》上公布了。在提纲中向立宪会议明确地提出了以下的要求：它必须承认苏维埃政权，承认苏维埃政权在和平问题、土地问题、工人监督制问题和在同反革命进行斗争中所执行的那种革命路线。

立宪会议定于一九一八年一月十八日（五日）开幕。

立宪会议的准备工作是党在伊里奇的领导和积极参加之下进行的，受到党的无微不至的关怀，这个工作是巩固苏维埃政权的一个极其重要的阶段；这是一场反对徒具形式的资产阶级民主制的斗争，是一场争取真正的民主制的斗争，真正的民主制使劳动群众能够在建设社会主义制度各方面广泛地展开巨大的革命工作。

为召开立宪会议而进行的工作表明，这种工作是如何一步一步地深入的，如何越来越广泛地依靠群众，如何组织群众进行斗争，党的干部和苏维埃的干部如何在斗争中同群众团结起来的。

当前还面临着筹备和举行立宪会议的巨大的工作。

右派社会革命党人议论必须要同布尔什维克进行斗争。他们当中的极

---

① 见《列宁全集》第 11 卷，人民出版社 2017 年版，第 136—138 页。

右分子组织了一个军事组织,这个组织曾在一月一日谋刺列宁未遂,它积极地准备在立宪会议开幕那天——一月十八日(五日)——武装暴动。社会革命党中央委员会表面上不支持这个军事组织,但是对它的活动却很了解而佯装不知。这个军事组织和旨在配合所有反布尔什维克组织的行动的"立宪会议保卫联盟"勾结起来了。社会革命党的极右分子、孟什维克护国派分子、人民社会党人和某些立宪民主党人加入了"立宪会议保卫联盟"。他们虽然活动的非常积极,但是他们既未能把工人也未能把彼得格勒的卫戍部队勾引到他们那边去;他们的鼓动只是在小市民中间有效。

一月十八日(五日)的游行示威,带有独特的小市民性,可是满城流传着关于准备武装暴动的谣言。布尔什维克准备反击了。立宪会议原定在塔夫利达宫召开。成立了军事司令部,斯维尔德洛夫、波德沃伊斯基、普罗相、乌里茨基、邦契-布鲁耶维奇等参加了司令部工作。城市和斯莫尔尼区被划分成了几个地段,工人们担负起了保卫工作。从"阿芙乐尔"号巡洋舰调来了一队,从"共和国"号战斗艇调来了两个连,来维持塔夫利达宫、塔夫利达宫周围及毗邻各区的秩序。"保卫立宪会议联盟"策划的武装暴动没有举行,而在"全部政权归立宪会议"的口号下举行了小市民游行示威。他们的游行示威在涅瓦大街和利齐尧区的拐角上同我们的在"苏维埃政权万岁"口号下举行的工人的游行示威冲突起来。发生了武装冲突,但迅速地被平息了。弗·德·邦契-布鲁耶维奇忙碌起来了,打电话,下命令,极其秘密地把弗拉基米尔·伊里奇从斯莫尔尼宫转移到塔夫利达宫去。他自己同弗拉基米尔·伊里奇乘一辆车,我和玛丽亚·伊里尼奇娜、维拉·米哈伊洛夫娜·邦契-布鲁耶维奇也被安置坐在这辆汽车上。我们从一个胡同来到塔夫利达宫门前,大门关着,但汽车鸣了一下约定的喇叭,门就开了,把我们放进去以后门又关上了。卫兵把我们领进了拨给伊里奇用的几间专用的房间。这几个房间在正门的右侧,要到会议厅去必须经过一个镶玻璃的走廊。在正门入口处的旁边站着代表们的队伍和许多观众,要是由一个特别入口处穿过去对伊里奇当然要方便得多,但是这种过分神秘的做作却使他有些生气。我们坐下喝起茶来,一会儿这些同志来了,一会儿那些同志来了,我记得柯伦泰和德宾科都来了。我们坐了好久好久,布尔什维克党团的会议开得真够热烈的了。瓦尔瓦拉·尼古拉也夫娜·雅柯夫列娃担任主席主持了这次会议,她是莫斯科人。莫斯科人在关于立宪会议这个问题上态度是坚定的,有人甚至做得过火了,想立刻驱散立宪会议,以致忽略了事情必须安排得使群众都明白为什么必须解散立宪会议。

原定雅柯夫·米哈伊洛维奇·斯维尔德洛夫宣布立宪会议开幕。

会议在下午四点钟开幕了。弗拉基米尔·伊里奇在去会场的路上想起他把手枪忘在大衣里面了,他回去取手枪,但是手枪已经不见了,虽然没有一个闲杂人到外室里面来过。显而易见,警卫队的什么人把手枪拿去了。因为警卫队里没有一点点纪律,伊里奇把德宾科训斥了一顿;德宾科焦急不安了。后来当伊里奇开完会回来的时候,德宾科把警卫队交回的那支手枪交给了他。

雅·米·斯维尔德洛夫迟到了一会儿,所以立宪会议决定让年龄最高的立宪会议成员施韦措夫(社会革命党人)宣布立宪会议开幕。施韦措夫已经登上了讲台但又磨蹭了一下,而斯维尔德洛夫恰巧在这时赶到会场,他登上了主席台,从施韦措夫那里夺过铃来,把他往旁边一推,就用他那响亮而又浑厚的嗓音宣布说:工兵农代表苏维埃中央执行委员会委托他宣布立宪会议开幕,然后,他代表中央执行委员会宣读了会议前夕《真理报》刊登的、由列宁起草并由列宁同斯大林同志、布哈林同志一起做过文字上的修改的《被剥削劳动人民权利宣言》。全俄中央执行委员会通过了这个宣言,同时通过了一项决定,决定中说:"任何人和任何机关攫取国家政权某种职能的任何尝试,都应视为反革命行动。任何这类尝试,苏维埃政权都将使用所拥有的一切手段予以镇压,直至使用武力。"①

　　《宣言》宣告说:"宣布俄国为工兵农代表苏维埃共和国。中央和地方全部政权属于苏维埃。……俄罗斯苏维埃共和国是建立在自由民族的自由联盟基础上的各苏维埃民族共和国联邦。"——并且赞成苏维埃第二次代表大会所通过的各项法令。人民委员会通过的各项决议预料会被立宪会议批准的。"立宪会议拥护苏维埃政权和人民委员会的法令,并且认为它本身的全部任务就是规定对社会进行社会主义改造的根本原则。"②立宪会议的右派对立宪会议的活动的想法完全不同,他们认为立宪会议非把全部政权抓到自己手里不可。当时大多数人拥护右派社会革命党人,右派社会革命党人提议切尔诺夫担任会议主席,布尔什维克和左派社会革命党人提议斯皮里多诺娃担任会议主席。切尔诺夫获二百四十四票,斯皮里多诺娃获一百五十一票。

　　布尔什维克之所以选举斯皮里多诺娃,是因为当时基本的问题是立宪会议是否拥护苏维埃政权的问题。左派社会革命党人在那时是同布尔什维克一道走的。在那种时刻推荐斯皮里多诺娃当候选人,这会帮助农民群众认识到工人阶级给自己提出了在同农民结成紧密联盟的基础上进行工作的任务,认识到布尔什维克是拥护这个联盟的。在鼓动的意义上来说,推荐斯皮里多诺娃当候选人因此具有重大的意义。

　　主席(切尔诺夫)选举出来以后,争论开始了。切尔诺夫代表右派社会革命党人就土地问题讲了话;在左派的队伍里回答他的讲话的是这样的喊声:"将土地交给农民的苏维埃万岁!"继切尔诺夫之后发言的布哈林,建议首先讨论全俄中央执行委员会的宣言——必须首先决定,立宪会议是同谁一道走的:"同卡列金分子、士官生、工厂主、商人、贴现银行的经理一道走

---

　　①　见《列宁全集》第33卷,人民出版社2017年版,第237页。
　　②　见《列宁全集》第33卷,人民出版社2017年版,第232页。

呢,还是同下士兵、工人、兵士、水兵一道走呢?"策列铁里代表孟什维克发言,极尽攻击布尔什维克之能事,他用内战恐吓布尔什维克并建议全部政权归立宪会议。

从那时起许多年过去了。我们亲眼看到德国和其他资本主义国家的社会民主党是如何用同样的手法——甜言蜜语、内战恐吓、各种诺雷——出卖工人阶级的事业的,亲眼看到它帮助法西斯分子掌握政权,帮助这些野蛮的屠杀者,帮助垂死的地主和资本家的凶恶的拥护者,帮助怕共产党人怕得要命的人,帮助口头上宣扬国内和平而实际上帮助地主和资本家凶恶地剥削劳动人民的人,帮助把他们推向比从前更为残酷的新的世界大战深渊里面去的人。

但是,布尔什维克清楚地看到了,同右派社会革命党人和孟什维克的妥协会把大家引到哪里去。斯克沃尔佐夫同志向右派社会革命党人和孟什维克说道:"我们之间的一切都一刀两断了。我们要把反对资产阶级的十月革命进行到底。我们和你们是站在街垒的两个方面。"

弗拉基米尔·伊里奇没有讲话,他坐在讲台的凳子上,讥笑着,开着玩笑,记下点什么,他感觉自己在这个会议上好像是个没有必要的人。在他的文件里保留下来他的一篇文章的开始部分,在那里他记述了他对立宪会议的这次会议的印象:"在美丽的塔夫利达宫里,度过了沉闷、无聊而又单调的一天。塔夫利达宫在外表上和斯莫尔尼宫不同,就跟美丽的但是腐朽的资产阶级议会制和无产阶级的普通的苏维埃机关不同差不多。苏维埃机关虽然在许多方面还没有就绪,因而尚待努力改善,但它是朝气勃勃和富有生气的。""我在那些埋头工作,忙着砍伐和挖掉地主和资本家的剥削这棵大树及其老根的工人和农民中间做了富有朝气的、真正的、苏维埃的工作以后,忽然不得不置身于一个'陌生的世界',同那些来自另一世界的人们打交道。他们来自资产阶级和它的有意或无意、自觉或不自觉的捍卫者、食客、奴仆和辩护士的阵营。我从劳动群众和他们的苏维埃组织为反对剥削者进行斗争的世界，来到了一个仍然主张同资本家妥协的甜言蜜语、废话连篇、空口许愿的世界。"①

赞成讨论全俄中央执行委员会的宣言的仅有一百四十六名代表，而反对的却有二百四十七名代表。布尔什维克和左派社会革命党人要求休会。立宪会议里的布尔什维克党团开会讨论下一步怎么办的问题。当时决定：再不回到会议厅去了。拉斯科尔尼科夫和洛博夫同志被派到会议厅去声明布尔什维克退出立宪会议，并且说明为什么要退出来。党团决定也不解散立宪会议，让它把会议进行到底。会议继续开到一月六日下午四点四十分钟，会后，代表们都回家去了。次日，全俄中央执行委员会决定："解散立宪会议。"以后会议便没有再开了。

群众对解散立宪会议一事漠不关心。立宪会议没有威信，解散立宪会议没有引起任何人的不安。阻碍下一步工作的障碍被从路上搬掉了。这是给一切妥协情绪的当头一棒。

＊ ＊ ＊

搬掉了妨碍前进的立宪会议的障碍，同时却提出来了困难得多的任务——从毁灭国家的帝国主义战争的陷坑里爬出来、跳出来。

十一月八日，苏维埃第二次代表大会通过了和平法令。苏维埃政权建立的头几天，人们便同克伦斯基的进攻军队，同暴动的士官生进行了武装斗争，同中央委员会内部的妥协动摇进行了斗争。十一月二十日，人民委员会命令最高总司令杜鹤宁将军停止军事行动并开始同四国同盟方面（德国、奥地利、土耳其和保加利亚）进行和平谈判。十一月二十二日，当通过直达电报了解到杜鹤宁将军拒绝执行人民委员会的命令的时候，他就被撤职了，

---

① 见《列宁全集》第33卷，人民出版社2017年版，第240页。

任命克雷连柯同志为最高总司令。当天弗拉基米尔·伊里奇写了告各团、师、军、集团军等委员会，革命军队的全体士兵和革命舰队的全体水兵的无线电广播稿，他号召士兵和水兵积极地干预部队工作，伊里奇把主要的希望寄托在士兵群众的身上，而不是寄托在将军们的身上。

无线电台广播道：

"士兵们！和平的事业掌握在你们手里。不要让反革命将军破坏伟大的和平事业，你们要派卫兵看守他们，避免发生在革命军队里不应有的私自审判的事情，不让这些将军逃避以后法庭的审判。你们要维持极其严格的革命军事秩序。

前沿阵地的各团要立刻推选全权代表同敌人正式进行停战谈判。

人民委员会授予你们这种权利。

你们要用各种办法把谈判的每一步骤通知我们。至于最后的停战协定，只有人民委员会才有权签订。

士兵们！和平事业掌握在你们手里！要保持警惕，坚韧不拔，充满毅力，和平事业就一定胜利！

俄罗斯共和国政府代表

人民委员会主席　弗·乌里扬诺夫(列宁)

陆军人民委员兼最高总司令　尼·克雷连柯"①

十一月二十一日，苏维埃政府对同俄国同盟的国家的代表们提出审查和平法令的建议。

十一月二十三日，伊里奇在全俄中央执行委员会发表演说。他说，我们的机会是非常好的。他谈到革命的联欢，"我们现在能够用无线电报同巴黎联系，一旦和约拟就，我们就能告诉法国人民，和约是可能签订的，能不能

---

① 见《列宁全集》第33卷，人民出版社2017年版，第82页。

在两小时内签订停战协定完全取决于法国人民。那时就能看清，克列孟梭会说什么。"①十一月二十三日，开始公布其他国家的秘密条约，它们清楚地表明了政府是怎样地向群众大撒其谎，是怎样地欺骗了他们。

十一月二十三日，苏维埃政府也向无意于战争的中立国家建议正式通知敌对政府关于苏维埃政府准备进行和平谈判的消息。

十一月二十七日，德国总司令的答复来了。他表示同意开始和平谈判。

十一月二十三日，伊里奇在全俄中央执行委员会演讲时说道：

"签订和约不能光靠上面。应当从下面争取和平。对德国的将领我们一点也不信任，但是我们信任德国人民。没有士兵的积极参加，总司令所签订的和约是不牢靠的。"②

德国当时的情况也并不妙，粮食状况是困难的。此外，人民疲于战争，因此德国早就想同俄国缔结和约以便腾出手来去同法国进行斗争，而在战胜巴黎之后，也就可以对付俄国了。

当德国总司令的答复一到，人民委员会就立刻征询协约国（法国、英国、意大利、美利坚合众国）的意见，问他们是否同意在十二月一日同四国同盟的强国进行和平谈判。

协约国没有答复，而是越过苏维埃政府向被撤职了的杜鹤宁将军提出反对单独媾和的抗议。

十二月一日我们的代表团在团长越飞同志的率领下到前线去了。团员有卡拉汗、加米涅夫、索柯里尼柯夫、比增科、姆斯提斯拉夫斯基，工人、农民、水兵和士兵各有一名代表参加了这个代表团。

次日，发表了人民委员会的告德国工人书。

十二月三日，停战谈判开始了。苏维埃代表团宣读了宣言，在宣言中宣

---

① 见《列宁全集》第33卷，人民出版社2017年版，第87页。
② 见《列宁全集》第33卷，人民出版社2017年版，第89页。

告谈判的目的是"达成不割地不赔款并且保证民族自决权的全面和约",并向所有其他交战国"建议参加正在进行的谈判"。十二月五日,签订了为期一个星期的停战协定;七日,外交人民委员部再次向协约国的代表呼吁,建议"明确他们对和平谈判的态度"。但没有得到答复。

十一日,我们的代表团又到布列斯特去了,代表团这次补充了波克罗夫斯基和维尔特曼(巴甫洛维奇)同志。

十二月十三日,恢复了和平谈判,还签订了停战到一月十四日的协定。结果什么也没有谈成。

十二月二十五日,德国人代表四国同盟声明,他们同意签订不割地不赔款的和约,但是一定要所有交战国都参加这个和平谈判才行。他们知道这是不可能的,这个宣言的用意,就是使四个同盟国把继续战争的全部责任推到协约国的身上。

到十二月底,谈判带有更大的鼓动性质;谈判的好处是我们能获得暂时的休战时间,能够在我们和德国的军队里广泛地开展争取和平的鼓动工作。

从一九一八年年初起谈判的性质改变了。一月初,军国主义和兼并政策的拥护者鲁登道夫和兴登堡向威廉二世提出了一个最后通牒,他们在通牒里要挟说,如果在布列斯特-里托夫斯克的谈判中不能满足他们所提出的执行坚决的兼并政策的要求、不把谈判的领导权交给军事统帅部,他们就要辞职。和平谈判的领导权交给了霍夫曼将军。

一月七日,我们的代表团(这次是在托洛茨基的率领下)再度前往布列斯特;一月九日又开始了和平谈判。这次德国代表团已经提出了最后通牒。到一月二十日才弄清楚德国是这样提出问题的:或是继续进行战争,或是签订割地的和约,即签订有条件的和约:我们放弃他们所占领的全部土地,德国人则把它们据为己有,并且要求我们赔款(以支付俘虏的给养费为名),其数目近三十亿卢布,分数年付清。

一九一八年一月中旬，维也纳爆发了总罢工，这次罢工是因为饥荒加剧，人们渴望和平和工人们对中欧列强在布列斯特-里托夫斯克谈判中的兼并策略的愤慨而引起的。罢工几乎席卷了全国，导致了工人代表苏维埃的成立。几天过后，柏林爆发了罢工，据官方的统计，柏林有五十万工人罢工。其他城市也举行了罢工。工人代表苏维埃纷纷成立了。罢工者要求宣布共和国并签订和约。但是这离革命还很远。全部政权还在威廉二世、兴登堡、鲁登道夫的手里，在资产阶级的手里。

伊里奇殷切地期待着未来的世界革命。一月十四日在欢送开赴前线的第一批社会主义军队的大会上，他说道："各国人民已经在觉醒，已经听到我国革命的热情号召，我们很快就不会孤军作战了，其他国家的无产阶级力量一定会加强我们这支军队。"①

但是这还是未来的事情。伊里奇的特点是无论在任何时候，无论现实情况如何艰难，他从不欺骗自己，从不因胜利而陶醉起来，总是善于以清醒的眼光正视现实。这对他来说并不是在任何时候都容易做到的。伊里奇不是个冷冰冰地考虑问题的人，不是个举棋不定的棋手。他满腔热忱地对待一切，但是他有坚强的意志，他对待事情总要反复体味和思考，他善于大胆地正视真理。因而在这种情况下他直截了当地提出了问题：签订割地和约——是一件痛苦的事情；可是我们能不能作战呢？伊里奇经常同来自前线的士兵代表团谈话，仔细地研究了前线的情况，研究我们军队的状况，他参加了为军队复员而召开的第一次全军代表大会代表的会议。关于这次代表大会的情况，波德沃伊斯基同志在他的回忆录里写道："代表大会原定于一九一七年十二月二十五日召开，但是在十二月三十日才开幕……在这五天内，同最优秀的代表们举行了虽说是预备性质的会议，但却是有决定性意

---

① 见《列宁全集》第 33 卷，人民出版社 2017 年版，第 225 页。

义的会议。人民委员会主席列宁同志也曾出席过一次这样的会议。在听过几个极其重要的军队代表的详细情报以后,列宁同志向代表们提出了三个问题:(1)有没有根据来假设德国人会进攻我们? (2)军队能否在德国人进攻我们的情况下,把给养、物资和大炮从前线撤运到大后方去? (3)军队能否在它现在的这种状况下阻止德国人的进攻? 会议上大多数代表对第一个问题的答复是肯定的,由于士兵想复员、士兵开小差的越来越多,战马由于饲料不足而疲弱,代表们对第二个和第三个问题的答复是否定的。"大约有三百名代表出席了这次会议。这次会议使伊里奇确信在目前这种情况下根本不能再同德国人继续作战了。伊里奇没有陷入任何悲观主义——他在这个时期领导了组织红军保卫国家的紧张工作。但是他明确地提出了问题:现在我们不能作战了。伊里奇对那些认为可以继续作战的同志们说:"到前线去看看吧!"伊里奇建议他们"去同士兵们谈谈吧!"

不久以前,克拉夫钦柯同志告诉我在这个时期她同伊里奇的一次谈话。她在乌拉尔的莫托维利哈工作。彼得堡是一回事,而皮尔姆、乌拉尔又是一回事。皮尔姆、乌拉尔没有敌人立刻进攻的危险,从前线下来的士兵还很少到那里去。因而乌拉尔的情绪是战斗的。工人们已经准备好投入战斗,准备好了队伍和大炮。他们派克拉夫钦柯来见伊里奇,让她告诉他说,乌拉尔是支持他的。克拉夫钦柯到了彼得堡顺便去拜访乌拉尔的一个同志——斯蓬德,他当时在国家银行工作,而且就住在银行里;斯蓬德睡觉用的一张普通的铁床孤零零地摆在大会议室里。当时历历在目的每个细节、每个细小的特征都补充说明了那个国家银行被捕经理希波夫在拘押中的情景。斯蓬德同志让克拉夫钦柯到斯莫尔尼宫去见伊里奇。在斯莫尔尼宫的走廊里他遇到了也从乌拉尔来的戈洛舍金同志,他带来了和克拉夫钦柯同志一样的委托。他也是去见伊里奇的。当他们还站在那里谈话的时候,伊里奇已从办公室迎面走出来。当伊里奇看见戈洛舍金时,就走到他跟前去打听乌拉尔的情形。他们把乌拉尔的情绪告诉了伊里奇,并且还告诉了他,他们来的原因。"我们晚上谈谈吧,——伊里奇说,他的样子好像是有病。——暂且先到街上去逛逛吧,听听士兵们讲些什么。"克拉夫钦柯说:"我们听到许多议论,到傍晚的时候脑袋都胀起来了。而且这些印象非常强烈,以至把其余的事情都忘记了。"克拉夫钦柯甚至想不起来那天晚上他们同伊里奇谈了话没有。

戈洛舍金同志也记得这次会见。他说,伊里奇委托他去接待士兵代表团。戈洛舍金同志听取了代表团的报告,了解了他们的情绪和他们所关心的事情,然后去告诉伊里奇;伊里奇和代表们见了面,回答了他们的问题,谈了工作情况,激起了他们火一般的热情。在这个工作上戈洛舍金同志日益信服伊里奇是做得正确的。在第七次代表大会上已用不着去说服他,他已经丝毫不动摇了。

伊里奇在党的第七次代表大会(三月初)上说,十月革命后的头几个星期和头几个月,——十月、十一月、十二月——我们在反对我国的反革命势力和苏维埃政权的敌人的国内战场上节节获胜。其实这只是因为世界帝国主义当时没有工夫来对付我们。我国的革命恰逢这样一个时机,那时绝大多数帝国主义国家都遭受空前的灾难,千百万人的生命遭到了毁灭。而在战争的第四个年头,各交战国都陷入绝境,处于进退维谷的境地,那时客观形势提出了这样的问题:陷于这种境地的各国人民还能再打下去吗? 只是由于我国革命恰逢这样一个时机,即两个巨大的强盗集团中,无论哪一个都不能马上打败对方,也不能联合起来反对我们。伊里奇在党的第七次代表大会上用这样的话评价了布列斯特谈判的第一个阶段,他说:"这正像一只驯顺的家畜同猛虎躺在一起,而想劝猛虎实现不割地不赔款的和平。"在一月的下半月布列斯特的谈判变成另一种性质了:德国帝国主义这头野兽,早就知道我们在战争中会被打败的,因而就掐住我们的咽喉要立刻回答他们——是签订割地和约还是继续进行战争。列宁终于捍卫住了自己的观点，但是拖了整整两个月的党内斗争对伊里奇说来是过分沉重了。伊里奇坚持签订和约。斯维尔德洛夫和斯大林完全支持他，斯米尔加和索柯里尼柯夫毫不犹豫地跟着他走。但是绝大多数中央委员和会团结在中央委员会周围的同志(曾经同他们一起进行过十月革命)都反对列宁，反对他的观点，把各委员会也牵扯进斗争了。彼得格勒市委员会也好，莫斯科省委员会也好，都反对伊里奇。"左派"共产主义者集团在彼得堡开始出版他们的《共产主义者报》，该报胡说什么与其缔结屈辱的和约还不如让苏维埃政权灭亡好些，并且完全不估计力量而空谈革命斗争。他们认为，同德国帝国主义政府缔结和约就等于放弃自己所有的革命阵地，就等于背叛国际无产阶级的事业。曾经在一起工作过多年、在斗争最困难的时候也得到过他们的支持的许多非常亲近的同志都属于"左派"共产主义者。在伊里奇的周围形成了某种真空。人们还有什么没有责难他呢！托洛茨基采取了一个特别的态度。他是个喜欢说漂亮话、喜欢装漂亮姿态的人，因而与其说他是在考虑如何使苏维埃国家摆脱战争，如何获得喘息时间以便巩固力量和发动群众，不如说他是在考虑如何做漂亮的姿态：我们不缔结屈辱的和约，我们也不进行战争。伊里奇把这种姿态叫做贵族老爷式的姿态。他说，这个口号是容许无产阶级执政的、正在开始伟大建设的国家让人任意洗劫的冒险行为。

中央委员会表决时，起初大多数反对列宁。一月二十四日(十一日)大多数(九人)投票赞成托洛茨基的建议：我们不缔结和约，我们要军队复员；七票反对。二月三日(一月二十一日)就现在是否允许缔结和约问题表决，五人赞成，九人反对；二月十七日五人赞成立刻向德国建议缔结和约，六人反对；二月十八日就是否要向德国人提出恢复和谈问题表决，六人赞成，七人反对。

只是当局势起了变化,当德国人于二月二十三日送来他们的条件,要求在四十八小时内答复并且于同时开始猛攻、连下数城和力量对比起了变化的时候,列宁才声明说,如果再继续空谈革命的政策,他便要退出中央委员会和政府。开始就是否接受德国条件的问题进行表决,表决结果:七人赞成,四人反对,四人弃权,在这样极其重要的关头对这样极其重大的问题不愿意担负责任的托洛茨基就在弃权者之列。季诺维也夫和斯塔索娃也加入了赞成缔结和约,甚至赞成根据德国人的条件缔结和约的主要的五人小组(列宁、斯维尔德洛夫、斯大林、索柯里尼柯夫、斯米尔加)。和平的反对者享有鼓动的自由。

但是德国人的进攻很快就使我们清醒过来了;到党的第七次代表大会时,列宁的观点就争取到了巨大的多数。党的第七次代表大会以三十票对十二票、四票弃权于三月八日通过了必须批准在布列斯特-里托夫斯克签订的和平条约的决议。三月十六日在莫斯科举行的苏维埃第四次代表大会以七百零四票对二百八十五票、一百一十五票弃权批准了布列斯特条约。

我还记得在为布列斯特和约而斗争的时期中的两个关头。一九一八年一月二十一日举行了中央委员会扩大会议。伊里奇致完闭会辞,同志们的敌意的视线都集中到他身上去了。伊里奇阐明了他的观点,显然已经失掉了说服在座的人们的任何希望。就是现在我还仿佛听见,伊里奇在作完报告以后,用一种极其疲倦和痛苦的声调对我说的话:"得啦,有什么法子呢,我们走吧!"倘若能够突然发现我们的军队能够进攻,或者德国爆发足以使战争寿终正寝那样的革命,那是伊里奇再高兴不过的事情了;倘若事实证明他的判断是错了,那他是会感到高兴的。但是同志们越加乐观,伊里奇就越加警惕。我还记得另一个情形。在一月中旬和二月底之间这个困难的时期,我常常和伊里奇在斯莫尔尼宫周围和沿着涅瓦河散步。伊里奇当时感到非常困难,在这种时刻他要大声向亲近的人讲他所关心的问题。我已经记不清他讲了些什么,但是还记得这是与他在党的第七次代表大会上讲的相近似的。就是现在我读他的这篇演说也不能不激动。伊里奇的声音和他的一切语调仿佛犹在耳边:"如果德国无产阶级将来能够行动起来,那当然很好。但是,你们是否已经测算好了,是否已经找到了一种能够测定德国革命在哪一天爆发的仪器呢?不,这一点你们不知道,我们也不知道。你们是在孤注一掷。如果革命爆发了,一切都可以得救。那是不言而喻的!但是,如果它并不像我们所期望的那样,如果它不能明天就取得胜利,那怎么办呢?那时群众会对你们说:你们的行动和冒险家一样,——你们指望能侥幸遇上这种事态的发展,可是并没有遇上,结果你们就束手无策,无法应付这种国际革命没有到来的局面。国际革命必然会到来,但是目前还没有成熟。"①

我一边读一边想。我们沿着涅瓦河散步。黄昏,深红色的晚霞映红了冬日彼得堡涅瓦河上的西半边天。这种晚霞让我回忆起一八九四年在克拉松家里的薄饼会上同伊里奇的初次会面。从奥赫塔回来的路上,我和同志们沿涅瓦河走来,他们把伊里奇的哥哥的事情讲给我听了。而这时我和伊里奇沿着涅瓦河散步,他一遍又一遍地重复着所有的论据,证明为什么"我们不缔结和约,我们不进行战争"的态度是根本错误的;我们往家里走去,伊里奇突然停了下来,他那疲倦的面孔突然放出光彩,他抬起头来并且慢吞吞地说:"要是突然?"就是说突然德国已经发生了革命。我们走到了斯莫尔尼宫,来了几份电报:德国人正在进攻。伊里奇的整个消瘦的面孔变得加倍阴郁起来。他一连打了好多次电话。德国革命在一九一八年十一月九日才开始。一九一八年十一月十三日,全俄中央执行委员会宣布废除布列斯特条约。

---

① 见《列宁全集》第34卷,人民出版社2017年版,第16页。

伊里奇迁居莫斯科和
在莫斯科工作的头几个月

德国人的进攻以及德国人占领普斯可夫,表明在彼得堡的政府遭到多么大的危险。芬兰爆发了内战。当时决定把政府撤退到莫斯科去。而从组织观点上来看当时也必须这样做。政府当时必须在国家的经济和政治生活中心工作。

三月十一日苏维埃政府迁到了莫斯科,迁到了俄罗斯苏维埃联邦社会主义共和国的中心,迁得离边境更远、离许多省份更近了,而当时必须尽可能密切地和这些省份保持联系。

三月十一日,即迁往莫斯科那天,伊里奇写了《当前的主要任务》一文。这篇文章登在三月十二日的《消息报》上,它带有纲领性质,同时它也再好不过地表明了伊里奇当时的心情。

这篇文章是以摘引涅克拉索夫的长诗《在俄罗斯谁能快乐而自由》中的诗句开始的:

俄罗斯母亲呵!

你又贫穷又富饶,

你又强大又软弱。

伊里奇以简短扼要的形式在这篇文章里评论了伟大的无产阶级革命的全部意义,然后指出布列斯特和约的全部屈辱性。

接着,他写到为强大而富有的俄罗斯的斗争:

"俄罗斯一定会成为这样的国家,只要她抛掉一切颓丧情绪和一切空谈,只要她咬紧牙关,聚集自己的一切力量,只要她振作精神,鼓起劲来,只要她认识到唯有走我们已经走上的国际社会主义革命的道路才能得救。沿着这条道路迈进,不因失败而气馁,用一块块基石去奠定社会主义社会的稳固基础,坚持不懈地建立纪律与自觉纪律,处处加强组织性,加强秩序和求实精神,加强全民力量的紧密合作,加强对于产品生产和分配的普遍计算和监督,———这就是达到建立军事实力和社会主义实力的道路。"①

伊里奇写道:"我们从 1917 年 10 月 25 日起已经是护国派了。我们主张'保卫祖国',不过我们准备进行的卫国战争是保卫社会主义祖国的战争,保卫作为祖国的社会主义的战争,保卫作为世界社会主义大军的一支队伍的苏维埃共和国的战争。"②

现在,当这篇文章写成已经过了十八年的时候,当我们已经沿着社会主义建设的道路远远向前迈进到在我国取得社会主义决定性胜利的时候,当我们"高唱生活之歌向前迈进"的时候,当我们已经有充分的权利可以谈论我们社会主义祖国的富有和强大的时候,当千百万人以史无前例的力量和首创精神实现列宁在其《当前的主要任务》一文中如此鲜明地表达出来的目的的时候,———这篇文章自然显得是简单的和容易明白的。可是,要了解这篇文章的分量,就必须回忆写作的那个时期。

伊里奇当时精力充沛,对斗争有充分的准备。

在莫斯科,起初把我们(伊里奇、玛丽亚·伊里尼奇娜和我)安置在"民族宾馆"(苏维埃第一大厦)里,在二楼给我们拨了两个带浴室的房间。那

---

① 见《列宁全集》第 34 卷,人民出版社 2017 年版,第 75 页。
② 见《列宁全集》第 34 卷,人民出版社 2017 年版,第 77 页。

是一个春天,莫斯科的太阳照耀着。"民族宾馆"的附近摆着家禽摊子——这是一种进行街头买卖的市场;有着屠杀大学生的家禽摊贩①的旧莫斯科已经完全改观了。许多人来见伊里奇,来得最多的是军人。

三月十八日,英国人派了一支由四百到五百个水兵组成的陆战队在摩尔曼斯克登陆,借口保护协约国会为沙皇政府在那里修建的军用仓库。这支陆战队的企图是很明显的。

在"民族宾馆"里我们吃的是英国的肉罐头,英国人就拿这种罐头给他们的前线的士兵吃。我记得,伊里奇有次在吃饭的时候说道:"我们拿什么东西给我们前线的士兵吃呢……"在"民族宾馆"里我们仍然过的是露营式的生活。伊里奇希望快点定居下来,以便开始工作。于是他就忙着去安排这件事情。

当时决定让政府机关和政府的主要成员都搬到克里姆林宫去住。我们也应当住在那里。

我还记得雅柯夫·米哈伊洛维奇·斯维尔德洛夫和弗拉基米尔·德米特利耶维奇·邦契-布鲁耶维奇第一次领我们到克里姆林宫去看我们未来的住所的情景。有人建议我们搬到"司法机关"大厦去住。我们顺着旧石梯登上了三楼,这个石梯的台阶都被几十年来到这座大厦的访问者踩坏了。从前高等法院检察官的住所就在这里。计划给我们一个厨房和三间与厨房相连的房子,有个独门通向那里。其余的房间划给人民委员会的管理处作办公室用。最大的一个房间划作会议厅(苏联人民委员会会议到现在还在那里举行)。弗拉基米尔·伊里奇的办公室紧接着会议厅。他的办公室离正门最近,访问者必须通过正门到他那里去。这是非常方便的。但是整个大厦肮脏得令人难以想象,炉子坏了,天花板漏雨。守卫人住的那所我们未

---

① 家禽摊贩是革命前由警察所组织的、主要从事于捣乱大学生集会与示威游行等之黑帮。——译者注

来的住所更是脏得厉害。大厦需要修缮一下了。

临时把我们安置在克里姆林宫的所谓"骑士室"里面,给了我们两个干净的房间。

伊里奇喜欢在克里姆林宫散步,从那里能看见全市的景色。伊里奇最喜欢在大宫对面的人行道上散步,在那里可以任意观望,然后,喜欢沿着宫墙下面蹓跶,那里绿草茵茵,行人稀少。

在我们住的"骑士室"里,桌上摆着旧的刊物,里面有克里姆林宫的照片和历史。记述了克里姆林宫的建造经过和每个塔楼的历史和意义。伊里奇喜欢翻翻这本画册。当时的克里姆林宫,即一九一八年的克里姆林宫,与现在的克里姆林宫大不相同。当时克里姆林宫内的一切都呈现着古老的样子。"司法机关"大厦的旁边有一座粉刷成玫瑰色的丘多夫修道院,修道院有着许多小百叶窗;宫墙边上矗立着亚历山大二世的纪念碑;有个古老的教堂局促地坐落在修道院的墙下面。工人们在"司法机关"大厦对面的克里姆林宫里工作着。当时克里姆林宫里面没有新的大厦,没有小花园。红军战士们守卫着克里姆林宫。

旧军队瓦解了,并且已经复员了。当时必须创建一支新的、强大的、革命的和充满热情及胜利信念的军队。

红军从一开始就完全不同于一般的军队。红军充满着热情,但是从外表上看来却很不文明:红军战士们没有规定的制服,——谁穿什么来的就还穿什么,没有固定的制度和规章。苏维埃政权的敌人嘲笑红军战士,他们不相信布尔什维克能创建一支坚强有力的队伍。小市民们有些怕红军战士,觉得这些人有点像强盗似的。我记得,还在一九一九年的时候,有个跟阿多拉茨基同志工作的女翻译,当他要她到克里姆林宫去拿一篇译文的时候,她坚决不肯去拿,因为她害怕守卫克里姆林宫的红军战士。

我们的警卫没有规定的礼节,这使外国人感到特别惊奇。

有一次,伊里奇给我谈了关于米尔巴赫拜访他的情形。弗拉基米尔·伊里奇的办公室旁边的卫兵,平常总是坐在桌子跟前读东西。当时我们谁也不觉得这有什么奇怪。当同德国缔结和约以后,德国大使米尔巴赫伯爵便到俄国来了,他照规矩到克里姆林宫"拜会"苏维埃政权的代表者——人民委员会主席——列宁。弗拉基米尔·伊里奇的办公室旁边的卫兵坐在那里读着什么,就是在米尔巴赫进入伊里奇的办公室时,他甚至连瞅也没瞅他一眼,还是继续读他的书。米尔巴赫惊奇地看了看他。后来,米尔巴赫从办公室出来走到这个坐着的卫兵旁边站住了,拿过卫兵读的那本书来,让翻译把书名译出来。这本书是倍倍尔著的《妇女与社会主义》。米尔巴赫默默地把书还给了卫兵。

红军战士们孜孜不倦地学习着。他们知道,为了胜利他们需要知识。

伊里奇抱着大批的报纸、文件和书籍从自己房里出来用快步穿过走廊往办公室去的时候,总是特别客气地向卫兵问好。他了解他们的情绪,了解他们有随时为捍卫苏维埃政权而献出生命的决心。

党的第七次代表大会(一九一八年三月六日——八日)决定了必须同德国人缔结和约的问题,哪怕是缔结最沉痛最屈辱的和约。但是这个决定是经过尖锐的斗争才通过的。列宁作了关于批准对德和约问题的报告,布哈林代表"左派共产主义者"集团作了补充报告。对德和约问题的报告是同中央委员会的政治报告一起进行讨论的。一切问题在会议上都提得非常尖锐。代表大会有四十六个有表决权的代表,代表着三十万党员。当时党还不像现在这样:还没有达到现在这样的统一和团结。代表大会有表决权的四十六个代表中有三十个代表赞成批准布列斯特和约,十二个代表反对,四个代表弃权;换句话说,代表大会约有三分之一的代表反对中央的路线,也就是说,反对列宁的路线。他们当中有许多著名的布尔什维克。二月二十三日,他们当中有六人宣布辞去党和苏维埃的职务,并且给自己保留下在党内和党外进行鼓动的完全自由。二月二十四日,莫斯科省常务局表示不信任中央委员会,拒绝服从中央所作的、"与履行对奥德和约的条件有关的"各项决定,并在该决议的说明书中声明:"党在最近将来的分裂恐难避免"。一九一八年年初,莫斯科省常务局在全俄国范围内起了"左派共产主义者"组织核心的作用。

列宁激烈地反对"左派共产主义者",反对革命空谈,这是可以理解的。一九一八年二月二十一日他在《真理报》上写道:

> "为了将来任何时候人们谈到我们时都不会提起'鼓吹革命战争的革命空谈断送了革命'这个沉痛的事实,我们应当反对革命空谈,必须反对革命空谈,一定要反对革命空谈。"①

伊里奇知道,群众会跟着他走,而不会跟着"左派共产主义者"走。全俄苏维埃第四次非常代表大会就是为批准和约而召开的。"左派共产主义者"甚至准备葬送苏维埃政权。二月二十四日,他们在自己的声明中写道:"为了国际革命的利益,我们认为即使丧失目前完全流于形式的苏维埃政权,也是应当的。"这句话特别使伊里奇愤慨,所以三月十二日他在莫斯科工人、农民、红军代表苏维埃对群众的代表演讲时,语调特别激昂,特别热情。他说:

> "俄国革命产生了和西欧革命截然不同的结果。(着重点是我加的。——作者注)它培养了一批经过 1905 年的锻炼而能独立活动的革命群众;它产生了工兵农代表苏维埃,这种机关比以前所有的机关要民主得多,它能教育和提高无权的工兵农群众,领导他们前进……"②

列宁在同一演说中对临时政府和妥协派作了评价。关于二月革命他说道:

---

① 见《列宁全集》第 33 卷,人民出版社 2017 年版,第 368 页。
② 见《列宁全集》第 33 卷,人民出版社 2017 年版,第 78—79 页。

"如果当时政权转归苏维埃,如果妥协派不帮助克伦斯基把军队赶去打仗,而提出缔结民主和约的建议,那么军队就不会瓦解到如此地步。他们本应该对军队说:安静地站着吧。让军队一只手拿着撕毁的同帝国主义者签订的秘密条约和向各国人民提出的缔结民主和约的建议,另一只手拿着枪炮,确保阵地的稳固。只有这样才能挽救军队和革命。"①

现在,当我们的红军按照最新科学成就武装起来、坚定而有组织地"安静地站着"的时候,伊里奇的这些话,对我们伟大祖国的每个有觉悟的公民来说,是多么亲切,多么明白呵! 在三月十四日至十六日举行的全俄苏维埃第四次非常代表大会上,伊里奇像平常在群众面前讲话一样深刻而又真挚地向苏维埃的代表们讲了话,他偶然顺便讲到一些话,这些话也表明了他作为一个革命家、一个战士的特征:

"有人说,我们要把切尔诺夫、克伦斯基和策列铁里正在毁灭的乌克兰割让出去。有人对我们说:你们这帮叛徒出卖了乌克兰! 我说:同志们,我在革命的历史上见得多了,那些感情用事、不能明辨是非的人的敌视的目光和叫嚣搅扰不了我。"②

甚至亲近的同志们的敌视的目光和叫嚣也不能使伊里奇感到不安。但他毕竟是个活人,要和从前同心协力工作过的人们分裂,他感到沉痛。他已夜不成寐,他的神经都震动了……这一次,事情还没闹到分裂的地步。全俄苏维埃第四次代表大会以七百二十四票对二百七十六票批准了和约,——八人弃权。当然,出席苏维埃第四次代表大会的不只是布尔什维克。孟什维克、无政府共产主义者、右派和左派社会革命党人都反对签订和约。他们的代表在全俄中央执行委员会会议上反对签订二月二十三日的对德和约。

---

① 见《列宁全集》第34卷,人民出版社2017年版,第79页。
② 见《列宁全集》第34卷,人民出版社2017年版,第98页。

在这样的力量对比下，七百二十四票对二百七十六票就表明了列宁路线的极其重大的胜利。

对德和约问题既已经解决，伊里奇认为喘息时机来到了，必须利用喘息时机：在国内广泛地开展苏维埃政权的工作。他坐下来着手撰写《苏维埃政权的当前任务》这个小册子。雅柯夫·米哈伊洛维奇·斯维尔德洛夫常常到我们的"骑士室"来看我们。他看到弗拉基米尔·伊里奇忙着写作，就劝伊里奇用个速记员。伊里奇好久都没有同意，后来雅柯夫·米哈伊洛维奇终于说服了他，给他派来了一个最好的速记员。但是，事情没有搞成，不管速记员怎样竭力劝伊里奇不要客气，不要管他，事情还是没有搞成。要知道伊里奇是这样写作的：他写上两页，然后就久久地沉思起来，考虑怎样讲得更好一些，而外人在场是会妨碍他的思路的。只是在一九二三年当他病体沉重不能亲自执笔写作的时候，他才口授他的文章，就这样他也要付出巨大的劳动。他向福季耶娃、格利亚塞尔、马努查里扬茨、沃洛迪切娃同志口授他的文章。这些同志老早就在他的秘书处。他对他们无拘无束，所以有时从他的房间里可以听到他的神经质的轻微笑声。

从一九一八年三月底到四月，伊里奇加紧撰写《苏维埃政权的当前任务》一文。这篇文章刊登在四月二十八日的《消息报》上，成为多少年来布尔什维克的行动指南。我觉得，列宁在任何地方也不像在这本小册子里这样直截了当、鲜明和突出地揭示出俄国当时在建设社会主义中的主要困难。我们国家直到十月革命的时候还是一个小农国家。千百万农民充满了小私有者的心理，每个人只想到自己、自己的家业、自己的一小块土地，对别的事情漠不关心。农民的想法是："人人为自己，上帝为大家。"伊里奇几十次地写到这种小私有者的心理和它的危害性。现在，当立宪会议解散后政权问题已得到彻底解决的时候，当布列斯特和约使我们有可能得到一些喘息时机的时候，改造群众的方法问题，培养群众新的精神，即集体主义精神的方法问题便充分地显现出来了。

伟大的无产阶级革命打倒了地主和资本家,同时也解放了小资产阶级的自发势力;分了地主的财物,利用夺得的财物来搞投机的行为也盛行起来。如何掌握小资产阶级的这种自发势力,如何改造群众,如何建立一个新的、社会主义的制度,如何组织管理呢? 这些问题在一九一八年三月到四月间整个地吸引了伊里奇的注意。

如何组织全民统计与监督,如何提高劳动生产率,如何教会人们工作,如何吸引群众参加社会工作,唤起他们的觉悟,如何按新方式组织劳动和建立劳动纪律,——关于这些问题,伊里奇在《苏维埃政权的当前任务》里都写到了。在这本小册子中,他还写了关于社会主义竞赛的问题。

当你重读这本小册子的时候,你可以看到,即使现在也可以从这本小册子里学到许多东西。现在每个人都明白,社会主义竞赛在社会主义建设事业中曾经起过并且正在起着多么巨大的作用。可是那时却不知怎的把这个问题忽略了(很快就开始了的国内战争在这里多少起了一些作用)。社会主义竞赛在为实现第一个五年计划而斗争的年代里才广泛地在广大群众中推行起来,——大约是从一九二八年开始,即在伊里奇写到这个问题以后十年才开始推行起来。

这本小册子里专门有一章叫作"提高劳动生产率"。像往常一样,伊里奇研究了问题的一切联系和环节,并把它同其他一系列基本问题联系起来加以考察。

"提高劳动生产率,首先需要保证大工业的物质基础,即发展燃料、铁、机器制造业、化学工业的生产……提高劳动生产率的另一种条件就是:第一,提高居民群众的文化教育水平。现在这一工作正在突飞猛进,那些被资产阶级陈腐观念所蒙蔽的人看不到这一点,他们不能了解,由于存在苏维埃组织,现在人民'下层'中的求知热情和首创精神是多么高涨。第二,提高劳动者的纪律、工作技能、效率、劳动强度,改善劳动组织,这也是发展经济的条件。"①

列宁把提高劳动生产率的问题也同竞赛问题联系起来。

弗拉基米尔·伊里奇在《苏维埃政权的当前任务》中指出,提高劳动生产率的任务,——这是长期的任务:

"……夺取国家中央政权可以只花几天工夫,在这个大国的各个角落镇压剥削者的军事反抗(和怠工反抗)可以只用几个星期,而要切实地解决提高劳动生产率的任务,至少(尤其是在极其残酷和带来极大破坏的战争以后)需要几年的工夫。这个工作的长期性完全是由客观情况决定的。"②

现在,在一九三六年的年初,我们经历着斯达汉诺夫运动,在第一个和第二个五年计划的年代里建立起来的新技术基础上,从下面、从工人群众中掀起了提高劳动生产率的运动,我们的劳动生产率也有了巨大的提高。在这个时候,《苏维埃政权的当前任务》一文以新的内容出现在我们面前,列宁在这篇文章里所作的种种指示的全部意义也很清楚了。

弗拉基米尔·伊里奇常常同工人和农民谈话,因为他看到到处都还不善于工作,不仅不善于工作,而且多少世纪来的强迫劳动遗留下来的对待劳动的态度,使人们把劳动看成是倒霉的事情,总想把劳动减少到最低限度。革命打倒了经常逼迫、辱骂和打工人嘴巴的工长和副工长。现在工人们干活干累了可以坐下休息一会儿,抽抽烟,没有人去催逼他,因而他们感到高兴。在革命初期,工厂组织随便放工人们出去参加各种会议。我记得这么一件事。有一次,有个女工到教育人民委员部来找我解答什么问题,我们俩就聊起来了。我问她在哪一班工作。我想她是在夜班工作,所以她才能白

----

① 见《列宁全集》第 34 卷,人民出版社 2017 年版,第 169 页。
② 见《列宁全集》第 34 卷,人民出版社 2017 年版,第 169 页。

天到教育人民委员部来。"今天我们谁也没做工,昨天我们开全体大会,大家家里都堆了许多家务事,所以决定今天不做工啦,这有什么关系,我们现在是主人嘛!"十八年过去了,现在把这件事讲给同志们听,他们会感到这种事是不大会有的,没有代表性的。但在一九一八年年初,这种事却是有代表性的。剥削主及其走狗和催命鬼被赶跑了,工厂成了公共的财产,必须爱护这个公共财产,巩固和提高劳动生产率,——这种觉悟当时是没有的。所以列宁就强调事情的这个方面。他善于正视现实。当时必须提高工人的觉悟,提高他们对待劳动的自觉态度,必须实事求是地组织全部劳动,组织全部工作。

伊里奇在《苏维埃政权的当前任务》中特别尖锐地刻画了左派社会革命党人——小资产阶级的代表者,他们不懂得实际的、实事求是的工作的全部重要性,他们认为这是实际主义、渐进精神,他们幻想"革命的战争",等等,等等。

无产阶级是伊里奇所寄托希望的阶级。虽然这个阶级当时还必须提高,还必须对它做很多工作,还有待于成长,但伊里奇相信这个阶级的领导力量:

"只有毫不动摇地走自己的路,在最困难、最艰苦、最危险的转变时刻也不灰心失望的阶级,才能领导被剥削劳动群众。我们不需要狂热。我们需要的是无产阶级铁军的匀整的步伐。"①

《苏维埃政权的当前任务》一文就是以这几句话结束的。

四月二十八日,这篇文章在《消息报》上发表,四月二十九日,伊里奇在全俄中央执行委员会会议上作了报告。

为了让莫斯科的工人积极分子都能听到伊里奇关于苏维埃政权的当前

---

① 见《列宁全集》第34卷,人民出版社2017年版,第188页。

任务的报告,所以决定在综合技术博物馆内作这个报告。听众以暴风雨般的欢呼欢迎伊里奇,大家聚精会神地听着,显而易见,听众对这个问题是感到亲切的。伊里奇以无比的热情作了报告。甚至现在读这个报告也不能不使人激动。伊里奇在报告里谈到了我国革命的特点,我国革命胜利的原因,谈到了在小资产阶级国家的环境下建设社会主义的各种困难,描绘了我国的资产阶级及其软弱性,号召我们向西方的和美国的资产阶级、托拉斯的组织者学习组织生产,批判了左派社会革命党人,即小资产阶级自发势力的代表者,批判了受了这种影响的我们的"左派共产主义者",虽然还是把他们称作我们昨天的、今天的和明天的朋友,谈到了无产阶级的作用,小资产阶级自发势力的影响,社会主义组织的意义,谈到了我们无产阶级按新方式组织起来的必要性:只有那时它才能领导所有劳动群众跟着自己走。

伊里奇说:"先进工人在没有学会组织几千万人以前,他们还不是社会主义者和社会主义社会的创造者,还没有获得必要的组织知识。组织道路是一条漫长的道路,社会主义建设的任务要求顽强持久地工作和具备我们所缺乏的相应的知识。"①

四月二十九日,伊里奇在全俄中央执行委员会会议上的讲话中,也谈到了从大生产学习了纪律的无产阶级,懂得而且能够从当前任务的观点评价中央委员会提出的五一节口号的意义:"我们战胜了资本,我们也一定能克服本身的无组织现象"。他在谈到铁路的意义时说:"……没有铁路不仅不会有社会主义,而且大家都会像狗一样地饿死,而粮食就堆放在附近","因为铁路是一个重要的环节,是城市和乡村间、工业和农业间最明显的联系的表现之一,社会主义是完全建立在这种联系上的。要想建立这种联系来为全体人民有计划地进行工作,就必须有铁路。"②

----

① 见《列宁全集》第34卷,人民出版社2017年版,第243页。
② 见《列宁全集》第34卷,人民出版社2017年版,第251页。

列宁与妹妹前往莫斯科大剧院出席全俄苏维埃第五次代表大会（**1918 年 7 月**）

十八年过去了,这篇演讲现在是多么明白、多么令人感到亲切啊!

在当时,自然不是所有的人都懂得它的意义,但是它启发了群众的思想,燃起了群众的热情。

三月二十九日,苏维埃第四次代表大会以后,领导着俄国共产党(布)莫斯科省常务局的"左派共产主义者",仍然决定出版他们的《共产主义者》周刊,并且在那上面保卫他们的观点。四月二十日在出版的第一期《共产主义者》上面,"左派共产主义者"以编辑部名义发表了《关于目前形势的提纲》。四月二十九日,伊里奇在全俄中央执行委员会的演说,已经对他们所发挥的观点作了一定程度的回答。伊里奇在《论"左派"幼稚性和小资产阶级性》的文章里(这些文章发表在一九一八年五月九日和十一日的《真理报》上),更加详细地分析了他们的观点。在这些文章里,论社会化是个特别有趣的部分:

列宁写道:"现在我们来谈谈我们的'左派共产主义者'在国内政策方面的不幸。读一读他们关于目前形势的提纲中的下列词句,实在令人不禁失笑:

'……只有实行最坚决的社会化,才能有计划地利用现存的生产资料'……'不是向资产阶级及其小资产阶级知识分子走卒投降,而是要完全打倒资产阶级和彻底粉碎怠工……'

可爱的'左派共产主义者',他们的坚决性那么多……而思考力却那么少! 所谓'最坚决的社会化',这是什么意思呢?

在国有化问题和没收问题上,可以有坚决的或者是不坚决的态度。关键却在于:要从国有化和没收过渡到社会化,即使有世界上最大的'坚决性'也是不够的。我们的'左派'的不幸,就在于他们天真地、幼稚地把'最坚决的……社会化'这些字眼联在一起,从而暴露了他们对问题的关键完全无知,对'目前'形势的关键完全无知。'左派'的不幸,就在于他们没有看到'目前形势'的实质,没有看到从没收(在实行没收时,政治家的主要品质就是坚决性)到社会化(要实行社会化,就要求革命家有另一种品质)的过渡的实质。

昨天,形势的关键在于尽量坚决地实行国有化,实行没收,打击和打倒资产阶级,粉碎怠工,今天,只有瞎子才看不到,我们已经国有化的,已经没收的,已经打倒的和粉碎的,比我们来得及加以计算的要多。可是社会化和简单的没收不同的地方就在于:实行没收单有'坚决性'就可以了,用不着有正确计算和正确分配的才能,而实行社会化,没有这种才能就不行。"①

现在,当我们在集体农庄建设的事业中走过一段很长的道路的时候,当我们看到"胜利冲昏头脑"的现象的时候,我们特别感到伊里奇的这些论点的重要意义。

列宁分析了《共产主义者》杂志上刊登的"左派共产主义者"的材料,对"左派共产主义者"作了这样尖锐的否定的评定:

"我们在《共产主义者》杂志上到处都可以看出,我们的'左派'不懂得无产阶级的铁的纪律以及如何培养这种纪律,他们浸透了没有固定阶级特性的小资产阶级的知识分子的心理。"②

《共产主义者》只出了四期,六月出了最后一期。

左派社会革命党人同列宁的路线进行了更加坚决得多的斗争。

一九一八年五月二日至三日,以斯皮里多诺娃和卡列林为首的左派社会革命党人,要求布尔什维克把农业人民委员部交给他们,完全由他们来实际掌管。他们以最后通牒方式提出了这个问题。列宁同当时在农业人民委员部工作的布尔什维克(美舍利亚科夫、谢列达等)商议了一下,布尔什维克党团坚决反对这个要求。中央委员会拒绝了左派社会革命党人的这个建

① 见《列宁全集》第34卷,人民出版社2017年版,第272—273页。
② 见《列宁全集》第34卷,人民出版社2017年版,第268页。

议。左派社会革命党人在农业人民委员部的影响削弱了。

五月二十二日,伊里奇给彼得堡工人写信说:

"同志们! 前几天你们的一位代表来我这里,他是位党员同志,是普梯洛夫工厂的工人。这个同志把彼得格勒极端严重的饥荒情形详细地讲给我听了。我们大家都知道,在许多工业省份,粮食问题也同样尖锐,饥荒也同样无情地威胁着工人和所有贫苦农民。

同时我们看到在粮食和其他食品方面投机活动十分猖獗。饥荒的造成并不是由于俄国没有粮食,而是由于资产阶级和一切富人在粮食这个最重要最尖锐的问题上,同劳动者的统治,同工人国家,同苏维埃政权作最后的斗争。资产阶级和一切富人,其中包括农村的财主、富农,破坏粮食垄断,破坏国家的粮食分配办法,这种办法是为了把粮食供给全体人民,首先是供给工人、劳动者和穷人。资产阶级破坏固定价格,进行粮食投机,每普特粮食赚一二百以至更多的卢布,破坏粮食垄断和合理分配粮食的办法,他们所用的破坏手段,就是贿赂、收买和恶意赞助一切危害工人政权的行为,这个工人政权正在力求实现社会主义的第一个主要的和根本的原则:'不劳动者不得食'。"①

粮食投机买卖在莫斯科风行一时。我记起一件可笑的事情。我和伊里奇乘车到伏罗毕耶夫山地去。当时很少有人认得伊里奇;他在街上蹓跶的时候,谁也不注意他。我看见一个肥头胖脑的农民带着一条空口袋,坐着卷纸烟。我到他跟前去和他闲谈起来,问他生活得怎么样,有没有粮食吃。"现在生活得不坏啊! 我们有的是粮食,而且作买卖也很好。莫斯科现在闹饥荒,大家都怕很快就会没有粮食吃,现在粮食的价钱很好,人们肯出大价钱,不过就是得会作买卖。我有一些熟识人家,我给他们送粮食去,毫不

---

① 见《列宁全集》第34卷,人民出版社2017年版,第334页。

费事地就拿到许多钱……"

伊里奇走到我们跟前来,听着我们谈话。"有一家住在'泥潭'附近……"我问他:"住在什么'泥潭'附近?"这个农民目不转睛地望着我说:"你是从哪儿来的呵,怎么连'泥潭'都不晓得?"后来我才知道,在莫斯科大家把紧挨着现政府大厦的那个市场叫做"泥潭",人们在那里买卖蔬菜和苹果。我对他说:"我是彼得格勒人,才到莫斯科不久。"

"彼—得—格—勒—人……"这个农民的思想朝另一方面转动了,他的思想转向彼得堡去了,转向列宁去了。他稍微沉默了一下。"就是列宁碍事,我真不明白这个列宁。真是个不通情理的人。他的妻子需要一架缝纫机,他就下令挨乡到处没收缝纫机。我的侄女的一架缝纫机也被没收了。据说,现在整个克里姆林宫都堆满了缝纫机……"为了不笑出声来,我就尽量不去望伊里奇。

这个小私有者,这个富裕的农民,不能理解列宁是不会为了自己的利益去拿走别人的东西的。他听说列宁讲过关于机器的一些事情。郊区农民不能理解这个列宁为机器操心些什么,为什么样的机器而操心,他要这些机器干什么,他能从这些机器得到什么样的好处。

无论这次谈话是多么可笑,它却说明了在争取社会主义的斗争中,在同富人、富农、小私有者心理、低下的生产率、愚昧无知和我国经济落后性作斗争中,摆在党和苏维埃政权面前的那条困难的道路。

五月底,伊里奇给彼得堡的工人写了一封信。伊里奇的文章和演说并不都是写得一模一样的。重要的是看写给谁看,讲给谁听的。五月二十二日写的信,是写给他寄予希望的人,写给他特别相信他们的创造力的人——彼得格勒的工人。他给他们写道:

> "彼得格勒的工人只是俄国工人中的一小部分。但是彼得格勒的
> 工人是俄国工人阶级和全体劳动群众中的一支优秀的、先进的、最觉

悟、最革命、最坚决、最不容易受空话影响、最少受毫无气节的绝望情绪影响、最不怕资产阶级威吓的队伍。在各国人民的生活的危急关头,甚至先进阶级人数不多的先进队伍,竟能把所有的人吸引到自己周围,燃起群众革命热情的火焰,建立伟大的历史功勋,这已是屡见不鲜的事情了。"①

弗拉基米尔·伊里奇在写给彼得格勒工人的信中,谈到了摆在他们面前的巨大的组织工作。他认为组织工作有极其重大的意义。

"在全国范围内进行长期坚毅的组织工作上表现英勇精神,比在起义中表现英勇精神困难得多,同时也高得多。而工人政党和工人阶级之所以有力量,始终是由于它们能勇敢、直接、公开地正视危险,不害怕承认危险,能清醒地估量哪些势力是站在'自己'营垒方面,哪些势力是站在'外人'即剥削者的营垒方面。革命在前进、发展和增长。摆在我们面前的任务也在增长。斗争的广度和深度在增长。"②

伊里奇以自己对革命胜利的深信不疑的态度和坚定信念,鼓舞了群众。他的坚毅的工作,就是他讲的那种坚毅组织工作的英勇精神的典范。

弗拉基米尔·伊里奇除了组织保卫国家的工作使之免受国内外敌人的破坏和领导业已开始的国内战争而外,还在社会主义建设方面进行了巨大的工作:实行了工业国有化的法令,给国有化企业的工人写了工作守则,在工会代表大会、最高国民经济委员会、国民经济委员会第一次代表大会上作了报告,在劳动人民委员代表大会上、在各工厂支部代表会议上、在工厂委员会代表会议上发表了演说,接见了彼得格勒、叶列茨及其他各地的工人,给动员上前线的共产党员讲了话,同时还在最紧张的时刻,即五月二十五日莫斯科宣布战时状态之前,向人民委员会提出建立社会主义社会科学研究

① 见《列宁全集》第34卷,人民出版社2017年版,第338页。
② 见《列宁全集》第34卷,人民出版社2017年版,第339页。

院的法令草案,六月五日,给国际主义教师们讲了话,六月十日,起草了关于捷克斯洛伐克反革命叛乱的宣言,当天还在人民委员会提出了吸收工程师参加工作的问题;在他受伤前两天,他还在教育代表大会上讲了话,谈到了学校在社会主义建设事业中的巨大意义。

每个星期,伊里奇都要在各区讲话,往往一天要讲好几次。

群众工作,重要的组织工作,并没有白做,正是这种工作帮助取得了胜利。

现在,当你重温一九一八年国内战争历史的时候,当所有的线索都已联结成一个总的纽结的时候,当旧的地主资产阶级制度为其生存而进行的全部绝望的斗争的情景已经完全清楚的时候,你就会看到,革命所以能够胜利,就是由于发动群众进行了斗争,由于在群众中进行了巨大的工作,由于群众越来越明白斗争的目的,由于这个斗争对他们是亲切的而又可以理解的。

一九一八年的春天和夏天,伊里奇住在莫斯科,而且工作实在忙得不可开交。当挤出一点空闲时间的时候,他就喜欢带着我和玛丽亚·伊里尼奇娜乘车到莫斯科的近郊去玩,我们总是到新的地方去,边走边想,胸襟舒畅。他对每件小事情都很注意。

中农以同情的眼光注视着苏维埃政权:苏维埃政权为和平而斗争,苏维埃政权反对地主;但是农民还不大相信苏维埃政权的巩固性,农民有时候也善意地对它开开玩笑。

我记得,我们有次乘车走到了一座坚固性十分令人怀疑的桥的跟前,弗拉基米尔·伊里奇问一个站在桥旁的农民,能不能乘汽车从桥上过去。这个农民摇摇头冷笑着说:"我不知道,因为,说得难听一点,这是苏维埃式的桥啊!"后来,伊里奇不止一次地笑着重复这个农民的语调。

另一次,我们不知从哪里乘车回来,必须从一座铁桥下面通过。迎面来了一群牛,它们见了汽车一点也不惊慌,也不给汽车让路。前边还有一群羊也在乱七八糟地挤来挤去地走着。只好停下车了。有个从旁边路过的农民带着冷笑瞧了瞧伊里奇说道:"倒是不得不服从牛一下啊!"

但是,农民很快地就不得不抛弃他们的小私有者的中立立场了:从五月半起,阶级斗争变得非常地激烈了。

一九一八年的夏天是特别困难的。伊里奇什么东西也没写,夜里也睡不着。我有他在八月底受伤以前不久照的一张照片:他沉思地站着,从照片上看,好像害了一场重病的样子。

这是一个困难的时期。

在伟大的无产阶级革命中失去了一切的资产阶级向国外乞援:今天它向协约国拿钱组织叛乱,明天又向德国军队乞援,让德国军队到处抢劫居民。资产阶级东奔西窜。德国人帮助芬兰的白匪,占领了乌克兰,土耳其人帮助阿塞拜疆的木沙瓦特党①和格鲁吉亚的孟什维克,德国人占领克里木,英国人占领摩尔曼,协约国帮助捷克军团和右派社会革命党人切断西伯利亚与中部各省的联系。粮食从乌克兰和西伯利亚运不出来,两个首都受着饥饿的折磨,战线的圈子越缩越小。

五月二十一日,伊里奇在给彼得堡工人的电报中写道:

"……革命处于危急之中。你们要记着,只有你们能拯救革命;此外再没有别的人……

时不我待。在十分艰苦的 5 月之后,接着将是更艰苦的 6 月和 7 月,也许还包括 8 月的一部分。"②

---

① 木沙瓦特党是阿塞拜疆资产阶级和地主的民族主义政党,于一九一二年成立,在十月革命和国内战争时期是阿塞拜疆的主要反革命力量。阿塞拜疆建立苏维埃政权后被消灭。——译者注

② 见《列宁全集》第34卷,人民出版社2017年版,第333页。

反革命叛乱的一段时期,鼓舞了富农,组织了富农。富农把粮食藏起来了。反饥饿斗争和反对反革命的斗争汇合在一起。弗拉基米尔·伊里奇坚持组织贫农委员会,为了使工人参加征粮队,为了让工人把他们的革命经验带到农村里去,伊里奇进行了紧张的鼓动工作。他告诉工人,在目前为粮食而斗争,就是为社会主义而斗争。

弗拉基米尔·伊里奇给彼得格勒工人写信说,必须使"先进工人以贫民领导者的资格,以农村劳动群众领袖的资格,以劳动国家建设者的资格'到民间去'"。他写道,在斗争中经过锻炼和考验的工人——这是革命的先锋队。

"正是这样的革命先锋队——无论在彼得格勒还是在全国——应当大声号召,应当一致奋起,应当认清,国家命运就操在他们手中,他们必须表现出与1905年1月和10月、1917年2月和10月时同样的英勇精神,应当组织伟大的'十字军讨伐'来反对粮食投机商,反对富农、土豪、捣乱者和受贿者,组织伟大的'十字军讨伐'来反对在收集、运输和分配粮食和燃料方面破坏国家严格秩序的人。

只有先进工人普遍振奋起来,才能拯救国家和革命。需要有几万个先进工人,受过锻炼的无产者。他们要具有很高的觉悟,能够向全国各地千百万贫苦农民说明情况,并成为他们的领袖。……"①

彼得格勒的工人响应了伊里奇的号召。组织了"十字军讨伐"。贫民愈来愈紧密地团结在苏维埃政权的周围。六月十一日,全俄中央执行委员会通过了关于成立农村贫农委员会的法令。贫农开始把工人和士兵对他们谈论得很多的伊里奇当作自己的领袖。而且不只是伊里奇关怀贫农——贫农也关心伊里奇。莉迪娅·亚历山德罗夫娜·福季耶娃(伊里奇的秘书)

---

① 见《列宁全集》第34卷,人民出版社2017年版,第338—339页。

回忆说,有个出身于贫农的红军战士到克里姆林宫来,给伊里奇送来了他的半个大圆面包,并且说:"请他吃吧,现在是饥荒时期嘛。"他甚至不要求见见伊里奇,他只请求当伊里奇从旁边经过的时候,从远处指给他看看。

当有人想给伊里奇置办一些华丽的摆设,给他支大量的薪金等等的时候,他是非常生气的。我记得,他为了当时的克里姆林宫警卫队长马林科夫同志给他送来一桶什么花生酥,大发脾气。

一九一八年五月二十三日,伊里奇给弗·德·邦契-布鲁耶维奇写了个便条:

"人民委员会办公厅主任弗拉基米尔·德米特里耶维奇·邦契-布鲁耶维奇

鉴于您不执行我的坚决要求,不向我说明为什么从 1918 年 3 月 1 日起把我的薪金由每月 500 卢布提高到 800 卢布,鉴于您直接破坏人民委员会 1917 年 11 月 23 日的法令,在取得人民委员会秘书尼古拉·彼得罗维奇·哥尔布诺夫同意后擅自提高我的薪金这一公然违法行为,我宣布给您以严重警告处分。

人民委员会主席　弗·乌里扬诺夫(列宁)"①

德国人虽然和俄罗斯苏维埃联邦社会主义共和国缔结了布列斯特和约,也停止了对它的进攻,但是并没有放弃他们占领俄罗斯的计划。早在布列斯特和谈期间,德国政府就同乌克兰拉达达成了协议,答应在乌克兰拉达同布尔什维克进行的斗争中帮助它。德国人占领了乌克兰、推翻了苏维埃政权以后,既撵走了拉达,又扶植沙皇的将军斯柯罗帕茨基当上了乌克兰的统治者——赫特曼②。乌克兰实际上成了德国的殖民地,大量的粮食、牲口、砂糖和原料从乌克兰运往德国。

---

① 见《列宁全集》第 48 卷,人民出版社 2017 年版,第 142 页。
② 赫特曼,十七——十八世纪乌克兰地区的执政者。——译者注

德国帝国主义者千方百计地想挑起内战,逃回顿河的顿河哥萨克首领克拉斯诺夫向德国求援,德国人就帮助他组织和联合哥萨克白匪队伍。

德国人帮助芬兰白匪镇压了芬兰的革命,残暴地迫害芬兰的革命者。

但是,进攻的不仅仅是德国,四月初,日本人和英国人也在海参崴登陆了。

早在四月,许多反苏维埃的党派就联合组成了"复兴同盟"。加入这个同盟的有:社会革命党人、立宪民主党人、人民社会党人、孟什维克和"统一"派。"复兴同盟"和协约国缔结了一个协定,协议由协约国派遣军队到俄国来反对布尔什维克,使用捷克军团在俄国组织政变并推翻苏维埃政权。捷克军团在克伦斯基时期约有四万二千人,里面有许多俄国黑帮派的将军和军官。社会革命党中央委员会委员、西伯利亚的社会革命党人的代表,同法国军事代表团一起商讨了政变计划。当时决定让撤往远东的捷克斯洛伐克军队占领乌拉尔、西伯利亚和乌苏里铁路的各个据点。

五月底,捷克斯洛伐克军团占领了车里雅宾斯克、彼得罗巴甫洛夫斯克、塔伊加车站、托木斯克,六月初,占领了鄂木斯克、萨马拉。五月底,在莫斯科揭破了由"保卫自由和祖国同盟"领导的白匪军的阴谋。在克里木发生了反革命骚动,波罗的海舰队准备举行政变。六月四日,克里木成立了资产阶级民族主义的政府,六月十九日,伊尔库茨克发生了反革命暴动,六月二十日,科兹洛夫和叶卡特林堡发生了反革命暴动,六月二十九日,在科斯特罗马揭破了保皇派的阴谋,六月三十日,西伯利亚省杜马宣布建立资产阶级政府的政权。社会革命党人同资产阶级勾结起来。六月八日,捷克军团占领萨马拉以后,在那里成立了立宪会议委员会,六月十九日,右派社会革命党人在唐波夫省举行暴动,次日,他们在彼得堡杀害了沃洛达尔斯基同志。

左派社会革命党人也滚到反革命的道路上去了。

六月二十四日,他们通过了谋刺德国大使米尔巴赫和组织反苏维埃政权的武装暴动的决议。六月二十七日,英国陆战队在摩尔曼斯克登陆,七月一日,在莫斯科逮捕了由法国代表团领导组成的白匪军梯队,七月四日,全俄苏维埃代表大会开幕,而七月六日,社会革命党人就刺杀了米尔巴赫,在莫斯科和雅罗斯拉夫里组织了叛乱。

还在七月五日,伊里奇就在苏维埃第五次代表大会上的演说中痛斥左派社会党人的没有气节,惑乱人心,不识大局,但他没有料到他们竟会走到叛乱的地步。

七月六日,左派社会革命党人勃柳姆金和安德列耶夫到了杰涅日胡同的德国大使馆的大使住宅,要求与德国大使米尔巴赫伯爵会面之后,向他掷了一个炸弹。谋刺后他们就躲到驻扎在三圣胡同的由左派社会革命党人波波夫统率的全俄肃清反革命非常委员会的队伍里去。与此同时,整个左派社会革命党的中央委员会也搬到那里去。全俄肃清反革命非常委员会主席捷尔任斯基去逮捕凶手时自己却被逮捕了。波波夫的队伍同时往临近街道派出了巡逻队。巡逻队逮捕了莫斯科苏维埃主席斯米多维奇、邮电人民委员波德别尔斯基、全俄肃清反革命非常委员会委员拉齐斯等,还占领了邮电局。左派社会革命党中央委员会向俄国各地和捷克斯洛伐克前线传播关于莫斯科暴动的消息,号召同德国进行战争。鉴于左派社会革命党人采取了军事行动,人民委员会也开始了军事行动,来反击约有两千名步兵、八门大炮和一辆装甲车的波波夫的队伍。七月八日早晨,三圣胡同四面八方都被包围,并受到大炮的轰击。社会革命党人企图用炮火还击克里姆林宫:有几发炮弹落在克里姆林宫的院子里。波波夫的队伍抵抗了不久就开始撤退,并向弗拉基米尔公路逃窜。很快地他们就在这条路上溃散了。约有三百人被俘获。

三圣胡同里面的社会革命党人被击溃以后,伊里奇想乘车去看看那所曾一度作为叛乱的社会革命党人司令部的大宅子。他要了汽车，于是我们就和他乘敞篷汽车到那里去了。我们乘车经过十月车站的时候，有人从墙角里喊道："站住！"因为看不见是谁在喊叫，司机吉尔继续开着车子走。伊里奇拦住了司机。这时有人从墙角里用手枪射击，一伙武装人员从墙角向着我们的汽车跑来。原来是我们自己的人。伊里奇训诫他们说："同志们，这样是不行的，从墙角里看不见你要打的人，开枪还不是白费。"听的人都局促不安起来了。伊里奇再次详细地打听了去三圣胡同的路。到达后，人们不加阻拦就让我们进了那所邸宅，领着我们挨个屋子看。使伊里奇感兴趣的是，为什么社会革命党人要选这个邸宅作他们的司令部，他们是怎样组织这个邸宅的防卫的。但是伊里奇对这个问题很快就不感兴趣了。因为无论是邸宅的总的配置，还是它的内部的设施，从这个观点来看，都是没有一点兴趣的。我记得这样一个情景，——邸宅的地板上布满了扯得粉碎的纸片。显然，在邸宅被围的时候，社会革命党人把他们所有的文件都撕掉啦。

虽然已经快到黄昏，伊里奇还是想乘车到索科里尼基公园游逛一下。我们驶近铁路附近的通道的时候，碰上了共青团巡逻队。"站住！"我们站住了。"身份证！"伊里奇拿出他的身份证："人民委员会主席——弗·乌里扬诺夫"。"去谈谈吧！"青年们逮捕了伊里奇，把他带到最近的民警段去。在那里伊里奇被立刻认出了，大家都哈哈大笑起来。伊里奇回来了，我们又继续往前走。我们拐弯进了索科里尼基公园。当我们通过一条路的时候，又有人在放枪。原来我们是从武器仓库旁边过来的。看了身份证，让我们过去了，只是嘴里唠念着说，一到夜里就不知道转到什么地方来了。我们回来的时候，还得经过青年哨所。但是，小伙子们打老远望见汽车，眨眼之间就不知藏到什么地方去了。

七月八日，苏维埃第五次代表大会决定，把表示拥护七月六日至七日的叛乱的左派社会革命党人开除出苏维埃。七月十日，代表大会通过了苏维埃宪法,并且结束了自己的工作。

整个七月间情况都是极其困难的。

左派社会革命党人穆拉维约夫,是同捷克斯洛伐克军团作战的部队的指挥官。十月革命后,他站到苏维埃政权这边来了。他进行过反对克伦斯基和克拉斯诺夫向彼得格勒进攻的斗争,进行过反对中央拉达的斗争,并且在罗马尼亚战线上作过战。但是,七月六日至七日左派社会革命党人的叛乱开始的时候,穆拉维约夫却跑到他们那边去了,而且想把军队调回莫斯科。但是他所指靠的那些部队,没有跟着他走;他想依靠辛比尔斯克苏维埃,但是苏维埃也没有跟着他走;有人想逮捕他,他因进行反抗而被打死了。辛比尔斯克很快就被捷克斯洛伐克军团占领了。捷克斯洛伐克军团开始逼近囚禁尼古拉二世的叶卡特林堡。六月十七日,我们把尼古拉二世和他的一家枪毙了。捷克斯洛伐克军团没能挽救他,他们只是到了七月二十三日才占领了叶卡特林堡。

英法军队在北方占领了摩尔曼斯克铁路的一部分。

巴库的孟什维克邀请英国军队到巴库去。

志愿军占领了提霍列茨克车站,然后占领了阿尔马维尔。

德国人要求把他们的一个营开进莫斯科保卫他们的大使馆。

尽管情况十分困难,但伊里奇并没有气馁。在他七月二十六日写给克拉拉·蔡特金的信中充分表现出他的情绪。

他写道:"尊敬的蔡特金同志:

非常感谢您 6 月 27 日的来信,信是由赫尔塔·霍尔登同志给我带来的。我一定尽全力帮助霍尔登同志。

我们大家都因为有您和梅林同志以及德国其他'斯巴达克派同志们''与我们同呼吸共命运'而感到无比欣慰。这使我们确信,西欧工人阶级的优秀分子仍将排除重重困难支援我们。

现在我们这里经历的可能是整个革命中最艰难的几个星期。阶级斗争和国内战争已深入居民之中:农村到处出现分裂——贫苦农民拥护我们,富农疯狂地反对我们。协约国收买了捷克斯洛伐克军,反革命暴动猖獗一时,整个资产阶级竭尽全力要推翻我们。但是我们坚信,我们一定能渡过这'通常的'(如在1794年和1849年那样)革命进程并战胜资产阶级。

致深切的谢意、最崇高的敬礼和真诚的敬意!"①

信末附言:

"我刚才接到了新的国印,附上印样。印文是:俄罗斯社会主义联邦苏维埃共和国。全世界无产者,联合起来!"

反革命叛乱仍然很猖狂。捷克斯洛伐克军团占领了喀山,英法军队占领了阿尔汉格尔斯克,并在那里成立了社会革命党北方区域最高管理局。社会革命党人在伊热夫斯克组织了暴动,伊热夫斯克的右派社会革命党人的军队占领了萨拉普尔,苏维埃军队放弃了赤塔,志愿军占领了叶卡特林诺达尔。但是,莫斯科和雅罗斯拉夫里的暴动的失利,在社会革命党人的队伍里引起了相当大的动摇;德国与协约国之间以新的力量展开的战斗,削弱了武装干涉,转移了他们对俄国的注意力。八月十六日,捷克斯洛伐克军团在白河打了败仗。我们所有的武装力量开始联合起来了。当时我们采取了一系列重要的组织措施,颁布了关于吸收工人组织参加采购粮食的法令、关于组织收割队和拦截队的法令。粮食情况开始稍微好转。资产阶级的报纸被查封了,不再扰乱民心了。反对武装干涉的鼓动工作在外国工人中间加紧地进行着。八月九日,外交人民委员部向美国政府提出同各协约国缔结和约的建议。

右派社会革命党人感到他们就要失去立脚之地,于是决定谋刺许多布

---

① 见《列宁全集》第48卷,人民出版社2017年版,第232页。

尔什维克的领袖,其中也包括列宁。

八月三十日,从彼得格勒给伊里奇传来消息说,早晨十点钟列宁格勒肃反委员会主席乌里茨基同志被刺杀了。

晚上,伊里奇——根据莫斯科委员会的请求——预定去巴斯曼区和莫斯科河南岸区演讲。

这天,布哈林在我们家吃午饭,在吃午饭的时候,他竭力劝说伊里奇不要去演讲。伊里奇一笑置之,后来为了不再谈起这个问题,他就说他或许不去了。这天,玛丽亚·伊里尼奇娜因病待在家里。伊里奇到她的房间去看她的时候,已经戴上帽子穿上大衣准备好要走了。她请伊里奇带她一起去。"无论如何不行,待在家里吧",——他说完后也没带任何警卫就去参加群众大会了。

我们在国立第二莫斯科大学开国民教育会议。两天前,伊里奇在这个会上作过报告。会议开完了,于是我就准备回家,顺便送一个相熟的住在莫斯科河南岸的女教师回去。克里姆林宫的汽车在等着我,但是这个司机却是陌生的。他把车子开向克里姆林宫去。我告诉他说,要先把我的同伴送回去;司机什么话也没说,在克里姆林宫跟前停下车来,打开车门,让我的同伴下车。我感到奇怪,不知道他为什么这样做。我正想抱怨他,可是我们的车子已经开到大门口了。在全俄中央执行委员会的院子里,经常给我们开车的司机吉尔同志迎面走过来对我说,他开车送伊里奇到米歇尔逊工厂去,那里有个女人向伊里奇开了枪,他伤得很轻。显然,他这样讲是让我有个思想准备。但是他的样子是很悲伤的。我问他:"你只告诉我,伊里奇是不是还活着?"吉尔回答我说还活着,我就急忙往家跑。我们家里有许多人,衣架上挂着许多大衣;房门异乎寻常地大开着。雅柯夫·米哈伊洛维奇·斯维尔德洛夫靠衣架站着,他的样子是那样的严肃和坚定。我瞧了他一眼,认为一切都完啦!我无意地说:"现在该怎么办"。他回答说:"我们同伊里奇把一切都谈妥了"。我想："谈妥了,就是说,一切都完了。"到我们的卧室去必须要穿过一个小房间,但是这段路我好像好久好久才走完。我走进了我们的卧室。伊里奇的床挪到了房间的当中。他躺在床上,脸色苍白,没有一点血色。他看见了我,稍停了一下,用低沉的声音说道:"你回来啦,累了。去躺会儿吧。"这些话说得很不自然,眼神表示的完全是另一回事:"完啦。"为了不让他激动,我走出了房间,我这样站在门边,只让我能看见他,而他却看不到我。我在房间里的时候,没有注意谁在那里,现在我才看见:不知是进去的,还是早先就在那里的,——阿·瓦·卢那察尔斯基站在伊里奇的床边,用惊恐和怜惜的眼光看着他。伊里奇对他说道:"得啦,有什么好看的呢"。

我们的住所变成了一个营盘。维拉·米哈伊诺夫娜,邦契-布鲁耶维奇和维拉·莫伊谢耶夫娜·克列斯廷斯卡娅以及两个女大夫在病人的旁边忙着。医疗所设在我们卧室旁边的小房间里面,拿来了氧气枕头,找来了几个医助,摆着棉花、吸杯和一些药水。

我们家里的临时女工(一个拉脱维亚女人)简直吓坏了。她回到自己房间去把门上了锁。有人在厨房里点煤火炉子,基扎斯同志在浴室里洗涤血迹斑斑的绷带和毛巾。我看见她,就情不自禁地想起了十月革命的头几夜在斯莫尔尼宫的情景。当时基扎斯同志整夜整夜地眼也不合,坐在一堆从四面八方飞来的电报跟前,分析处理它们。

外科大夫们终于来了,有弗拉基米尔·尼古拉耶维奇·罗扎诺夫、明兹和其他的人。毫无疑问,伊里奇的生命是处在千钧一发的危险之中。当司机吉尔和米歇尔逊工厂来的同志们把受伤的伊里奇送回克里姆林宫,并且想用手把他抬上楼去的时候,伊里奇不愿意,自己走上了三楼,血都灌到他的肺腔里去了。此外,大夫们还担心他的食道被打穿,于是禁止给他喝水。干渴折磨着他。大夫们刚刚走,当只剩下他和从市立医院调来护理他的女

列宁在莫斯科红场举行的十月革命一周年庆祝大会上发表讲话

护士的时候,他请护士走开并且把我找来。我进房间的时候,伊里奇稍稍沉默了一下,说道:"是这么回事,请给我拿杯茶来吧。""你是知道的,大夫禁止你喝水。"巧计没有使上。伊里奇闭上眼睛说:"去吧"。玛丽亚·伊里尼奇娜忙着请大夫,忙着抓药。我守在门旁边。夜里我到走廊另一头的伊里奇的办公室里去了三次,斯维尔德洛夫和其他的人就坐在那里的椅子上熬过通宵。斯大林当时在前线。

弗拉基米尔·伊里奇的受伤,不仅使所有的党组织焦虑不安,而且也使最广大的工人、农民和红军战士群众焦虑不安。大家都特别清楚地知道列宁对于革命的意义。大家焦急地注视着报纸上公布的关于他的健康状况的公报。

八月三十日夜里,发表了由斯维尔德洛夫代表党签署的关于列宁被刺事件的通报。通报说:"工人阶级要更加紧密地团结起自己的力量,用无情的群众性的恐怖来对付革命的一切敌人,来回答对自己的领袖的谋刺事件。"

谋刺事件迫使工人阶级更加振奋、更加团结起来,并且更加紧张地从事工作。

社会革命党开始瓦解了。

弗拉基米尔·伊里奇受伤的次日,报纸公布了莫斯科省常务局关于社会革命党与谋刺事件无关的声明。早在左派社会革命党人的七月叛乱以后,就已经有人开始退出社会革命党,特别是工人。社会革命党分裂成了两派。一派自称是"共产主义民粹派",以柯列加耶夫、比增科、阿·乌斯廷诺夫等人为首,它既不同意强制地撕毁布列斯特和约,也不同意恐怖行动,不同意同共产党进行积极的斗争。另一派社会革命党人越来越右倾,支持富农的暴动,但是它的影响已经日益削弱。谋刺列宁的事件,加速了社会革命党业已开始的瓦解过程,更加破坏了它在群众中的影响。

苏维埃政权的敌人的希望落空了。伊里奇活下来了。大夫的诊断一天天变得越来越乐观了。大夫和伊里奇周围的人都很高兴。伊里奇和他们说说笑笑。大夫禁止他活动,可是当屋子里没有人的时候,他却偷偷地试着站起来。他急着要想回去工作。九月十日,《真理报》终于公布了伊里奇生命危险已经过去的消息。伊里奇也写了一个附言,说他的健康正在恢复,请求大家不要再为他的伤势问题用电话打扰大夫。九月十六日,终于允许伊里奇到人民委员会去了。他非常激动,激动得很吃力地从床上起来,他为能重回工作岗位而感到高兴。

九月十六日,伊里奇主持了人民委员会会议。同天他给无产阶级文化教育组织代表会议的主席团写了贺信。当时无产阶级文化教育组织的影响很大。伊里奇认为,无产阶级文化教育组织的缺点就在于:它很少把自己的工作同总的政治斗争任务结合起来,很少帮助提高群众觉悟、提拔工人和培养他们通过苏维埃管理国家事务。他给代表会议的贺信中正是写的关于摆在无产阶级文化教育组织面前的政治任务。两天以后,他还写了一篇文章。这篇文章就是《论我们报纸的性质》。伊里奇在这篇文章里要求报纸要更多地注视周围发生的事情。"多注意工农群众怎样在日常工作中实际地创造新事物。多检查检查,看这些新事物中有多少共产主义成分。"①

弗拉基米尔·伊里奇着手工作后,立刻深入研究粮食问题。他积极参加制定关于征收农业实物税的法令。但他立刻就感觉到他还无力担负这种日常的紧张的行政工作;于是他同意到城外去再休养两个星期。他被送到过去的莫斯科市长雷因博特的庄园哥尔克去。这里的房子盖得很好,有阳台、有浴室、有电灯,陈设富丽堂皇,还有个美丽的花园。楼下住的是警卫:在伊里奇受伤之前,警卫真是成问题得很。伊里奇对警卫不习惯,而警卫又

---

① 见《列宁全集》第35卷,人民出版社2017年版,第93页。

不清楚自己该做些什么,如何活动。警卫队用欢迎演说迎接伊里奇,并且送给他一大束鲜花。警卫队和伊里奇都感到有些窘。这里的环境我们很不习惯。我们在朴素的住宅、便宜的房间、国外便宜的小客店里住惯了,在雷恩博特的房子里我们就不知道住到哪儿去好。我们挑了一个最小的房间住下了,后来,过了六年;伊里奇就在这个房间里逝世了。可是就是这样个小房间也还有三个大玻璃窗和三个壁镜。我们只是慢慢地才习惯这幢房子。警卫员也没有立刻熟悉这幢房子。发生过这么一件事情。已经是九月底,天气变得很冷。我们隔壁的一个大房间里,有两个壁炉摆在那里很好看。我们在伦敦的时候,已经习惯使用壁炉了。在伦敦大多数住宅里都有壁炉,——这是唯一的取暖设备。伊里奇要求说:"把壁炉生起来吧。"取来劈柴,又去找烟筒,却没有烟筒。警卫员暗想,壁炉是不应该有烟筒的。于是他们就生起炉子来。但是,原来这两个炉子不是为了生燃取暖,而是为了装饰的。结果把顶楼烧着了,赶紧用水去浇灭,天花板也塌下来了。后来,哥尔克成了伊里奇的经常的避暑地,渐渐地"熟悉"了它,适合于作安心休息之所了。伊里奇很喜欢那里的阳台和大窗户。

伊里奇在受伤以后力气很小,需要相当长的时间才能走到花园外边去。他的精神是饱满的——这是恢复了健康的人的精神,而且周围环境也开始转变了。前线的情况起了变化。红军打了胜仗。九月三日,喀山的工人起来反对夺取了政权的捷克斯洛伐克军团和右派社会革命党人,七日,苏维埃军队收复了喀山,十二日,收复了沃尔斯克和辛比尔斯克,十七日,收复了赫瓦伦斯克,二十日,收复了奇斯托波尔,十月七日,收复了萨马拉。九月九日,苏维埃军队收复了格罗兹内伊和乌拉尔斯克。转变是毫无疑问的了。在苏维埃政权成立一周年时,列宁在他的演讲中理直气壮地谈到,我们已经由分散的赤卫队走向了坚强的红军。

关于德国的业已成熟的革命的消息,不断地传到哥尔克来。

十月一日,伊里奇给在莫斯科的斯维尔德洛夫写信说:

德国的事态发展得如此"迅速",我们也不该落后。可是今天我们已经落后了。

明天应当召开联席会议,出席单位是:

　　　　中央执行委员会

　　　　莫斯科苏维埃

　　　　各区苏维埃

　　　　各工会,等等

关于德国革命的开始要作几个报告。

(我们对德帝国主义作斗争的策略的胜利,等等。)

通过决议。

一周以来,国际革命愈来愈逼近,甚至应该作日内就要爆发的估计。

不同威廉政府结成任何联盟,也不同威廉二世政府+艾伯特和其他恶棍结成任何联盟。

但是,当德国工人群众、德国千百万劳动者开始进行精神反抗(目前还只是精神反抗)的时候,我们便为与他们结成兄弟联盟、给予他们粮食和军事援助

　　　　　　　　开始作准备。

我们都愿为支援德国工人把业已开始的德国革命推向前去而献身。

结论:(1)要用十倍的努力去弄到粮食(既为我们也为德国的工人收净全部存粮)。

(2)要十倍地征兵入伍。为了援助国际工人革命,春季以前我们应当建立一支拥有300万人的军队。

这项决议应在星期三夜间通电全世界。

请把会议定在星期三两点钟。4点钟开始,给我一刻钟时间致开幕词,我去开会,然后再回来。明天上午请派辆汽车来接我(而在电话里只要说声"同意"就行了)。

敬礼!

列 宁①

虽然伊里奇热烈地要求参加会议,但他没有得到同意;因为大家极其爱护他的健康。联席会议定于三日(星期四)开会,而伊里奇在二日(星期三)给会议写去一封信。联席会议听取了伊里奇的来信,并且按伊里奇所希望的那种精神通过了决议。决议是用电报传达给世界各国和整个俄罗斯苏维埃联邦社会主义共和国的。次日,《真理报》发表了这个决议。

伊里奇知道不会派汽车来接他,可是,这天他还是坐在路边等着……"要是突然派车来呢!"

德国工人的不满情绪日益加强。列宁始终认为理论斗争与理论立场的明确性有巨大的意义。列宁知道,写过许多马克思的学说的通俗读物、曾经反对过伯恩施坦的机会主义主张的考茨基,在德国是怎样享有一个理论家的威信。因此,九月二十日《真理报》刊登的考茨基反对布尔什维主义的一篇文章的摘要,使伊里奇特别激动和愤怒。他立即给当时住在瑞士的俄罗斯苏维埃联邦社会主义共和国代表沃罗夫斯基写了一封信,信里面说:蔡特金、梅林及其他人必须在报纸上发表原则性的理论上的声明;考茨基关于专政问题所写的是庸俗的伯恩施坦主义,而不是马克思主义。弗拉基米尔·伊里奇还在信里说到必须赶快把他的《国家与革命》这本小册子译成德文,因为这本小册子揭露了考茨基的改良主义立场。他要求在考茨基的《无产

---

① 见《列宁全集》第48卷,人民出版社2017年版,第322—323页。

阶级专政》这本小册子一出版的时候,就立刻寄给他,要求把考茨基关于布尔什维主义的全部文章寄给他。

在哥尔克休养期间,伊里奇就着手揭露考茨基,《无产阶级革命和叛徒考茨基》一书就是这一工作的结果。一九一八年十一月十日写完了这本书的最后几行。这本书是以这几句话结尾的:

"当天午夜得到了从德国传来的消息,说已经开始的革命首先在基尔和北方沿海一带的其他城市取得胜利,那里的政权已转到工兵代表苏维埃手中,随后在柏林取得胜利,那里的政权也转到苏维埃手中了。本来还要给这本论述考茨基和无产阶级革命的小册子写个结束语,现在也就多余了。"①

十月十八日,伊里奇迁回莫斯科。十月二十三日,他给我们驻柏林的大使写信说:

"请速向卡尔·李卜克内西转达我们最热烈的敬意。德国革命工人的代表被释放出狱,是新时代即胜利的社会主义时代的征兆,现在,这个时代正展现在德国和全世界的面前。"

代表俄国共产党(布尔什维克)中央委员会

列宁、斯维尔德洛夫、斯大林②

十月二十三日,卡尔·李卜克内西被释出狱的时候,工人们在俄国大使馆前面举行了游行。

一九一八年十一月五日,德国政府指责苏联驻柏林的代表参加德国的革命运动,要求以苏联大使阿·阿·越飞为首的俄罗斯苏维埃联邦社会主义共和国的外交代表和领事代表立即离开柏林。十一月九日,同大使馆工作人员一道启程回俄国的越飞,被柏林的工兵代表苏维埃召回革命的柏林。

---

① 见《列宁全集》第35卷,人民出版社2017年版,第320页。
② 见《列宁全集》第48卷,人民出版社2017年版,第345页。

庆祝苏维埃政权成立一周年的活动,是在非常高涨的情绪下进行的。十月底,伊里奇参加起草全俄中央执行委员会和人民委员会的告奥地利工人书,十一月三日,在庆祝奥匈革命的游行大会上讲了话。当时决定在十月的日子里举行全俄苏维埃第六次代表大会。十一月六日,代表大会以伊里奇的《关于无产阶级革命一周年》的演说而开幕了。同天,他在工会全俄中央理事会和莫斯科理事会的庆祝会上、在莫斯科无产阶级文化教育组织的晚会上作了报告。七日,他在十月革命烈士纪念碑揭幕典礼上讲了话。

七日,伊里奇在马克思恩格斯纪念碑的揭幕典礼上讲了他们的学说的意义,讲了他们的预见:

> "我们处在一个幸福的时代,处在两位伟大社会主义者的这个预见开始实现的时代。我们大家都看到,在许多国家里已经显露出国际无产阶级社会主义革命的曙光。各民族间的帝国主义大厮杀所造成的不堪言状的惨祸,无论在哪里都激起被压迫群众英勇精神的高涨,大大加强他们争取解放的斗争力量。

> 愿一个个马克思恩格斯纪念碑都来提醒千百万工人和农民:我们在斗争中不是孤立的。更先进的国家的工人正挺身奋起同我们并肩奋斗。在我们和他们的面前还有艰苦的战斗。通过共同的斗争,我们一定会粉碎资本的压迫,最终赢得社会主义!"①

十一月八日、九日、十日和十一日,关于德国革命的消息完全把伊里奇吸引住了。他不停地作报告。他的脸就像一九一七年五一节时那样高兴得发光。十月革命一周年的十月的那些日子,是伊里奇一生中最最幸福的日子。

但是,弗拉基米尔·伊里奇连一分钟也没有忘记,摆在苏维埃政权面前

---

① 见《列宁全集》第35卷,人民出版社2017年版,第164—165页。

的还是多么困难的道路。十一月八日,他在莫斯科省贫农委员会代表会议上发表了演说。

出席莫斯科省贫农委员会代表会议的代表们,都透着满意的样子。有个身材高大、穿蓝色长衣的代表,上楼梯时在一个科学家的半身胸像跟前停下来了。他微笑地说道:"在农村这个对我们也有用啊!"一般说来,代表们多半谈的是他们拿到什么东西,他们之间是怎样分的。坐在伊里奇面前听他讲话的都是个体的贫农,对他们来说,农业集体化的问题和集体耕种土地的问题,还不是很迫切的。如果把贫农委员会代表们当时的情绪同集体农庄庄员的第二次代表大会的代表们的情绪比较一下,就能看到,我们走过了多么长的道路,我们完成了多么巨大的工作。

伊里奇已经感觉到了进行这种长期工作的必要性。他清楚地看到了一切困难,但他认为这个问题是有决定性意义的。"夺得土地这一成果,同劳动人民取得的任何成果一样,只有依靠劳动者自己的主动性,依靠他们自己组织起来,依靠他们的毅力和革命坚定性,才能巩固。

劳动农民当时组织起来了没有呢?

可惜没有,这也就是斗争极其困难的根源和原因。"①

伊里奇指出了组织起来的途径:打倒富农,牢固地同工人阶级联合起来。

"如果不去触动富农,如果我们不战胜寄生虫,沙皇和资本家一定会卷土重来。

欧洲的历次革命所以毫无结果,正是因为农民不善于对付自己的敌人。

城市中的工人把皇帝推翻了(英国和法国早在几百年以前就处决了皇帝,只是我们处置我们的沙皇迟了一些),可是过了一个时期,旧制度又复

---

① 见《列宁全集》第35卷,人民出版社2017年版,第171页。

辟了。"①

"在以往的革命中,贫农在同富农进行艰苦斗争时没有谁可以依靠。

有组织的无产阶级——它比农民更强大,更有经验(这种经验是它在以往的斗争中取得的)——现在在俄国掌握着政权,占有一切生产工具,一切工厂、铁路、船舶等等。

现在,贫苦农民在同富农的斗争中,有可靠而强大的同盟者。贫苦农民知道,城市是支持他们的,无产阶级会尽力帮助他们的,并且实际上已经在帮助他们。"②

"富农们焦急地盼着捷克斯洛伐克军到来,他们乐意拥立一个新沙皇,以便为所欲为地继续进行剥削,照旧骑在雇农头上,照旧发财。

唯一的生路是农村同城市联合起来,农村的无产阶级分子和不使用别人劳动的半无产阶级分子同城市工人一道向富农和寄生虫进军。"③

接着,伊里奇指出了改造整个农村结构的远景。

"公社、劳动组合耕种制、农民协作社——这就是摆脱小经济的弊病的出路,这就是振兴农业,改进农业,节省人力以及同富农、寄生虫和剥削者作斗争的手段。"④

一九一八年十一月十六日,全俄女工第一次代表大会开幕了。这次代表大会是由俄国共产党(布)中央委员会的女工鼓动宣传委员会召开的。伊涅萨、萨莫伊诺娃、柯伦泰、斯塔尔、阿·德·加里宁娜等同志紧张地进行了代表大会的组织工作。出席这次代表大会的代表共有一千一百四十七人。这次代表大会是女工代表大会;这次大会上还没有农村妇女;这次大会

---

① 见《列宁全集》第35卷,人民出版社2017年版,第171页。
② 见《列宁全集》第35卷,人民出版社2017年版,第172页。
③ 见《列宁全集》第35卷,人民出版社2017年版,第173页。
④ 见《列宁全集》第35卷,人民出版社2017年版,第174页。

上也还未提出关于在少数民族中间进行工作的问题。伊里奇在代表大会上讲了话,他讲得最多的是他最关心的那些问题:讲到农村,讲到只有社会主义才能把妇女从原来的境遇中解救出来。

"只有当我们从小农经济过渡到公共经济和共耕制的时候,妇女才能得到完全解放,彻底翻身。这项任务是困难的,但是现在随着贫苦农民委员会的建立,社会主义革命开始得到巩固。

只有现在,农村中的贫苦居民才开始组织起来,就在他们中间,在贫苦农民组织中间,社会主义正在获得巩固的基础。

目前这场革命是依靠农村的,它的意义和力量也就在这里。"①

伊里奇不管在什么地方讲话,总是讲到农民,讲到土地社会化。在谈话、在散步的时候,他常常回忆起卡尔·马克思在一八五六年给弗·恩格斯的信。马克思在这封信中写道:"德国的全部问题将取决于是否有可能由某种再版的农民战争来支持无产阶级革命。如果那样就太好了。"②

一九一八年十二月十一日,列宁在全俄土地科第一次代表大会上演说时说道:

"照战前那个老样子生活下去已经不行了,像个体小农经济那样浪费人力和劳动的现象也不能继续下去了。只要从这种分散的小经济过渡到公共经济,劳动生产率就会提高一两倍,农业和人类生产活动中人的劳动就会节省一半以至三分之二。"③

早在瑞士的时候,我就害了一种很重的甲状腺肿病。经过手术和山区休养,这病就算治好了,不过心脏却衰弱了,体力减退了。在伊里奇受伤以后,由于对他的生命和健康的担惊受怕,秋天我的旧病复发得很厉害。大夫

① 见《列宁全集》第35卷,人民出版社2017年版,第181页。
② 见《列宁全集》第58卷,人民出版社2017年版,第20页。
③ 见《列宁全集》第35卷,人民出版社2017年版,第353页。

们给我各种各样的药吃,让我躺在床上,禁止我工作;但是这样做帮助并不大。当时还没有疗养院,他们把我送到索科里尼奇的林间学校去静卧休养,在这里不许我谈政治和工作。我和孩子们交上了朋友。而伊里奇几乎每天晚上都来看我,他大多是同玛丽亚·伊里尼奇娜一块儿来。我在那里躺到一九一八年十二月底——一九一九年一月。孩子们很快就把我当成他们的亲人了,而且把他们感到兴趣的一切事情讲给我听。有的孩子把自己的图画拿给我看,有的孩子告诉我他们怎样滑雪;一个九岁的小男孩,因为没有人给母亲做饭而伤心。一般都是他给母亲做饭:他用土豆作汤,用水"烧"土豆;母亲下班回来,他已准备好饭菜等着了。那里还有个小姑娘,她是从孤儿院送到林间学校来的。小姑娘有许多孤儿院的习气:她会巴结严厉的女教师,还会使坏。她的母亲是个妓女,在斯摩棱斯克市场住。母亲非常疼爱女儿,而女儿也很爱母亲。有次小姑娘流着眼泪告诉我说,她的母亲在严寒的天气里几乎是光着脚到她那里来的,情夫把她的皮靴偷去卖掉打酒喝了。母亲的脚完全冻坏了。女儿时时惦记着母亲:她不吃自己应得的八分之一磅面包,却给母亲留着。饭后,她就东张西望地看有没有剩下面包皮,好收起来给母亲留着。

　　孩子们对我讲了许多关于他们的生活的故事,可是这个学校却远离生活。早晨,孩子们学习,然后去滑雪,晚上,就往圣诞树上粘贴装饰的东西。

　　伊里奇常和孩子们闹着玩,他们也喜欢他,盼望着他来。一九一九年初(旧圣诞节)学校给孩子们组织了枞树晚会。在我们俄国,枞树晚会从来不同任何宗教仪式联在一起。枞树晚会只是孩子们的晚会,是为了孩子们取乐而组织的。孩子们邀请伊里奇参加他们的枞树晚会。他答应了。伊里奇请弗拉基米尔·德米特里耶维奇·邦契-布鲁耶维奇给孩子们多多买些小礼物。他和玛丽亚·伊里尼奇娜在那天晚上到我们这儿来的时候,土匪在路上袭击了他们。当土匪知道他们袭击了伊里奇的时候,他们感到很狼狈。

他们让伊里奇、玛丽亚·伊里尼奇娜以及司机吉尔同志和双手端着牛奶罐的跟随伊里奇的警卫员同志下车,他们便把汽车开走了。而我们却在林间学校等着伊里奇同玛丽亚·伊里尼奇娜,并且还奇怪他们怎么会迟到。当他们终于走到学校的时候,他们的神色有点异样。后来我在走廊里问他,发生了什么事? 他怕我着急,稍微犹豫了一下,然后当我们走进我的房间的时候,他才详细地对我讲了。

我为伊里奇的安全无恙而感到高兴。

一九一九年

一九一九年是国内战争即同高尔察克、邓尼金和尤登尼奇的斗争十分激烈的一年。斗争是在极端困难的条件下,在饥饿、普遍的经济破坏的情况下进行的。工厂停工了,交通运输完全破坏了。当时红军既没有很好地组织起来,装备又很差。苏维埃政权还没有在全国各地建立起来,它还没有真正地和人民打成一片。敌视苏维埃政权的政党,所有那些在旧政权时代称心如意地生活过的人们——地主和资本家的奴仆、富农、商人等等——都大肆进行反对布尔什维克的煽动,他们利用农村广大群众的消息不灵和没有文化,散布各种各样的谣言。

但是,列宁的名字在全国各地已经享有巨大的威信。列宁是反对地主和资本家的,列宁是为土地、为和平而斗争的。大家都知道,列宁是为苏维埃政权而斗争的领导者。在俄罗斯最偏僻的角落里的劳动群众都知道这一点。但是,列宁并没有直接参加过战斗,没有到过前线,那么他怎么能够在相距很远的地方领导呢——这一点在当时常常是那些没有文化的人们难以理解的,因为他们的眼界被他们的闭塞的生活条件限制住了。这样一来,就编造出了许许多多有关列宁的奇谈。例如:在遥远的西伯利亚的贝加尔湖,渔夫们说,十年前,当同白匪战斗正激烈的时候,伊里奇乘飞机来到他们那里,并且帮助他们战胜了敌人。在北高加索,人们说,虽然他们连列宁都没有见过,但是他们确实知道,他在他们那里的红军队伍里作过战,为了不让任何人知道,他只是秘密地干这件事的,他还帮助他们取得了胜利。

现在,工人和集体农庄庄员们知道,虽然列宁没有到过前线,但是他的思想和他的心总是同红军在一起的:他想着红军,关怀红军。人们也知道,他是怎样不倦地把全部政策引上正确的轨道。他是人民委员会主席,他的活动是各式各样的,但是无论这种活动如何表现,总是同国内战争的各种问题,同为苏维埃政权而斗争的各种问题,有着密切而不可分割的联系。一九一九年三月十三日,伊里奇在彼得堡群众大会上就苏维埃政权的成就与困难的问题发表演讲时说道:

> "这是因为历史上第一次把军队建立在它同苏维埃的亲密关系上,建立在它们亲密无间的关系上,也可以说是建立在它们水乳交融的关系上。苏维埃团结着一切被剥削的劳动者,而军队建立在捍卫社会主义的基础上,建立在社会主义觉悟的基础上。"①

这种利益的一致表现在成千上万的小事情上。对于红军战士来说,苏维埃政权就是他们自己亲近的政权。

伊里奇喜欢开着窗户睡觉。因而每天早晨,克里姆林宫里的红军战士们的歌声就从院子里传进窗户里来了。年轻的人们唱道:"我们万众一心,为苏维埃政权而奋斗牺牲。"

伊里奇非常清楚前线发生的事情。他同前线保持着直接的联系,领导着整个斗争,但是同时他也留意倾听群众对战争的意见。伊里奇在同各种各样的人谈话的时候,有时我也在场。我看见,他是多么善于从每个人那里弄到他认为很重要的东西。他关心整个局势,关心前线所发生的一切。

我记得,我会亲自听见有人向伊里奇汇报红军战士如何不信任旧军事专家的情况。红军战士们也懂得,开始时不得不向军事专家学习。但是,他

---

① 见《列宁全集》第36卷,人民出版社2017年版,第44页。

们对待军事专家却极端地警惕,对他们丝毫也不疏忽大意,甚至在日常生活方面也是这样。红军战士的这种警惕性是可以理解的:旧制度下军队的指挥官和领导人员都离士兵远远的。汇报人走后伊里奇对我说,红军的力量就在于指挥员密切接近红军战士群众。我们回忆起了维列夏金的几幅描写一八七七——一八七八年俄土战争的画。这是多么精彩的画啊。其中一幅的画面是:战斗正进行着,而指挥官却在远处的山头上观战。打扮得非常漂亮的军官戴着白色手套站在安全地带从望远镜里观赏士兵们如何牺牲的情景。我初次看见这幅画的时候才十岁,是父亲带我去参观维列夏金的画展的。这些画使我终生难忘。

有一天伊里奇接到了一封杜开里斯基教授从沃龙涅日寄来的信。他在信里要求红军战士以同志的态度对待专家。伊里奇在《真理报》上发表了一篇答复他的文章,他在那篇文章里要求专家以同志的态度对待红军战士:

"以同志的态度对待疲惫的士兵,对待过度疲劳的、为几世纪的剥削所激怒了的工人,那么,体力劳动者和脑力劳动者互相接近这件事便会大有进展。"①

有一次,我还亲自听见到前线去过的卢那察尔斯基同志向伊里奇汇报。当然,阿那托里·瓦西里耶维奇对军事还算是一个小小的专家。伊里奇总是向他提出一些问题,使得一系列现象联系起来,使得汇报有条有理。结果汇报做得非常有趣。伊里奇懂得向什么人问什么,应当怎样问。他同到前线去的和从前线回来的工人谈过许许多多次话。伊里奇非常熟悉红军的面貌,他知道大多数红军战士都是农民。他非常了解农民,非常了解地主对劳动农民的剥削,以及农民对地主的仇恨,他知道,这在国内战争中是多么巨大的动力。但是伊里奇并没有把个体农民(当时农民全是个体的)理想化,

① 见《列宁全集》第36卷,人民出版社2017年版,第209页。

他知道农民的小资产阶级心理是多么根深蒂固,要把农民组织起来是多么困难,他知道,实质上那时的农民在组织工作方面是无能为力的。

伊里奇总是反复地强调:建设社会主义的关键在于组织。他认为组织问题具有极其重大的意义,并且特别把希望寄托在工人阶级身上,寄托在工人阶级的组织能力及对劳动农民群众的亲密关系上。伊里奇要求把旧军队、旧专家的全部组织经验学到手,使知识、科学为苏维埃国家的劳动者服务。

当时,苏维埃政权的政策是按着正确的路线执行的。

一九二七年九月,斯大林同志在他同第一个美国工人代表团的谈话中说:

"谁不知道国内战争的结果是侵略者被赶出俄国,反革命将军们被红军一一歼灭。

这就证明了,决定战争命运的归根到底并不是苏联的敌人们大量供给高尔察克和邓尼金的技术装备,而是正确的政策和千百万人民群众的同情与支持(着重点是我加的。——作者注)。

布尔什维克党当时成了战胜者,这是不是偶然的呢? 当然不是偶然的。"

一九一九年,苏维埃政权的政策路线是巩固同群众的联系。

伊里奇说:"既然我们叫做共产党,我们就应当懂得,只有现在,当我们清除了外部障碍、摧毁了旧制度的时候,在我们面前才第一次真正地和彻底地提出了真正无产阶级革命的第一个任务——把亿万人民组织起来。"①

伊里奇在一九一七年十月里召开的全俄苏维埃第二次代表大会上说,建设社会主义的关键就在于组织。十七个月过后,即在一九一九年三月,苏

––––––––––––––––

① 见《列宁全集》第36卷,人民出版社2017年版,第321页。

1919 年 5 月 1 日列宁和克鲁普斯卡娅在莫斯科红场同游行群众在一起

维埃政权已经站稳了脚跟,组织任务就在党的第八次代表大会上充分提出来了。伊里奇把他在第八次代表大会上涉及的所有问题都同组织问题紧密地联系起来。他谈到了国家机关,谈到了官僚主义,谈到了文化,谈到了没有文化如何阻碍建设社会主义的道路,没有文化如何妨碍吸收广大群众参加社会主义建设,如何妨碍同旧社会的残余作斗争,妨碍根除官僚主义;他谈到了农村,谈到了不仅要巩固无产阶级对农村工人、对贫农的影响,而且要加强对最广大的农民阶层,即不靠剥削劳动力而靠自己劳动来生活的中农的影响,他谈到了应当如何使中农成为苏维埃政权的支柱,应当如何在供应方面为他们服务;他谈到了合作化;谈到了必须用资本主义留给我们的遗产来建设共产主义,谈到了不能单靠共产党员的双手来建设共产主义,而必须利用旧专家,利用科学及资产阶级建设的全部经验,并且从他们那里取得我们所需要的一切东西。

在这整个工作中,最重要的不仅仅是要人们懂得为了带动整个链条,应当抓住哪个环节,而且要懂得如何抓住这个环节,如何把它带动起来。

代表大会开会前两天,全俄中央执行委员会主席雅柯夫·米哈伊洛维奇·斯维尔德洛夫逝世了。伊里奇在雅柯夫·米哈伊洛维奇的葬礼上谈到他的时候,指出了雅柯夫·米哈伊洛维奇把理论与实践结合起来的本领,谈到了他的道德威望,谈到了斯维尔德洛夫的组织家的天才,而且特别强调他作为广大的无产阶级群众组织家的工作的价值。

"这位职业革命家一时一刻也没有脱离过群众。沙皇专制的条件曾迫使他和当时所有的革命家一样主要从事秘密的地下活动,但就在秘密的地下工作中,斯维尔德洛夫同志也始终同先进工人肩并肩、手携手地共同前进,而这些先进工人恰好是从20世纪初就开始接替知识分子出身的老一代革命家了。

就是在这个时候,先进工人成百成千地参加了革命工作,磨炼出了进行革命斗争的坚强意志,没有这种坚强意志,没有同群众的牢固联系,俄国无产阶级革命是不可能胜利的。"①

雅·米·斯维尔德洛夫本来应当在党的第八次代表大会上作关于中央委员会的组织工作的报告,但是现在只好由列宁来代替他了。

伊里奇在谈到斯维尔德洛夫时说:"他具有令人难以置信的很好的记忆力,能把报告的大部分内容都记在脑子里,同时他个人对地方上的组织工作很熟悉(着重点是我加的。——作者注),所以他能够作这个报告。我甚至不能讲出他要讲的百分之一,……斯维尔德洛夫同志一天要接见几十个代表,这些代表多半是党的工作人员,而不是苏维埃负责人。"②

伊里奇谈到斯维尔德洛夫极其善于识人,他给自己养成了一种实际工作者应有的灵敏嗅觉:

"全靠他的非凡的组织才能,我们才取得了我们至今都引以自豪而且完全有理由引以自豪的成就。他使我们完全能够同心协力地卓有成效地进行无愧于组织起来的无产阶级群众、符合于无产阶级革命要求的真正有组织的工作,没有这种团结一致的有组织的工作,我们就不会有任何成就,我们就不能克服过去和现在所遇到的无数困难中的任何一个困难,就经受不住过去和现在所遇到的无数严重考验中的任何一次考验……我们深信,俄国的和世界的无产阶级革命一定会造就出一批又一批的人才,一定会从无产者和劳动农民当中造就出一批又一批为数众多的人才,他们将贡献出实际的生活知识,贡献出个人的或至少是集体的组织才能,没有这种知识和才能,无产者的千百万大军是不能取得胜利的。"③

① 见《列宁全集》第 36 卷,人民出版社 2017 年版,第 70—71 页。
② 见《列宁全集》第 36 卷,人民出版社 2017 年版,第 133 页。
③ 见《列宁全集》第 36 卷,人民出版社 2017 年版,第 71—74 页。

最近几年来,特别是从一九三五至一九三六年,我们亲眼看见劳动群众的组织天才是如何迅速地成长和壮大起来。在斯达汉诺夫工作者、联合收割机手、拖拉机手、苏维埃土地工作人员以及各苏维埃共和国劳动者的种种会议上,我们看到了在苏维埃政权的年代里锻炼出来的集体组织天才。

我们并不是极少数的几个人,我们的人成千上万……

只有那些完全瞎了眼睛的人才看不见,无产阶级群众的集体组织天才具有何等巨大的力量。

＊　　　　＊　　　　＊

在苏维埃政权刚建立的头几年里,小私有者心理给苏维埃的组织工作与军事工作增加了极大的困难。

一九一九年五月,在全俄社会教育第一次代表大会上,弗拉基米尔·伊里奇特别详细地讲到了小私有者的、无政府主义的心理如何阻碍着正确组织工作的问题:

"广大的小资产阶级劳动群众在追求知识、摧毁旧东西的时候,不能带来任何起组织作用和有组织的东西。"①(着重点是我加的。——作者注)

他接着讲道:

"我们在这方面仍然苦于农民的幼稚和无知;农民夺取了贵族老爷的藏书,跑回家中,唯恐有人把图书夺走,因为他还不能认识到,可以进行合理的分配,公家的东西不是一种令人可恨的东西,它是工人和劳动者的公共财产。这不能怪不开展的农民群众,而且从革命发展的观点来看,这是完全合乎情理的,这是一个必经的阶段;一个农民只会把图书拿回家去,秘密地藏起来,不可能有其他的做法,因为他不懂得全国的图书可以集合在一起,不了解我们将有足够的书籍来满足识字的人的求知欲并使不识字的人识字。

---

① 见《列宁全集》第36卷,人民出版社2017年版,第319页。

现在必须同破坏行为的残余、混乱状态、可笑的本位主义的争吵作斗争。……建立一个有计划的、统一的组织,而不是建立许多平行的组织。这件小事情反映出我国革命的基本任务。如果革命不解决这项任务,如果革命不走上建立真正有计划的统一的组织的道路,来代替俄国的混乱状态和荒谬现象,那么这个革命将始终是资产阶级革命,因为走向共产主义的无产阶级革命的基本特点也就在这里……"①

伊里奇的这一番话,完全揭穿了否认任何有计划的集体行动和任何国家组织的必要性的无政府主义的棍子:想怎么干,就怎么干。

我同伊里奇不止一次地谈到过无政府主义。我记得,我们是在舒申斯克村第一次谈到无政府主义的。当我到了伊里奇的流放地的时候,我很有兴致地翻看伊里奇的照片簿,那里面贴有各种政治苦役犯的照片,有车尔尼雪夫斯基的两张照片,其中还有左拉的一张。我问过他,为什么要在他的照片簿里保存左拉的照片。他就开始给我讲起左拉保护德雷福斯的事情,然后,我们又交换了关于左拉作品的意见。我告诉他,左拉的长篇小说《萌芽》给我留下多么强烈的印象,我初次读这部作品的时候,正是我专心致志地研究马克思的《资本论》第一卷的时候。这部长篇小说是描写法国工人运动的,而且小说里还塑造出了苏瓦林这样一个俄国无政府主义者的形象,苏瓦林一边抚摸着驯服的家兔一边翻来覆去地说:必须"破坏一切,毁灭一切"("tout rompre, tout detruire")。伊里奇激动地向我谈起了有组织的社会主义的工人运动与无政府主义间的对立性。后来,我模模糊糊地记得在一九〇五年临去塔墨尔福斯代表会议前同伊里奇关于无政府主义者的谈话。不久以前,我重读了这一时期的弗拉基米尔·伊里奇的《社会主义和无政府主义》一文。这篇论文给无政府主义下了个中肯的评断:

---

① 见《列宁全集》第36卷,人民出版社2017年版,第320—321页。

　　"无政府主义者的世界观是改头换面的资产阶级世界观。他们的个人主义理论,他们的个人主义理想是与社会主义背道而驰的。他们的观点不是反映那不可遏止地走向劳动社会化的资产阶级制度的未来,而是反映这个制度的现在,甚至是反映它的过去,即盲目性对分散的个体小生产者的统治的时代。他们那种否认政治斗争的策略,会分裂无产者,实际上把无产者变成消极参加某种资产阶级政治的人,因为对工人来说,完全回避政治是不可能的,也是做不到的。"①

　　一九〇五年我和弗拉基米尔·伊里奇谈的正是这一点。

　　一九一九年五月,全俄社会教育第一次代表大会开幕了。伊里奇在代表大会上致了贺词。出席这次代表大会的代表有八百人,其中有许多非党人士。大多数代表的情绪是高涨的,许多代表准备到前线去,但是我们这些组织这次代表大会的布尔什维克明白,在苏维埃民主制度的许多问题上,并不是所有的代表都有了明确的理解,并不是都明确地认识到了我们苏维埃民主制度与资产阶级民主制度的不同之处。因此,我们请求伊里奇给我们再作一次报告。他同意了,并于五月十九日在会上发表了题为《关于用自由平等口号欺骗人民》的长篇演说,谈到了在资本主义国家的情况下,这些口号对人民是多么大的欺骗,谈到了现在苏维埃政权——无产阶级专政——正在引导群众走向社会主义,谈到了那些摆在苏维埃政权面前的种种困难。

　　伊里奇说:"这种新的国家组织的产生是极其困难的,因为要战胜起瓦解作用的小资产阶级的散漫性是一件极其困难的事情,这比镇压地主暴徒或资本家暴徒困难千万倍,但这对于建立没有剥削的新组织来说,又有益千万倍。当无产阶级的组织解决了这个任务的时候,社会主义就会获得最终

---

　　①　见《列宁全集》第12卷,人民出版社2017年版,第121页。

胜利了。社会教育和学校教育的全部活动都应该服从于这个目的。"①

但是,如果说在建设苏维埃政权的建设事业中需要同无政府主义的情绪作斗争的话,那么在红军中就更加需要进行这种斗争了。在红军里面,无政府主义的情绪是以游击主义的形式表现出来的。乌克兰国内战争的经验,最好不过地说明了组织红军的困难。一九一九年七月四日,伊里奇在全俄中央执行委员会、莫斯科工农代表苏维埃、工会莫斯科理事会及莫斯科工厂委员会代表联席会议上讲到了这一点。

伊里奇谈到了国内战争头一年的各种困难,谈到了当时是怎样不得不急急忙忙地把队伍一个一个地组织起来。他说:

"由于乌克兰无产阶级的觉悟非常低、力量不足、缺乏组织性,由于佩特留拉的捣乱和德帝国主义的压力,在乌克兰就自发地滋长起仇恨情绪和游击习气。每一队农民都拿起武器,推选自己的阿塔曼或'父亲',在当地建立政权。他们根本不把中央政权放在眼里,每一个父亲都认为自己是当地的阿塔曼,认为自己可以解决乌克兰的一切问题,用不着考虑中央采取的措施。"②

伊里奇接着谈道,由于这种无组织性、游击主义和混乱现象,乌克兰遭受了空前未有的灾难,这个经验不能不留下痕迹。伊里奇说:"乌克兰已经意识到分崩离析、游击习气的教训。这将是乌克兰整个革命的转变时期,这将影响乌克兰的全部发展。我们也经历过这一转变,去掉游击习气,不再侈谈'我们一切都能办到!'的革命词句,转变到认清必须坚决顽强、长期艰苦地进行繁重的组织工作。这是一条我们在十月革命以后经过好多个月才走上的道路,是一条取得了显著成就的道路。我们满怀信心地展望将来,相信

---

① 见《列宁全集》第36卷,人民出版社2017年版,第358页。
② 见《列宁全集》第37卷,人民出版社2017年版,第33—34页。

我们能够克服一切困难。"①

伊里奇的希望实现了:我们的红军已经成为社会主义组织性的榜样。

在一九一九年,当时大多数红军战士都是能够勤恳劳动的个体农民,但是他们的小私有者的心理还很强烈。因此,伊里奇认为以无产阶级分子加强各个战线是非常重要的。当东方战线的情况紧张的时候,伊里奇给彼得格勒的工人写了一封信,要他们支援东方战线。他在全俄工会中央理事会的全体会议上作了报告,给莫斯科铁路枢纽站的铁路工人讲话;在莫斯科各工厂委员会和工会的代表会议上谈同高尔察克的斗争;就战胜高尔察克的问题给工人和农民写信,谈彼得格勒工人们的作用:向已经动员起来的雅罗斯拉夫里省及弗拉基米尔省的工人讲话,这些工人正准备开赴前线与邓尼金作战并支援彼得堡,因为那时尤登尼奇正向彼得格勒逼近。他就尤登尼奇进攻彼得格勒的问题给彼得格勒的工人和红军战士写呼吁书;就如何战胜邓尼金的问题给乌克兰的工人和农民写信。

红军的组织性增长了。

随着苏维埃政权的巩固,随着国内战争使广大群众分清了敌友,左派社会革命党人的影响削弱了。左派社会革命党人由于失去立脚之地,就纠合无政府主义者在九月二十五日当莫斯科省委员会在列昂季耶沃胡同开会讨论鼓动与宣传问题的时候,实施了爆炸,结果炸死十二人,其中有莫斯科省委书记扎哥尔斯基同志,炸伤五十五人。我们是从到我们这里来的伊涅萨·阿尔曼德那里最初听到关于爆炸的消息的,因为她的女儿参加了这次会议。

*　　　　*　　　　*

伊里奇在指出小农经济的分散性及孤立性的危害,谈到这种分散性及

---

① 　见《列宁全集》第37卷,人民出版社2017年版,第34—35页。

孤立性多么严重地影响着劳动农民的全部生活及世界观的时候,一开始就强调过渡到集体经济形式的必要性,指出必须创建巨型的共耕土地的同志式的集体,创建农业公社、农业劳动组合。他认为,城市工人和农业工人将是这个工作的首创者,他极力支持工人们在这方面的任何创举。我们知道,早在一九一八年春天,他就支持过奥布霍夫和谢米扬尼科夫工厂工人们的创举,这两个工厂的工人们会到西伯利亚的塞米帕拉亭斯克组织农业劳动组合。他也支持过在集体耕种土地方面的一些比较简单的措施。

当然,伊里奇并不存在任何的幻想。他经常谈到那些使农业大规模的集体化成为可能的前提条件。在党的第十三次代表大会上,他谈到拖拉机,谈到土地耕种的机械化,谈到必须提高农民的觉悟,说没有农民的觉悟,集体化就不能真正地推行起来。他同时认为,必须支持在建立集体农庄方面的任何首创精神。

一九一九年春天,弗拉基米尔·伊里奇向哥尔克(他住在这里)的工人们提出了关于新型集体农业的组织问题。但是,哥尔克的大多数工人们对这件事是没有足够的认识的。昔日哥尔克的统治者雷因博特把拉脱维亚的工人们招收到自己的庄园里,尽量使他们离群众远一些,把他们孤立起来。哥尔克的工人们,也像所有的拉脱维亚工人一样,是仇恨地主的,但是,当时他们对集体劳动、对国营农场的管理组织也还很不习惯。

我记得,在一座大厦里举行的一次会议上,伊里奇在说服他们的时候是多么激动。但是,他的努力却未获任何结果。雷因博特的财产被分了,而哥尔克变成了普通的国营农场。伊里奇希望国营农场成为农民的示范农场,教他们如何熟练地领导大农业。农民知道怎样搞小农业,可是怎样搞大农业,农民们还得学习。

当时的哥尔克农场主任韦威尔同志,并不理解伊里奇对国营农场的希望。有一次,伊里奇散步时遇着了他,问他说,国营农场如何帮助周围的农民。韦威尔同志莫名其妙地看了看伊里奇,回答说:"我们把秧苗卖给农民。"伊里奇没有再问下去。当韦威尔走开的时候,他快快不乐地看了我一眼说道:"甚至于连问的什么东西他也没弄清楚。"从此他就开始对这位不懂得国营农场应当成为管理大经济的榜样的韦威尔要求得特别严格。

一九一九年初,有次,我的一个星期日夜校的老学生巴拉绍夫同志到社会教育司来看我,他在涅瓦关卡工作过,后来,在反动的年代里坐了两年监狱。他对我说,他研究过农业,特别是蔬菜种植,现在想认真地干这行工作。巴拉绍夫把七户农民(都是亲戚)联合起来建立了一个公共的菜园。他们决定共同耕种这个菜园,不用雇佣劳动力。他们组织了农业劳动组合,与红军订了购菜合同并且给红军种出了很好的白菜。但是,他们的创举没有得到支持:贫农委员会把所有的白菜都没收了,并且把巴拉绍夫投进监狱。他是从监狱里写信把这件事情告诉我的。捷尔任斯基同志按照弗拉基米尔·伊里奇的请求派人前往那里调查这一案件。调查结果,原来是过去的暗探钻进了贫农委员会。巴拉绍夫立刻被释放出来,但是事业却搞垮了。

一般说来,当时的菜园劳动组合产生了相当的吸引力,但由于对这种创举的估计不足而遭遇到了很大的阻力。例如,在勒拉古沙安·斯·布特克维奇组织的蔬菜种植训练班。这个训练班有一块菜园地。我们社会教育司支持这个训练班。一九一九年二月,在布特克维奇的儿子——农艺师(蔬菜种植专家)的协助下,在这块菜园地上由训练班的学员(大部分学员是"格诺姆和罗姆"工厂和谢苗诺夫纺织工厂的工人)组成了一个特殊的合作社,按照这个合作社的章程,收获物是按工时的多少进行分配的。年轻的布特克维奇用肥料、新品种、新栽植方法进行了试验。蔬菜的收成比邻近的几个国营菜园要高,保证了四十五个工人家庭全年的蔬菜供应。

社会教育司支持了这个创举,但是,莫斯科国民教育处在那个时候正如俗话所说,是"为所欲为"地过日子的。它没收了训练班的土地,理由是"保证这么四十五户到五十户的蔬菜供应,其社会意义比起在学校里组织劳动来是微不足道的"。莫斯科国民教育处当时没有考虑到劳动组合的经营形式的"示范"与宣传意义。它没收新型训练班的土地是为了组织学校附属农场,但是它并没有把农场搞好。

现在,很难想象,在一九一九年这类创举遇到了一些什么样的困难。这些困难是不少的,它们已经被人们忘记了。但是,这些创举的参加者却难以把它们忘记。弗拉基米尔·伊里奇对这些创举特别感兴趣。

为了引导农民群众从事建筑在集体原则之上的经济建设,那就必须在农民的基本群众中间进行长期的工作。伊里奇每当读着农民来信的时候,经常感觉到这一点。伊里奇在一封农民关于农村状况的来信上所加的批语还保存着;在一九一九年二——三月间的这封信上,伊里奇加上了这样一个批注:"为中农呼吁!"

在党的第八次代表大会(一九一九年三月十八——二十三日)上,关于对待中农的关系问题非常尖锐地提出来了。弗拉基米尔·伊里奇在代表大会开幕词中十分明确地提出了这个问题:

"同农村资产阶级和富农进行的无情的斗争,把组织农村无产阶级和半无产阶级的任务提到了首位。但对于一个要为共产主义社会建立牢固基础的党来说,下一步要提出的任务就是正确地解决我们对中农的态度问题。这是一个更高的任务。在苏维埃共和国的生存基础还没有得到保障之前,我们不能广泛地提出这个任务。"[①]

接着又说:

"我们已进入这样一个社会主义建设阶段,此时必须具体地详细地制定一种为农村工作经验检验过的基本规则和指示来指导我们的行

_____

① 见《列宁全集》第36卷,人民出版社2017年版,第116页。

动,以保证对中农采取巩固联盟的立场……"①

在党的第八次代表大会上,弗拉基米尔·伊里奇谈到必须以同志式的态度对待中农,不容许对他们使用强迫手段;谈到必须帮助他们,而首先是要在农业机械化、改善他们的经济状现、改善他们的生活和提高他们的文化等方面帮助他们。伊里奇讲得特别多的,是关于必须提高农村文化水平的问题。他谈到由于群众文化程度不高而如何地经常绊住我们,以及文化水平低怎样妨碍着苏维埃法律的实施:"……因为除了法律,还要有文化水平,而你是不能使它服从任何法律的。"②

他在指出农民选举权方面的若干限制时说道:

"我们的宪法,正如我们所指出的,不得不把这种不平等放进去,这是因为文化水平低,因为我们的组织工作差。但是我们不把这点变成理想,恰恰相反,按照党纲,我们党一定要进行有系统的工作来消灭较有组织的无产阶级和农民之间的这种不平等。一旦我们提高了文化水平,我们就要取消这种不平等。那时我们就不需要这种限制了。"③

现在,当农村已成为集体农庄农村的时候,当农业已经实行了机械化的时候,当农村的文化和觉悟已经提高了许多倍的时候,伊里奇的这一指示已在开始实现。苏联的新宪法使工人和农民享有完全平等的选举权。当你读这个宪法的时候,你的心就会激烈地跳动;这个宪法是党多年以来按照正确的方针进行工作而取得的成果。

党的第八次代表大会闭幕后一个星期,即一九一九年三月三十日,列宁在全俄中央执行委员会的会议上提名米·伊·加里宁代替已逝世的雅·米·斯维尔德洛夫担任全俄中央执行委员会主席职务时说:米·伊·加里

---

① 见《列宁全集》第 36 卷,人民出版社 2017 年版,第 117 页。
② 见《列宁全集》第 36 卷,人民出版社 2017 年版,第 155 页。
③ 见《列宁全集》第 36 卷,人民出版社 2017 年版,第 157 页。

宁有二十年党的工作的经历;他是彼得堡的一个工人而同时又出身于特维尔省农民的家庭,他同农民保持着紧密的联系,并且经常加强这种联系;他善于以同志式的态度对待广大的劳动群众阶层。中农会把整个苏维埃共和国的这位最高代表当作自己人看待。米哈伊拉·伊万诺维奇能用切实的办法来帮助组织苏维埃政权的最高代表与中农之间的一系列的直接来往,帮助党和政府更加接近中农。

伊里奇的愿望实现了。正像我们所充分知道的那样,米·伊·加里宁受到了农民群众的爱戴,成了农民群众的亲人。

伊里奇的日常工作表明,应该怎样谨慎小心地对待中农所关心的每个问题。

斯科平县协商代表大会于一九一九年三月三十一日派了一个由三个农民组成的代表团来见伊里奇,代表团带着一份委托书,"请求取消中农及中农以下的农民的航空税","请求完全取消征用奶牛,理由是我们每八人至十人只剩了一头奶牛,并且我们这里又出现了可怕的伤寒病、西班牙流行性感冒及其他传染病,而牛奶又是病人唯一的食物。至于其他黄油和动物油类的食物,根本就没有而且也没有地方买";除此而外,还提出了关于马的问题,询问了收税的详细情况。

伊里奇看完"委托书"以后,问也没有问什么叫作"航空"税,立即就问题的实质答复了斯科平县的农民。

他写道:"向低于中等收入的农民征收特别税是非法的。减轻中农纳税的措施已采取。法令日内就要公布。其他问题我将立即向人民委员们询问,然后答复你们。

弗·乌里扬诺夫(列宁)1919 年 4 月 5 日。"①

---

① 见《列宁全集》第48卷,人民出版社2017年版,第490—491页。

他立刻就在斯柯平县的农民的信上给秘书作了如下的指示："在人民委员会当遇到谢列达和斯维捷尔斯基的时候提醒我一下。必须按照农业人民委员及粮食人民委员的协议拟复。"

伊里奇要求所有苏维埃机关都要关心人民的需要。

一九一九年是饥荒的一年。就在这个困难时期,列宁特别表现了对儿童和他们的饮食的关怀。

五月间,供应形势恶化了。在经济委员会的第二次会议上,伊里奇提出以实物帮助工人的孩子的问题。

一九一九年五月中旬,粮食供应形势特别严重。在乌克兰、高加索和东部地区有很多的粮食,有千百万普特的粮食。可是国内战争切断了联系,中心工业区闹着严重的饥荒。教育人民委员部接到许多申诉书,抱怨没有东西给孩子吃。

一九一九年五月十四日,西北政府的军队开始进攻彼得格勒。五月十五日,罗将柯将军占领了格多夫,爱沙尼亚和芬兰的白匪部队也开始进攻,在科波尔海湾开始了战斗;伊里奇担心彼得格勒的安全。但是,特别值得一提的是,就在这种时刻——五月十七日——他还颁布了一项免费供给儿童饮食的法令。在这项法令中规定,为了改善儿童的饮食和保障劳动者的物质生活状况,对十四岁以下的所有儿童,不管儿童的父母领取哪一等级的口粮,首先免费发给儿童食物。这项法令适用于十六个非农业省份的大工业中心。

六月十二日,接到了"红丘"炮台卫戍部队叛变的消息。就在六月十二日这一天,伊里奇签署了人民委员会的一项决议,这项决议扩大了五月十七日关于免费供给儿童饮食法令的效力:增加免费供给儿童饮食的地方,将享受免费供给食物的儿童年龄提高到十六岁以下。

在帮助贫困者的问题上,弗拉基米尔·伊里奇特别不能容忍任何的官

僚主义。一九一九年一月六日,他给库尔斯克的肃反委员会拍去了这样一份电报:

> 立即逮捕库尔斯克中央采购局办事处人员科甘,因为他没有帮助莫斯科120名饥饿的工人,而是让他们空手离去。应当在报纸上和传单中公布这则消息,让各中央采购局办事处和粮食机关的全体工作人员都知道,以形式主义和官僚主义的态度对待工作,对饥饿的工人帮助不力,将受到严厉制裁,直至枪决。
>
> 人民委员会主席　列宁①

弗拉基米尔·伊里奇非常关心各个人民委员部接近工农群众和红军的问题。

我是在教育人民委员部的社会教育司工作的。所以我经常能够看见弗拉基米尔·伊里奇是多么关心这些事情。许多人民群众:男女工人、农民、来自前线的战士、教师、党员,常常到我们的社会教育司来。社会教育司实际上变成了一个接头站,党员们常到这里来详细地打听伊里奇,谈谈自己的工作;工人们常到这里来研究如何更好地组织宣传鼓动工作;红军战士、红军指挥员以及同农村保持着密切联系的工人们也常到这里来。

我记得,有一个红军战士——年轻小伙子到我们这里抱怨说,寄给他们的那些书不是他们所需要的,报纸到不了,他们那里没有宣传员,要求多派一些宣传员到他们那里去。当然,来过的不是一个人,而是许许多多的人。但是,不知为什么这个充满火热激情的青年人给我留下了特别的印象。

从前线回来的一个青年指挥员激动地告诉我们,他的驻扎在西部地区一所实科中学内的连队,怎样地惩治了"老爷们的"文化。实科中学是享有特权的学校,因而红军战士们打毁了所有的教具,把学校里保存的教科书和

---

① 见《列宁全集》第48卷,人民出版社2017年版,第411—412页。

练习本撕成了碎片。红军战士们说："这是老爷们的财产。"但是另一方面，红军战士们又无时无刻不在渴望学习。当时没有教科书。为沙皇和祖国祈祷的旧教科书都被红军战士们毁灭了。他们需要联系生活、联系他们的遭遇的教科书。

在伊里奇作过报告的那次社会教育代表大会上，代表们通过了到前线去的决议。许多人到前线去了。其中有埃莉金娜同志。她是个有经验的教员，她上南方战线去了。红军战士们要求教他们学文化。埃莉金娜照例根据过去那些按分析综合法编的教科书教起课来："玛莎喝粥，玛莎洗筐。"红军战士非常不满："你是怎么教我们的?! 什么粥? 什么玛莎? 我们不愿意念这个!"于是埃莉金娜按新方法编写识字课本："我们不是奴隶，奴隶不是我们。"

工作搞起来了。红军战士们很快地都来学文化了。这是一种联系实际的学习方法，是伊里奇向来要求的学习方法。当时没有东西来印新教科书，埃莉金娜编写的教科书是用一种黄色纸张印出来的。埃莉金娜的教学法里还讲到如何不用笔和墨水来学习写字。为了了解埃莉金娜为什么要写这些，是值得回忆一下第三国际第一次代表大会的通知是用什么样的纸张和怎样印刷出来这件事情的。当时，问题并不是过低估计课本的作用。红军战士们用埃莉金娜编写的识字课本很快地学会了阅读。

伊里奇在党的第八次代表大会上说道：

"劳动群众的强烈的求知欲和往往是通过社会教育达到的莫大教育成绩，是丝毫不容怀疑的。这种成绩虽然不是任何学校教育的成绩，但是非常巨大。"①

我们的政治教员谢尔基耶夫斯卡娅、拉戈津斯基和其他人都曾到各个

---

① 见《列宁全集》第36卷，人民出版社2017年版，第155页。

前线去过。我们从各个前线收到许多来信。我现在摘录一段一个同志从前线的来信。他是列宁格勒的工人,我同他一起整顿过区里的政治教育工作。他写道:"刚刚读完七日的报纸,报上报导了社会教育代表大会开幕的消息。是的,娜捷施达·康斯坦丁诺夫娜,当你到苏维埃俄罗斯各地周游一下的时候,你就会看到,我们社会教育司应当做多少工作,社会教育工作又是多么地需要。我怕不能充分注意有关大会的消息了。我现在在英查车站等候火车,马上要到努尔拉特车站去。我接到了任命我为视察指导员的委任状,并且现在就要去视察第二十七师。工作是艰巨的,而主要的是,一般说来,这是个新的工作,对我来说尤其如此。但是,弗拉基米尔·伊里奇给我写的那封介绍信,责成我最好地完成这个工作。关于这封介绍信,一个同志向我说道:'要是我的话,我要为这封信献出生命。'我一定要完成这个工作,那时再给您写信吧。请向弗拉基米尔·伊里奇和所有的熟人深深致意。作战军,政治部。"

从前线时常来信,也时常来人。伊里奇还请求派一些精明强干的同志到他那里去。

我们社会教育司也同样很注意在农民中间进行解释工作。

好久以前,伊里奇就提出在农民中间进行宣传的问题。我们都知道,他是多么关心创作通俗读物、论文选集,关心给农村出版通俗报纸《贫农报》。

还在一九一八年十二月十二日,人民委员会就颁布了《关于动员有文化的人和组织苏维埃制度的宣传工作的法令》。这个法令要求在各个工人住宅区,尤其是在农村,组织阅读各种法令、各种最重要的论文和小册子。我们社会教育司首先应当组织这个工作。伊里奇加紧督促我们进行这个工作。阅读工作搞起来了,并且引起了大家的求知欲。阿尔扎马斯县的农民们对我们到那里去工作的一个鼓动员说:"我们不站在任何人的一边,我们不加入任何党派,瞧,我们就要学好文化了,自己来阅读一切东西,那时任何人也休想愚弄我们了。"

在党的第八次代表大会上，建立了农村工作组，伊里奇代表该组作了报告。有六十六个代表参加这个组的工作。会上选出谢列达、卢那察尔斯基、米特罗范诺夫、米柳亭、伊万诺夫、帕霍莫夫、库拉也夫、瓦累基斯、波里索娃等参加提纲起草委员会。

这一切都说明了党是多么重视这个问题，伊里奇又是多么重视这个问题。

我记得，伊里奇是怎样聚精会神地听取我们社会教育司所了解到的关于农民生活的一切情况以及农民对待各种问题所抱的态度。

有一次，有个莫斯科省的农民到我们那里来拿书。这个农民在某个工地做工。他告诉我们，在革命前那个时期在供应军队方面有过怎样的投机勾当，给我们讲那些在这方面大发洋财的大奸商。我们让他到阿纳托利·瓦西里耶维奇那里去。他从阿纳托利·瓦西里耶维奇那里回来时说："他很好地接待了我，让我坐在沙发上，可是，他自己总是踱来踱去，谈话也是有条有理的。他给了我好些小册子，并且答应还要给我一些百看不厌的东西（直观教材。——作者注）。我却不敢拿。他说这是白送的，可是我很担心，拿了这些百看不厌的东西以后会向我们抽税。"他毕竟还是拿走了各种各样的宣传画和教材。后来，他还常常到社会教育司来。我们就把他叫做"百看不厌的东西"。但是，顶有意思的是伊里奇所最关心的下面这样一件事情。这位建筑工人说，在他们的村子里有位女教师，她没有拿过任何工薪，但是并没有放弃学校里的工作，而且天天晚上给成年人上课，教他们学文化。"百看不厌的东西"告诉我们，他给这位女教师买了一双鞋，否则她那双旧鞋就要完全磨穿了。

在一九一九年，许多农村还是非常闭塞，好像与世隔绝了一样。当时根本就没有无线电，没有文化的人民（在伊里奇的故乡辛比尔斯克省，在一九一九年还有百分之八十的文盲）不会读报，而且也没有报纸，纸张也没有，报纸发行的份数是极少的，报纸也到不了农村。书籍的发行是没有组织的，天知道书店寄到各个地方上去的是些什么东西。农村靠流书过日子，人们很想知道世界上发生的事情。

伊里奇很留心地听我讲：农民们到我们这里来提出了些什么样天真的问题，他们对于苏维埃政权的实际措施、对于它的结构以及对于他们自己的权利与义务的无知到了何等骇人听闻的程度；农村是多么的愚昧，书信写得怎样文理不通和滑稽可笑。这些信是农村里"有学问的人"用代书所特有的各种古里古怪的钩形书法给不识字的农民们写的。这些民间的代书因为写信搞到了可观的一笔钱。

我把信给伊里奇看了。他兴致盎然地看了这些信。他建议赶紧在我们的农村阅览室里、在人民文化馆里设立问事处。他有在舒申斯克村流放时给农民做顾问的经验。每个星期日邻村的许多农民们都来这里向他请教。一九一八年十二月，他草拟了一个关于苏维埃机关管理工作的规定草案，在这个草案里写到各主管机关必须在各地设立类似的问事处。伊里奇的《关于苏维埃机关管理工作的规定草案》中写道："这些问事处不仅要就群众询问的问题一一作出口头或书面的答复，而且要替不识字的人和写不清楚的人免费代写申诉。"①

"每个苏维埃机关，都要张贴接待群众来访日期和时间的告示，不仅贴在室内，而且贴在大门外面，使没有出入证的群众都能看到。接待室必须设在可以自由出入、根本不需要什么出入证的地方。

每个苏维埃机关都要设登记簿，要有简要的记载，记下来访者的姓名、申诉要点、交谁办理。

---

① 见《列宁全集》第35卷，人民出版社2017年版，第360—361页。

星期日和节日必须规定接待时间。"①

《关于苏维埃机关管理工作的规定草案》直到一九二八年,即草拟十年以后才公布出来,但是,伊里奇的这些指示,我们社会教育司是知道的;因伊里奇的坚持,社会教育司立刻开始注意到在农村阅览室内组织咨询工作。农村阅览室的工作者在这一工作中给自己赢得了威信,而且自己也在这一工作中成长起来了。一九一九年是农村阅览室工作者发生了一定影响的一年。咨询工作同苏维埃政权的宣传工作、同苏维埃政权所颁布的各项法令的宣传工作结合起来了。

*　　　*　　　*

弗拉基米尔·伊里奇考虑的不仅仅是问事处的问题。一九一九年四月十二日,公布了由加里宁、列宁和斯大林共同签署的关于改组国家监察人民委员部的法令(斯大林同志当时是国家监察人民委员)。这个法令中说道:

旧的官僚制度被粉碎了,但官僚主义者依然存在。他们进入苏维埃机关后,也把因循守旧、办事拖拉、挥霍浪费、不守纪律的习气带了进来。

苏维埃政权宣布,它决不容忍任何形式的官僚主义,决计采取坚决的手段把它从苏维埃机关中清除出去。

苏维埃政权宣布,只有吸收广大工农群众参与管理国家大事和广泛监督管理机关,才能消除机构的缺点,清除苏维埃机关中的官僚主义恶习,从而大大推进社会主义建设事业。

一九一九年五月四日,颁布了关于在国家监察人民委员部下设立中央申诉局的法令,五月二十四日又颁布了关于中央申诉局在各地设立分局的法令。

---

① 见《列宁全集》第35卷,人民出版社2017年版,第360页。

伊里奇要求同苏维埃机关中的官僚主义作最坚决的斗争。

在我们俄国六十年代的文学作品里,百般地嘲笑了官僚主义,而"星火派"的诗人们(车尔尼雪夫斯基派的诗人们)对它的嘲笑尤为辛辣。"星火派"的诗人们(库罗奇金、茹列夫等人)对官僚主义、工作拖拉和贪污受贿横行现象的百般嘲骂,对我们这一代人有非常深刻的影响。"星火派"诗人们的诗,关于官僚主义的无奇不有的趣闻,是六十年代知识分子的独特的民间创作。在最近几年里,我同安娜·伊里尼奇娜还常常回忆起这种作品。她的记忆力非常好。在乌里扬诺夫家里,这种作品大受欢迎。当时的这种讽刺作品完成了它的任务,帮助我们这一代人从吃娘奶的时候就培养起对官僚主义制度的仇恨。把各式各样的官僚主义从苏维埃土地上铲除尽净,——这是伊里奇的夙愿。

弗拉基米尔·伊里奇对待人和对待人民的来信是非常认真的。《列宁文集》第二十四卷里所刊登的文件可以作为这方面的例子。

大批的申诉书寄给了伊里奇,他亲自写信件件答复。

一九一九年二月二十二日,伊里奇给雅罗斯拉夫尔省执行委员会拍去这样一份电报:

"苏维埃职员丹尼洛夫控告说,肃反委员会没收了他在一年半内用劳动为其一家四口挣得的三普特面粉及其他食品。请极严格地检查一下。望电告结果。

人民委员会主席 列宁"①

伊里奇给切列波维茨省执行委员会打电报说:

"别洛泽尔斯克县波克罗夫乡新谢洛村一位士兵的妻子叶夫罗西尼娅·安德列耶娃·叶菲莫娃控告说,她丈夫被俘四年多,一家三口没

---

① 见《列宁全集》第35卷,人民出版社2017年版,第462—463页。

有一个劳动力,她的粮食却被收入公仓。请将此事调查一下。将调查结果和你们的处理办法告诉我。

人民委员会主席　列宁"①

这样的例子可以举出千百个。这还是在列宁研究院的档案中保存下来的,没有保存下来的还不知道有多少!在一九一九年六月,当我乘"红星"号宣传鼓动船在伏尔加河及卡马河巡回航行两个月的时候,弗拉基米尔·伊里奇给我写信说:"有时收到寄给你的一些请求帮助的信,我都读了并且尽可能予以帮助。"当一个人必须考虑某一重大而具有决定意义的问题时,简直难以把思想转到每天有二十来次的各种小问题上去。这是特别使人疲累的。只有在散步和打猎的时候,弗拉基米尔·伊里奇才能专心地思索。同志们都记得,在散步和打猎的时候,有时伊里奇完全出人意料地无意间说出一句什么话来,这句话表明在这个时候他正考虑些什么样的问题。

有时候,当想起伊里奇怎样为一些"小事情"操心的情形时,同志们都说:"我们没有照护好伊里奇,尽拿些小事情往他身上堆,我们真是不该拿这些小事情麻烦他。"事实的确是这样的。但是,伊里奇却认为必须注意小事情,因为只有注意小事情,才能使苏维埃机关真正地成为民主的机关,并且不是形式上民主的机关,而是无产阶级民主的机关。

过去在建党的时候,伊里奇就以身作则地竭力教会同志们正确地对待鼓动、宣传及组织等问题。现在,当领导苏维埃政权以后,他又竭力以身作则地告诉人们应当如何在国家机关内工作,应当怎样消灭苏维埃机关里的各式各样的官僚主义,使苏维埃机关变为亲近群众并受到群众信任的机关。一九一九年五月,他给诺夫哥罗德省执行委员会的电报,恰好说明了这一点:

---

① 见《列宁全集》第48卷,人民出版社2017年版,第485页。

"布拉托夫看来是因为向我告状而被捕的。我警告,为这种事,我将把省执行委员会和肃反委员会的主席以及执行委员会的委员都抓起来并要求枪毙他们。为什么不立即答复我的质问?

人民委员会主席　列宁"①

伊里奇在机关内部也竭力消灭种种官僚主义,要求关心每个工作人员,了解本机关的人员,在工作中帮助他们,为他们创造适当的工作条件。伊里奇经常向我打听我的机关里的工作人员的情况。他了解他们,建议我在某个方面放手使用某一工作人员。他经常留心我是怎样关心他们的,他们的饮食情况怎样,他们的孩子们的情况怎样。他研究我的工作人员,这些人他从来也没有见过,可是有时候看起来却比我更了解他们。

保存下来了不少的便条,这些便条表明伊里奇对自己机关的工作人员是如何的关心。

三月八日,在人民委员会的会议上,伊里奇关于中央统计局委员赫里娅舍娃给秘书写了一个便条:

"如果赫里娅舍娃住得远而且又步行上班,那是值得同情的。

有机会可委婉地向她说明,在不讨论统计问题的日子里,可以提前走,甚至可以不来。"②

伊里奇对工作人员的物质生活非常关心。当时是这样一个时期,就连最负责的工作人员及其家属也吃不饱饭。结果查明了交通人民委员部的瞿鲁巴和马尔柯夫等人也在饿肚子。

一九一九年八月八日,弗拉基米尔·伊里奇给中央组织局写了一封信:

"刚才又从可靠方面获悉,一些部务委员在挨饿(例如,交通人民委员部的马尔柯夫等人)。我最坚决地主张,中央委员会应指示中央

---

① 见《列宁全集》第48卷,人民出版社2017年版,第566页。
② 见《列宁全集》第48卷,人民出版社2017年版,第475页。

执行委员会:(1)发给全体部务委员(以及职位相近的人)各 5000 卢布作为一次性补助;

(2)使他们的生活能够经常保持在专家的最高水平上。

否则,实在不太好:连本人带家属都在挨饿!!

必须给这 100—200 人增加一些营养。"①

*　　　　*　　　　*

从四月底开始,东方战线上有了转机:红军开始获胜了。收复了白匪占领的乌法及许多其他城市。顺利地向叶卡特林堡和彼尔姆挺进。六月末,"红星"号宣传鼓动船也装备好了。"红星"号要沿着伏尔加河航行到卡马河,然后溯卡马河而上,直至不能行驶为止,然后再沿伏尔加河顺流而下,直到斗争进程所允许去的地方。"红星"号的任务是跟踪白匪进行鼓动,贯彻党的第十三次代表大会通过的路线,到各地巩固苏维埃政权。维·米·莫洛托夫是"红星"号的政治委员;轮船上有电影、印刷所、无线电和大量的图书,有各个人民委员部的代表(我是教育人民委员部的代表),各工会的代表。

出发以前,我们同伊里奇谈了好久,谈到应当怎样做:工作和做些什么工作,怎样帮助群众,对哪些问题应当详加研究,对哪些事情应特别注意观察。伊里奇很想亲自去,可是工作是一分钟也放不开的。临行的前夕,我俩整整谈了一夜。伊里奇到车站来给我们送行,要我们经常给他写信,在直通电话上和他通话。我沿伏尔加河和卡马河一直航行到了彼尔姆。

全部工作是在维亚切斯拉夫·米哈伊洛维奇的领导下进行的。他在每一次停泊以前,都要把我们召集在一起,共同讨论我们在那里应当做些什么,应当特别注重什么;每次停泊以后,我们就汇报所做过的工作,交换感

① 见《列宁全集》第 49 卷,人民出版社 2017 年版,第 47—48 页。

想。这次航行真使我学到了许多东西。航行结束以后,我向伊里奇谈了航行的经过情形,伊里奇兴致勃勃地听着,甚至连一个细节也不放过!

在航行期间,召开了无数次的群众大会,在邦久日工厂、沃特金斯克、莫托维利哈工厂、喀山、彼尔姆、奇斯托波尔和上波利亚纳的几千人的大会上都讲了话。我们船上的报纸曾作过统计,我一共讲过三十四次话。我不是演说家,但是,我不能不向男女工人、红军战士和农民们讲出他们感到关心、他们感到亲切和他们感到向往的事情。凡是白匪所到之处,居民都跟他们结下了不共戴天之仇。我永远不能忘记在沃特金斯克工厂所召开的群众大会,白匪几乎把这个工厂的青少年都枪杀了,他们还说:"布尔什维克的子孙是该死的坏种。"在我们所召开的沃特金斯克工厂的千人群众大会上,当人们唱起《你们牺牲了》这支歌的时候,全场的人都痛哭起来了。很少有几家的青少年没有被杀害的。我永远不能忘记人们告诉我的女游击队员和女教员被用皮鞭抽死的事情,我也永远不能忘记普里卡米亚的居民和农民(多半是中农)告诉我的那些罄竹难书的暴行和侮辱。

当时居民非常无知:农妇们还不敢把自己的孩子送到托儿所去,还有人在教员中间疯狂地进行反对苏维埃政权的鼓动。我在奇斯托波尔就亲眼见到过这种鼓动。但是,乡村的男女教师同农民和工人群众的那种密切关系,使得他们中许多人同农民和工人一道走了。伊热夫斯克工厂的九十六个工程师中有九十五个跟着高尔察克跑了。有个工程师的妻子是我过去中学里的同班同学。她在伊热夫斯克教书,没有跟丈夫走,而跟着红军留下来了。她在见到我的时候说:"我怎么能离开工人们跑了呢?"

当时的上层知识分子都跟着白匪跑了,站到高尔察克那边去了;男女工人和红军战士们是我们主要的鼓动员。他们同群众有密切的关系。在第二军有个非常特殊的鼓动员:十月革命以前,他是个牧师,十月革命以后,他成了拥护布尔什维克的鼓动员。在彼尔姆举行的一次有五千红军战士参加的群众大会上,他讲到苏维埃政府和群众的密切关系时说道:"布尔什维克——就是今天的圣徒。"于是有个红军战士向他提了这么一个问题:"那么洗礼又是怎么回事呢?"他回答道:"详细地讲得讲两个小时,简单点说,不过是骗人罢了!"工人出身的红军指挥员的演说是富有说服力的。我把这次群众大会的情形告诉了伊里奇,并且告诉他一个红军指挥员是怎样讲的:"苏维埃俄罗斯方圆和面积是不可战胜的。"我们俩笑了一阵。后来在谈到匈牙利共和国的沦陷时,伊里奇说,从本质上来看,这个指挥员的话是对的:在国内战争中,我们大有回旋的余地。

在叶拉布加,红军指挥员阿津同志到轮船上来看我。他是个哥萨克,他对白匪和投敌分子坚决无情,而且是个非常勇敢的人。他同我谈的主要是关于他对红军战士们关怀的一些事情。红军战士们非常敬爱他。今年,我接到一个红军战士寄给我的一封信,这个战士是在他的指挥下同高尔察克匪徒们作战的。战士信里的字里行间充满了对阿津的无限热爱!不久以前,中央执行委员会委员巴斯杜霍夫同志告诉我说,还在伊热夫斯克被白匪占领的时候,一个在阿津领导之下的用红布条编着马鬃的红色骑兵队就突袭到那里去。他们打开了白匪手里的伊热夫斯克死刑犯监狱(那里押着巴斯杜霍夫同志的七十岁的父亲和他的一个十一岁的小弟弟;巴斯杜霍夫同志的另外两个弟兄在前线牺牲了)。后来阿津同志在伏尔加河下游不幸落在白匪手中,并且被他们折磨死了。

"红星"号在鞑靼的鼓动工作收效很大,该地居民都全力支持苏维埃政权。

弗拉基米尔·伊里奇详细地向我询问了一切经过;我所谈到的红军的情况,农民、楚瓦什人和鞑靼人的情绪,群众对于苏维埃政权的信任增长的情况,都使伊里奇特别感兴趣。

————————

一九一九年的下半年比上半年还要困难。九月、十月和十一月初尤为困难。国内战争激烈起来。高尔察克虽被打败了，但是，白匪却决定要占领苏维埃政权的中心——莫斯科和彼得格勒。占领了乌克兰的许多重要据点的邓尼金从南方进攻，尤登尼奇从西方进逼，已经兵临彼得格勒附近。白匪的胜利使暗藏的敌人活跃起来。十一月底，在彼得格勒破获了一个与尤登尼奇勾结并接受协约国津贴的反革命组织。

在邓尼金和尤登尼奇暂时胜利的时候，弗拉基米尔·伊里奇经常收到大批的匿名信件，里面充满了咒骂、威胁和讽刺漫画。知识分子还在动摇，只有以季米里亚捷夫为首的先进知识分子阶层转向苏维埃政权这边。受社会革命党人支持的无政府主义者，在九月二十五日爆炸了列昂节夫巷的俄国共产党（布）莫斯科委员会办公处，我们的许多同志在这次爆炸中牺牲了。

周围是一片饥饿和贫困的景象。当时必须巩固红军，支持红军的战斗激情，周密考虑前线作战的计划，必须保证红军、后方、中心地区工人们的粮食供应，必须广泛地展开解释工作和鼓动工作，必须按新的方式、苏维埃的方式，而不是按照旧的方式、官僚主义的方式来建立整个管理机关，必须选拔干部，教育他们，并且留心考察一切小事。

尽管伊里奇连一分钟也没有减弱过必胜的信心，但是他还是自早到晚地工作，百般的心事使他夜不成寐。夜间有时醒来，就起来通过电话检查工作：他的某个指示是否执行了，并且决定再发个补充指示的电报。他白天很少在家，多半是坐在他的办公室里接待来访的人们。在这紧张的几个月里，同伊里奇见面的机会比平时少，我们几乎没有一起散步过，没有事我甚至不好意思到他的办公室去：怕妨碍了他的工作。

当时最尖锐的问题是粮食问题。在当时的情况下，即分散的小农经济和疯狂的粮食投机的情况下，要用普通办法购买所需数量的粮食是根本办不到的。必须使购买粮食工作具有一定的计划性，施行一系列强制的法律，

并且动员适当的人来做这方面的工作。一九一九年一月十七日亚历山大·
德米特里耶维奇·瞿鲁巴之被任命为粮食人民委员并不是偶然的。我们在
好久以前就认识他,我在乌法流放期间就和他一起工作过。

　　他的父亲是塔夫利达省阿廖什基市的一个小公务员(市参议会的秘
书)。亚历山大·德米特里耶维奇和弗拉基米尔·伊里奇是同一年生,即
在一八七〇年生的。他有一个大家庭——共八口人,父亲很早去世,母亲靠
做针线活养家。亚历山大·德米特里耶维奇老早就上学了。他读过国民学
校、市立学校和中等农业学校。他是个农艺师,对农业和农民的生活习惯非
常了解。他作为一个革命家于一八九三年初次被捕入狱,后来,在一八九五
年再次被捕入狱。从一八九七年起,他在乌法当统计员。他在那里参加了
社会民主党人小组,这个小组在铁路工人和周围工厂的工人们中间积极进
行了工作;在那里我就同他一起做过工作。在乌法,他和前来探望我的弗拉
基米尔·伊里奇见过两次面,后来,我们经常通信。他给《火星报》写过稿。
我们认为他是一个信仰坚定、非常热情的革命家。一九〇一年,他在哈尔科
夫组织了五一大罢工。一九〇二年,他在图拉工作,同索菲亚·尼古拉耶夫
娜·斯米多维奇、韦列萨耶夫和卢那察尔斯基的兄弟在一个小组里。一九
〇二年,亚历山大·德米特里耶维奇在萨马拉被捕,一九〇五年,他又在乌
法工作。

　　从一九一四年起,亚历山大·德米特里耶维奇又开始积极参加布尔什
维克的革命工作。伊里奇非常善于识人,对亚历山大·德米特里耶维奇特
别器重。他是一个非常谦虚的人,既不是演说家,又不是作家,而是一个非
常出色的组织家,精通业务和熟悉农村的实践家。他也是一个杰出的革命
家。他不怕困难,愿为工作献出一切、为他真正了解其意义的事业而奋斗。
他在伊里奇的领导下工作。伊里奇器重他,关心他的健康和休息。当看见
他疲倦和劳累过度时,伊里奇半开玩笑半认真地批评他,说他不爱护"公家

的财产"（这是我们称呼那些忠于革命事业的共产党员的家庭习惯用语）。伊里奇就像喜欢自己的朋友那样喜欢亚历山大·德米特里耶维奇。

苏维埃政权的粮食政策，在当时是组织粮食垄断，即禁止任何私人买卖粮食，而必须把所有的余粮按照固定价格卖给国家，禁止隐藏余粮，严格统计所有的余粮，对于从余粮区往缺粮区正当地运输粮食不加干涉，采购消费用的和作种子用的储备粮。老实说，这是计划经济即社会主义经济的一部分，但是却要在经济基础本身还没有得到改造、农业还是个体经济的情况下来实现它。

一九一九年七月二十九日至三十日，莫斯科苏维埃和莫斯科工会理事会召开了各工厂委员会、工会代表、莫斯科中央工人合作社和"合作社"协会委员会代表的代表大会，要在莫斯科成立一个统一的消费协会。孟什维克和独立合作制的拥护者也参加了这次代表大会。七月三十日，弗拉基米尔·伊里奇在这个代表大会上讲话说，他希望代表大会在工作中取得胜利。但他又特别强调说，全部问题在于我们是否能在国内战争中取得胜利和按照新的方式改造整个社会制度，社会制度会给合作制指出正确的方向。

他说，从十月社会主义革命发生时起到现在才不过二十个月，在这样一个时期内，当然不可能按新的方式把整个旧制度改造过来。伊里奇说，不仅必须打倒旧机关，不仅必须打倒地主和资本家，而且也必须打倒资本主义和小农经济条件所养成的习惯势力，克服几千年来每个小业主身上所养成的习惯势力。

现在，当集体农庄经济已经成为我们的占有统治地位的经济形式时，每个人都明白，列宁讲的是什么意思：他说要用集体经济代替个体经济。他说，资本主义和社会主义现在正进行着最后的决战，只有社会主义的胜利，才能永远消灭饥饿、剥削和一个人靠另一个人的劳动发横财的现象。他说，布尔什维克为了保证红军和工人的供应,已经踏上了社会主义的收购粮食的道路。第一年我们只收购了三千万普特粮食。

弗拉基米尔·伊里奇说:"第二年,我们收购了 10700 万普特以上的粮食,虽然第二年我们在军事方面、在控制盛产粮食的地区方面更加困难,因为我们不但根本不能控制西伯利亚,而且根本不能控制乌克兰和遥远的南方的大部分地区。尽管如此,我们的粮食收购量,正如你们看到的,还是增加了两倍。就粮食机构的工作来说,这是一个很大的成绩,但是,就保证非农业区的粮食供应来说,这是很少的,因为对非农业区居民特别是城市工人供应粮食的状况进行的精确调查表明,今年春夏,城市工人的粮食大约只有一半是从粮食人民委员部得到的,而其余部分则不得不从自由市场,从苏哈列夫卡和投机者那里购买,工人购买前一半粮食的支出只占购粮支出总数的十分之一,购买后一半粮食的支出则占十分之九。果然不出所料,投机者先生们从工人身上刮去的钱,等于国家收购的粮食售价的 9 倍。看了这些关于我国粮食状况的精确材料后,我们应当说,我们有一只脚还站在旧时的资本主义上面,只有一只脚从这个泥潭、从这个投机的泥坑中拔出来,踏上了真正社会主义的收购粮食的道路,使粮食不再是商品,不再是投机的对象,不再是争吵、斗争和许多人贫困的祸根。"伊里奇接着又说:

"现在正在进行一场反对资本主义、反对自由贸易的最后的决定性的斗争,对我们来说,现在进行的是一场资本主义和社会主义之间的最主要的战斗。如果我们在这场斗争中取得胜利,资本主义、旧政权和过去的一切就不会复辟。"①(着重点是我加的。——作者注)

一九一九年,伊里奇在他的许多演说和报告里向男女工人、农民和红军战士们阐明了苏维埃政权的粮食政策的本质和意义,谈到了集体经济,现实

① 见《列宁全集》第 37 卷,人民出版社 2017 年版,第 112—113、121 页。

生活证明了已采取的路线是正确的。

除了关心红军的粮食供应以外,伊里奇还不倦地考虑如何加强红军的团结性和纪律性的问题。他认为最可靠的方法是把工人输送到按成分来说是农民的军队的红军队伍里去。所以,他热烈地欢迎奔向前线、深入斗争的彼得堡的工人,也为此而热烈欢迎莫斯科的工人。他把希望寄托在工人身上,认为把他们提拔到领导岗位,提拔来当工人政治委员和红军指挥员,是有重大的意义的。他号召红军战士要特别提高警惕。伊里奇在他就战胜高尔察克写给工人和农民的一封信里指示说:

"……地主资本家还没有被消灭,还不承认自己遭到失败。凡是有理智的工人和农民都看见、知道和懂得,地主资本家只是被击溃和躲藏起来了,他们暂时潜伏起来了,还往往涂上了'苏维埃的''保护'色。许多地主钻进了国营农场,许多资本家钻进各种'总管理局'、'中央管理局',变成苏维埃职员;他们时刻窥伺苏维埃政权的错误和弱点,以便把它推翻,以便今天帮助捷克斯洛伐克军,明天帮助邓尼金。

必须用全力把这些隐蔽起来的地主资本家强盗从他们的一切藏身之处查出来,揭露并无情地惩治他们,因为他们是劳动者的死敌,是有本事有经验的奸猾的敌人,他们耐心地等待着施展阴谋的有利时机;他们是怠工者,他们不惜采取一切罪恶手段来危害苏维埃政权。对付地主、资本家、怠工者和白卫分子这些劳动者的敌人必须毫不留情。

为了能够捕获这些人,就必须机敏、审慎、有觉悟,必须极细心地注视每一个极小的混乱现象,注视每一个不老实地执行苏维埃政权的法律的细小行为。地主和资本家是有力量的,这不仅因为他们有知识有经验,不仅因为他们有世界上最富的国家的援助,而且还因为存在着广大群众的习惯和愚昧这样一种势力,这些群众想'照老样子'生活,而不了解必须严格地认真地遵守苏维埃政权的法律。"①

这个提高警惕的号召把许多人吓坏了。有不少人告诉伊里奇,说红军战士们有时拷打精干的指挥员,有的是因为他们出身贵族,有的是因为他们下达了一个什么不合人意的命令,有的简直是为了一些无足轻重的小事。有的人冷笑地说:"瞧瞧,你的心爱的红军战士们成什么样子了!"

当然,应该谴责的事而不谴责,应该惩罚的人而不惩罚的情况也是很多的。知识不足、小私有者衡量事物好坏的旧标准以及用无政府主义态度对待许多问题,妨碍了他们分清是非。于是伊里奇就督促我们教育工作者,要求我们更广泛地在成年工人、农民和红军战士中间组织学习,不是以形式主义的态度,不是以官样文章的态度对待学习,而是扩大学习的人的眼界,使整个学习充满党性精神。他要求用一切办法为那些过去无从受高等教育的人们打开受高等教育的大门。

恰恰在一九一九年公布了一系列为一切人大开上高等学府方便之门的命令,成立了工农专科学校,组织了无数的工人讲习班。在一九一九年还成立了第一所苏维埃党校。

一九一九年年底,我到伊里奇那里去,看见他的面色很不好:疲劳、忧虑(还保存有一张他在讲习班的照片。从照片上可以看出他当时是多么憔悴)。我到他那里去,他一声不响。为了提起他的兴致,我知道应当对他讲件工农专科学校学员生活和苏维埃党校学员生活中的有趣的事情。我讲了一件什么事情。伊里奇很关心这些人的觉悟的提高、对他们所面临的任务的认识的提高。于是我就同伊里奇谈了很多这方面的问题。

八月十日至十七日,在彼得堡举行了"征收党员周";同时根据党的第八次代表大会的决议进行了党员"重新登记",这次登记延长到九月底。从

----

① 见《列宁全集》第37卷,人民出版社2017年版,第150—151页。

十月八日至十五日，在莫斯科举行了"征收党员周"。

十月十一日，弗拉基米尔·伊里奇写了《工人国家和征收党员周》一篇文章，在这篇文章里，伊里奇对党、对新的苏维埃机关应该是什么样子，以及对尽量从工人和劳动农民队伍中吸收力量参加苏维埃机关是如何重要的问题，提出了特别明确的看法。

伊里奇在这篇文章里写道："莫斯科征收党员周是在苏维埃政权困难的时刻举行的。由于邓尼金的胜利，地主资本家和他们的朋友们拼命加紧阴谋活动，资产阶级竭力扰乱人心，千方百计想动摇苏维埃政权的决心。犹豫动摇的不自觉的庸人以及同他们在一起的知识分子，社会革命党人和孟什维克，照例都更加动摇起来，而且最先被资本家吓倒了。但是，我认为，莫斯科在困难时刻举行征收党员周对我们更有利，因为这对事情更有益处。我们举行征收党员周并不是为了炫耀一番。徒有其名的党员，就是白给，我们也不要。世界上只有我们这样的执政党，即革命工人阶级的党，才不追求党员数量的增加，而注意党员质量的提高和清洗'混进党里来的人'。我们曾不止一次地重新登记党员，以便把这种'混进党里来的人'驱除出去，只让有觉悟的真正忠于共产主义的人留在党内。我们还用动员人们上前线和参加星期六义务劳动的办法，来清洗党内那些一心想从执政党党员的地位'捞到'好处而不愿肩负为共产主义忘我工作的重担的人。

目前正当加紧动员人们上前线的时候，举行征收党员周的好处是，不致对那些想混进党里来的人有什么诱惑力。我们只是号召大批普通工人和贫苦农民即劳动农民入党，而不是号召投机农民入党。我们不向这些普通党员许愿，说入党有什么好处，也不给他们什么好处。相反地，现在党员要担负比平常更艰苦更危险的工作。

这样更好。入党的将都是一些真心拥护共产主义的人，真正忠于工人国家的人，正直的劳动者，在资本主义下受过压迫的群众的真正代表。

列宁和妻子克鲁普斯卡娅、侄儿维克多、工人之女薇拉在哥尔克村（**1922 年 8 月初**）

只有这样的党员才是我们需要的。

我们需要新党员不是为了做广告,而是为了进行严肃的工作。我们号召他们加入党。我们向劳动者敞开党的大门。"①

伊里奇接着重复了他在雅柯夫·米哈伊洛维奇·斯维尔德洛夫的葬礼上讲过的话。他说,在普通工人和农民中间有很多有组织才能和管理才能的人。他号召他们担当起社会主义建设的重任:"如果你们真心拥护共产主义,你们就应该大胆地担负起这种工作,不要怕工作生疏和困难,不要被那种陈腐偏见弄得惶惑不安,以为只有受过正规教育的人才能胜任这种工作。"②

这篇文章的结束语是:"劳动群众拥护我们。我们的力量就在这里。全世界共产主义运动不可战胜的根源就在这里。"③

伊里奇在这个困难的时刻,不断地向工人和红军战士们发表演说和文章。他的话鼓舞了人们:雅罗斯拉夫尔省、弗拉基米尔省和伊万诺沃-沃兹涅先斯克省的工人们都大批大批地奔向前线。

伊里奇写道:"……只有工人和农民对自己先锋队的同情所产生的力量才能够创造奇迹。

这是奇迹,因为被饥饿、寒冷、破坏、破产折磨得无比痛苦的工人,不仅保持着蓬勃的朝气、对苏维埃政权的无限忠诚、高度的自我牺牲精神和英雄主义热情,而且不顾自己缺乏素养和经验,承担了驾驶国家航船的重担!而且这是在暴风雨最猛烈的时刻……

我国无产阶级革命的历史充满了这样的奇迹。不论个别的考验多么严

---

① 见《列宁全集》第37卷,人民出版社2017年版,第217—218页。
② 见《列宁全集》第37卷,人民出版社2017年版,第219页。
③ 见《列宁全集》第37卷,人民出版社2017年版,第219页。

重,这样的奇迹将会导致而且一定会导致世界苏维埃共和国的完全胜利。"①

青年们也渴望着到前线去。我们政治教育工作者当时为第一所苏维埃党校做了许多工作。在这个学校里我们竭力不让青年们受"官家的"教育,伊里奇咒骂过这种教育。我们教给他们的是能够帮助他们了解当前发生的事件的知识。我们为伊里奇参加了一九一九年十月二十四日的第一所苏维埃党校学员毕业典礼而感到非常高兴。

伊里奇开始讲道:"同志们!你们知道,今天我们在这里集会,不仅是要祝贺你们当中的大多数人从苏维埃工作学校的训练班毕业,而且是因为你们全体毕业生当中将近一半的同志决定到前线去,给战斗在前线的部队以新的特别重大的援助。"②

伊里奇在毫不隐讳地谈了前线的严重情况以后,继续说道:"因此,不管这对我们是一种多么重大的牺牲——把几百名已经在这里集中起来,而且又明明是俄国工作所十分需要的学员派到前线去——,我们还是同意了你们的要求。"③

伊里奇谈了前线进行的斗争以后,谈到了摆在我们苏维埃党校学员面前的工作:

"对于那些作为工农代表而开赴前线的人来说,是没有选择余地的。他们的口号应当是:不是死亡,就是胜利。你们每一个人都应当善于接近最落后最不开展的红军战士,用最通俗的语言和劳动者的观点去说明目前的情况,在困难的时刻帮助他们,克服一切动摇情绪,使他们学会同大量的消极怠工、欺骗和叛变的现象进行斗争。你们知道,这些现象在我们的队伍和

---

① 见《列宁全集》第37卷,人民出版社 2017 年版,第 231—232 页。
② 见《列宁全集》第37卷,人民出版社 2017 年版,第 236 页。
③ 见《列宁全集》第37卷,人民出版社 2017 年版,第 241 页。

指挥人员中还是很多的。这就需要一批受过一定科学训练、了解政治形势并善于帮助广大工农群众去同叛变和怠工现象作斗争的人。除了个人的勇敢以外,苏维埃政权还希望你们全面地帮助这些群众,克服他们的一切动摇情绪,并表明苏维埃政权拥有在任何困难时刻都可以动用的力量。"①

苏维埃党校的学员们没有辜负对他们的信任。

伊里奇的演说,也是对我们所有的政治教育工作者的指示。

伊里奇不仅仅在群众大会上谈使他激动的那些事情,而且在家里也讲,尤其是在有个亲近的同志来我们家的时候更是要讲。一九一九年年底,伊涅萨·阿尔曼德常常到我们家来,伊里奇非常喜欢同她谈革命运动的远景。伊涅萨的大女儿已经到前线去了,她差点在列昂节夫巷九月二十五日爆炸的时候牺牲。我记得,有一次伊涅萨还带着她的小女儿瓦里娅到我们家来过。瓦里娅当时还是个年轻的姑娘,后来成了我党的一个忠实的党员。按我的老话说来,伊里奇当着她娘俩"打开话匣"子;我记得,瓦里娅的眼睛是怎样闪闪发光。伊里奇也喜欢同当时我们家里的女工、女作家博列茨卡娅的母亲奥丽姆皮阿达·尼卡诺罗夫娜·茹拉夫廖娃"打开话匣"。奥丽姆皮阿达·尼卡诺罗夫娜过去是乌拉尔一个铁路工厂的普通女工,后来,在《真理报》编辑部当清洁员。伊里奇发现她有强烈的无产阶级的本能。因而伊里奇喜欢坐在厨房里(按照老习惯伊里奇喜欢在厨房里吃午饭、晚饭和喝茶)同奥丽姆皮阿达·尼卡诺罗夫娜聊聊未来的胜利。

伊里奇并没有错:我们是以胜利迎接了苏维埃政权的两周年。

当邓尼金在十月初接近奥廖尔的时候,俄国共产党(布)中央委员会派斯大林同志以军事革命委员会委员的身份到南方战线上去。斯大林提出了一个新的进攻计划,这个计划被中央委员会采纳了。弗拉基米尔·伊里奇

① 见《列宁全集》第37卷,人民出版社2017年版,第242—243页。

完全支持斯大林。南方战线的战局迅速开始改观。十月十九日,在沃罗涅什我们的部队给什库罗和马蒙托夫将军以致命打击。二十日,我们收复了奥廖尔。十月二十一日,向彼得堡进逼的尤登尼奇在普尔科沃战斗中开始败退。

在十月革命节前,伊里奇给彼得堡的工人写去一封热烈的贺信,给《真理报》写了《苏维埃政权和妇女的地位》一文,并且在《贫农报》上为农民写了《苏维埃政权成立两周年》一文。

十一月七日,在全俄中央执行委员会、莫斯科苏维埃、全俄工会中央理事会和工厂委员会的联合庆祝大会上,伊里奇作了题为《苏维埃政权成立两周年》的报告。伊里奇不喜欢在庆祝大会上讲话,他在这次会上的讲话也不带鼓动的性质:纯粹是一篇实事求是的讲话。但是,他的讲话内容却激动人心,燃起了与会者的热情,赢得了暴风雨般的掌声。

伊里奇说,在过去两年中苏维埃政权最重要的成就就是"建设工人政权的教训……工人参加国家的整个管理工作"。列宁说:"我们在改造旧的国家机构方面进行了极重要的工作。虽然这项工作很艰巨,但我们在两年当中已经看到工人阶级努力的成果,我们可以说,在这方面已经有几千名工人代表经过了斗争的考验,他们一步一步地驱逐了资产阶级政权的代表。我们看到不仅在国家机构中有工人,而且在粮食工作中,在这个过去几乎完全由旧的资产阶级政府、旧的资产阶级国家的代表把持的部门中,也有了工人的代表。工人建立了粮食机构……"①一年以前,工人代表在粮食机构内只占百分之三十,而在一九一九年已占百分之八十了。

伊里奇还说,我们正在进行一件最重要的工作,这就是培养无产阶级的领袖。他们要在前线、在各个管理部门培养出来。伊里奇指出了星期六义

---

① 见《列宁全集》第37卷,人民出版社2017年版,第290—291、292—293页。

务劳动的作用,接收工人入党的作用。仅在莫斯科一地,"征收党员周"里就接收了一万四千多名新党员。伊里奇谈到了在当前斗争环境中培养出来的工农青年后备军。但是,伊里奇说,最重要的是我们应当注意什么——这就是要注意建立同千百万农民的正确的关系,注意必须在农民中间进行广泛的解释工作。他说,国内战争擦亮了农民的眼睛,使他们认清了真实情况。

伊里奇安详地讲着。大家的情绪都非常高涨。

政治教育工作者当时曾经那样为之倾倒的弗拉基米尔·马雅可夫斯基,在他那首纪念十月革命两周年的诗里,表达了大家共同的情愫:

　　让你们的热情

　　　　哪怕是一点

　　　　　一滴

　　　　融注于世界,

　　树立起

　　　　工人的勋绩,

　　　　它的名字

　　　　　就叫"革命"。

　　没有人上门来

　　　　祝贺么?

　　莫非他们

　　　　吓得

　　　　　眼花缭乱?

　　用不着。

　　我相信!

　　我们一定会迎接

　　　　一百周年。

当我们迎接十月革命二十周年,总结社会主义建设战线上已经获得的那些载入苏联新宪法的成就的时候,大家都回忆着伊里奇,回忆着他说的话和他的指示。

责任编辑:毕于慧
封面设计:林芝玉
版式设计:王　婷
责任校对:白　玥

图书在版编目(CIP)数据

回忆列宁/(俄罗斯)娜·康·克鲁普斯卡娅 著;哲夫 译. —北京:人民出版社,
　2020.12
ISBN 978－7－01－022220－2

Ⅰ.①回… Ⅱ.①娜… ②哲… Ⅲ.①列宁(Lenin,Vladimir Ilich 1870－
　1924)-回忆录 Ⅳ.①A732

中国版本图书馆 CIP 数据核字(2020)第 107572 号

回 忆 列 宁

HUIYI LIENING

【俄】娜·康·克鲁普斯卡娅　著

哲　夫　译

人民出版社 出版发行
(100706　北京市东城区隆福寺街 99 号)

北京中科印刷有限公司印刷　新华书店经销

2020 年 12 月第 1 版　2020 年 12 月北京第 1 次印刷
开本:710 毫米×1000 毫米 1/16　印张:29.5　插页:16
字数:383 千字

ISBN 978－7－01－022220－2　定价:98.00 元

邮购地址 100706　北京市东城区隆福寺街 99 号
人民东方图书销售中心　电话 (010)65250042　65289539

Н.К.Крупская

ВОСПОМИНАНИЯ
О ЛЕНИНЕ

Госполитиздат

Москва 1957

根据苏联国家政治书籍出版社 1957 年版译出